Philosophische Untersuchungen

herausgegeben von

Hans Jürgen Wendel

5

Carmen Kaminsky

Embryonen, Ethik und Verantwortung

Eine kritische Analyse der Statusdiskussion
als Problemlösungsansatz angewandter Ethik

Mohr Siebeck

Die Deutsche Bibliothek – CIP-Einheitsaufnahme

Kaminsky, Carmen:
Embryonen, Ethik und Verantwortung: eine kritische Analyse der
Statusdiskussion als Problemlösungsansatz angewandter Ethik/
Carmen Kaminsky. - Tübingen: Mohr Siebeck, 1998
  (Philosophische Untersuchungen; 5)
  ISBN 3-16-146871-6

© 1998 J. C. B. Mohr (Paul Siebeck) Tübingen

Das Buch wurde von Müller + Bass in Tübingen auf alterungsbeständigem Werk-
druckpapier der Papierfabrik Niefern gedruckt und von der Großbuchbinderei Heinr.
Koch in Tübingen gebunden.

ISSN 1434-2650

Für Edith Kaminsky

Vorwort

Der vorliegende Band stellt die geringfügig überarbeitete Fassung meiner Dissertation dar, die im Sommersemester 1996 von der Fakultät für Philosophie, Pädagogik und Publizistik der Ruhr-Universität Bochum angenommen und im Oktober 1996 mit dem Jahrespreis der Ruhr-Universität ausgezeichnet wurde.

Während der Abfassung der Arbeit habe ich vielfältige Unterstützung erfahren. Ohne die Ermutigungen, wertvollen Anregungen und kritischen Stellungnahmen der Betreuerin dieser Arbeit, Prof. Dr. Eve-Marie Engels, hätte die Arbeit nicht in der vorliegenden Form entstehen können. Prof. Dr. Hans-Martin Sass hat mein Interesse an medizinethischen Themen geweckt und mich in vielfältiger Weise gefördert. Zudem hat er das Zweitgutachten zu dieser Arbeit verfaßt.

Das Land Nordrhein-Westfalen hat die Promotion über ein zweijähriges Stipendium finanziell unterstützt, und der DAAD hat zwei Forschungsaufenthalte in den USA gefördert.

Erika Töller hat in zahllosen Gesprächen und durch Kommentierung der Manuskripte den gesamten Entstehungsprozeß der Arbeit begleitet. Renate Pritzkuleit, Birgit Sudek und Reiner Tobiaschek halfen bei den Korrekturen. Prof. Dr. Axel Bühler engagierte sich bei meiner Suche nach einem Verlag, Prof. Dr. Hans-Jürgen Wendel nahm mein Buch in die Reihe *Philosophische Untersuchungen* auf. Dr. Jochen Lechner hat in mühsamer Kleinarbeit die Druckvorlage angefertigt, PD Dr. Rainer Bast unterzog den Text einem letzten Korrekturgang.

Allen, die mir bei der Abfassung dieser Arbeit hilfreich zur Seite standen, möchte ich an dieser Stelle herzlich danken.

Bochum, im Mai 1998

Carmen Kaminsky

Inhalt

Einleitung

> Philosophische Ethik verdient ihren Namen nur, wenn sie sich eben den Grundfragen nach der Natur des Menschen und seiner Stellung in der Welt eröffnet. Eine solche Erörterung der Grundfragen darf sich nicht von der Praxis abschließen. Sie muß gerade die vorläufigen Lösungen, die der Praxis eigentümlich sind, bedenken. Die Zeiten der Metaphysik, in denen man das Verhalten von oben her ordnete und solchermaßen absicherte, liegen hinter uns. Aber es geht ja gar nicht darum, daß die Ethik Sicherheit gewährt, sondern darum, daß sie zum Nachdenken nötigt, indem sie, konkrete und allgemeine Erwägungen gegeneinander problematisierend, nach möglichen Lösungen für das Tun unter ethischem Aspekt fragt.[1]

Ethik – und zwar insbesondere normative Ethik, die auf Probleme im Zusammenhang mit wissenschaftlichen und technologischen Innovationen bezogen ist – hat gegenwärtig zunehmend Konjunktur. In ihr artikuliert sich ein Orientierungs- und Normierungsbedürfnis, das, als zunächst gesellschaftlich virulentes philosophisches Interesse, an die Philosophie als Fach herangetragen wird,[2] ihr Selbstverständnis betrifft und von ihr mit der zunehmenden Forderung nach einer „Rehabilitierung der praktischen Philosophie"[3] beantwortet wird. Für dieses spezifische Interesse an Ethik ist charakteristisch, daß es sich gegen die zunehmende Ersetzung der traditionellen Frage „Was soll ich tun?" durch die Frage „Was ist machbar?" wendet. Die Problematisierung der ‚Machbarkeit' signalisiert dabei zweierlei: nicht bloß die Befürchtung, wissenschaftliche und technische Entwicklungen verliefen ohne ethische Begrenzung, sondern zugleich auch die Besorgnis, die ethische Reflexion selbst sei am Kriterium der ‚Machbarkeit' orientiert, verfalle der theoretischen Rechtfertigung des wissenschaftlich und technisch Machbaren.

Diese Befürchtung ist insofern nicht von der Hand zu weisen, als die technischen Innovationen und ihre Konsequenzen, denen Ethik sich in den letzten

---

[1] W. SCHULZ, *Grundprobleme der Ethik*, S. 12.

[2] Zur Unterscheidung von „philosophischem Interesse" und „Interesse an der Philosophie" siehe E. MARTENS u. H. SCHNÄDELBACH, „Zur gegenwärtigen Lage der Philosophie", S. 22ff.

[3] So der Titel des von M. RIEDEL herausgegebenen 2-bändigen Werks.

Jahren vermehrt zuwendet, im Kern ambivalent sind: So ist die Motivation der Ethik-Konjunktur „zweifellos die ins Unermeßliche gewachsene technologische Verfügungsmacht des Menschen".[4] Deren Gefahr liegt jedoch „mehr im Erfolg als im Versagen – und doch ist der Erfolg nötig unter dem Druck der menschlichen Bedürfnisse".[5]

Ethik besteht vor dem Hintergrund dieser Ambivalenz in Diskursen, die eine Begrenzung des konkreten und aktuellen Könnens durch eine ebenso konkrete und den Bedürfnissen des guten Lebens angemessene Begründung des Sollens anstreben. Unter der Bedingung einer pluralistisch verfaßten Lebenswelt ist der ethische Diskurs insgesamt jedoch mit einer dilemmatischen Situation konfrontiert:

> Einerseits ist die Notwendigkeit einer intersubjektiv verbindlichen Ethik solidarischer Verantwortung der Menschheit für die Auswirkungen menschlicher Aktivitäten und Konflikte noch nie so dringend gewesen wie in der Gegenwart [...]. Andererseits ist die rationale Begründung einer intersubjektiv gültigen Ethik scheinbar noch nie so schwierig gewesen wie in der Gegenwart [...].[6]

In den letzten Jahren entwickelt sich für die Normenbegründung im Hinblick auf spezifische Handlungen in einer spezifischen sozio-kulturellen Situation die *angewandte Ethik* als ein Unternehmen, „das nicht primär auf die Begründung, sondern auf die Anwendung moralischer Prinzipien zielt", wobei moralische Prinzipien auf ‚moralische Probleme' angewendet werden „und angewandte Ethik als problemorientierte Ethik" definiert werden kann.[7] Entsprechend der Themenbereiche, in denen derzeit schwerpunktmäßig moralische Probleme auftreten, erfolgt eine Einteilung der angewandten Ethik in verschiedene sog. Bindestrich-Ethiken.

Die vorliegende Arbeit behandelt spezifische moralische Probleme der Medizin und steht somit im *Kontext der Medizin-Ethik*:

> Wohl die älteste Vereinigung von Wissenschaft und Kunst, war die Medizin, im Unterschied zur ausbeutenden Technik der Umweltmeisterung, wesenhaft zum Wohl ihres Objekts gedacht. Mit dem eindeutigen Ziel der Krankheitsbekämpfung, der Heilung und Linderung war sie bislang ethisch fraglos und nur ihr jeweiliges Können dem Zweifel ausgesetzt. Doch mit ihren völlig neuen Machtmitteln – ihrem Gewinnanteil am allgemeinen wissenschaftlich-technischen Fortschritt – kann sie sich heute Ziele setzen, die dieser fraglosen Wohltätigkeit entbehren;

---

[4] H. Lenk, „Verantwortung in, für, durch Technik", S. 67.

[5] H. Jonas, *Technik, Medizin und Ethik*, S. 43.

[6] K.-O. Apel, *Diskurs und Verantwortung*, S. 16.

[7] K. Bayertz, „Praktische Philosophie als angewandte Ethik", S. 20.

auch die herkömmlichen mit Methoden verfolgen, die ethische Zweifel wecken. Die ‚Machbarkeiten‘, die zumal die neuartigsten und ehrgeizigsten dieser Ziele und Wege anbieten und die besonders den Anfang und das Ende unseres Daseins, unser Geborenwerden und unser Sterben betreffen, rühren an letzte Fragen unseres Menschseins: an den Begriff des ‚bonum humanum‘, den Sinn von Leben und Tod, die Würde der Person, die Integrität des Menschenbildes (religiös: der ‚imago dei‘).[8]

Das *Thema der Arbeit* ist eine ethische Fragestellung, die in konkretem Bezug zu aktuellen und größtenteils neuartigen Praktiken der therapeutischen und forschenden Medizin formuliert und bearbeitet wird: Was ist der moralische Status menschlicher Embryonen und Föten? Oder anders gefragt: Ist es im Sinne des „bonum humanum" ethisch gerechtfertigt, an menschlichen Embryonen ‚verbrauchend‘ zu forschen, ihre Organe zu ‚ernten‘, sie einzufrieren? Dürfen sie überhaupt getötet werden, oder gebührt ihnen derselbe ethische Respekt, der auch geborenen Menschen zukommt?

Diese Fragen sollen anhand einer kritisch-analytischen Darstellung der als Antworten hierzu vertretenen Positionen – d.h. der sog. Statusdiskussion – erörtert werden.

Kontext auch der Frage nach dem moralischen Status menschlicher Embryonen ist das – gesellschaftlich vorhandene und auch in der Philosophie aufgenommene – Bedürfnis, die Anwendungsmöglichkeiten spezifischer Techniken sowie spezifische antizipierbare Weiterentwicklungen von Technologien ethisch zu bewerten und ggf. durch die Formulierung allgemein verbindlicher ethischer Kriterien zu begrenzen. Mit der Frage nach der möglichen Formulierung allgemein verbindlicher bzw. intersubjektiv geltender ethischer Kriterien ist die Untersuchung der Statusdiskussion allerdings bereits in einen weiteren thematischen Rahmen gestellt: den des allgemeineren Problems der Begründung und Rechtfertigung normativer Forderungen, speziell innerhalb der angewandten Ethik. *Thema der vorliegenden Arbeit ist folglich nicht nur die Statusdiskussion, sondern auch die Reflexion auf Erfordernisse und Schwierigkeiten angewandter Ethik überhaupt.*

Entsprechend sind zwei Fragestellungen leitend: erstens die Frage, *ob bzw. wie in einem moralphilosophischen Diskurs der moralische Status ungeborenen menschlichen Lebens allgemein verbindlich begründet werden kann,* und damit verbunden zweitens die – weiterreichende – Frage, *welche Fragestellungen, Vorgehensweisen und Bewertungskriterien für angewandte Ethik zu entwerfen sind, wenn sie zu einer Bewältigung der moralischen Probleme direkt beitragen soll.* Im Zusammenhang mit der Bearbeitung dieser zweiten Frage wird die *Kategorie der Verantwortung und ihre gegenwärtigen Verwendungen* zu einem zentralen

---

[8] H. Jonas, *Technik, Medizin und Ethik*, S. 12.

Thema. Diesen beiden Fragestellungen gemäß gliedert sich die Arbeit in zwei Hauptteile.

Um den konkreten Bezug der Statusfrage zu den gegenwärtigen Praktiken der Medizin zu verdeutlichen, beginnt der *erste Teil* der Arbeit mit einer *Darstellung medizinisch-technischer Handlungsmöglichkeiten*, die jeweils die Tötung menschlicher Embryonen bzw. Föten zur Konsequenz haben (Kap. 1).

Zur Vorbereitung der Analyse der Statusdiskussion und der Themenstellung des zweiten Hauptteils der Arbeit schließt sich mit dem zweiten Kapitel die *Untersuchung von Konzeptionen und Ansätzen angewandter Ethik im Rahmen des Ausgangsproblems* an. Dazu wird zunächst der Versuch einer deskriptiven Positionierung angewandter Ethik gegenüber einer ‚allgemeinen‘ bzw. ‚theoretischen‘ oder ‚reinen‘ Ethik unternommen (Kap. 2.2). Als *Gemeinsamkeit der verschiedenen Ansätze angewandter Ethik* wird – trotz ihrer erheblichen Unterschiede – festgestellt, daß sie nicht nur moraltheoretische Überlegungen zur Normenherleitung bzw. -begründung mit Blick auf spezifische, konkrete und aktuelle Problemsituationen des realen Soziallebens entwickeln, sondern gleichzeitig auch den – mehr oder weniger expliziten – *Anspruch vertreten, einen konkreten moralisch-praktischen Beitrag zur Problemlösung zu liefern.* Dieser Anspruch konfrontiert die angewandte Ethik aber mit dem Problem, die Adäquatheit von Normen nicht allein nach ihrer moraltheoretischen Kohärenz und Konsistenz beurteilen zu können, sondern sie gleichzeitig auch im Hinblick auf die empirischen Bedingungen einer spezifischen Situation bestimmen zu müssen. Vor dem Hintergrund dieser Problemstellung wird anschließend die „Statusfrage" als Problemlösungsansatz mit einem alternativen, und zwar kontextorientierten, Problemzugang verglichen, in dem die Statusfrage nicht gestellt wird (Kap. 2.3), und dargelegt, daß sich die prinzipielle Klärung bzw. Bestimmung des moralischen Status menschlichen Lebens vor der Geburt, d.h. die Klärung der Frage, ab wann das allgemeine Menschenrecht auf Leben individuell gilt, für die Bewertung und Begrenzung der eingangs erläuterten medizinisch-technischen Handlungsmöglichkeiten als grundlegender und aussichtsreicher Problemlösungsansatz erweist – unter der Voraussetzung, daß diese Klärung gelingt (Kap. 2.4).

In den folgenden Kapiteln wird die *Diskussion des moralischen Status ungeborenen menschlichen Lebens* analytisch-kritisch dargestellt. Behandelt werden zunächst Positionen, die infolge der Prämisse, daß jedem Menschen ein Recht auf Leben zukommt, auf der Grundlage religiöser Vorannahmen oder ausgehend von der Potentialität der befruchteten menschlichen Eizelle bzw. von der These der moralischen Relevanz der Mensch- bzw. Person-Werdung dafür argumentieren, daß auch bereits der befruchteten menschlichen Eizelle ein Recht auf Leben zukommt (Kap. 3).

Das vierte Kapitel behandelt den Ansatz von R. M. Hare (Kap. 4.2) und die umstrittene Position von P. Singer (Kap. 4.3), die eine Statusbestimmung unter

Bezugnahme auf die hinreichenden Bedingungen der Möglichkeit eines individuellen Lebensinteresses vornehmen und von der Prämisse ausgehen, daß Wesen, die ein Lebensinteresse haben, nicht getötet werden dürfen.

Das Kapitel 5 setzt sich mit Positionen auseinander, die sich zur Bestimmung des moralischen Status ungeborenen menschlichen Lebens auf soziokulturell vorherrschende Verständnisse des Person-Seins beziehen, d.h. mit der Position H.T. Engelhardts, der eine Statusbestimmung aufgrund der sozialen Rolle ungeborenen menschlichen Lebens vornimmt (Kap. 5.2), sowie mit dem Vorschlag von H.-M. Sass, eine Definition des Lebensbeginns analog zur Definition des Todes durch die Hirntod-Definition vorzunehmen (Kap. 5.3).

Der *zweite Teil* der vorliegenden Arbeit *diskutiert* im Anschluß an diese kritisch-analytische Darstellung einzelner philosophischer Positionen zur Statusfrage *die Status-Debatte auf einer Metaebene und entwickelt von hier aus allgemeine Überlegungen zur Konzeptionierung angewandter Ethik.*

In Kapitel 6 wird die *Statusdiskussion insgesamt, d.h. als Problemlösungsansatz,* einer Kritik unterzogen. Diese Kritik geht von dem öffentlichen Bedürfnis nach einer Begrenzung technischen Könnens durch Begründung eines konkreten moralischen Sollens aus und analysiert die Gründe, aus denen die Statusdiskussion diesem Bedürfnis offensichtlich nicht entsprechen kann. Problematisiert wird in diesem Zusammenhang zum einen die Vorannahme der Statusdikussion, die Statusfrage stelle das Kernproblem der praktischen Problemlösung dar, zum anderen aber auch der methodische Ansatz der Statusdiskussion, der – obwohl einzelne Autoren die Modifikation von Begründungsdiskursen anstreben – insgesamt als theorieabhängiges, an je spezifischen Leitbegriffen orientiertes deduktives Verfahren charakterisierbar ist (Kap. 6.2). Diskutiert wird darüber hinaus der Vorschlag, eine Harmonisierung kontroverser Positionen durch Plausibilitätsargumentationen zu erzielen (Kap. 6.3).

Angesichts des gesellschaftlich dringenden Bedarfs nach einer Lösung der Ausgangsproblematiken wird im folgenden (Kap. 7) die Problemlage nach dem Scheitern der Statusdiskussion expliziert. Ansatzpunkt hierfür ist die Darstellung des Vollzugs angewandter Ethik am Beispiel der Medizin-Ethik, als dessen wesentliches Moment zunächst die durch die Aktualität und Konkretheit ihrer Gegenstände bedingte Öffentlichkeit und politische Wirksamkeit ihrer Diskurse untersucht wird (Kap. 7.2). Unter diesem Gesichtspunkt werden nicht nur einige Einzelergebnisse der Statusdiskussion, sondern diese selbst insgesamt problematisch, so daß die Frage behandelt werden muß, ob die Statusdiskussion unter ihrer konkreten und praktischen Zielsetzung, verstanden im Sinne einer präskriptiven Begrenzung möglicher Handlungsweisen, überhaupt fortgeführt werden darf und soll oder ob im Hinblick auf diese Zielsetzung nicht vielmehr nach alternativen Problemzugängen gesucht werden muß (Kap. 7.2 und 7.3). Erschwert ist diese Suche besonders durch zwei Aspekte, die unter dem methodischen Ansatz der Statusdiskussion als „Störfaktoren" erscheinen: erstens die

Ambivalenz der Gegenstände, die die angewandte Ethik nicht ohne einen Verlust an Konkretheit aufheben kann, und zweitens die konkrete Kontextualität ethischer Probleme, die die Verwendung abstrahierender und auf Eindeutigkeiten zielender Vorgehensweisen angewandter Ethik in Frage stellt (Kap. 7.4). Es ist deshalb das Problem zu behandeln, woran angewandte Ethik – wenn nicht an den bewährten, an Leitbegriffen orientierten, deduktiven Vorgehensweisen der Moralphilosophie – orientiert sein kann.

Die weitere Auseinandersetzung (Kap. 8) geht in diesem Zusammenhang der Frage nach, ob sich unter Berufung auf die *Kategorie der Verantwortung*, die gemeinsam mit der angewandten Ethik derzeit Konjunktur hat, im Hinblick auf eine Konzeption angewandter Ethik Möglichkeiten eröffnen, die gesuchten Handlungsbegrenzungen – wenn schon nicht universell, so doch zumindest mit gesamtgesellschaftlicher Geltung – zu bestimmen.

Hervorgehoben werden im Rahmen dieser Fragestellung Implikationen, die für die neueren Verwendungen des Verantwortungsbegriffs wesentlich und zugleich auch für die Konzeptionierung angewandter Ethik relevant sind. Es handelt sich erstens um die in der Kategorie Verantwortung enthaltene Forderung, moralische Richtigkeit als *„situativ vermittelte Richtigkeit"* aufzufassen (Kap. 8.2.1), zweitens um die *Akzeptanz von „außer-rationalen" Erkenntnis- und Urteilsformen*, die sich insbesondere aus der im Verantwortungsbegriff enthaltenen Auffassung ergibt, daß Handeln und Urteilen stets historisch bedingt sind (Kap. 8.2.2). Und es handelt sich drittens um den in der Kategorie Verantwortung enthaltenen *Anspruch an Fürsorglichkeit* (Kap. 8.2.3).

Obwohl die Kategorie Verantwortung mit diesen Implikationen für die Konzeptionierung angewandter Ethik richtungsweisend sein kann, ist allerdings auch sie, und zwar als Konsequenz des weitgehend ungeklärten Verhältnisses von „Verantwortung" zu „Pflicht" (Kap. 8.3.1) und als Konsequenz nicht intersubjektiv geltender Verantwortungsinstanzen (Kap. 8.3.2), mit dem Problem konfrontiert, für die unter Berufung auf „Verantwortung" gewonnenen Urteile keine intersubjektive Gültigkeit gewährleisten zu können.

Das abschließende und resümierende Kapitel (Kap. 9) wendet sich – auf der Grundlage dieser Implikationen des Verantwortungsbegriffs – noch einmal explizit der zweiten der ursprünglich formulierten Fragestellungen zu, d.h. dem Problem, wie angewandte Ethik konzeptioniert werden kann und soll. Obgleich im Rahmen der vorliegenden Arbeit ein solches Konzept noch nicht vorgelegt werden kann, können *Perspektiven für die moralphilosophische Darlegung und Begründung von Fragestellungen, Vorgehensweisen und Bewertungskriterien angewandter Ethik* ausgewiesen werden. Diese Perspektiven betreffen zum einen den Anspruch an einen grundsätzlich *kontextorientierten und die Problematiken ganzheitlich konkretisierenden Problemzugang*. Zum anderen betreffen sie die Forderung nach Akzeptanz und *konzeptioneller Integration „außer-rationaler" Erkenntnis- und Urteilsformen* im Sinne einer „kritischen Sensibilität".

Es ist unter diesen konzeptionellen Anforderungen ggf. notwendig, angewandte
Ethik nicht unter der Zielvorstellung von Problemlösungen im strengen moralphilosophischen Sinne, sondern vielmehr unter der Zielvorstellung des moralisch-ethischen *Entwurfs von Strategien zur Problembewältigung* zu konzeptionieren. Als unerläßlich erscheint darüber hinaus die *Definition eines Telos als*
„Woraufhin" angewandter Ethik, d.h. die Grundlegung von Zielvorstellungen,
die innerhalb der angewandten Ethik als regulative Ideen fungieren können.
Aufgrund der prinzipiellen historischen und kulturellen Spezifik der Diskurse in
angewandter Ethik können zumindest aus westeuropäischer Sicht hierfür die
Idee der Menschenwürde, des Pluralismus und der Demokratie vorgeschlagen
werden.

Teil I

1. Zur praktischen Relevanz der philosophischen Frage nach dem moralischen Status menschlicher Embryonen

1.1 Problemstellung

Die Frage nach dem moralischen Status menschlicher Embryonen und Föten ist eine praktisch-ethische Frage. Als solche ist sie – berechtigterweise – Thema wissenschaftlicher Fachdisziplinen, insbesondere der Philosophie. Als praktisch-ethische Frage beschränkt sie sich zugleich aber nicht auf den Bereich akademisch-theoretischer Diskurse, insofern sie unmittelbar aus gesellschaftlichen und politischen Zusammenhängen motiviert ist und die Fachdebatte um diese Frage wieder direkt auf diese Zusammenhänge zurückwirkt. Zudem bezieht sich die philosophische Wertediskussion über die moralische Bedeutung ungeborenen menschlichen Lebens wie kaum ein anderes Thema, das gegenwärtig in der philosophischen Ethik behandelt wird, zum einen auf philosophisch-ethische Grundfragen, anderseits aber auch auf spezifische konkrete und klar benennbare Praxisprobleme. Da die Statusdiskussion, die beabsichtigt, mit der Lösung der Statusfrage zugleich eine Lösung für die mit ihr verbundenen Probleme der konkreten Praxis bereitzustellen, sich allerdings von den komplexen Problemstrukturen dieser Praxis entfernt hat, ist es vorab notwendig, den Zusammenhang der Statusfrage mit spezifischen Problematiken des realen Soziallebens zu verdeutlichen.

Wenn im folgenden die praktische Relevanz der Frage nach dem moralischen Status ungeborenen menschlichen Lebens expliziert wird, so ist dies im konkreten und engeren Sinne von praktischer Relevanz zu verstehen. Es gilt zunächst, die Handlungszusammenhänge darzustellen, in denen gegenwärtig Handlungsmöglichkeiten und Handlungsbegehren mit moralischen Auffassungen vom menschlichen Embryo und Fötus in Konflikt stehen. Daß die Wertauffassung von menschlichen Embryonen und Föten über diese konkreten handlungspraktischen Probleme hinausgehend auch im Rahmen vorherrschender und zukünftig sich entwickelnder Menschenbilder bedeutsam ist und insofern auch auf einer übergeordneten Ebene praktisch relevant ist, soll damit keineswegs bestritten sein. Ganz im Gegenteil wird gerade auf diesen Aspekt an verschiedenen Stellen noch Bezug genommen werden.

Während bei der Problematik der Abtreibung die ethischen Fragen und moralischen Ambivalenzen weitgehend bekannt sind, weil sie seit langem vehement und kontrovers in der Öffentlichkeit diskutiert werden, sind die medizinisch-technischen Möglichkeiten z. B. der In-vitro-Fertilisation und der Transplantation fötaler Gewebe und Organe sowie ihre ethischen Implikationen in der Öffentlichkeit viel weniger bekannt und deshalb auch kaum Gegenstand breiter öffentlicher Auseinandersetzung. Aus diesem Grunde, zudem aber auch wegen der Vernetzung der jeweiligen Handlungsmöglichkeiten und damit auch der Vernetzung ihrer ethischen Implikate, ist die Darstellung gegenwärtiger konkreter Handlungszusammenhänge unerläßlich.

Die folgende Darstellung ausgewählter medizinisch-technischer Handlungsmöglichkeiten dient daher verschiedenen Zwecken. Zum einen soll verdeutlicht werden, in welcher Hinsicht die Statusfrage für medizinisch-technisches Handeln unmittelbar relevant ist. Darüber hinaus soll aber auch gezeigt werden, welche Konsequenzen sich aus der Statusbestimmung für die von den verschiedenen Handlungskontexten Betroffenen ergeben. Schließlich weist die praktische Relevanz der Statusfrage auch darauf hin, daß und in welcher Weise eine Statusbestimmung und ihr entsprechende medizinisch-naturwissenschaftliche Forschungen auf allgemein vorherrschende Menschenbilder zurückwirken.

1.2 Schwangerschaftsabbruch

Kaum ein anderes Thema ist in der Öffentlichkeit anhaltend so kontrovers und so emotional diskutiert worden wie der Schwangerschaftsabbruch. Im Vordergrund der sachlichen Diskussionen steht die Frage, ob bzw. unter welchen Bedingungen es ethisch vertretbar ist, embryonales oder fötales menschliches Leben zu töten, um eine Schwangerschaft abzubrechen. Jenseits der sachlichen Auseinandersetzung mit dieser Frage haben sich allerdings bereits Fronten gebildet, bei denen sich die einen als „Anwälte ungeborener Menschen" verstehen und die anderen als „Anwälte der Selbstbestimmungsrechte" von Frauen und damit des Rechts auf die freie Entscheidung zum Abbruch einer Schwangerschaft.

Die Richtung der geführten Diskussionen legt die These nahe, daß die Bewertung der Abtreibung in erster Linie vom moralischen Status menschlicher Embryonen und Föten abhängig ist. Der Zusammenhang ist evident: Wenn sich nämlich herausstellen sollte, daß für Embryonen und Föten grundsätzlich *kein* Tötungsverbot gilt, ist ein Verbot der Abtreibung nur schwer zu begründen. Umgekehrt ist es problematisch, eine Abtreibung zu rechtfertigen, wenn oder sobald ein Tötungsverbot für Embryonen und Föten gilt. Dies ist insbesondere dann der Fall, wenn das Tötungsverbot aus dem Recht des Menschen auf Leben gefolgert wird. Wenn nämlich begründet wird, das Lebensrecht von Embryonen und Föten sei dem des erwachsenen Menschen gleich, dürften nach dem Prinzip der Gleichbehandlung für die Relativierung des Lebensschutzes nicht unterschiedliche Maßstäbe angesetzt werden. Gründe, die eine Tötung ungeborenen menschlichen Lebens hinreichend rechtfertigen, müßten gleichermaßen als Rechtfertigungsgründe für die Tötung geborener Menschen gelten. Die Kernfrage zur Bewertung der Abtreibung ist also die, ob der menschliche Embryo und Fötus als Mensch im Sinne derjenigen Entitäten aufzufassen ist, auf die sich die Menschenrechte – insbesondere das Recht auf Leben – beziehen.

Regelungen zum Schwangerschaftsabbruch waren und sind historisch und kulturell unterschiedlich; sie haben ihren Ursprung in den seit der Antike entwickelten Beseelungstheorien. Für die westlichen Kulturen ist die Position prägend gewesen, die im Hochmittelalter aufgrund der Durchsetzung kreationistischer und diachroner Beseelungsauffassungen entwickelt wurde: Der Abbruch einer Schwangerschaft ist dann moralisch verwerflich, wenn das werdende Leben mit einer Seele ausgestattet ist.

> Als Beseelungstermine wurden seit dem Hochmittelalter für den männlichen Fetus 40, für den weiblichen Fetus 80 Tage angenommen, in zahlenmystischer Analogie zu den mosaischen Reinigungsvorschriften, die einer Frau nach der Geburt eines Knaben 40, eines Mädchens 80 Tage der Reinigung auferlegten. Für das Abtreibungsverbot resultierte hieraus eine Art Fristenlösung, die bis in die Neuzeit hinein unangefochten blieb und im katholischen Kirchenrecht bis 1917 verankert war.[1]

Obwohl die gegenwärtigen westlichen Gesellschaften auf diese gemeinsame Tradition zurückgehen, unterscheiden sich ihre Gesetze zum Schwangerschaftsabbruch erheblich.[2]

Weltweit ist in etwa 53 Ländern der Abbruch einer Schwangerschaft nur dann erlaubt, wenn dadurch das Leben der Mutter gerettet werden kann. In 42 Ländern ist eine Abtreibung dann nicht illegal, wenn die Schwangerschaft durch Vergewaltigung der Frau entstanden ist, wenn die physische und psychische Gesundheit der Mutter bedroht ist bzw. wenn genetische Schäden am Embryo oder Fötus diagnostiziert werden. In weiteren 14 Ländern können zusätzlich soziale bzw. sozial-medizinische Bedingungen der Schwangeren eine Abtreibung legal rechtfertigen. Schließlich ist in 23 Ländern, die 40% der Weltbevölkerung repräsentieren, eine Abtreibung dann legal gerechtfertigt, wenn die Schwangere sie wünscht.[3]

---

[1] G. Jerouschek, „Lebensbeginn: Recht", Sp. 689.

[2] Siehe U. Wolff, *Schwangerschaftsabbruch aus medizinischer Sicht,* bes. S. 13. Wolff liefert hier einen Überblick über die Gesetzgebung zum Schwangerschaftsabbruch in europäischen Ländern. Gänzlich illegal ist der Abbruch einer Schwangerschaft in Irland, Luxemburg, Malta, Portugal und Spanien. Andere Länder akzeptieren indizierte Abtreibungen, wobei die Indikationen national unterschiedlich definiert sind.

[3] Die Angaben beziehen sich auf den Stand 1. Januar 1990; nach: M. Costa, *Abortion.*

Im Vordergrund der jeweiligen Regelungen stehen Überlegungen, die die Schutzbedürftigkeit des Ungeborenen gegenüber dem Recht auf Selbstbestimmung der (ungewollt) Schwangeren betreffen, aber auch die Frage, ob bei problematischen Schwangerschaften, die Leben und Gesundheit der Schwangeren gefährden, ein Leben gegen ein anderes bewertet werden darf u. ä. Es handelt sich bei der Problematik des Schwangerschaftsabbruches somit um ein Abwägungsproblem.

Für die ethische Beschäftigung mit dem Thema Schwangerschaftsabbruch ist vor allem die Frage von Bedeutung, welche Prämissen in solchen Abwägungen impliziert und wie sie ethisch begründet sind. Insbesondere die Entscheidung des Bundesverfassungsgerichts zur Neuregelung des § 218 im Anschluß an den deutschen Wiedervereinigungsvertrag stellt ein Beispiel für die mögliche Diskrepanz moralischer Grundannahmen und legislativ-pragmatischer Regelungen dar. In der Entscheidung vom 28. Mai 1993 sowie vom 21. August 1995 bestätigt das Bundesverfassungsgericht, daß Embryonen unter den Artikel 2 Abs. 2 des deutschen Grundgesetzes fallen und ihnen damit das Lebensrecht und dessen staatlicher Schutz zukommt. Dennoch entschied dieses Gericht, daß Abtreibungen innerhalb der ersten drei Monate der Schwangerschaft straffrei sind und unter gewissen Voraussetzungen sogar rechtmäßig durchgeführt werden können.[4]

Das Bundesverfassungsgericht hat mit dieser Entscheidung erneut Doppelstandards geschaffen, die auch schon in der vorher gültigen Indikationen-Regelung in Westdeutschland enthalten waren. Im Vorfeld der damaligen Regelung hatte das Bundesverfassungsgericht eine Fristenlösung „wegen Unvereinbarkeit mit dem Lebensrecht des noch Ungeborenen und dem daraus gefolgerten Schutzauftrag des Staates für verfassungswidrig erklärt (BVerf.GE 39,1)".[5] Gerade diese Prämisse ist jedoch ethisch zu hinterfragen und bildet die Grundlage für die Kritik an der vorherigen Indikationen-Regelung wie auch an der gegenwärtigen gesetzlichen Lage.

---

[4] Obwohl Schwangerschaftsabbrüche generell rechtswidrig sind, bleiben sie nach Zwangsberatung in den ersten 12 Wochen der Schwangerschaft straffrei. In manchen Fällen ist die Abtreibung sogar rechtmäßig: „Das BVG läßt [...] Ausnahmen zu: Es unterscheidet zwischen *Schwangerschaftsabbrüchen mit Indikation* (vom Gesetzgeber als Ausnahmetatbestände zu fassen) und *Schwangerschaftsabbrüchen ohne Indikation* (als unrechtmäßig). Als Ausnahmetatbestände darf der Gesetzgeber die medizinische, die embryopathische und die kriminologische Indikation ansehen, die damit erlaubt und rechtmäßig sind." (G. BOCKENHEIMER-LUCIUS, „Anmerkungen zum Urteil des Bundesverfassungsgerichts", S. 159) Mit der Neufassung des § 218 a Abs. 1 bis 3 (durch Art. 8 G v. 21.08.1995 / BGBl. I S. 1050) sind diese Indikationen zwar nicht mehr als solche genannt, jedoch gelten ihre Inhalte – bis auf die embryopathische Indikation – nach wie vor als Ausnahmetatbestände, die eine Abtreibung rechtfertigen.

[5] A. ESER, „Schwangerschaftsabbruch: Recht", Sp. 970 f.

Es stellt sich also offensichtlich die Frage, wie einerseits das Lebensrecht des Nasciturus und andererseits Zumutbarkeitserwägungen bzw. Bestätigungen des Rechts auf Selbstbestimmung hinsichtlich bestehender Schwangerschaften vereinbar sind. Die vor der jetzigen Regelung gültige Indikationen-Regelung des Schwangerschaftsabbruches in der Bundesrepublik beruhte auf einem Urteil des Bundesverfassungsgerichts aus dem Jahre 1975,[6] in dem Art. 2 Abs. 2 Satz 1 GG so verstanden wurde, daß das dort jedem Menschen zugesicherte Recht auf Leben sich auch schon auf den Embryo beziehe. An dieser Auslegung hält das Bundesverfassungsgericht (BVerfG) auch gegenwärtig fest. Das darauf beruhende Urteil enthält jedoch keine Ausführungen darüber, welches der Zeitpunkt ist, zu dem pränatales menschliches Leben ein Recht auf Leben erhält. Es ist lediglich ein Zeitraum impliziert: Das Gesetz stellt den Schwangerschaftsabbruch grundsätzlich unter Strafe, schließt aber die vorgeburtlichen Entwicklungsstadien von der Befruchtung bis zur Nidation von den strafrechtlichen Regelungen aus. Auch post-conzeptionale Verhütungsmethoden bleiben vom Urteil des BVerfG wie auch vom bestehenden Gesetz unangetastet. Mit Bezug auf Erkenntnisse des Embryologen Hinrichsen[7] sieht das Gericht ein menschliches Individuum „jedenfalls" vom 14. Tag p.c. als gegeben an.[8] Durch den § 218 StGB ist menschliches Leben daher nicht vor dem 14. Tag nach der Empfängnis geschützt; diese Regelung wurde erst durch das Embryonenschutzgesetz[9] erweitert.

Schon bei der Indikationen-Regelung, aber auch bei der nun in Kraft getretenen Fristenlösung mit Beratungspflicht kam das Gericht zu dem Schluß, daß dem Lebensrecht des Ungeborenen Vorrang vor dem Selbstbestimmungsrecht der Schwangeren einzuräumen sei. Dennoch hält das BVerfG es nicht in allen Fällen für gerechtfertigt, den Abbruch einer Schwangerschaft zu bestrafen. Nicht bestraft werden Abtreibungen, die auf Wunsch und nach Beratung der Schwangeren innerhalb der ersten 12 Schwangerschaftswochen durch einen Arzt durchgeführt werden. Zudem werden solche Abtreibungen nicht bestraft, die aufgrund von Zumutbarkeitserwägungen indiziert sind.

---

[6] Bundesverfassungsgericht, Bd. 39, 1. 1975, Urteil v. 25.02.1975, S. 1–91.

[7] Hinrichsen spricht von „Realisationsstufen" in der vorgeburtlichen Entwicklung des Menschen. Besondere ethische Bedeutung mißt Hinrichsen der achsialen Differenzierung des Keimlings etwa am 15. Tag p.c. zu, die er als „Individuation" bezeichnet (siehe K.V. Hinrichsen, *Realisationsstufen*).

[8] Siehe BVerfG Urteil v. 25.02.1975, S. 37.

[9] Das Gesetz zum Schutz von Embryonen (Embryonenschutzgesetz – ESchG Drucksache 745/90) wurde am 24.10.1990 vom Deutschen Bundestag angenommen. In Ergänzung zu diesem Gesetz formulierte der Bundesrat in seiner Sitzung am 09.11.1990: „Der Schutz menschlichen Lebens von seiner Entstehung an, also ab Verschmelzung von Ei- und Samenzelle […] ist eine dringliche Aufgabe des Gesetzgebers."

Die Neufassung des § 218 a vom 21.8.1995 schließt inhaltlich an die vorher
geltende Indikationenregelung an. So beinhaltet § 218 a, Absatz 3 Satz 2 StGB in
der Neuregelung die vorherige medizinisch-soziale Indikation. Ein Schwangerschaftsabbruch ist danach auch nach der 12. Woche p. c. nicht strafbar, wenn er

> nach ärztlicher Erkenntnis angezeigt ist, um eine Gefahr für das Leben
> oder die Gefahr einer schwerwiegenden Beeinträchtigung des körper-
> lichen oder seelischen Gesundheitszustandes der Schwangeren abzu-
> wenden, und die Gefahr nicht auf eine andere für sie zumutbare Weise
> abgewendet werden kann.

Mit diesem Kriterium wird eine Güterabwägung mit dem Lebensrecht und dem
Recht auf körperliche und psychische Unversehrtheit der Mutter vorgenommen:
Das Lebensrecht der Mutter überwiegt das Lebensrecht des Ungeborenen. Die
Begründung für diese Indikation liegt in der Kollision von Rechtssphären. Das
Bundesverfassungsgericht ist dabei zu dem Schluß gekommen, eine konsequen-
te, uneingeschränkte Verwirklichung des Schutzes werdenden Lebens stieße „an
die Grenzen des rechtlich Durchsetzbaren".[10] Obwohl das werdende Leben
formal ein dem entwickelten gleichwertiges Rechtsgut darstellt, wird es in dieser
Abwägung anderen Gütern untergeordnet.

Die eugenische bzw. embryopathische Indikation ist in der gesetzlichen
Neuregelung von 1995 nicht mehr enthalten. Der Gesetzgeber hat damit offensichtlich auf die erheblichen ethischen Einwände reagiert, die insbesondere mit
dieser Indikation verbunden waren. Noch nach der Regelung von 1993 galt eine
Abtreibung im Falle einer embryopathischen Indikation, d. h. bei einer pränatal
festgestellten, nicht behebbaren Schädigung des Ungeborenen, „wegen deren
Schwere von der Schwangeren die Fortsetzung der Schwangerschaft nicht verlangt werden kann (§ 218 a Abs. 2 Nr. 1 StGB)",[11] bis zur 22. Woche p. c. als
nicht strafbar. Mit dieser Regelung nahm das Gesetz Rücksicht auf die u. U. für
die Eltern besonders belastende Situation, die sich durch eine Schädigung des
Kindes auch noch nach der Geburt ergeben kann. Dennoch war sie problematisch im Hinblick auf den moralischen Status des Ungeborenen. Sofern nämlich
ein Lebensrecht für den Embryo angenommen wird, ist nicht plausibel, warum
es in diesem Fall relativiert wurde, so daß bei dieser Indikation das Lebensrecht
von Embryonen und Föten, die unbehebbare schwere Schädigungen aufweisen,
nicht im gleichen Maße geschützt wurde wie das von nichtgeschädigten.

> Gesetzt den Fall, daß eine Frau ein behindertes oder erblich belastetes
> Kind zur Welt zu bringen fürchtet, ist es nicht ausgeschlossen, daß diese
> Angst in bestimmten Fällen die Frau in eine solche psychische Bedräng-

---

[10] BVerfG Urteil v. 25.02.1975, S. 20f.

[11] A. Eser, „Schwangerschaftsabbruch: Recht", Sp. 973.

nis geraten läßt, daß man aus diesem Grunde einen Abortus in Erwägung ziehen könnte. Aber dann handelt es sich nicht mehr um eine
eugenische, sondern um eine psychiatrische Indikation.[12]

Auch Embryonen, die aus einem erzwungenen sexuellen Akt entstanden
sind, werden aufgrund der gesetzlichen Regelung weniger geschützt. Die *kriminologische* Indikation, die bei einer rechtswidrig erzwungenen Schwangerschaft
gegeben ist, ermöglichte nach der Regelung von 1993 einen straffreien Abbruch
bis zur 12. Woche p.c. Diese Regelung wird auch in der Neufassung von 1995
(§ 218a Abs. 3 Satz 3 StGB) erhalten.

Die juristische Wertung des Zeitpunktes der Nidation und die Indikations-
regelung verdeutlichen in allen genannten Fällen, daß dem ungeborenen Menschen zwar ein Lebensrecht, jedoch nur ein relativer Lebensschutz zuerkannt
wird. Die Güterabwägungen mit Ungeborenen fallen offensichtlich anders aus
als Güterabwägungen mit geborenen Menschen in vergleichbaren Situationen.
Der Gedanke, den Lebensschutz eines geborenen Menschen z.B. deshalb zu
relativieren, weil er aus einem ‚erzwungenen sexuellen Akt' entstanden ist, ist
absurd. Wenn auch die Gründe für die Relativierung des Lebensschutzes z.B.
anläßlich eines kriminologisch indizierten Abortus plausibel sind, so muß dennoch gefragt werden, ob sie sich angesichts des angenommenen Lebensrechts
rechtfertigen lassen.

In diesem Sinne argumentiert etwa Hoerster, wenn er betont:

> Ja, es erscheint einigermaßen absurd, einerseits dem Nasciturus wie
> einem geborenen Menschen ein eigenes Recht auf Leben einzuräumen,
> andererseits jedoch diesem Nasciturus – ganz anders als dem geborenen
> Menschen – dieses Lebensrecht aus vergleichsweise geringfügigen Grün-
> den wieder zu entziehen. Unser derzeit geltendes Indikationsmodell, das
> so verfährt, erinnert in fataler Weise an Rechtsordnungen, die den An-
> gehörigen fremder Rassen letztlich gerade soviel an Rechten zugestehen,
> wie mit den eigenen Prosperitätsinteressen noch gut vereinbar ist.[13]

Eine Gegenposition dazu vertritt Eser, der darauf verweist, daß auch bei geborenen Menschen der Lebensschutz relativ ist; ihre Freiheitsrechte sind,
grundgesetzlich in Art. 2 Abs. 2 S. 3 GG festgelegt, durch zusätzliche Gesetze
einschränkbar. Er stellt hierzu fest:

> So erweist sich der Lebensschutz vor allem in zweifacher Hinsicht als
> relativ: Zum einen bereits dadurch, daß selbst der Höchstwert Leben
> unter Umständen hinter anderen Interessen zurückzustehen hat, wie
> etwa bei tödlicher Notwehr (nur) zur Verteidigung von Sachgütern oder

---

12 P. Sporken, *Darf die Medizin, was sie kann?*, S. 91.
13 N. Hoerster, „Forum: Ein Lebensrecht für die menschliche Leibesfrucht?", S. 174.

bei Tötung des Kriegsfeindes (nur) zur Durchsetzung von Territorial-
ansprüchen, wobei eine solche Opferung von Leben auch keineswegs
damit voll erklärbar ist, daß die Schutzgarantie nur für „unschuldiges"
Leben gelte.[14]

Zum anderen erweist sich nach Eser der Lebensschutz durch die Implikationen
der traditionell unterschiedlichen Sanktionierung der Tötung pränatalen und
postnatalen menschlichen Lebens als relativ.

Mag die von Eser vorgenommene Parallelisierung des relativen Lebensschutzes postnatalen und pränatalen menschlichen Lebens rechtlich konsistent sein,
so ist sie vom ethischen Standpunkt aus gesehen jedoch fragwürdig. Im Falle der
unterschiedlichen Sanktionierung der Tötung von geborenen und ungeborenen
menschlichen Wesen ist nämlich zu fragen, ob sich der Lebensschutz bzw. dessen Relativierung in beiden Fällen nicht auf unterschiedliche Qualitäten bezieht.
Im Fall z. B. des Soldaten handelt es sich – insofern ist Eser zuzustimmen – um
die gleiche ‚Qualität' des Menschseins (der Soldat ist im Krieg und im Frieden
eine Person), dessen Lebensschutz nicht deshalb relativ ist, weil das der Person
immanente Recht auf Leben sich relativiert, sondern weil der moralische Wert
des Tötungsverbotes sich in der Abwägung mit anderen hohen Gütern relativiert. Dagegen impliziert die grundsätzlich unterschiedliche Sanktionierung der
Tötung postnatalen und pränatalen menschlichen Lebens m. E., daß es sich möglicherweise um Seinsweisen unterschiedlicher moralischer Relevanz handelt,
denn sobald der Fötus sich zum Säugling oder Kleinkind entwickelt hat, würden
die genannten Indikationen seine Tötung nicht mehr rechtfertigen.

Für die philosophische Bewertung des Schwangerschaftsabbruches auf dem
Wege der Klärung des moralischen Status menschlicher Embryonen ist mit den
unterschiedlichen Regelungen und Bewertungen auch die Frage aufgeworfen,
inwieweit soziale und historische Daten, die Auskunft über tatsächliche Wert-
schätzungen ungeborenen menschlichen Lebens in einer bestimmten Gesellschaft
zu einem bestimmten Zeitpunkt geben,[15] als moralische Bewertungskriterien berücksichtigt werden sollen und können. Die dargestellten Doppelstandards, die
aufgrund der teilweisen Berücksichtigung realer Zusammenhänge in gesetzlichen Regelungen enthalten sind, wären zum Teil dann gelöst, wenn es ein
striktes Tötungsverbot ohne Ausnahme ab Befruchtung gäbe oder wenn sich

---

[14] A. Eser, „Lebensrecht", Sp. 700.

[15] Zu denken ist hier z. B. an statistische Daten über Schwangerschaftsabbrüche. Eine Stati-
stik des Statistischen Bundesamtes weist für den Zeitraum von 1983 bis 1992 aus, daß die
große Mehrzahl der in den alten Bundesländern Deutschlands durchgeführten und regi-
strierten Abtreibungen durch soziale Notlagen indiziert waren (nach: Die Zeit, Nr. 29 v. 16.
07.1993, S. 11). Solche Statistiken erlauben nicht nur Rückschlüsse auf die Gründe, aus denen
abgetrieben wird, sondern auch auf die faktische Wertschätzung ungeborenen menschlichen
Lebens.

herausstellte, daß ein Tötungsverbot für Föten erst zu einem späteren Zeitpunkt der Schwangerschaft gilt und ein Lebensschutz bis zu einem bestimmten Zeitpunkt nicht gefordert ist. In dieser Hinsicht wirken geltende Regelungen auch auf die philosophische Diskussion zurück. So wird aus der weitgehenden Akzeptanz zumindest einiger Rechtfertigungen der Abtreibung, die akzeptiert werden, obwohl sie dem Konzept des gleichen Lebensschutzes widersprechen, z. B. von Sass gefolgert, daß faktisch (d. h. aufgrund moralischer Intuition) der moralische Status des Embryos ein anderer ist als der des Erwachsenen. Eine Definition des moralischen Status menschlicher Embryonen sollte deshalb nach Sass' Ansicht auf die Vermeidung von Doppelstandards gerichtet sein und den Beginn schützenswerten Lebens entsprechend spät bestimmen.[16] Engels dagegen befürchtet, daß Definitionen des Lebensschutzbeginns aus pragmatischen Gründen zu großzügig ausfallen könnten.[17]

Diese unterschiedlichen Perspektiven deuten bereits an, daß die praktischen Probleme in ganz unterschiedlicher Weise auf die philosophische Diskussion einwirken. Je nachdem, wie der Status pränatalen menschlichen Lebens definiert wird, verändern sich davon abhängige moralische Entscheidungen wie z. B. die Abwägung der Rechte einer Schwangeren mit denen des werdenden Lebens. Und je nachdem, wie die bereits bestehenden Dilemmata gewichtet und bewertet werden, verändern sich die Positionen zur Statusfrage.

Man muß folglich davon ausgehen, daß ein direktes Wechselwirkungsverhältnis zwischen Ethik und Technik besteht. Während gemeinhin angenommen wird, die technikbegleitende ethische Auseinandersetzung sei insofern positiv zu bewerten, als sie – dem Anliegen nach – zu einer allgemein wünschbaren Technikentwicklung und -anwendung (im Gegensatz zu einem unreflektierten, eigendynamischen Fortschreiten technischer Handlungspraxen) führe, scheint der Blick darauf verlorenzugehen, wie die Technikentwicklung ihrerseits auf die Lösung ethischer Probleme einwirken kann. In bezug auf die ethische Kontroverse über den Schwangerschaftsabbruch, der zunächst kein Problem der Technikanwendung darzustellen scheint, kann die Technik möglicherweise ein Mittel zur Verfügung stellen, das die ethisch dilemmatische Situation zwischen dem Lebensrecht des Ungeborenen einerseits und dem Selbstbestimmungsrecht der Schwangeren andererseits aufzulösen in der Lage ist: Sobald es technisch möglich ist, Embryonen und Föten aus dem natürlichen Uterus zu entnehmen, ohne sie zugleich töten oder sterbenlassen zu müssen, sondern ihr Leben in einem künstlichen Uterus erhalten und ihre Fortentwicklung sichern zu können, ist das derzeitige ethische Dilemma gelöst. Das Leben des Embryos bzw. Fötus wäre erhalten und geschützt sowie gleichzeitig das Selbstbestimmungsrecht der

---

16 Siehe H.-M. Sass, „Hirntod und Hirnleben", S. 168. Siehe auch Kapitel 5.3 der vorliegenden Arbeit.

17 Siehe E.-M. Engels, „Der Wandel des lebensweltlichen Naturverständnisses", S. 85.

Schwangeren gewahrt. Ob solche technischen Auflösungen moralischer Probleme wünschbar sind, wage ich allerdings zu bezweifeln. Wenn aber die ethische Debatte zu eng gefaßt wird, besteht die Gefahr, daß sie Szenarien wie die skizzierte technische Lösung des Problems nicht nur vorantreibt, sondern auch legitimiert. Ohne eine ethische Bewertung des Szenarios des künstlichen Uterus vorwegnehmen zu wollen, sind m. E. schon auf den ersten Blick ethische Fragen aufgeworfen, die an der generellen Wünschbarkeit einer solchen technischen Möglichkeit zweifeln lassen. Nicht nur die Frage, ob es generelle Grenzen der technischen Lebenserhaltung geben sollte und wo diese anzusetzen wären, bekommt aufgrund dieser technischen Möglichkeit eine neue Qualität,[18] sondern es stellt sich auch die – in der philosophischen Debatte bisher wenig beachtete – Frage, inwieweit sich die Selbstbestimmungsrechte der Frau auch auf die pure Fortexistenz von Nachkommenschaft beziehen.[19] In der feministischen Forderung nach uneingeschränktem Recht auf Abtreibung ist auf diese Problemverschiebung durch denkbare technische Entwicklungen schon vor Jahren Bezug genommen worden, als der ursprüngliche Slogan „Mein Bauch gehört mir" in den Slogan „Kinder oder keine – entscheiden wir alleine" umgewandelt wurde. Vor dem Hintergrund des in diesem Slogan Implizierten stellt die denkbare technische Entwicklung und Anwendung des künstlichen Uterus keine Lösung des Problems dar.

Daß es bislang noch keinen künstlichen Uterus gibt, entlastet die ethische Auseinandersetzung mit der Abtreibung keineswegs; ganz im Gegenteil verdeutlicht das Szenario – selbst wenn es bloß als Gedankenexperiment verstanden wird –, inwieweit die bislang vorgetragenen Positionen noch stärker als bisher versuchen müssen, die Vielfalt der praktischen Konsequenzen ihrer normativen Forderungen in Betracht zu ziehen und ethisch zu bewerten. Besonders die

---

[18] Ich beziehe mich hier vor allem auf die derzeit stattfindende Diskussion um den Abbruch intensivmedizinischer lebenserhaltender Maßnahmen z. B. am Übergang von Krankheit zu Sterben, bzw. auf die Diskussion um die Wahrung und Durchsetzung von Selbstbestimmungsrechten, wenn Patienten lebenserhaltende Maßnahmen gegen das Ethos der Medizin wahrnehmen wollen. Wenn man die Selbstbestimmungsrechte des einzelnen – insbesondere im Rahmen der Nutzung medizinisch-technischer Möglichkeiten – ethisch höher wertet als die Leitidee der Medizin, Leben zu erhalten, müßte man für Embryonen und Föten z. B. die stellvertretende Zustimmung zur Entwicklung im künstlichen Uterus einholen. Es stellte sich dann die Frage, wer berechtigt ist, eine solche Zustimmung zu geben, und ob sie individuell oder kollektiv für Ungeborene gelten soll.

[19] Die Frage, inwieweit mit Rekurs auf die eigenen Selbstbestimmungsrechte die Fortentwicklung genetischer Nachkommenschaft verweigert werden können soll, stellt sich insbesondere auch im Rahmen der In-vitro-Fertilisation. Hier betrifft sie – stärker noch als im Rahmen der Abtreibung, bei der vorwiegend die Rechte der Frau gegen die des Ungeborenen angeführt werden – auch den an der Zeugung des konkreten Ungeborenen beteiligten Mann sowie die beteiligten Institutionen.

Position, die ein Lebensrecht von Befruchtung an annimmt, aber auch Positionen, die aufgrund von Zumutbarkeitserwägungen Ausnahmen vom Verbot der Abtreibung für ethisch gerechtfertigt halten, sind gehalten, das sich aus ihnen ergebende Verhältnis des Lebensrechts des Ungeborenen zum Selbstbestimmungsrecht der Schwangeren (bzw. der genetischen Mutter) deutlich zu bestimmen.

Aus dem bisher Dargelegten kann die Folgerung abgeleitet werden, daß die philosophische Debatte über die Moralität der Abtreibung gezwungen ist, sich mit der Klärung des Statusproblems zu befassen. Sie kann sich darauf aber nicht beschränken, wenn sie auf die bestehenden Konfliktlagen tatsächlich Bezug nehmen will. Auch ethische Ansätze, die sich von konsequentialistischen Erwägungen distanzieren, blieben nicht ohne handfeste Konsequenzen. Insbesondere feministische Positionen haben dies immer wieder verdeutlicht. Ethikfolgenabschätzungen sind offenbar unerläßlich; im Kontext der Abtreibung müssen sie sich auf das von der jeweiligen ethischen Position bedingte Menschenbild, aber auch auf das dadurch bedingte Frauenbild beziehen.

1.3 Transplantation fötaler Gewebe und Organe

Die Organtransplantation ist seit vielen Jahren eine weitestgehend akzeptierte medizinisch-therapeutische Maßnahme zur Lebenserhaltung von Menschen, die an spezifischen organischen Defekten leiden, die nicht im traditionellen Sinne geheilt werden können. Allerdings ist die Anwendung dieser Methode durch die äußere Bedingung, daß nicht genügend Spenderorgane zur Verfügung stehen, extrem begrenzt. Viele Patienten sterben, bevor ein passendes Organ für sie zur Verfügung steht. Dieses Problem stellt sich vor allem im Rahmen der allogenen homologen[20] Transplantation, bei der die Organe von einem (Hirn-)Toten entnommen werden. Interne Begrenzungen der Heilung durch Organtransplantation ergeben sich vor allem durch immunologische Reaktionen des Organempfängers gegen das gespendete Organ.

In diesem Zusammenhang ist die Frage aufgeworfen, ob nicht die Organe von abgetriebenen Föten genutzt werden sollten, um das Leben Sterbenskranker zu erhalten. Anstatt diese abgetriebenen Föten, wie etwa einen entnommenen Blinddarm, als ,organischen Müll' anzusehen und – wie es bisher geschieht – zu entsorgen, könnten vorher einige ihrer Organe und Gewebe entnommen werden, um den Bedarf an Spenderorganen in größerem Umfang zu decken. Neben dem Bedarfsargument sprechen weitere Überlegungen für die Transplantation fötaler Organe und Gewebe: Die immunologische Abwehr fötaler Organe ist

---

[20] Dies bezeichnet die Ex- und Implantation von Organen oder Geweben zwischen Individuen der gleichen Art.

weniger wahrscheinlich, sie sind zudem leichter in Kultur zu halten, haben ein
größeres Wachstumspotential und sind besser geeignet, schadhaftes Gewebe zu
reparieren sowie biochemische Funktionen zu übernehmen. Außerdem sind sie
gegenüber Sauerstoffmangel widerstandsfähiger und können in manchen Fällen
sogar leichter transplantiert, ggf. sogar injiziert werden.[21] Sie sichern das Überleben des Sterbenskranken damit eher als die Organe hirntoter erwachsener
Spender.

Bis zum Jahre 1990 wurden weltweit bereits 600 Patienten registriert, die an
einer insulinabhängigen Diabetes mellitus litten und durch Transplantation fötalen Pankreas behandelt wurden. Bis zum gleichen Jahr wurde an 19 Parkinson-
Patienten der Versuch unternommen, sie mit fötalem Neuralgewebe zu heilen
bzw. das Fortschreiten der Krankheit zu verlangsamen. Etwa 300 Patienten
haben bis zum gleichen Zeitpunkt fötales Leber- und Thymusgewebe – insbesondere zur Behandlung schwerer kombinierter Immunschwäche (SCID) –
erhalten.[22] Obwohl die Transplantation fötaler Gewebe und Organe noch im
experimentellen Stadium ist, sind die langfristigen Aussichten vielversprechend,
so daß es gemäß des ärztlichen Berufsethos geradezu geboten erscheint, die Forschungen in diesem Bereich voranzutreiben.

Den offensichtlichen medizinischen Vorteilen der Nutzung fötaler Organe
und Gewebe stehen jedoch erhebliche ethische Bedenken gegenüber. Diese richten sich im Zusammenhang der hier zu behandelnden Thematik weniger gegen
die Organtransplantation selbst, sondern gegen die spezifische Situation, die sich
daraus ergibt, daß der „Organspender" ein menschlicher Fötus ist. Zwei wesentliche Voraussetzungen der Entnahme lebenswichtiger Einzelorgane beim Menschen sind nämlich in diesem Fall in Frage gestellt: einerseits die Voraussetzung,
daß der Organspender (hirn-)tot ist, und zudem die, daß er der Organentnahme
zu Lebzeiten prospektiv zustimmt bzw. daß – sofern der Spender sich zu
Lebzeiten nicht selbst geäußert hat – seine Angehörigen in seinem Sinne entscheiden.[23] Die banale und absurd erscheinende Feststellung, daß der Fötus eben
als solcher nicht selbst entscheiden konnte, ob die Nutzung seiner Organe in
seinem Sinne ist, wirft ein zentrales ethisches Problem auf, das letztlich in der
Frage nach dem moralischen Status menschlicher Föten besteht.

Im Rahmen der ethischen Bewertung der Organentnahme von abgetriebenen
Föten können drei Grundpositionen unterschieden werden: Die *erste* Auffassung besagt, der Fötus sei (nach der Abtreibung) ein *hirntoter Gewebespender*
und als solcher moralisch zu bewerten wie ein geborener bzw. erwachsener
hirntoter Gewebespender. Entsprechend dieser Auffassung wäre die Zustim-

---

[21] Siehe D. F. VAWTER ET AL., *The Use of Human Fetal Tissue.*

[22] Siehe ebd.

[23] Siehe z. B. Amerikanischer Ärztebund (1968), „Ethische Richtlinien zur Organtransplantation", S. 250 f.

mung zur Organentnahme von den Angehörigen – in erster Linie also von der Mutter – einzuholen. Von einigen[24] wird dagegen jedoch eingewendet, daß sich die Mutter aufgrund ihrer Abtreibungsentscheidung als Stellvertreterin der Interessen des Fötus disqualifiziert habe. Grundlage dieses Einwands ist erstens die Annahme, daß (zumindest manche Fälle von) Abtreibungen unmoralisch sind, weil sie den Interessen bzw. Rechten des Fötus widersprechen; zweitens die Auffassung, daß die Notwendigkeit einer Zustimmung zur Organentnahme dem Schutz bzw. dem Interesse des Fötus als Organspender und nicht etwa dem Schutz der Interessen der Mutter als „Fötenspenderin" oder Besitzerin des Fötus dienen soll. Diesen Annahmen entsprechend kann auch der Staat nicht stellvertretende Zustimmungsinstanz sein, weil er damit zugleich auch unmoralische Abtreibungen nicht nur tolerieren, sondern akzeptieren würde. Die ethische Vertretbarkeit der Entnahme fötaler Organe wäre nur in solchen Fällen gegeben, in denen über die ethische Vertretbarkeit der Abtreibung (z.B. bei nicht induzierten Abtreibungen bzw. Spontanaborten) kein Zweifel besteht und die Mutter als Angehörige der Organentnahme zustimmt.

Unabhängig davon, ob man den Annahmen, die zu dieser Position führen, beipflichtet, verdeutlichen sie die Verflechtung des moralischen Urteils über den Status menschlicher Föten, mit den daraus erwachsenden moralischen Bewertungen der Abtreibung und den damit implizierten ethischen Problemen bei der Entnahme fötaler Organe. Während nach dieser ersten Grundauffassung über den Status des Fötus das Zustimmungsproblem in den Vordergrund der ethischen Problematik rückt, scheint es sich innerhalb der anderen beiden Grundauffassungen überhaupt nicht zu stellen.

Es stellt sich insbesondere dann nicht, wenn in einer *zweiten* Grundauffassung der *Fötus als Gewebe* angesehen wird, das chirurgisch von einem Patienten (nämlich der Schwangeren) entfernt wurde. Diese Position leitet sich aus dem üblichen Umgang mit abgetriebenen Föten ab, die nach dem Abort entsorgt werden. Sie widerspricht damit der ersten Grundauffassung, nach deren Analogisierung mit hirntoten Geborenen bzw. Erwachsenen konsequenterweise auch ein entsprechender Umgang mit Föten, wie er sich bspw. in Begräbnisriten zeigt, vollzogen werden müßte. Sofern der abgetriebene Fötus moralisch mit chirurgisch entfernten Geweben gleichgesetzt wird, ergibt sich das Zustimmungsproblem insofern nicht, als für Organe und Gewebe keine Eigeninteressen und Rechte angenommen werden. Diese zweite Grundauffassung über den moralischen Status von Föten erlaubt damit die Organentnahme ohne die ansonsten notwendig einzuhaltenden Voraussetzungen der Organentnahme.

---

[24] Siehe die Ansichten von Burtchaell und Bopp als Mitglieder des NIH-Ausschusses (National Institutes of Health Human Fetal Tissue Transplantation Research Panel) zur Bewertung der fötalen Gewebe- und Organspende, dargestellt in C. Strong, „Fetal Tissue Transplantation", S. 71.

Sofern der Fötus nämlich selbst als bloßes Gewebe gilt, ist weder sein Hirntod unbedingt festzustellen, noch ist eine Einwilligung zur Organentnahme einzuholen. Außerdem besteht weitestgehende Freiheit in bezug auf Forschungsvorhaben an dem Fötus; eine Beschränkung durch Regelungen zur Forschung an Menschen ist nicht gegeben. Darüber hinaus ist in dieser Grundauffassung impliziert, daß die Moralität des Schwangerschaftsabbruches keine Implikationen für die Moralität der fötalen Organentnahme trägt.

Eine *dritte* Grundauffassung besteht darin, den *Fötus als Teilnehmer an einem Forschungsvorhaben* anzusehen, also als menschliches Forschungssubjekt (human research subject). Nach dieser Auffassung besteht zwar das Zustimmungsproblem wie in der ersten Grundauffassung, aber die Handlungen, die danach an dem Fötus vollzogen werden dürfen, sind durch andere Kriterien begrenzt, als sie für die Organentnahme an Geborenen bzw. Erwachsenen gelten. Die Hirntodfeststellung ist nach dieser Auffassung notwendig, und es gelten zudem die Schadensvermeidungsregelungen in bezug auf Forschungen an Menschen, wie sie z. B. in der Deklaration von Helsinki festgelegt sind.[25] Nicht nur, daß innerhalb dieser Auffassung vom Status des Fötus die Entnahme und Transplantation seiner Organe als Forschungsvorhaben gewertet und entsprechend eingeschränkt wird, sondern es werden darüber hinaus auch die überhaupt in Betracht zu ziehenden Handlungen an ungeborenem menschlichen Leben eingeschränkt: Nicht jede Handlung, der von einem Personensorgeberechtigten zugestimmt wird, darf auch durchgeführt werden, sondern nur solche, die gleichzeitig auch durch Forschungsrichtlinien abgesichert sind.

Unabhängig von den mit diesen Grundauffassungen verbundenen ethischen Bedenken gegen die Entnahme fötaler Organe ergeben sich zusätzlich ethische Fragen hinsichtlich der gesellschaftlichen Folgen einer solchen Praxis. So wurde die Frage aufgeworfen, ob nicht durch das moralische Gut, das durch die Entnahme und die anschließende Transplantation fötaler Organe und Gewebe erzielt werden kann, das Übel der Abtreibung relativiert wird und sich dadurch Schwangere eher für einen Abbruch der Schwangerschaft entscheiden. Eine weitere Stellungnahme richtet sich mit dem Vorwurf des ‚Machbarkeitswahns‘ gegen die Nutzung fötaler Gewebe und Organe.[26] Hier gibt man zu bedenken,

---

[25] Die Deklaration von Helsinki setzt das Wohlbefinden des individuellen Patienten über die Interessen der Wissenschaft und der Gesellschaft an spezifischen Forschungsvorhaben. Darüber hinaus fordert sie die informierte Zustimmung der Versuchsperson bzw. – im Falle von deren Geschäftsuntüchtigkeit – die Zustimmung des Personensorgeberechtigten (siehe „Revidierte Deklaration von Helsinki: Empfehlung für Ärzte, die in der biomedizinischen Forschung am Menschen tätig sind" (beschlossen von der XXIX. Generalversammlung des Weltärztebundes am 10. Oktober 1975 in Tokio), in: F. J. ILLHARDT, *Medizinische Ethik*, S. 204 ff.).

[26] Siehe z. B. K. NOLAN, „Genug is Genug".

daß der Gedanke der Verwertbarkeit menschlicher Organismen zu einem Verlust der ganzheitlichen moralischen Achtung zugunsten einer Achtung lediglich
einzelner Teile führen könnte. In diesem Zusammenhang wird auch die Befürchtung geäußert, daß Föten allein zum Zwecke des Organerntens gezeugt werden
könnten.

In etwas anderer Form ist diese Befürchtung auch im Hinblick auf die
Organentnahme von Anenzephalen geäußert worden. Bei der Anenzephalie
handelt es sich um eine Fehlbildung, die darin besteht, daß sich das Großhirn in
der fötalen Entwicklungsphase nicht ausbildet. Häufig kann diese schwere Fehlbildung erst in der fortgeschrittenen Schwangerschaft, etwa in der 22. SSW, festgestellt werden.[27] Nach der Geburt sind Anenzephale nur Stunden oder wenige
Tage überlebensfähig; eine ihr Leben rettende Behandlung ist nicht möglich. Es
stellt sich daher die Frage, ob nicht die Organe von diesen schwerstgeschädigten
und nicht überlebensfähigen (Früh-)Geborenen mit Zustimmung der Eltern
entnommen werden sollten, um das Leben Sterbenskranker zu retten. In einigen
Fällen haben Eltern von Anenzephalen der Organentnahme zugestimmt und
darin einen Trost über das ihnen zugekommene Leid gefunden.[28] Anders als bei
der Organentnahme bei induziert abortierten Föten stellt sich das Zustimmungsproblem bei Anenzephalen zunächst nicht. Dennoch stellt auch die Bewertung ihres moralischen Status ein ethisches Problem dar, das erhebliche Implikationen für die Organtransplantation hat. Da nämlich der Anenzephale zwar
kein Großhirn, jedoch ein weitgehend ausgebildetes Stammhirn hat, kann sein
Tod nicht als Hirntod, d.h. im Sinne der geltenden Voraussetzungen für die
Organtransplantation, festgestellt werden. Man hat sich deshalb bisher an ein
zusätzliches Kriterium der Harvard Richtlinien zur Hirntodfeststellung gehalten, nach dem man auch dann schon vom Hirntod ausgeht, wenn ein selbständi-
ges Atmen über 4 Minuten nicht möglich ist.[29] Um dies an dem Anenzephalus
festzustellen, wird er ab und zu von der Beatmungsmaschine abgehängt. Diese
Praxis ist nicht nur makaber und grotesk, sondern sie führt auch dazu, daß die
Organe durch Sauerstoffmangel geschädigt werden können. Eine Klärung des
moralischen Status der Anenzephalen kann Abhilfe bei dieser ethisch so problematischen Praxis schaffen. Das Problematische an der Statusbestimmung liegt
hierbei darin, daß es sich bei dem Anenzephalus um menschliches Leben handelt, das letztlich weder als hirnlos, noch als hirntot bezeichnet werden kann.
Wichtig ist im Rahmen der ethischen Erwägungen der Gedanke, mit Sicherheit

---

[27] In manchen Fällen wird die Anenzephalie pränatal gar nicht festgestellt.

[28] Siehe W. HOLZGREVE, *Überlegungen zum Problem der Organtransplantation*, S. 23.

[29] Siehe D. C. THOMASMA, „Should Abnormal Fetuses Be Brought to Term?", S. 27. – Die
Kriterien des Hirntodes werden derzeit kontrovers diskutiert und sind nicht international
festgelegt. Siehe dazu etwa M. KLEIN, „Hirntod", und C. WIESEMANN, „Hirntod und Gesellschaft". Siehe auch Kapitel 5.3 der vorliegenden Arbeit.

davon ausgehen zu können, daß aufgrund des fehlenden Großhirns keinerlei Potential zur Personwerdung vorliegt. Insbesondere dieser Aspekt wird an späterer Stelle dieser Arbeit als ein zentrales Argument dafür erläutert werden, daß es ethisch zu rechtfertigen ist, dem Anenzephalus nicht die vollen Rechte eines geborenen Menschen als Person zuzusprechen.[30] Dies würde es in der Folge auch rechtfertigen, nicht auf den Harvard Bedingungen zur Feststellung des Hirntods bestehen zu müssen, deren Ziel es in erster Linie ist, die vollen Rechte einer Person zu schützen, was jedoch in bezug auf den Anenzephalus zu den oben beschriebenen grotesken Situationen führt. Gleichzeitig sind durch eine solche Statusbestimmung auch Antworten auf die Frage impliziert, ob es überhaupt ethisch gerechtfertigt sein kann, Organe von Anenzephalen zu nutzen.

1.4 In-vitro-Fertilisation

Im Jahre 1978 wurde in England der erste in-vitro befruchtete Säugling[31] geboren. Der damit verbundene Triumph der modernen Medizin ist seither von einer äußerst kontroversen Diskussion dieser Fertilisationsmethode begleitet.

Die In-vitro-Fertilisation – d.h. die Befruchtung einer (menschlichen) Oozyte mit (menschlichem) Sperma außerhalb des Körpers einer Frau und der anschließende Embryotransfer in den Uterus einer Frau – wurde als Maßnahme zur Behebung von Sterilität[32] entwickelt. Im Vorfeld der Entwicklung dieser Methode steht einerseits die Erfahrung, daß die Unfähigkeit, Nachkommen zu zeugen, in vielen Fällen erhebliche Leiden verursacht, und andererseits die Auffassung, daß es gemäß dem ärztlichen Ethos die Aufgabe der Medizin ist, dieses Leiden zu beheben bzw. zu lindern. Die Unbestrittenheit dieser Vorannahmen hat jedoch keineswegs zu einer breiten Akzeptanz der IVF/ET-Methode geführt. Ganz im Gegenteil wird sie zunehmend scharf kritisiert. Die in der Kritik vorgebrachten medizinischen, psychologischen und soziologischen Aspekte haben jeweils erhebliche ethische Relevanz, so daß die ethische Problematik der In-vitro-Fertilisation ein besonders breites Spektrum umfaßt.

Im Vordergrund der Kritik steht gegenwärtig die relative Erfolglosigkeit der Methode: Von 100 Frauen, die eine operative Punktion der Eierstöcke über sich

---

[30] Siehe dazu Kapitel 5.3.

[31] Louise Brown, geb. am 25. Juli 1978.

[32] Nach einer US-amerikanischen Studie waren im Jahre 1982 8,5% der verheirateten Paare unfruchtbar. Schätzungen gehen davon aus, daß sich ca. 51% dieser Paare in Behandlung begeben. Bei etwa 10-15% dieser Paare scheitern konventionelle Methoden der Sterilitätsbehandlung; sie können auf das Gelingen der IVF/ET-Methode hoffen (siehe US Congress, OTA Bericht, 1988, S. 4 u. S. 7).

ergehen lassen, kommt es nur in drei bis vier Fällen zur Geburt eines Kindes.[33]
Zwar kann man der Ansicht sein, daß es Sache der freien Entscheidung des unter
der Unfruchtbarkeit leidenden Paares ist, sich einer therapeutischen Maßnahme
zu unterziehen, die derart geringe Erfolgsaussichten hat. Auch in anderen Zusammenhängen, etwa bei Therapieversuchen in bezug auf AIDS, gilt eine medizinische Maßnahme nicht schon deshalb als unmoralisch, weil sie nur geringe
Erfolge verspricht. Im Rahmen der IVF hat sich jedoch gezeigt, daß die Patientinnen bzw. Klienten[34] häufig nicht über die geringe Erfolgsquote aufgeklärt
werden und ihnen oft auch nicht verdeutlicht wird, welche Risiken mit dieser
Maßnahme verbunden sind.[35] Dieses Informationsdefizit geht offenbar weit
über die – auch in vielen anderen Zusammenhängen bekannte – Problematik des
„Informed Consent" hinaus. Es hat sich gezeigt, daß der Patientin bzw. dem
Klienten teilweise, z.B. in bezug auf die Erfolgsquoten, Daten mitgeteilt werden,
die irreführend sind: Die Erfolgsquote wird nämlich zum Teil an medizinisch-
wissenschaftlichen Kriterien gemessen und nicht an den Kriterien der Leidenden. Während für letztere allein die Geburt der Nachkommenschaft als Erfolg
angesehen werden kann, ist im Rahmen der Medizin ein Erfolg schon die gelun-
gene Fertilisation im Reagenzglas oder die Einnistung des in-vitro befruchteten
Embryos in den Uterus der Frau.[36] Aus solchen Diskrepanzen erwächst der
Verdacht, die Medizin hätte an der IVF/ET-Methode ein Eigeninteresse, das sie
von ihrer eigentlichen Aufgabe, Leiden zu mindern, entfremdet.[37] Nicht nur,
daß damit die Frau, die sich den Risiken, Strapazen und Schmerzen, die mit der
IVF-Methode verbunden sind, aussetzt, den Patientenstatus verliert und stattdessen zur Teilnehmerin an einem Forschungsprojekt wird (es wurde hier auch
schon der Begriff „Versuchskaninchen" gewählt[38]), es stellt sich als ethisches

---

[33] Siehe U. WIESING, „Ethik, Erfolg und Ehrlichkeit", S. 70.

[34] Da man davon ausgehen kann, daß sich in den meisten Fällen (Ehe-)Paare der IFV-
Methode unterziehen, der Ehemann jedoch allenfalls als Spermaspender fungiert, kann man
ihn m.E. nicht als Patienten bezeichnen; deshalb spreche ich im folgenden von Patientinnen
und Klienten, die die IVF-Methode nutzen.

[35] „Im Rahmen meiner eigenen Untersuchung, die sich mit vierzig australischen Frauen
befaßte, [...] stellte ich fest, daß viele während der Behandlung unter Zysten, Abszessen und
Vergrößerungen oder entzündlichen Veränderungen der Ovarien litten. Manche hatten ständig Blutungen. Zu den häufigsten „Nebenwirkungen" von Clomiphen [hierbei handelt es
sich um ein ovulationsauslösendes Medikament, C.K.] zählten Schwindelanfälle, Übelkeit
und das generelle Gefühl, krank zu sein. Bei manchen Frauen verschwanden diese „Nebenwirkungen" auch nach dem Ausstieg aus der IVF nicht." (R.D. KLEIN, „Widerstand", S. 222)

[36] Siehe U. WIESING, „Ethik, Erfolg und Ehrlichkeit", S. 70.

[37] Siehe ebd., S. 72.

[38] „Frauen, die ihre Unfähigkeit, auf natürlichem Wege zu gebären, mit Hilfe der Medizin
zu überwinden suchen [...], werden als Versuchskaninchen [sic!] in einer Reihe gefährlicher
Experimente mißbraucht [...]". (R.D. KLEIN, „Widerstand", S. 216)

Problem auch die Frage, ob es nicht moralisch gefordert ist, die Methode als
gescheitert anzuerkennen und alternative Forschungsansätze zu fördern.[39]

Neben dieser grundsätzlichen Kritik an der IVF/ET-Methode als Maßnahme
gegen Sterilität ergeben sich weitreichende ethische Probleme im Zusammenhang mit dem Vollzug und als Folge der Methode: Regelmäßig werden mehrere
Oozyten befruchtet, die aber nicht unbedingt alle in den Uterus der Frau eingepflanzt werden. Die „überzähligen" Embryonen bzw. Zygoten können
kryokonserviert, d. h. eingefroren, werden und stehen der Frau für den Fall zur
Verfügung, daß die bereits eingepflanzten Zygoten sich nicht in den Uterus
einnisten oder es zu einem Spontanabort kommt. Die Kryokonservierung von
Embryonen hat den Vorteil, daß sich die Patientin nicht wiederholt einer
hormonellen Behandlung und dem risikoreichen chirurgischen Eingriff sowie
den jeweils damit verbundenen gesundheitsbelastenden Nebenwirkungen unterziehen muß.

Allerdings stehen der uneingeschränkten Nutzung dieses Vorteils die ethischen Implikationen der Frage entgegen, wie mit den überzähligen Embryonen
zu verfahren ist, wenn die genetische Mutter sie letztlich nicht implantieren
lassen kann oder möchte. Die Antwort auf die Frage, ob diese Embryonen Besitz ihrer genetischen Eltern sind und unter deren Verfügungsrechte fallen oder
ob sie Besitz der Institution sind, in deren Gewahrsam sie sich befinden, oder ob
sie selbst Rechte haben, hat weitreichende Implikationen für ihren Verbleib.
Daß diese Überlegungen längst nicht mehr hypothetischen Charakter haben,
belegen mehrere Fälle, die in den USA bereits gerichtlich entschieden werden
mußten.[40] In allen Fällen stand im Vordergrund der gerichtlichen Entscheidung

---

[39] In diesem Zusammenhang ist darauf hinzuweisen, daß im Rahmen der Betreuung von
IVF-Patientinnen Erkenntnisse gewonnen wurden, die darauf deuten, daß Sterilität häufig
psychisch begründet ist. Es läge daher nahe, die psychischen Ursachen zu erforschen und
darüber die Sterilität zu überwinden, anstatt die Patientin durch Fehlschläge mit der IVF-
Methode noch größerem psychischen Druck auszusetzen. Darüber hinaus wäre zu fragen,
ob nicht der so dringende Wunsch nach einem eigenen Kind in sich schon ein psychisches
Problem darstellt, das behoben werden kann, so daß die Sterilität selbst gar nicht mehr behandelt werden müßte. – Siehe dazu auch U. WIESING, „Ethik, Erfolg und Ehrlichkeit", S.
73, und R. D. KLEIN, „Widerstand", S. 278.

[40] Siehe J. ELSON ET AL., „The Rights of Frozen Embryos", S. 63. Elson berichtet von dem
Fall des Ehepaares Risa und Steven York aus dem Jahre 1986. Als die Yorks von New Jersey
nach Kalifornien zogen und den Transport ihrer eingefrorenen Embryonen in ein kalifor-
nisches Krankenhaus wünschten, in dem sich Frau York einer weiteren IVF unterziehen
wollte, verweigerte die Klinik, in der die Embryonen aufbewahrt wurden, deren Heraus-
gabe. Die Klinik begründete dies mit Besitzansprüchen an den Embryonen. Ein weiterer,
öffentlich viel diskutierter Fall ist der des Ehepaares Mary Sue und Junior Lewis Davis. Im
Zusammenhang mit der Scheidung dieses Ehepaares forderte der Ehemann, daß die während
der Ehe gezeugten und kryokonservierten Embryonen weder von seiner Frau, noch von
einer anderen Frau ausgetragen werden dürften. Die Ehefrau dagegen bestand darauf, daß

und der sie begleitenden ethischen Auseinandersetzung die Frage nach dem moralischen Status des kryokonservierten Embryos. An ihm mißt sich z.B., welches Gewicht das Interesse eines genetischen Vaters eines kryokonservierten Embryos hat, dessen Implantation zu verhindern, weil er nun doch nicht Vater eines (bzw. dieses potentiellen) Kindes werden will.

Die Klärung der Statusfrage ist im Zusammenhang mit der In-vitro-Fertilisation insofern ausschlaggebend für spezifische und konkrete Handlungsprobleme. So ist derzeit noch ungeklärt, ob der kryokonservierte Embryo ein Recht darauf hat, durch Implantation eine Chance zur Fortentwicklung zu erhalten, oder ob mit ihm verfahren werden kann wie mit einem abgetriebenen Fötus. Falls er ein Recht auf Implantation hat, stellt sich die Frage, ob er dann auch ein Recht darauf hat, in den Uterus seiner genetischen Mutter eingepflanzt zu werden, und wie zu verfahren ist, wenn dies unmöglich ist. Außerdem stellt sich die Frage, ob in diesem Zusammenhang möglicherweise dringender Forschungsbedarf zur Entwicklung eines künstlichen Uterus besteht oder ob kryokonservierte Embryonen verkauft oder zur „Adoption" freigegeben oder ob sie zu Forschungszwecken genutzt werden sollen. Robertson[41] hat zur gesetzlichen Regelung dieser Fragen die Einrichtung eines „Embryo Donation Law" vorgeschlagen, allerdings setzt auch dies die vorherige Klärung der Frage voraus, welches der moralische Status des kryokonservierten Embryos ist, oder konkreter: wessen Besitz er ist, bzw. welche Rechte ihm selbst zukommen.[42]

Unter soziologischen und ethischen Gesichtspunkten ist im Zusammenhang mit den durch die IVF/ET-Methode eröffneten Reproduktionsmöglichkeiten auch die Frage zu erörtern, inwieweit diese moderne Fertilisationsmethode tradierte Vorstellungen von Familienabfolge und Elternschaft beeinflußt und wie diese Beeinflussungen zu bewerten sind. Auch hier sind ethisch problematische

---

sie diese Embryonen entweder selbst austragen oder sie einer anderen Frau spenden dürfe (siehe J. A. Robertson, „Resolving Disputes", S. 7).

[41] Siehe J. A. Robertson, „Procreative Liberty".

[42] Die Tatsache, daß die Produktion überzähliger Embryonen in der Bundesrepublik durch das am 24. Oktober 1990 verabschiedete Embryonenschutz-Gesetz verboten ist (§1 (1)5, ESchG), sollte über die ethische Grundproblematik der Statusbestimmung im Zusammenhang mit der IVF-Methode nicht hinwegtäuschen: Mit dem Verbot wird nämlich gleichzeitig in Kauf genommen, daß Frauen, die sich der IVF-Methode unterziehen, bei mehreren Eierstockpunktionen jeweils großen Risiken für ihre Gesundheit ausgesetzt sind. Diese zusätzliche Gefährdung ist dabei keineswegs medizinisch-technisch bedingt, sondern sie ergibt sich allein aus einer umstrittenen und Doppelstandards bestätigenden moralischen Entscheidung des Gesetzgebers, der im Rahmen des ESchG den konsequenten Lebensschutz menschlichen Lebens von der Befruchtung an durchsetzt, andererseits aber z.B. postkonzeptionelle Verhütungsmethoden zuläßt. Nach einer ethischen Klärung des moralischen Status von (kryokonservierten) Embryonen und einer ordnungspolitischen Klärung entsprechender Verfügungsrechte wären diese Doppelstandards vermeidbar.

Fälle bereits vorgekommen,[43] so daß es kaum notwendig ist, hypothetische Szenarien zu entwickeln: Die Methode der IVF/ET eröffnet die Möglichkeit der Leihmutterschaft, bei der die Leihmutter nicht zugleich auch die genetische Mutter des Embryos ist, der in ihrem Uterus heranwächst. So kann die Tante, die Großmutter, die Schwester, die Nachbarin etc. die „Mutter" des heranwachsenden Fötus sein. Während diese Konstellationen noch mit der „Stiefelternschaft" analogisierbar zu sein scheinen, geht die Vorstellung, daß Embryonen bereits verstorbener genetischer Eltern in den Uterus einer Frau implantiert werden, über tradierte Familienkonzepte hinaus. Auch für die Klärung dieser Fragen sind die Bestimmung des moralischen Status menschlicher kryokonservierter Embryonen und die Bestimmung des mit diesem Problem implizierten Würde-Konzeptes von zentraler Bedeutung.

1.5 Forschung an menschlichen Embryonen und Föten

Insbesondere der Zuwachs an Erkenntnissen über das menschliche Erbgut und seine Korrelation mit bestimmten Krankheiten, aber auch z.B. der Fortschritt der Transplantationsmedizin sind Veranlassung der Forschung an menschlichen Embryonen und Föten. Die ethische Problematik ergibt sich bei Forschungsvorhaben, deren Objekt menschliche Embryonen und Föten sind, vor allem aus zwei Aspekten: einerseits aus der Tatsache, daß die Forschungsergebnisse nicht dem Embryo bzw. Fötus dienen, an dem sie erforscht werden, und damit nicht therapeutisch sind; zum anderen aus der Tatsache, daß es sich in den meisten Fällen um ‚verbrauchende' Forschung handelt, der Embryo oder Fötus im Vollzug des Forschens also getötet wird. Dem jeweils angestrebten medizinischen Fortschritt steht dabei die Sorge entgegen, die nicht-therapeutische und ‚verbrauchende' Forschung an menschlichem Leben bedeute eine unzulässige Instrumentalisierung des Menschen.[44]

Umgekehrt steht dieser Sorge allerdings die Frage entgegen, ob es nicht ebenso verwerflich ist, die neuen Handlungsmöglichkeiten nicht zu nutzen.

> Ist es medizinisch verantwortlich oder unverantwortlich, wenn wir bei bestimmten Formen von Infertilität die Möglichkeiten der extrakorporalen Empfängnis ausschließen? Ist es angesichts von vielen unbehandelbaren und oft grausamen Krankheiten verantwortlich oder unver-

---

[43] Siehe R.D. KLEIN, „Widerstand", S. 238.

[44] Vgl. H.M. BAUMGARTNER, „Am Anfang des menschlichen Lebens". – Baumgartner erörtert hier, daß insbesondere Eingriffe in das Erbgut von Embryonen und Föten, aber auch andere, nicht-therapeutische Eingriffe der kantischen Mensch-Selbstzweck-Formel widersprechen und somit die Instrumentalisierung eines Individuums bedeuten.

antworlich, Forschungen an embryonalem Gewebe zu treiben, deren Ergebnisse solche Krankheiten lindern oder beseitigen könnten?[45]

Ein häufig genanntes Ziel der verbrauchenden Forschung an Embryonen ist die Verbesserung der Methode der *In-vitro-Fertilisation*, deren geringe Erfolgsrate einerseits und deren Produktion ‚überzähliger‘ Embryonen andererseits als ethisch und medizinisch unerträglich angesehen werden.[46] Viele Embryonen sterben durch ungünstige Eigenschaften des Kulturmediums ab, so daß die Erforschung einer besseren Zusammensetzung geringere Sterberaten zur Folge hätte und somit auch weniger Eizellen befruchtet werden müßten. Dieses Ziel kann allerdings nicht durch Forschung an Tieren erreicht werden, weil die Erfordernisse an das Kulturmedium artspezifisch sind. Eine Schädigung oder Tötung des jeweils benutzten Embryos ist bei einem solchen Forschungsvorhaben folglich grundsätzlich nicht auszuschließen, da die experimentellen Veränderungen des Mediums gerade dies zum Ergebnis haben können.[47]

Ein weiterer Bereich, in dem Forschung an Embryonen für besonders wertvoll gehalten wird, ist die Erforschung von *Chromosomenanomalien*, insbesondere solcher, die zum Absterben von Embryonen oder Föten führen. Es ist bereits bekannt, daß 5% der Totgeburten und 50% der Fehlgeburten im ersten Trimester der Schwangerschaft auf Chromosomenanomalien zurückzuführen sind. Die Gründe für den Tod des Ungeborenen in Zusammenhang mit diesen Anomalien sowie die Ursachen ihrer Entstehung können allein durch ‚verbrauchende‘ Forschung an menschlichen Zygoten und Embryonen erforscht werden.[48]

Ebenfalls in den Bereich der ‚verbrauchenden‘ Embryonenforschung einzugliedern ist die Entwicklung von Techniken des sogenannten ‚*genetischen Screenings*‘ von Embryonen. Eine Methode dieses Screenings ist die Spaltung eines einzelnen Blastocysten im Zwei- oder Vier-Zell-Stadium, wobei ein genetisch identischer Zwilling entsteht. Einer dieser Zwillinge wird kryokonserviert, während der andere auf schwere genetische Schäden wie Sichelzellenanämie oder Muskeldystrophie etc. untersucht wird. Der Tod des untersuchten Zwillings ist

---

[45] H.-M. Sass, „Hirntod und Hirnleben", S. 161.

[46] Wie bereits in Kapitel 1.4 dargestellt wurde, ist die In-vitro-Fertilisation als Behandlungsmethode weiblicher Infertilität umstritten. Ethische Probleme werden bereits in der bloßen Anwendung der Methode gesehen. An dieser Stelle muß dennoch die Frage aufgeworfen werden, ob es gerade aufgrund der bisherigen Erfolglosigkeit der IVF-Methode ethisch geboten ist, Forschung zu ihrer Verbesserung zu betreiben, bzw. welche Implikationen die Bestimmung des moralischen Status menschlicher Embryonen für die Bewertung der Vorhaben zur Verbesserung der Methode selbst hat.

[47] Siehe M.J. Seller u. E. Philipp, „Reasons for Wishing to Perform Research", S. 22.

[48] Siehe ebd.

unvermeidbar, während die Einpflanzung des kryokonservierten Zwillings in
den Mutterleib davon abhängig gemacht wird, welches Ergebnis die Untersuchung hatte. Waren keine Anomalien festzustellen, so steht einer Einpflanzung
nichts im Wege, sind jedoch schwere genetische Krankheiten diagnostiziert
worden, so sieht man von einer Einpflanzung ab. Die Tötung der ‚defekten'
Embryonen wird hier ethisch vor allem mit der Parallelität zum eugenisch bzw.
embryopathisch indizierten Schwangerschaftsabbruch gerechtfertigt.[49] Zukünftiges Ziel dieses Verfahrens ist es, mit Hilfe eines Gentransfers genetisch bedingte Krankheiten zu ‚heilen', d. h., durch die Injektion ‚gesunder' genetischer
Informationen die genetische Krankheit für das Individuum selbst und für seine
Nachkommen zu eliminieren. Aber auch die Entwicklung der Möglichkeit des
Gentransfers ist mit verbrauchender Embryonenforschung verbunden.[50]

Zusätzlich zu der Möglichkeit, an ‚überzähligen' Embryonen aus der In-
vitro-Fertilisation zu forschen, ergibt sich auch die Möglichkeit, an spontan
oder induziert abortierten Föten zu forschen. Als besonders problematisch
erscheinen dabei *Forschungen an lebenden abgetriebenen Föten*.[51] Bei diesen
handelt es sich vorwiegend um medizinische Grundlagenforschung, die jedoch
nicht immer allein dem Ziel zustrebt, Krankheiten zu heilen und Leiden zu
mindern. So wurden Gewebe und Organe abgetriebener Föten auch schon für
die Erforschung biologischer Waffen und im Zusammenhang mit der Herstellung von Kosmetikprodukten verwendet.[52] Es ist damit die Frage impliziert, ob
die ethische Vertretbarkeit der Forschung an menschlichen Embryonen und
Föten auch davon abhängt, welche direkten bzw. unmittelbaren Erkenntnisse
und Ziele durch die jeweiligen Forschungsvorhaben angestrebt sind. Die Differenzierung von hochrangiger und weniger hochrangiger Forschung scheint
jedoch schon daran zu scheitern, daß es zum Wesen der Forschung gehört, zum
einen ihre Ergebnisse und zum anderen aber auch die Bandbreite ihrer möglichen Anwendungen nicht umfassend voraussehen zu können. Das sich in
diesem Zusammenhang anschließende Problem der Erkenntnis- bzw. Technikfolgenabschätzung kann an dieser Stelle nicht erörtert werden. Es soll jedoch
darauf hingewiesen sein, daß ein konsequentialistisches Konzept – wie es z. B.
von Buchborn[53] vorgeschlagen wurde –, nach dem man über die ethische Vertretbarkeit der Forschung an (menschlichen) Embryonen und Föten in Abhängigkeit von der Hochrangigkeit der absehbaren Ergebnisse entscheidet, grundsätzlich mit Skepsis betrachtet werden muß. Die Klärung der Frage nach dem

---

[49] Siehe ebd. und auch den Hinweis auf die Kritik Sporkens am eugenisch indizierten
Schwangerschaftsabbruch in Kapitel 1.2, Fußnote 13.

[50] Siehe M. J. SELLER u. E. PHILIPP, „Reasons for Wishing to Perform Research", S. 24.

[51] Siehe S. M. RINI, *Beyond Abortion*, S. 31f.

[52] Siehe ebd., S. 26.

[53] Siehe E. BUCHBORN, „Hochrangige Forschung".

moralischen Status ‚überzähliger' Embryonen sowie abgetriebener toter und lebender Föten kann dabei schon insofern nicht umgangen werden, als diese möglicherweise unter das in der Deklaration von Helsinki[54] verbindlich formulierte Ethos zur Forschung am Menschen fallen. Danach ist festgelegt, daß schädigende nicht-therapeutische Forschung an einem menschlichen Individuum auch dann nicht erlaubt ist, wenn Ergebnisse in Aussicht stehen, die einer Vielzahl menschlicher Individuen erhebliche Vorteile bringen würden.[55]

Die *ethische Betrachtung dieser medizinischen Verfahrensmöglichkeiten* umfaßt zwar weitaus mehr als die Frage nach dem moralischen Status menschlicher Embryonen in verschiedenen Entwicklungsstadien, jedoch ist die Beantwortung dieser Frage grundlegend für die Beantwortung aller weiteren. Kommt man beispielsweise zu dem Schluß, verbrauchende Embryonenforschung oder Forschung an Föten verbiete sich schon deshalb, weil Embryonen bzw. Föten moralische Rechte zukommen, wie sie etwa in den Menschenrechten und dem aus ihnen abgeleiteten medizinischen Ethos definiert sind, so sind spezifische ethische Bewertungen hinsichtlich der Moralität vieler Forschungsvorhaben weitestgehend impliziert.

1.6 Zusammenfassung

Die Bestimmung des moralischen Status ungeborenen menschlichen Lebens hat nicht nur im Hinblick auf die übergeordnete Ebene eines allgemeinen Menschenbildes, sondern auf konkrete und spezifische Handlungskontexte – die selbst auch vom Menschenbild bestimmt sind – erheblichen und direkten Einfluß. Dies jeweils konkret nachzuweisen, war ein Zweck der bisherigen Darstellung. Durch Bestimmungen des moralischen Status menschlicher Embryonen und Föten werden nicht nur die beschriebenen Handlungsmöglichkeiten in jeweils spezifischer Weise moralisch legitimiert, begrenzt bzw. vorangetrieben, sondern die Statusbestimmungen haben ihrerseits ethische Probleme zur Konsequenz, die m.E. nicht außer acht gelassen werden dürfen. Wer beispielsweise nach einer Bestimmung des moralischen Status menschlicher Föten zwischen ethisch legitimen und ethisch illegitimen Schwangerschaftsabbrüchen unterscheidet, impliziert damit spezifische, ethisch begründete Verfahrensnotwendigkeiten im Rahmen der Transplantation fötaler Gewebe und Organe. Wer – um ein weiteres Beispiel zu nennen – infolge der Klärung der Statusfrage verbrauchende Embryonenforschung für ethisch verwerflich hält, muß sich den

---

[54] Vgl. die Diskussion der dritten Auffassung vom Status ungeborenen menschlichen Lebens im Zusammenhang mit der Transplantation fötaler Organe in Kapitel 1.3, bes. Fußnote 26.

[55] Revidierte Deklaration von Helsinki, Tokio 1975. Siehe auch Fußnote 26.

ethischen Problemen stellen, die sich mit der auf dieser Grundlage naheliegen-
den Forderung nach einem „Recht auf Fortentwicklungschance" kryokonservierter Embryonen ergeben. Solche Beispiele sind vielfältig fortführbar, weil die
Handlungskontexte – trotz der Verschiedenartigkeit ihrer Motivationen und
Ziele – miteinander verbunden sind. Für die Formulierung von Sollenssätzen im
Hinblick auf den Umgang mit ungeborenem menschlichen Leben bedeutet dies,
daß sie in der Anwendung auf die konkrete Praxis sehr unterschiedliche Hand-
lungslegitimierungen und Handlungserweiterungen hervorrufen können, die
offenbar ebenso unterschiedliche moralische Bewertungen erfordern.

Ethische Folgefragen entstehen allerdings nicht nur hinsichtlich der aus der
Statusbestimmung sich je unterschiedlich ergebenden, direkt auf den Embryo
bzw. Fötus gerichteten Handlungspraxen, sondern darüber hinaus auch im
Hinblick auf die Situation derer, die neben dem Embryo bzw. Fötus von der
Legitimität bzw. Illegitimität der Handlungspraxen direkt betroffen sind. Dies
sind z.B. Schwangere, unter Unfruchtbarkeit Leidende, auf ein Spenderorgan
wartende Sterbenskranke etc.

Die Frage nach dem moralischen Status ungeborenen menschlichen Lebens
ist insofern nicht nur deshalb eine Frage von erheblicher praktischer Relevanz,
weil sie sich in der Praxis stellt, sondern weil die möglichen Antworten auf diese
Frage eine Kette von konkreten praktischen Konsequenzen bedingen, die nicht
nur immanent ethisch problematisch sind, sondern zudem jeweils ebenso auf ein
allgemeines Menschenbild rückwirken wie die Statusfrage selbst.

Für den philosophisch-ethischen Diskurs über den Wert ungeborenen
menschlichen Lebens ergibt sich aus dieser Situation die Notwendigkeit, über
die unterschiedlichen zur Lösung der Statusfrage gezählten Ansätze selbst zu
reflektieren. Denn sowohl, wenn der zugrundegelegte Lösungsansatz die Statusklärung von ihren Konsequenzen isoliert – wie z.B. bei deduktiven Modellen –,
als auch, wenn die Statusklärung mit Blick auf die Konsequenzen angestrebt
wird – wie etwa bei konsequentialistischen Modellen –, wird der jeweilige Ansatz selbst zum Gegenstand ethischer Reflexion. Es wird im Zusammenhang
einer solchen Reflexion zudem geprüft werden müssen, in welchem Verhältnis
die Statusdiskussion insgesamt zu den konkreten Praxisproblemen steht. Es
zeichnet sich bereits an dieser Stelle ab, daß das ‚bonum commune' im Rahmen
der dargestellten Handlungskontexte nicht allein von der Bestimmung des
moralischen Status ungeborenen menschlichen Lebens abhängig ist. Es hängt
nämlich indirekt auch davon ab, mit welchen Argumentationsgängen man den
Status jeweils bestimmt, bzw. grundsätzlicher noch davon, ob man die Statusfrage überhaupt als Kernproblem begreift oder sich den zur Debatte stehenden
Handlungsproblemen kontextorientiert nähert.

2. Konzeptionen und Ansätze angewandter Ethik im Rahmen des Ausgangsproblems

2.1 Problemstellung

Wenn man sich mit Themen der angewandten Ethik – wie z.B. im Feld der Medizin-Ethik mit Abtreibung, In-vitro-Fertilisation etc. – beschäftigt, stößt man unweigerlich und unhintergehbar an Grundprobleme, und zwar nicht nur der (theoretischen) Ethik, sondern der Philosophie überhaupt. Die Frage etwa nach der moralischen Rechtfertigbarkeit der Abtreibung führt zu der Frage nach dem Geltungsbereich und der Begründung des Lebensrechts, und von da aus stellt sich die anthropologische Grundfrage nach dem Wesen des Menschen. Es sind daher im Themenbereich der angewandten Ethik grundsätzliche und theoretisch-philosophische Fragen aufgeworfen, die – wenn überhaupt – nur durch ein Zusammenwirken verschiedener (philosophischer) Disziplinen eine Antwort finden können. Eine Umgehung dieser Fragen – oder gar ihre Außerachtlassung – scheint letztlich nicht möglich, und ihre Lösung im Sinne einer abschließenden und allgemeine Zustimmung findenden Beantwortung und Umsetzung in die Praxis ist offenbar – die problematische neueste Entscheidung über die Fassung des § 218 StGB durch das Bundesverfassungsgericht[1] mag dafür als Beispiel dienen – bisher nicht konsensfähig gelungen. In dieser Situation ist die angewandte Ethik einerseits der Kritik ausgesetzt, sie beschäftige sich nicht adäquat mit den philosophischen Grundfragen, und andererseits wird ihr vorgeworfen, sie gehe an der lebensweltlichen Problemsituation, die sich vor allem durch je spezifische und konkrete Interessen- und Handlungskonstellationen konstituiere und sich damit einer grundsätzlichen und eindeutigen Lösung entziehe, vorbei.

Was kann angesichts dieser Situation die Aufgabe der angewandten Ethik sein? Wie kann sie auf der Grundlage bisher nicht universell gültig beantworteter philosophischer Grundfragen zu berechtigten und philosophisch begründeten, gleichzeitig aber auch konsens- und durchsetzungsfähigen Antworten auf die akuten ethischen Probleme der alltagsweltlichen Praxis gelangen? Und kann dies überhaupt ihre Aufgabe sein, oder muß angewandte Ethik eher eine analytische Funktion übernehmen und sich auf diese auch beschränken?

Je nachdem, ob der angewandten Ethik eine ausschließlich analytische Funktion oder darüber hinaus auch eine Problemlösungsfunktion zugeschrieben wird, sind unterschiedliche methodische Fragen aufgeworfen. Es stellt sich insbesondere die Frage, ob nicht die angewandte Ethik – zu deren Bereich die in

---

[1] Siehe Kapitel 1.2.

dieser Arbeit behandelten moralischen Fragen gehören – einen methodischen
Ansatz oder ggf. verschiedene methodische Ansätze erfordert, die unabhängig
von der langwierigen Erörterung philosophischer Grundfragen ethisch begründete, verbindliche und praktikable normative Aussagen über die zur Debatte
stehenden Handlungsoptionen ermöglichen.

Die Überprüfung von Ansätzen, die für die angewandte Ethik generell, aber
auch speziell in bezug auf die Statusdiskussion bzw. in bezug auf die sie initiierenden Probleme vorgeschlagen werden, ist Thema dieses Kapitels. Diese
Überprüfung erfolgt auf dem Weg einer Annäherung an verschiedene Verständnisse des Begriffs „angewandte Ethik" und durch einen Vergleich der verschiedenen Ansätze. Kriterium für deren Bewertung soll die Kompetenz der
verschiedenen Ansätze sein, die praktischen Probleme auch tatsächlich einer
Lösung zuzuführen.

Mit der Untersuchung dieser Auswahl von Positionen ist zudem eine vor-
läufige konzeptionelle Beschreibung angewandter Ethik angestrebt, und es soll
zugleich thesenförmig dargestellt werden, welche inhaltlichen und methodischen
Gesichtspunkte ethische Auseinandersetzungen in den Bereich der angewandten
Ethik rücken und welche Ansprüche und Aufgaben in ihr erfüllt werden sollen.

Im Anschluß daran werden zwei sehr unterschiedliche Ansätze für die Auseinandersetzung mit den im vorigen Kapitel dargestellten Handlungsmöglichkeiten behandelt: Zum einen solche Ansätze, die sich der moralischen Bewertung der zur Debatte stehenden Handlungsmöglichkeiten kontextgebunden und
unabhängig von der Frage nach dem moralischen Status menschlicher Embryonen und Föten nähern. Hierbei wird die Frage im Vordergrund stehen, ob eine
umfassende und abschließende Bewertung der betreffenden Handlungsmöglichkeiten ohne eine Problematisierung der Tötung pränatalen menschlichen Lebens
prinzipiell möglich ist. Zum anderen werden solche Ansätze vorgestellt, die sich
vor jeder kontextuellen Bewertung und Einordnung der Handlungsinteressen
mit der Frage auseinandersetzen, ob es moralisch überhaupt erlaubt sein kann,
menschliche Embryonen oder Föten zu töten. Da diesen zuletzt genannten Ansätzen gemeinsam ist, bei der Frage nach dem moralischen Status menschlicher
Embryonen anzusetzen, werden sie unter dem Titel „Statusdiskussion" gefaßt.

2.2 Angewandte Ethik als Unternehmen zur Realisierung
allgemein akzeptierbarer Moral

Der Versuch, Konzepte der angewandten Ethik zu bestimmen, kann nur tendentiell und relativ zu schon vorliegenden Ansätzen erfolgen, da m.E. derzeit
noch nicht umfassend und abschließend geklärt werden kann, was genau angewandte Ethik ist. Gegenwärtig präsentiert sich angewandte Ethik innerhalb
einer in den letzten Jahren zu verzeichnenden Konjunktur von Ethik überhaupt

vor allem in der Ausprägung von sogenannten „Bindestrich-Ethiken". Deren bisher populärste Gruppierungen sind die Medizin-Ethik, die Bio-Ethik, die Technik-Ethik und die Umwelt-Ethik, zunehmend aber auch die Wirtschafts-Ethik. Innerhalb dieser „Bindestrich-Ethiken" finden interdisziplinär geführte Diskurse über ethische Probleme in den jeweiligen Bereichen statt, ohne daß bisher eine über Einzelpositionen hinausgehende konzeptionelle Grundlegung angewandter Ethik stattgefunden hätte.

So firmiert angewandte Ethik nach der Auffassung Kettners

> als Einheitsetikett von unterschiedlichen Ansätzen und Richtungen. Deren Selbstverständnis variiert mit dem jeweiligen Verständnis von „Ethik" und mit der jeweils betonten Differenzbestimmung, mit dem sich die ‚angewandte' von ihr absetzt [...].[2]

Obwohl Kettner darin zuzustimmen ist, daß das Selbstverständnis einzelner Ansätze angewandter Ethik stark divergiert, muß allerdings angezweifelt werden, daß es sich jeweils durch eine Differenzbestimmung zu „Ethik" konstituiert. Eine konzeptionelle und das Selbstverständnis der Ansätze begründende Unterscheidung angewandter Ethik von Ethik findet nämlich im Rahmen der tatsächlich geführten Diskurse lediglich punktuell statt. So stellt bspw. Birnbacher – im Gegensatz zu Kettner – mit Bezug auf die Bioethik fest:

> *Bioethik* kann [...] als derjenige Teilbereich der Ethik bestimmt werden, der sich auf moralische Probleme im Umgang mit *Lebensphänomenen* bezieht. [...] Die Bioethik ist ein Teilbereich der Ethik und hat deshalb im wesentlichen keine andere Aufgabenstellung als die Ethik insgesamt.[3]

Ein Grund dafür, daß angewandte Ethik häufig ohne Orientierung an einer spezifischen konzeptionellen Metaebene stattfindet, ist die Tatsache, daß innerhalb der „Bindestrich-Ethiken" die Frage nach der moralisch richtigen Handlungsweise nicht allein von seiten der Philosophie, sondern interdisziplinär behandelt wird. Hinzu kommt, daß – wie Kettner selbst bemerkt – auch die konzeptionellen Verständnisse von „Ethik" extrem variieren und sich auch mit Blick auf die Geschichte der Ethik Differenzierungen von angewandter Ethik und Ethik nur schwer durchführen lassen.

> Manches in den klassischen Texten von Aristoteles, Platon, Hobbes oder Rousseau wird heute wohl nur deshalb nicht als ‚angewandte Ethik' klassifiziert, weil es längst einen kanonischen Stellenwert erlangt hat, der eine solche Einordnung als despektierlich erscheinen läßt.[4]

---

[2] M. KETTNER, „Einleitung", S. 13.

[3] D. BIRNBACHER, „Welche Ethik ist als Bioethik tauglich?", S. 46.

[4] K. BAYERTZ, „Praktische Philosophie als angewandte Ethik", S. 20.

Die Erfassung dessen, was unter dem Begriff „angewandte Ethik" gegenwärtig
verstanden wird, kann somit allenfalls über eine Analyse und Untersuchung
ihrer Praxis erfolgen, mit der Hoffnung, dabei gemeinsame und konstituierende
Merkmale aufzufinden.

Die Praxis der angewandten Ethik zeigt – dies kann vorab thesenförmig
gesagt werden –, daß zwar nicht spezifische moraltheoretische Vorannahmen,
wohl aber die Spezifik der Gegenstände dazu beiträgt, die unterschiedlichen
Ansätze und Richtungen unter das von Kettner erwähnte „Etikett" angewandter
Ethik fassen zu können. Im Anschluß an den – im folgenden noch zu erbringen-
den – Nachweis dieser Spezifik ist festzustellen, daß *angewandte Ethik eine
grundsätzliche philosophisch-politische Ausrichtung hat*, die für sie selbst das
Anliegen, aber auch die Schwierigkeit zur Konsequenz hat, die Diskrepanz
zwischen *moraltheoretischer Normenbegründung* und *situativer Moralpragmatik* zu überwinden. Ein in diesem Zusammenhang aufkommendes, alle Ansätze
tangierendes und damit auch angewandte Ethik konstituierendes Problem, das
im folgenden noch behandelt werden wird, besteht in der Suche nach einem
allgemeinverbindlichen Ausgangspunkt für die angewandte Ethik. – Diese
Thesen sollen im folgenden begründet werden.

Historische und gesellschaftliche Spezifität der Gegenstände angewandter Ethik:
Der gemeinsame Fokus von Diskursen, die gemeinhin der angewandten Ethik
zugerechnet werden, besteht in der Konzentration auf die aktuellen ethischen
Probleme der jeweils gegenwärtigen gesellschaftlichen Praxis. Die Gegenstände
der angewandten Ethik ergeben sich somit aus moralisch fraglichen Handlungen
oder Handlungsoptionen, die in einer spezifischen historisch-gesellschaftlichen
Situation konkret aufkommen und in sie eingebettet sind.[5] Dies ist bereits durch
die jeweilige Titulierung der „Bindestrich-Ethiken" angedeutet, die sich auf existentielle Bereiche der gegenwärtigen post-industriellen Kultur beziehen. Der
Gegenstand bzw. die Gegenstände der angewandten Ethik sind somit jeweils
historisch und gesellschaftlich spezifisch.

Historisch spezifisch sind sie insofern, als moralische Fragen betroffen sind,
die in vorangegangenen Epochen entweder unter wesentlich anderen Voraussetzungen (etwa in geschlossenen Gesellschaften oder in Epochen mit wesentlich
anderem technisch-naturwissenschaftlichem Erkenntnisstand) diskutiert wurden
oder die sich erst aus den modernen Handlungsmöglichkeiten überhaupt ergeben.[6] Der Fokus angewandter Ethik richtet sich damit auf die Diskrepanz von

---

[5] Ein Beispiel hierfür ist etwa die Möglichkeit der Kryokonservierung menschlicher
Embryonen.

[6] Beispielsweise wurde die Abtreibungsdebatte in früheren geschlossenen westlichen Gesellschaften, z.B. im Mittelalter, vorwiegend unter der Frage diskutiert, wann menschliches
Leben beseelt wird. Die Frage etwa, ob die Tötung eines Embryos ihm schadet und daher

historisch gewachsener moralischer Regel und modernen Handlungsbedingungen bzw. -möglichkeiten. Insofern betritt der Diskurs der angewandten Ethik moralisches „Neuland", das sich insbesondere durch neue technisch-naturwissenschaftliche Erkenntnisse und die daraus entstehenden moralisch bisher unbewerteten Handlungsmöglichkeiten ergibt.

Eine *gesellschaftliche* Spezifik der Gegenstände angewandter Ethik ist durch die kulturellen und strukturellen Differenzen verschiedener Gesellschaftssysteme bedingt, d.h. durch die Abhängigkeit der aktuellen moralischen Probleme von den in einer spezifischen Gesellschaft gegebenen sozialen, ökonomischen und rechtlichen Bedingungen. So sind beispielsweise die drängenden moralischen Probleme in Rußland andere als in Südafrika und in der Bundesrepublik, und zwar nicht etwa wegen eines moralischen oder kulturellen Relativismus, sondern wegen unterschiedlicher sozialer und politischer Bedingungen. Ob es moralisch erlaubt sein kann, kryokonservierte Embryonen zu töten, stellt sich als akutes Problem nur in solchen Gesellschaften, in denen tatsächlich Embryonen kryokonserviert werden und gleichzeitig unterschiedliche Perspektiven auf die Moralität dieser Handlungsweise möglich bzw. gegeben sind. Dies bedeutet jedoch nicht, daß dort, wo sich die Frage z.B. nach dem moralisch richtigen Umgang mit kryokonservierten Embryonen praktisch nicht stellt, diese Frage grundsätzlich kein Gegenstand der Ethik ist. Vielmehr ist gemeint, daß sie sich dort nicht als akutes, d.h. politisch-öffentliches Thema der angewandten Ethik aufdrängen wird.

Damit soll nicht gesagt sein, (theoretische) Ethik beziehe sich nicht auf praktische bzw. praxisrelevante Fragen, allerdings stehen die von ihr behandelten Probleme nicht unter direktem Lösungsdruck, wie dies in der angewandten Ethik der Fall ist.

Philosophisch-politische Ausrichtung angewandter Ethik:
Aus der Beschäftigung mit akuten und drängenden moralischen Problemen des realen Soziallebens folgt, daß Auseinandersetzungen innerhalb der angewandten Ethik an der Schwelle von Philosophie und Politik, also im Spannungsfeld abstrakter und grundsätzlicher Überlegungen auf der einen Seite und konkreter sozio-kultureller Bedingungen auf der anderen Seite stattfinden. Die Tatsache, daß sich die jeweiligen Problematiken innerhalb einer Gesellschaft als akut darstellen, zeigt nämlich nicht nur, daß es konkurrierende intuitive moralische Bewertungen der zur Debatte stehenden Handlungsmöglichkeit gibt, sondern sie spiegelt zudem ein allgemeines rechtspolitisches Regelungsbedürfnis. Da (demokratische) politische Institutionen diesem Regelungsbedürfnis nicht ohne

---

moralisch verwerflich ist, ist zu früheren Zeiten nicht mit der heutigen Relevanz aufgekommen. Und Fragen etwa nach der Moralität der Transplantation fötaler Gewebe und Organe konnten sich erst stellen, als diese Handlungsmöglichkeit absehbar bzw. durchführbar war.

Reflexion auf moralische Werte nachkommen können, nimmt angewandte Ethik
– zumindest im Rahmen der mittelbaren, meinungsbildenden Rezeption ihrer
Ergebnisse – direkten Einfluß auf politische Entscheidungen.[7] Es ist allerdings
zu fragen, ob angewandte Ethik die Aufgabe übernehmen kann und soll, ihre
politische Relevanz programmatisch zu integrieren, d.h., sich im Hinblick auf
mögliche politische Entscheidungen zu äußern, insofern politikberatend zu
wirken und damit ein konkretes normatives Interesse zu verfolgen, oder ob
die politische Relevanz angewandter Ethik eher in der Analyse vorgefundener
Argumentationen bestehen soll, deren moralische Grundlagen und Folgen sie
aufdeckt.[8]

Während eine politikberatende Zielsetzung angewandter Ethik lösungs-
orientierte Ergebnisse erzwingt, kann ein allein auf die Argumentationsanalyse
gerichteter Ansatz in kritischer Distanz zum moralisch fraglichen Gegenstand
und den die Debatte umgebenden gesellschaftlichen Gegebenheiten verbleiben.
Im Extrem sind beide Zielrichtungen unbefriedigend, denn entweder geht die
Möglichkeit der kritischen Distanz verloren, oder es werden kritische Ergebnisse erzielt, die sich aufgrund ihrer Distanz zum dringlichen Regelungsbedürfnis insofern als wirkungslos erweisen, als dadurch Entscheidungen über moralische Fragen, wenn auch ungewollt, von vornherein politischem Pragmatismus
überlassen werden.

> So steht die Ethik vor dem Dilemma, entweder zu einer abstrakten
> Theorie jenseits der tatsächlichen Wirklichkeit oder zu einer Ideologie
> des Bestehenden zu werden; und in beiden Fällen verzichtet sie auf ihre
> normativ-kritische Kompetenz.[9]

Um diesem Dilemma zu entgehen, wäre es für die angewandte Ethik folglich
wünschenswert, zugleich kritisch-analytisch und normativ-kritisch zu wirken.
Indem an die angewandte Ethik der doppelte Anspruch gestellt wird – und m.E.
ergibt sie überhaupt nur dann einen Sinn –, einerseits produktiv-normativ im
Rahmen der Realbedingungen und andererseits kritisch-utopisch[10] zu fungieren,
kommt ihr programmatisch eine Vermittlung von Theorie und Praxis zu.[11] Angewandte Ethik leidet insofern – im Unterschied zur Auffassung Höffes – nicht

---

[7] Siehe auch Kapitel 7.2.2.

[8] In diesem Sinne siehe bspw. U. Wolf, „Philosophie und Öffentlichkeit ", S. 187.

[9] O. Höffe, *Sittlich-politische Diskurse*, S. 15.

[10] „Utopisch" ist hier im Sinne von Entwürfen der allgemeinen, technisch und moralisch
bestimmten Lebensbedingungen in der Zukunft verwendet, und zwar insofern, als Normen
stets auf Zukünftiges bezogen sind und die Anerkennung einer Norm damit zugleich auch
die Anerkennung eines Zukunftsentwurfs bedeutet (siehe dazu auch D. Birnbacher, *Verantwortung für zukünftige Generationen*, S. 93).

[11] Siehe Kapitel 8.2.1.

unter dem Theorie-Praxis-Dilemma, sondern sie besteht geradezu in dem me-
thodologischen und inhaltlichen Versuch, es zu überwinden.

Theorie-Praxis-Problematik:
Die Vermittlung von Theorie und Praxis erweist sich also als ein weiteres konstitutives Moment (gegenwärtiger) angewandter Ethik. Ein Konzept angewandter Ethik sollte demnach das Ziel verfolgen, ein Instrument für die kritische
Analyse bereitzustellen und gleichzeitig vermittelnde Strategien für normativ-
kritisches Handeln zu entwickeln.

Es kann nicht geleugnet werden, daß die Grundschwierigkeit angewandter
Ethik in der Tat in der Lücke besteht, die sich zwischen dem in einem obersten
Prinzip formulierten Sollen und seiner Übertragung bzw. Anwendung auf die
Praxis auftut. Es liegt hier ein grundsätzliches, auch methodologisches, Problem
der Anwendung vor, d.h. des Verhältnisses von theoretisch erarbeiteter Grund-
norm und der konkreteren, in die Praxis umsetzbaren Regel.

Birnbacher unterscheidet in diesem Zusammenhang, ebenso wie Hoerster,
Ideal- und Praxisnormen. Unter Idealnormen versteht er abstrakte, in einer
Theorie begründete Normen, die nur durch einen idealen Akteur auf die
konkreten Realsituationen angewendet werden könnten. Praxisnormen sind
dagegen bereits im Hinblick auf nicht-ideale Akteure und konkrete Situationen
formuliert. Ihre Aufgabe ist es, „abstrakte Moralnormen im Rahmen einer
bestimmten Gesellschaft zu operationalisieren und mit potentiell wirksamen
Motiven so zu verknüpfen, daß die Chancen maximiert werden, die von den
abstrakten Normen postulierten Ziele zu erreichen".[12] Sie sind jedoch nicht
Schlußfolgerungen einer ethischen Theorie, sondern sie stehen in einem –
allerdings weitgehend ungeklärten – Konkretionsverhältnis zu den Idealnormen.[13] Die Unterscheidung von Ideal- und Praxisnormen ist für eine Konzeption angewandter Ethik wertvoll, denn sie verdeutlicht und klärt zum Teil die
Diskrepanz von Theorie und Praxis. Andererseits hinterläßt jedoch auch sie eine
methodische Lücke insofern, als sie nicht schlüssig zu erklären vermag, wie

---

[12] D. Birnbacher, *Verantwortung für zukünftige Gernerationen*, S. 19.

[13] Hoerster verdeutlicht dies am Beispiel der Idealnorm „Gefährde nicht das Leben von
Verkehrsteilnehmern". Diese Norm ist seiner Ansicht nach „in ihrem Gehalt zu allgemein
und zu unbestimmt, als daß sie Bürgern und Polizei als alleiniger Maßstab normgemäßen
Verhaltens im Straßenverkehr dienen könnte. Konkretere und spezifischere Normen wie
,Halte bestimmte Geschwindigkeitsbegrenzungen ein' ... sind offenbar unverzichtbar." (N.
Hoerster, *Abtreibung im säkularen Staat*, S. 129) Hoerster verweist hierbei auf die „pragmatische Funktion" und auch die pragmatische Begründung der Praxisnorm. Die Idealnorm
ist dagegen prinzipiell begründet, d.h. unabhängig von konkreten Bedingungen des realen
Soziallebens. Als Kriterium für die Qualität einer Praxisnorm nennt Hoerster die Effek-
tivität, mit der sie die Einhaltung der ihr entsprechenden Idealnorm gewährleistet. Ungeklärt
bleibt jedoch, wie Praxisnormen entwickelt werden können.

denn der Zusammenhang von Ideal- und Praxisnorm genau zu verstehen ist.
Birnbacher geht im Anschluß an Hare[14] von einem kausal-instrumentalen
Zusammenhang von Ideal- und Praxisnormen aus. Im Gegensatz zu eher hermeneutischen Ansätzen, die in der Übertragung abstrakter Normen auf eine
historisch-gesellschaftlich spezifische Realsituation einen semantisch-interpretativen Zusammenhang sehen, ist Birnbachers Ansatz damit eher deduktiven
Modellen zuzuordnen.[15] Wenn dies so ist, bleibt die Frage bestehen, wie denn
einerseits deduktive Ableitung und andererseits Instrumentalisierung, in Ansehung realer Gegebenheiten als modifizierende Anpassung verstanden, methodisch vermittelt werden können. Birnbacher leugnet diese praktische Schwierigkeit keineswegs,[16] und dadurch wird sein Konzept auch noch nicht geschwächt.
Dennoch ist m. E. gerade wegen der Plausibilität der Unterscheidung von Ideal-
und Praxisnormen auf der einen Seite und der Schwierigkeit, ihren Zusammenhang methodisch genau zu erfassen auf der anderen Seite, seine Betonung eines
kausal-instrumentellen gegenüber einem semantisch-interpretativen Zusammenhang verfrüht. Denn insbesondere angesichts der historisch-gesellschaftlichen
Spezifität der Gegenstände angewandter Ethik ist die hermeneutische Frage
nach der Bedeutung von (Ideal-)Normen für die Entwicklung von Praxisnormen – d. h. die Auslegung und Applikation einer situationsunabhängigen Idealnorm für eine spezifische historisch-gesellschaftliche Praxissituation – ebenso
wichtig wie die Frage, welche Regeln gelten müssen, wenn die Idealnorm einge-
halten werden soll.

Ein konzeptioneller Ansatz, der die analytischen und lösungsorientierten
Ansprüche an angewandte Ethik in sich aufnimmt und gleichzeitig eine me-
thodisch offenere Vermittlung zwischen Theorie und Praxis erlaubt, wird von
Bayertz vertreten. Nach seiner Definition kann angewandte Ethik

> als der Versuch verstanden werden, auf die moralischen Probleme des
> öffentlichen Lebens bewußt zu reagieren und auf der Basis rationaler
> Argumentation intersubjektiv nachvollziehbare und öffentlich vertret-
> bare Maßstäbe unseres Handelns zu formulieren. Sie ist der Versuch, die
> traditionelle Moral auf die Bedingungen der modernen Gesellschaft
> einzurichten.[17]

Die normative Funktion und gleichzeitig das Ziel angewandter Ethik ist nach
Bayertz' Konzept auf die „Formulierung öffentlich vertretbarer Handlungs-

---

[14] Siehe D. BIRNBACHER, *Verantwortung für zukünftige Generationen*, S. 17, Fußnote 3.

[15] Diese Zuordnung erfolgt deshalb, weil Birnbacher (wie auch Hoerster) davon ausgeht,
Idealnormen seien Konklusionen aus Moraltheorien und Praxisnormen spezifische Kon-
kretionen, die relativ zu bzw. in Abhängigkeit von gesellschaftlichen Bedingungen erfolgen.

[16] Siehe D. BIRNBACHER, *Verantwortung für zukünftige Generationen*, S. 20.

[17] K. BAYERTZ, „Praktische Philosophie als angewandte Ethik", S. 41.

maßstäbe" gerichtet. Die Nähe zu Birnbachers Verständnis der Praxisnorm ist deutlich: Hier wie dort gilt es, eine Norm zu begründen, die unter den Realbedingungen des Hier und Jetzt handhabbar ist. Im Unterschied zum Konzept von Ideal- und Praxisnorm sind im Ansatz von Bayertz jedoch andere Schwerpunkte im Hinblick auf das Verhältnis von einer prinzipiell begründeten und einer gemäß den Alltagsbedingungen begründeten Norm gesetzt. Nach Bayertz ist angewandte Ethik auch dann noch leistungsfähig, wenn eine Idealnorm nicht explizit vorliegt, da sie aus der traditionellen Moral schöpft. Da traditionelle Moral – im Gegensatz zur Idealnorm – bereits angewendet ist, besteht zudem das Theorie-Praxis-Problem nicht in der Weise, wie es sich für die Ableitung von Praxis- aus Idealnormen stellt. Dennoch ist auch im Konzept von Bayertz die grundsätzliche Theorie-Praxis-Problematik nicht überwunden: Auch wenn der Ausgangspunkt der ethischen Reflexion innerhalb der angewandten Ethik die traditionelle Moral ist, bleibt die Frage offen, mit welcher Methode von dort aus Regeln für neue oder kontrovers beurteilte Handlungsoptionen abgeleitet werden bzw. in welchem Zusammenhang sie mit der traditionellen Moral stehen. Zudem bleibt auch die Frage offen, was der Maßstab für „öffentliche Vertretbarkeit" ist.

Die Schwierigkeit liegt hier – aber auch im Instrumentalisierungskonzept Birnbachers – besonders in der Notwendigkeit einer weitgehenden Bezugnahme auf empirische Aspekte bei der Begründung normativer Aussagen. Die in der Forderung nach öffentlicher Vertretbarkeit enthaltene Orientierung am historisch und gesellschaftlich Gegebenen steht z.B. dem für die neuzeitliche ethische Konzeptionsbildung paradigmatischen kantischen Verständnis von Begründungsansprüchen entgegen und begibt sich dadurch nicht nur in die Gefahr des Verlustes kritischer Distanz durch die Konservierung des Bestehenden, sondern sie gefährdet zudem die Qualitätssicherung normativer Aussagen.

Beim Versuch, diese Schwierigkeit zu überwinden, ist ein Grundlagendisput entstanden, den Höffe folgendermaßen kommentiert:

> Wer glaubt, in den entsprechenden Debatten gehe es lediglich um eine neue regionale Ethik [...], unterschätzt deren Gewicht bei weitem. Betroffen sind auch [...] Grundlagendispute, die schon andernorts aufgebrochen sind. Das ist einmal die Kontroverse zwischen einer eudämonistischen und einer kategorischen Ethik, mithin zwischen Aristotelikern und Kantianern; zum anderen ist es ein Streit, den man seit Rawls (1972) für schon gelöst hielt, der zwischen Utilitarismus und Kant.[18]

Es ist im Rahmen der Fragestellung der vorliegenden Arbeit weder möglich noch erforderlich, den von Höffe bezeichneten Grundlagendisput zu erörtern. Festzuhalten ist aber, daß im Rahmen einer angewandten Ethik die Adäquatheit

---

[18] O. HÖFFE, *Moral als Preis der Moderne*, S. 15.

moralischer Normen offenbar nicht allein durch ihre moraltheoretische Konsistenz und Kohärenz bestimmt ist, sondern daß zusätzlich ihre öffentliche Vertretbarkeit und damit auch ihre Fundiertheit in und Durchsetzungsmöglichkeiten unter konkreten *empirisch* nachzuweisenden Bedingungen ausschlaggebend sind. Festzuhalten ist aber auch, daß die Kriterien und Vorgehensweisen, mit denen die Bezugnahme auf empirische Daten und deren Einbindung vorgenommen werden sollen, keineswegs hinreichend geklärt sind.

Normativität im Rahmen spezifischer empirischer Gegebenheiten:
Auch (reine) Ethik ist letztlich nicht empiriefrei. Die innerhalb der angewandten Ethik notwendige Orientierung an empirischen Daten und Fakten geht jedoch über die für die Ethik notwendige Berücksichtigung der Empirie weit hinaus. Während sich die Ethik verhalten kann wie ein Architekt, der noch ohne speziellen Auftrag ein Gebäude entwirft, entspricht die angewandte Ethik dem Architekten, der seinen Entwurf unter spezifischen Auftragsbedingungen zu gestalten hat. Der freie Architekt ist in seinem Entwurf zwar zur Beachtung bautechnischer Erkenntnisse – und damit empirischer Daten – gezwungen, aber er kann seine Vision zunächst losgelöst von den Bedingungen des Standortes und Auftraggebers am Zeichenbrett ausführen. Die tatsächliche Realisierung steht dabei hinter dem Aspekt prinzipieller Realisierbarkeit zurück. Zur Realisierung des Projekts bedarf es eines Auftraggebers bzw. Bauherrn, der die Vision teilt und der die notwendigen Mittel zur Verfügung stellen kann. Der im Auftrag handelnde Architekt ist dagegen zur Beschränkung seiner Vision gezwungen. Die Voraussetzungen zur Realisierung sind gegeben: die Ausdehnung und Beschaffenheit des Grundstücks, kommunale Bauvorschriften und zur Verfügung stehende finanzielle Mittel sowie Erwartungen des Bauherrn etc. bilden den (empirischen) Rahmen und die Grundlage für den Entwurf, den dieser Architekt ausarbeiten kann.

In ähnlicher Weise ist auch die angewandte Ethik zur Kenntnisnahme und konzeptionellen Berücksichtigung der realen Voraussetzungen verpflichtet. Ihre normativen Aussagen zielen nicht auf prinzipielle Realisierbarkeit, sondern auf tatsächliche Realisierung unter konkreten, realen Bedingungen. Ihre Kunst entspricht nicht der Kreation fabulöser Normenarchitektur, sondern ihre Kunst ist es, unter vielzähligen Vorbedingungen ein maximal zufriedenstellendes Normendesign zu entwickeln.

Während die Verfahren der Datensammlung und Bedürfnisrealisierung im Rahmen der Auftragsarchitektur bekannt und eindeutig definiert sind, stellt sich, auf die Situation der angewandten Ethik übertragen, allerdings die Frage, mit welcher Methodik Kriterien für intersubjektive Nachvollziehbarkeit und öffentliche Vertretbarkeit von Handlungsmaßstäben aufgefunden werden können. Es stellt sich m.a.W. die Frage, welche Verfahren in der Geschichte moralphilosophischer Ansätze (z.B. Tugendethik, Kasuistik, Diskursethik, an

Leitbegriffen orientierte deduktive Ethik etc.) für die Erfüllung des Anspruches nutzbar gemacht werden können.

Naheliegend ist die Auffassung, daß – entsprechend der Erhebung der Grundstücksdaten beim Architekten – die ethische Analyse der moralisch relevanten Aspekte des jeweiligen Diskussionsgegenstandes allen weiteren Zielrichtungen angewandter Ethik vorausgehen muß. „Im Hinblick auf Wertkonflikte und Prinzipienkollisionen hat die (angewandte) Ethik zunächst eine *analytische* Aufgabe",[19] so die These von Bayertz. Die Analyse der faktisch gegebenen Konfliktbedingungen, d.h. die präzise Erkenntnis der in dem Konflikt enthaltenen Werte, Interessen und Prinzipien, aber auch Daten über naturwissenschaftliche Ergebnisse und technische Möglichkeiten bilden somit das Fundament für die normativen Entwürfe bzw. Ansätze angewandter Ethik. Aber Werte, Interessen und Prinzipien sind gemäß des auf Realisierung in der konkreten Praxis gerichteten Anliegens der angewandten Ethik nicht für den Rahmen einer ohne spezifische Vorbedingungen entwickelten Theorie freibleibend, sondern sie sind in der Realität – wenn auch wenig stringent und explizit – konkret präsent. Die angewandte Ethik agiert damit auf dem Boden ethischer Prinzipien, die nicht aus einer einzigen ethischen Konzeption stringent hervorgegangen sind, sondern die sich kulturhistorisch entwickelt haben und miteinander in Konflikt stehen können.

Die Aufgabe der angewandten Ethik besteht demzufolge weniger darin, eine Diskussion der Prinzipien selbst zu führen, um den „richtigen" ethischen Ansatz aufzufinden. Vielmehr geht es um die Klärung der Frage, wie unter Beachtung der konkret nebeneinander existierenden und u.U. konkurrierenden Prinzipien, Werte und Interessen eine Konfliktlösung möglich ist.[20] Der Auffassung Bayertz' zufolge besteht ein aussichtsreicher Ansatz für eine solche Konfliktlösung darin, die in der Analyse erarbeiteten Daten daraufhin zu untersuchen, auf welcher Ebene des Problems ein Konsens auffindbar ist, um von dort aus eine weiterführende Reflexion zu beginnen. Seiner Ansicht nach „liegt es für die angewandte Ethik nahe, vom Unstrittigen auszugehen und mit ihm die drängenden moralischen Probleme der Gegenwart zu erfassen".[21] Ähnlich schlägt Leist als Methode der angewandten Ethik vor, Probleme *„im Rahmen von Voraussetzungen zu betrachten, die wir sonst, bei weniger umstrittenen (oder weniger neuen) Gelegenheiten unseres moralischen Urteilens, bereit sind zu akzeptieren".*[22] Während sich Bayertz jedoch auf die Unstrittigkeit moralischer Regeln bezieht,

---

[19] K. Bayertz, „Praktische Philosophie als angewandte Ethik", S. 32.

[20] Siehe Kapitel 9.

[21] K. Bayertz, „Praktische Philosophie als angewandte Ethik", S. 9.

[22] A. Leist, *Eine Frage des Lebens*, S. 10.

die „in unserer moralischen Kultur allgemein anerkannt" sind,[23] subsumiert
Leist unter die Voraussetzungen, die die Basis für die ethische Reflexion bilden
sollen, nicht nur allgemein akzeptierte moralische Regeln, sondern auch gemeinsame empirische und begriffliche Voraussetzungen.

Die genannten Ansätze lassen damit insgesamt den Schluß zu, daß es einerseits notwendig ist, die moralische Problematik daraufhin zu analysieren, welche
relevanten moralischen Regeln unstrittig sind, und andererseits daraufhin, welche begrifflichen und empirischen Voraussetzungen darüber hinaus allgemein
geteilt und damit zur Diskussionsgrundlage erhoben werden können.

Ausgang vom Unstrittigen statt Prinzipienethik?
Die Forderung, als Ausgangspunkt für die moralische Reflexion und Konfliktlösung kollektiv geteilte moralische Regeln, Begriffe und empirische Daten zu
wählen, tritt in den o. g. Ansätzen an die Stelle der Forderung nach rational
begründeten und universelle Geltung beanspruchenden Handlungsprinzipien,
nach denen die Konflikte beurteilt werden. Die angewandte Ethik folgt insofern
teilweise dem von Marquard proklamierten „Abschied vom Prinzipiellen".[24]
Allerdings kann die (generell, d. h. nicht nur in den genannten Ansätzen, zu
beobachtende) Absage der angewandten Ethik an die Prinzipienethik nicht als
grundsätzliche Skepsis gegenüber dem Ansatz einer Prinzipienethik überhaupt
verstanden werden. Vielmehr ergibt sich diese Absage auch unabhängig von
grundsätzlichen philosophischen Erwägungen aus den pragmatischen Erfordernissen der angewandten Ethik: Selbst wenn sich eine auf deduktiven Modellen
basierende und auf universelle Gültigkeit zielende Prinzipienethik als möglich
erweisen sollte, so scheint sie sich doch zumindest nicht in absehbarer, d. h. für
die Lösung der dringlichen ethischen Probleme relevanter, Zeit entwickeln und
durchsetzen zu lassen. Die angewandte Ethik weicht einer Prinzipienethik damit
eher aus, als daß sie ihr eine grundsätzliche Absage erteilt.[25] Sofern die angewandte Ethik auch Problemlösungsfunktion übernimmt, kann sie sich nicht auf
das Ziel und die Methodik der Prinzipienethik einlassen. Daß sie sich damit
gleichzeitig auch von dem Anspruch auf universelle Geltung ihrer Normen

---

23 K. Bayertz, „Praktische Philosophie als angewandte Ethik", S. 11.

24 Siehe O. Marquard, *Abschied vom Prinzipiellen*. – Marquards Topos des Abschieds
vom Prinzipiellen repräsentiert eine, bei ihm vorrangig mit Erkenntnissen der Psychoanalyse
belegte, Skepsis gegenüber jeder Form von Metaphysik, die an die Stelle prinzipieller Verbindlichkeit und Universalisierbarkeit Pluralismus und Vielfalt treten läßt. Eine Schnittstelle
zu Konzepten angewandter Ethik ergibt sich insofern, als die angewandte Ethik, sofern sie
direkt normativ wirken will, unabhängig von der Frage, ob universalisierbare ethische Prinzipien überhaupt bestimmt werden können, gezwungen ist, von Prinzipiendiskussionen
abzusehen.

25 Siehe H.-M. Sass u. H. Viefhues, *Differentialethische Methodik*, S. 36.

verabschiedet, muß sie nicht nur für sich selbst anerkennen, sondern auch nach
außen verdeutlichen.

Die angewandte Ethik begibt sich allerdings trotz der weitgehenden Absage
an die Prinzipienethik in eine strukturelle Schwierigkeit: Einerseits muß sie, um
dem dringlichen Lösungsbedürfnis der aktuellen Probleme nachkommen zu
können, weitgehend von grundsätzlichen Prinzipiendiskussionen absehen und
eher von Unstrittigem ausgehen; um überhaupt eine verbindliche Grundlage zu
haben, verwendet sie das Unstrittige dann aber quasi-prinzipiell.

Abgesehen von diesem Widerspruch liegt ein Problem bei der *quasi-prinzipiellen Verwendung des Unstrittigen* schon darin, daß sich gerade aufgrund
des theoretischen Begründungsdefizits nur schwer bestimmen läßt, was überhaupt das Unstrittige ist. Weil mit dem Unstrittigen offensichtlich nicht das
Unbestreitbare (dieses würde auf einen prinzipienethischen Ansatz zurückführen) gemeint ist, läßt sich nicht eindeutig bestimmen, wie es aufgefunden werden
kann. Die von Leist benannten empirischen Voraussetzungen können möglicherweise noch durch statistische Datenerhebungen oder Befragung anderer
Einzelwissenschaften erfaßt werden. Schwieriger wird es bei den kollektiv
geteilten begrifflichen Voraussetzungen: Deren Erfassung stehen zumindest
bereits die Theorieabhängigkeit der Begriffsverständnisse und die inhaltliche
Dynamik der Begriffe entgegen.

Eine noch größere Schwierigkeit stellt sich bei der Erhebung kollektiv unbe-
strittener moralischer Regeln. Hier scheint man – sofern umfassende Umfragen
nicht stattfinden – bloß auf mehr oder weniger gestützte Annahmen zurückgreifen zu können, wobei nicht einmal geklärt ist, ob das Unstrittige dem entsprechen soll, was von der Mehrheit (der gerade existierenden Menschen) als
unstrittig angesehen wird, oder dem, was grundsätzlich von allen als unstrittig
angesehen wird.

Nach Bayertz' Auffassung ist die Erhebung des Unstrittigen im Rückgriff
auf das Verfassungsrecht gewährleistet:

> Die grundlegenden Prinzipien demokratischer Verfassungen stellen den
> wohl einzigen Kanon *verbindlicher* moralischer Normen und Werte
> moderner Gesellschaften dar. Eine andere Möglichkeit, als von diesem
> Korpus auszugehen und ihn weiterzuentwickeln, wenn man zu *verbind-
> lichen* Regelungen [...] kommen will, ist schwer vorstellbar.[26]

Gegenüber dieser Auffassung vom „Unstrittigen" ist jedoch Skepsis angebracht,
wenn sie mit deduktiven Ableitungsmodellen in Verbindung gebracht wird.[27] So
wird bspw. vor dem Hintergrund der derzeitigen verfassungsrechtlichen Entscheidung über das Gesetz zum Schwangerschaftsabbruch deutlich, daß gerade

---

[26] K. Bayertz, *Auf der Suche nach einer neuen Moral*, S. 17.
[27] Siehe auch Kapitel 9.

auch verfassungsrechtliche Entscheidungen selbst Thema der angewandten
Ethik sind und damit nicht Ausgangspunkt deduktiver Normableitung sein
können.[28]

Eine Alternative findet sich im sog. differentialethischen Ansatz von Sass,
der ebenfalls an Tradiertes anschließt und damit dem Konzept von Bayertz
näher steht als dem Birnbachers. Sass sieht die konsensuelle Ebene, die den
Ausgangspunkt für die anwendungsethische Normenfindung bilden soll, nicht
in den allgemein anerkannten verfassungsrechtlichen Regelungen, da diese zwar
als allgemein anerkannt vorausgesetzt werden können, jedoch gleichzeitig häufig mit undifferenzierten bzw. zu allgemeinen Begriffen, wie etwa dem der
Menschenwürde, formuliert sind.[29] Dagegen setzt er als Ausgangspunkt die
„mittleren ethischen Prinzipien, die von unterschiedlichen Letztbegründungen
innerhalb einer pluralistischen Gesellschaft anerkannt und von der öffentlichen
Kultur und ihrer Tradition gestützt werden".[30] Diese mittleren ethischen Prinzipien sind als kulturell und traditionell gewachsene Leitideen zu verstehen, die
jeweils für spezifische Handlungsbereiche – etwa entsprechend der thematischen
Einteilung von Bindestrich-Ethiken – gelten. Die mittleren Prinzipien (für den
Handlungsbereich der Medizin werden z.B. die Regel des bonum facere und
primum nil nocere genannt) müssen als kultur-historisch gewachsene und für
den Handlungsbereich konkretisierte Regeln verstanden werden, die nach der
Ansicht von Sass durch Mischungen bzw. Vernetzungen (z.B. die Regel, im
besten Interesse des Patienten zu handeln, als Mischung von bonum facere und
primum nil nocere) für spezifische Szenarien und Fälle weiter konkretisiert und
schließlich angewendet (z.B. durch das Recht auf Aufklärung vor der Einwilligung in eine Behandlung) werden können. Ungeklärt bleibt allerdings auch in
der Konzeption von Sass der über Plausibilität hinausgehende Zusammenhang
zwischen den mittleren ethischen Prinzipien und ihren Konkretisierungen. Darüber hinaus bleibt unklar, wie denn die mittleren ethischen Prinzipien auffindbar und gegenüber bloßen Handlungsgewohnheiten abgrenzbar sind, wenn
man nicht auf Ethosformulierungen zurückgeht, die – wie beim Bezug auf das

---

[28] Sofern allerdings die Bezugnahme auf Prinzipien demokratischer Verfassungen nicht als
Ausgangspunkt *deduktiver Ableitungen* erfolgt, sondern diese als normativer Bezugs- und
Begrenzungsrahmen verstanden werden, bilden sie m.E. ein stabiles Fundament angewandter
Ethik. Siehe dazu Kapitel 9 der vorliegenden Arbeit.

[29] Siehe H.-M. SASS, „Forschungsorientierte Anwendung Differentialethischer Methodik",
S. 35. – Die These, der Begriff ‚Menschenwürde' sei undifferenziert, bezieht sich auf den
Umstand, daß seine Konkretisierungen im Hinblick auf die Gegenstände angewandter Ethik
kontrovers ausfallen können. Ob es bspw. der individuellen oder gattungsbezogenen Menschenwürde entspricht oder widerspricht, wenn das Genom eines Individuums gezielt technisch verändert wird, wird kontrovers beurteilt.

[30] Ebd., S. 36.

Verfassungsrecht im Konzept von Bayertz – teilweise selbst Gegenstand der angewandten Ethik sind.

Konzeptionen angewandter Ethik, die auf eine Analyse des Unstrittigen und seine quasi-prinzipielle Anwendung auf das Problemfeld abzielen, werden von Kettner zudem dahingehend kritisiert, daß sie – wie überhaupt prinzipiengeleitete ethische Ansätze – auf die situativen Besonderheiten der Probleme nicht reagieren können:

> Die einfachste Dependenzkonzeption stilisiert das Anwendungsverhältnis nach dem Vorbild der Ableitung singulärer Urteile aus allgemeinen Gesetzen, genauer: aus vorher schon feststehenden, selbstgenügsam begründbaren und von besonderen gesellschaftlichen Bestimmtheiten abstrahierenden moralischen Regeln, Normen oder Prinzipien; diese Regeln, Normen oder Prinzipien kann man (angeblich) schon wissen, oder wenigstens kann man sich (angeblich) von ihrer Gültigkeit überzeugen, *ohne* daß man bereits etwas Besonderes über die diversen Handlungserfahrungen der Menschen in verschiedenen Situationen in Erfahrung gebracht haben muß.[31]

Kettner selbst zielt auf einen diskursethischen Ansatz zur Lösung der praktisch relevanten moralischen Probleme. Unabhängig davon, wie dieser im Rahmen der Zielsetzung der angewandten Ethik zu beurteilen ist, scheint Kettners Kritik an Dependenzkonzeptionen zu greifen. Die jahrelange kontroverse Auseinandersetzung über die moralische Beurteilung des Schwangerschaftsabbruches hat gezeigt, daß eine konsensfähige, adäquate und damit durchsetzungsfähige Lösung nicht unabhängig von den Handlungserfahrungen der unmittelbar Betroffenen gefunden werden kann. Daher sind Zumutbarkeitserwägungen in die Formulierung des entsprechenden bundesdeutschen Gesetzes eingegangen. Insbesondere in der Abtreibungsdebatte wird damit deutlich, daß der Bezug auf – wo auch immer aufgefundenes – Unstrittiges eine Konfliktlösung nicht gewährleistet, wenn nicht zugleich auch spezifische Bedingungen der Handlungssituation, einschließlich der darin bereits erworbenen Erfahrungen, berücksichtigt werden.

So sieht auch Sass selbst den Anwendungsbereich seines differentialethischen Ansatzes als begrenzt auf den konsensuellen Bereich mittlerer ethischer Prinzipien an:

> Die Leistungsfähigkeit der differentialethischen Argumentation und Konsens- oder Akzeptanzfindung findet ihre Grenzen bei nicht überbrückbaren kontroversen Einschätzungen mittlerer ethischer Prinzipien in einer multikulturellen Gesellschaft [...].[32]

---

[31] M. KETTNER, „Einleitung", S. 16. – Ähnlich auch die Argumentation Rohbecks (siehe J. ROHBECK, *Technologische Urteilskraft*, S. 296).

[32] H.-M. SASS, „Forschungsorientierte Anwendung differentialethischer Methodik", S. 38.

Diese „nicht überbrückbaren kontroversen Einschätzungen" signalisieren allerdings nicht dasselbe Dilemma – dieses Mal nur auf einer „mittleren Ebene" –, in das prinzipiengeleitete ethische Ansätze geraten. Sass geht nämlich davon aus, daß ein Konsens zwar bei tatsächlich unvereinbaren mittleren Prinzipien seine Grenze findet und diese Grenze auch bestehen bleiben muß, daß es daneben aber einen wesentlichen Bereich mittlerer ethischer Prinzipien gibt, die – auch wenn sie auf unterschiedlichen theoretisch-ethischen Konzepten basieren – ethisch begründet und in ihrer praktischen Problemlösungsfunktion konsensfähig sind.[33]

Die Kritik Kettners geht allerdings noch in zwei Richtungen über die von Sass selbst beschriebene Grenze der Anwendbarkeit seines Konzeptes hinaus. Sie bezieht sich einerseits auf die Erkennbarkeit des moralisch Unstrittigen und andererseits auf die Methode, mit der das Unstrittige für den normativen, d.h. auf die Problemlösung abzielenden, Teil der angewandten Ethik nutzbar wird. Eine Konzeption, die ohne prinzipienethische Fundierung auf die Methodik der Prinzipienethik insofern zurückgreift, als sie zwischen der angenommenen unstrittigen Norm und der normativen Aussage über die jeweils zur Debatte stehende Problematik ein deduktives Dependenzverhältnis anstrebt, kann nach Kettners Ansicht nicht zu adäquaten Lösungen führen, weil der Neuartigkeit der Gegenstände die Tradiertheit des Unstrittigen entgegensteht. Des weiteren nimmt eine solche Konzeption, so Kettner, die kontextuelle und situative Bedingtheit der Problematiken insofern nicht auf, als sie auf eine prinzipielle Lösung abzielt und schließlich Moral zu Lasten der vorher beanspruchten normativ-kritischen Kompetenz konserviert.[34]

Allerdings verbleiben weder Bayertz, auch wenn er konzeptionell als Ausgangspunkt das Unstrittige im Sinne eines „Prinzipienersatzes" vorschlägt, noch Sass mit ihren Ansätzen in der von Kettner beschriebenen einfachsten Dependenzkonzeption. Insbesondere angesichts genuin neuer Handlungsoptionen ist nach Ansicht von Bayertz deren „Subsumierbarkeit [...] unter die traditionellen moralischen Prinzipien [...] nicht ohne weiteres gegeben; sie muß durch Präzisierungen und Weiterentwicklungen der Prinzipien erst hergestellt werden".[35] Insofern schreibt er der angewandten Ethik die wichtige Aufgabe und Möglichkeit zu, _prinzipienmodifizierend_ zu wirken:

---

[33] Bestätigt wird diese Vermutung durch den Erfolg des Ansatzes „mittlerer ethischer Prinzipien" von Beauchamp und Childress (siehe T.L. Beauchamp u. J.F. Childress, _Principles of Biomedical Ethic_), der für die Medizin-Ethik als paradigmatisch angesehen werden kann (siehe dazu etwa E.R. Winkler, „From Kantianism to Contextualism"). Beauchamp und Childress gestehen allerdings ihrerseits offen ein, daß die Statusfrage mit ihrem Ansatz _nicht_ zu lösen ist.

[34] Siehe M. Kettner, „Einleitung", S. 18ff.

[35] K. Bayertz, „Praktische Philosophie als angewandte Ethik", S. 33.

Der angewandten Ethik wächst unter diesen Bedingungen die Aufgabe zu, nicht nur zu diskutieren, ob eine bestimmte Handlung einen Schaden verursacht, sondern was ein Schaden überhaupt ist. Eine solche gezielte Interpretation und Weiterentwicklung moralischer Prinzipien sprengt den Rahmen des Subsumtionsmodells der Anwendung – und geht zugleich über das hermeneutische Konzept der Applikation hinaus.[36]

Allerdings liegt Bayertz zufolge der Grund für die prinzipienmodifizierende Aufgabe der angewandten Ethik nicht in der situationsabhängigen Strittigkeit ihrer Ausgangsprämissen, sondern in der Neuartigkeit spezifischer Handlungsoptionen, die qualitativ nicht unter bestehende (Quasi-)Prinzipien gefaßt werden können.[37] Daraus wäre zu schließen, daß solche Handlungsoptionen, die nicht genuin neu sind (wie z.B. der Schwangerschaftsabbruch), mit der Erfassung und Übertragung des Unstrittigen ohne den Schritt der Prinzipienmodifikation generell einer konsensfähigen Lösung zuführbar wären. Da dies offensichtlich nicht zutrifft, muß m.E. die gezielte Prinzipienmodifikation auch dann das Anliegen einer normativ-*kritischen* angewandten Ethik sein, wenn sie sich nicht auf *neue* Handlungsoptionen bezieht. Mit welcher Methode jedoch mögliche Weiterentwicklungen und Präzisierungen des Ansatzes zu erfolgen haben, bleibt bei Bayertz uneindeutig.

Sass deutet an, daß je nach problematisiertem Szenarium auch die Argumentationsfiguren sich unterscheiden: Die Wahl zwischen deduktiver Methodik, abwägendem Kosten-Nutzen Kalkül etc. ist danach offenbar davon abhängig, ob eine kategorische oder utilitaristische Konfliktlösung angestrebt ist. Wenngleich auch dies den methodischen Zusammenhang von mittleren ethischen Prinzipien und den auf ihnen beruhenden konkreten Praxisregeln nicht zu erklären vermag, wird an den Beispielen, die Sass aufzeigt, deutlich, daß derzeitig geltende moralische Praxisregeln offenbar tatsächlich mit unterschiedlichen Methoden und Argumentationsmustern hergeleitet wurden. Für eine Konzeption angewandter Ethik kann dies allerdings nur dann nutzbar gemacht werden, wenn systematisiert wird, welche Problemarten mit welcher Methodik zu bearbeiten sind und wie dies ethisch begründbar ist.

Situative Besonderheiten:
Im Zusammenhang mit der Skepsis gegenüber der Prinzipienethik und in Anerkennung der spezifischen situativen Besonderheiten der ethischen Probleme, die im Rahmen der angewandten Ethik behandelt werden, sind alternative methodische Ansätze bereits entwickelt worden. So haben Jonsen und Toulmin

---

[36] Ebd., S. 35.
[37] Siehe ebd., S. 31.

insbesondere für Fragen der Medizin-Ethik eine Renaissance der *Kasuistik* vorgeschlagen, und in jüngster Zeit entsteht ein Konzept des sog. *„Story Telling"*
als alternativer kontextorientierter Ansatz der (angewandten) Ethik.[38]
    In diesen Ansätzen wird von einem prinzipienorientierten Zugang zu den
Problemen weitestgehend – d. h. grundsätzlicher als in den quasi-prinzipiellen
Ansätzen – Abstand genommen. Dem kasuistischen Ansatz Jonsens und Toulmins liegt dabei die Auffassung zugrunde, daß über eine prinzipiengeleitete
Diskussion deshalb grundsätzlich keine Lösungen für die innerhalb der angewandten Ethik behandelten lebensweltlichen Probleme gefunden werden können, weil der Konflikt konkurrierender Prinzipien letztlich nicht gelöst werden
kann.[39] Dagegen resultiert die Absage an eine prinzipiengeleitete Diskussion
von seiten der narrativen Ansätze vor allem aus der Hervorhebung der Bedeutung emotionaler Aspekte für ethische Wertaussagen:

> Ethical principles are both developed and applied through the applica-
> tion of systematic logic. The argument is rational; no emotion is to be
> admitted. Yet we know in our ordinary observation of people engaged
> in conversations about ethical issues that ethics is indeed a matter for
> emotion.[40]

Von diesen Kritiken her gesehen bietet auch die Analyse des Unstrittigen, als
axiomatische Ersetzung eines moralischen Prinzips, keine Alternative gegenüber
der traditionellen Prinzipienethik, da auch sie situative Besonderheiten und
emotionale Aspekte nicht explizit konzeptionell berücksichtigt.

> Instead we shall take seriously certain features of moral discourse that
> recent moral philosophers have too little appreciated: the concrete
> circumstances of actual cases, and the specific maxims that people in-
> voke in facing actual moral dilemmas.[41]

Somit steht die Analyse situativ-fallbezogener ethisch relevanter Aspekte, die
mit moralischer Erfahrung (anhand paradigmatischer Fälle bzw. von Mythen,
Erzählungen und Geschichten) parallelisiert wird, im Zentrum der kasuistischen
und narrativen Ansätze. An die Stelle eines auf Universalität gerichteten theoretischen Problemzugangs tritt eine explizit auf Partikularität gerichtete Praxis.[42]
Im Gegensatz zur Konzeption von Bayertz, in der die Nichtuniversalisierbar-

---

[38] Siehe auch Kapitel 9.

[39] „Pitting contrary ethical principles against one another quickly becomes fruitless, so we
must look elsewhere for arguments that show more promise of providing a way out." (A.R.
JONSEN u. S. TOULMIN, *The Abuse of Casuistry*, S. 4f.)

[40] D.H. SMITH, „Telling Stories", S. 727.

[41] A.R. JONSEN u. S. TOULMIN, *The Abuse of Casuistry*, S. 13.

[42] Siehe hierzu auch Kapitel 9.

keit, d.h. die bloße allgemeine Akzeptierbarkeit, der Ergebnisse eher eine be-
dauerliche Folge der notwendigen Reduktion eines prinzipienethischen auf
einen quasi-prinzipienethischen Ansatz ist, zielen der kasuistische und in gewisser Weise auch der narrative Ansatz von vornherein auf partikulare Ergebnisse
ab. Normative Urteile erfordern demnach auch keine Begründungen im Sinne
logischer Konsistenz, sondern Rechtfertigungen im Sinne argumentativer Plausibilität. Es geht damit explizit nicht mehr um deduktive Schlußfolgerungen aus
einer auf Datensammlungen gestützten quasi-prinzipiellen Annahme, da diese
letztlich auf die logische Konsistenz der normativen Urteile gerichtet sind. Der
Rechtfertigungsmodus der kasuistischen und insbesondere der narrativen Ansätze beansprucht dagegen, durchaus auch aus der *Logik* der Anwendung von
Moralprinzipien bzw. von moralischen Regeln auszubrechen, indem emotionale
und intuitionale Problembewertungen in die Analogisierung mit paradigmatischen Fällen bzw. Mythen eingehen sollen. Welche Fälle, Mythen und Meta-
phern sich zur Analogisierung mit dem modernen Problem eignen, ist dabei
weitgehend der Entscheidung des reflektierenden Subjekts überlassen. Die Auswahl erfolgt sinnvollerweise nach dem Maßstab der Plausibilisierung der eigenen
Intuition. Das bedeutet, daß solche Fälle, Mythen und Erzählungen die größte
Überzeugungskraft haben, die einerseits die eigene Intuition widerspiegeln und
andererseits den zu Überzeugenden emotional, intuitional und schließlich auch
rational so tief erreichen, daß sie überzeugend auf ihn wirken. „Stories work not
by argument but by suggestion and by identification."[43] Stärker noch als in der
Kasuistik Jonsens und Toulmins betonen Ansätze des „Story Telling" somit die
emotionale Nachvollziehbarkeit moralischer Einzelurteile. Damit ist der Anspruch allgemeiner Zustimmbarkeit weniger über die argumentative Plausibilität
oder rationale Begründung erfüllt, sondern er wird – in Betonung des Aspekts
des moralischen *Gefühls*, der z.B. auch in der Verantwortungsphilosophie von
Jonas zentrale Bedeutung hat[44] – über die emotionale Nachvollziehbarkeit des
jeweils spezifischen Betroffenseins angestrebt.[45] Sowohl der kasuistische als
auch der narrative Ansatz nehmen Kritiken wie die oben angeführte Kritik
Kettners an der Vernachlässigung der subjektiven Handlungserfahrung der
Betroffenen durch die quasi-prinzipienethischen Verfahren in sich auf. In beiden

---

[43] D.H. SMITH, „Telling Stories", S. 729.

[44] Die Bedeutung des moralischen Gefühls in Jonas' „Prinzip Verantwortung" wird an
anderer Stelle genauer expliziert. Siehe Kapitel 8.2.1.3 u. 8.2.3.

[45] Die für diese Problemstellung so zentrale Frage, ob nach dem Konzept des „Story Telling" alle Handlungen moralisch gerechtfertigt sind, die von den Rezipienten mit positiven
Gefühlen nachvollzogen werden können, bzw. solche Handlungen nicht gerechtfertigt sind,
die entweder nicht nachvollzogen und/oder nicht mit positiven Gefühlen nachvollzogen
werden können, bleibt in den hier zugrunde gelegten Konzeptionen allerdings unbehandelt.

Ansätzen bildet nämlich die Berücksichtigung situativ-spezifischer Problem-bedingungen und Handlungserfahrungen das Zentrum des Problemzugangs.

So hilfreich und angemessen diese methodischen Ansätze für die Lösung ethischer Probleme in Einzelfällen sein mögen, so wenig scheinen sie sich jedoch für die generelle Bewertung institutionalisierter Handlungsweisen zu eignen.

> Wenn im Rahmen der angewandten Ethik etwa das Problem der Abtrei-bung diskutiert wird, so geht es nicht um die von Jonsen und Toulmin in den Vordergrund gerückte Frage, ob es für diese bestimmte Frau in dieser bestimmten Lebenssituation gut oder „klug" ist, einen Schwan-gerschaftsabbruch vornehmen zu lassen, sondern um die Frage, ob die Abtreibung in unserer Gesellschaft als eine legitime Handlungsoption zugelassen werden sollte. [...] Dies ist einer der Gründe dafür, weshalb die Aristotelische phronesis und die mittelalterliche Kasuistik zur kon-zeptionellen Grundlegung der angewandten Ethik nicht ausreichen.[46]

In ähnlicher Weise sind auch die narrativen Ansätze unzulänglich. Zwar sind sie besonders dazu geeignet, die moralische Relevanz emotionaler Handlungsaspek-te aufzuzeigen und die sich spezifisch aus ihnen ergebende Vernetzung ethischer Aspekte sowie daraus entstehende Problemverschiebungen zu verdeutlichen, jedoch ist die völlige Absage an eine rationale Argumentation für die Normie-rung institutioneller Handlungen abzulehnen, sofern man sich nicht auf eine Politik kollektiven Fühlens einlassen will.

Vor dem Hintergrund der Unzulänglichkeiten prinzipienethischer Ansätze einerseits und kasuistischer sowie narrativer Ansätze andererseits scheint sich eine aussichtsreiche Alternative in der Diskursethik zu bieten. Die Diskursethik berücksichtigt nämlich zum einen die persönlichen moralischen Erfahrungen und Intuitionen des einzelnen Betroffenen, zum anderen gewährleistet sie aber auch durch ihr spezifisches Diskurskonzept die Generierung eines verbindlichen Konsenses.

> Da praktische Diskurse von *konkreten Problemen* von (individuellen oder kollektiven) *Handlungspraxen* veranlaßt sind, und da für alle Ver-sionen angewandter Ethik das Anliegen, *konkrete Handlungsprobleme normativ* zu analysieren, wesentlich ist, sind die Aussagen der Diskurs-ethik über den Praktischen Diskurs das Äquivalent derjenigen Aussagen, die in anderen Anwendungskonzeptionen als Aussagen ‚angewandter Ethik' zählen.[47]

Wenn das Konzept der Diskursethik in dieser Hinsicht auch als grundsätzlich angemessene methodische Grundlage für die angewandte Ethik zu bewerten ist,

---

[46] K. Bayertz, „Praktische Philosophie als angewandte Ethik", S. 23.
[47] M. Kettner, „Einleitung", S. 18.

so kann m.E. eine konsequente Anwendung der diskursethischen Methode jedoch – zumindest gegenwärtig – nicht erfolgen. Zwar kann innerhalb der angewandten Ethik versucht werden, diskursethische Maximen zu berücksichtigen,
da aber die für das Gelingen des diskursethischen Ansatzes notwendigen kommunikativen Bedingungen bisher nicht gegeben sind und eine Beteiligung aller
von den Handlungsoptionen Betroffenen (nämlich der Gesamtheit der Individuen einer Gesellschaft) praktisch unmöglich ist, erweist sich auch die Methodik
der Diskursethik als unzulänglich für die angewandte Ethik.[48]

Zusammenfassung:
Angesichts der bisher vorgeschlagenen Alternativen zur Prinzipienethik muß
man m.E. mit Bayertz darin übereinstimmen, daß *eine prinzipienfreie Reflexion
auf die Gegenstände angewandter Ethik kaum möglich ist. Die Ambivalenz, die
sich daraus ergibt, daß innerhalb der angewandten Ethik nicht auf eine universelle Prinzipienbegründung zurückgegriffen werden kann und eine prinzipienfreie Methodik andererseits nicht befriedigend begründet ist, wirft bisher ungelöste Probleme für eine stringente Konzeption angewandter Ethik auf.* Gegenwärtig scheint sich keine Alternative zur Forderung nach einer Analyse des
Unstrittigen und seiner Verwertung als Ausgangspunkt der ethischen Reflexion
zu bieten. Die Verfahren, mit denen man das Unstrittige dann in Beziehung
zum Problemfeld setzt und weiterentwickelt, sind letztlich vielfältig. Bayertz
schlägt eine Mischung aus Prinzipienethik, Klugheitsethik und Güterabwägung
vor, aber er bleibt letztlich die Antwort schuldig, wie denn diese unterschiedlichen Ansätze miteinander vermittelt werden können.

*Zusammenfassend bleibt festzustellen, daß die Aufgabe der angewandten
Ethik zwar einerseits von vielen Autoren damit bestimmt wird, für konkrete
alltagsweltliche Probleme auch konkrete normative Urteile zu entwickeln, daß
andererseits aber unklar bleibt, wie die Konkretisierung ethisch begründet und
allgemein akzeptierbar erfolgen kann.* Sofern neben einer analytischen Funktion
die Aufgabe der angewandten Ethik auch darin gesehen wird, sich auf die Ebene
von Realisierungen zu begeben, bleibt die Frage nach der Methodik, mit der die
theoretisch erarbeiteten normativ-kritischen Aussagen auf die Praxis übertragen
werden können, weitgehend unbeantwortet. Unterschiedlichste methodische
Ansätze der Moralphilosophie leisten zwar jeweils wertvolle *Beiträge* zur Erfassung und Lösung der jeweils behandelten ethischen Probleme, aber es zeigt sich

---

[48] Es wird mit dieser kurzen kritischen Bemerkung nicht der Anspruch erhoben, die Diskursethik zureichend behandelt bzw. kritisiert zu haben. Es geht hier allein um den Gesichtspunkt, daß das Gelingen der Diskursethik von einer Diskurssituation abhängig ist, die
derzeitig (noch) nicht gegeben ist. (Siehe hierzu auch M. KETTNER, „Scientific Knowledge".
Zur Kritik an diskursethischen Ansätzen siehe K. OTT: „Strukturprobleme angewandter
Ethik". Siehe dazu ferner Kapitel 8.2.1.2.)

auch, daß die Beschränkung auf einen einzigen der hier genannten methodischen Ansätze für die Lösung der Probleme nicht hinreicht. Die Suche nach Lösungs-*wegen*, d.h. nach moralisch angemessenen Methoden zur Beseitigung der konkreten lebensweltlichen Konflikte, wird damit Teil der Konfliktlösung.

Das Kernproblem angewandter Ethik besteht somit darin, daß die theoretischen Aussagen für die Praxis häufig inadäquat sind und sich gar nicht übertragen bzw. methodisch abgesichert konkretisieren lassen. Die hierdurch implizierte Auffassung, ein zentrales Anliegen angewandter Ethik sei die *Vermittlung* von Theorie und Praxis, deutet bereits an, daß für die angewandte Ethik ggf. andere Vorgehensweisen begründet werden müssen, als sie für die Normfindung innerhalb der Moralphilosophie bisher paradigmatisch sind. Die Verunsicherung, die angesichts dieser Auffassung empfunden werden mag, wird m.E. dadurch hervorgerufen, daß sie einerseits plausibel erscheint und es andererseits keine Alternative zu ihr gibt. Die Situation, daß der aus der Verallgemeinerungsformel hervorgehenden abstrakten Theorie bisher nichts entgegengesetzt werden kann, was in vergleichbarer Weise vor Willkür im Wertesystem schützt und gleichzeitig eine unproblematische Praxisanwendung sichert, ist jedoch keineswegs ein zureichender Grund, die bisherigen Strukturen und Ergebnisse theoretischer Ansätze für die einzig richtigen zu halten. Möglicherweise ist der gegenwärtige Diskurs in angewandter Ethik, der eben *trotz* des offensichtlichen methodischen Defizits stattfindet, der Beginn eines grundsätzlichen Paradigmenwechsels innerhalb der ethischen Methodik – und auch der Ethik überhaupt.

Reich hat die These formuliert, daß die Betonung von Erfahrung – wie sie gerade im Ansatz des „Story Telling" gefordert ist – einen Paradigmenwechsel innerhalb der Medizin-Ethik bedeuten kann:

> But now, it seems to me, we are faced with a new set of concerns which, if properly addressed, could signal a new era for bioethics. [...] Thus, there is a need for bioethics to be concerned not just with careful reasoning about (necessarily) abstract concepts such as rights and duties, but also to be attentive to the value-laden experiental aspect of ethics.[49]

Insbesondere der Verlust kollektiv geteilter moralischer Empfindungen und das daraus sich ergebende Bedürfnis nach einer allgemein akzeptierbaren „guten" Regelung praktisch-ethischer Probleme scheinen dem Ansatz des „Story Telling" als Konsensfindungsmethode jedoch entgegenzustehen. Gleichzeitig nimmt der Ansatz des „Story Telling" aber Aspekte in sich auf, die unter dem Paradigma der Rationalität als defizitär empfunden werden. Die Komplexität der realen Problemsituation entzieht sich regelmäßig der abstrakt-reduktionistischen Argumentationsweise des ausschließlich rationalen Diskurses, dessen vermeintliche

---

49 W.T. REICH, „Bioethics in the 1980's", S. 3f.

Objektivität sich als Subjektivität entlarvt, je mehr man sich seiner argumentativen Unzulänglichkeiten und Grenzen bewußt wird.[50] Die Komplexität der ethisch problematischen Situationen scheint sich – dies ist auch der Grundgedanke des „Story Telling"-Ansatzes – emotional und intuitiv schneller und vor allem umfassender erfassen zu lassen als mit anderen Verfahrensweisen.[51] Der möglicherweise nun einsetzende Paradigmenwechsel wird daher m.E. nicht in der Übernahme des „Story Telling"-Ansatzes selbst bestehen, sondern in einer methodisch-programmatischen und der Tendenz nach stärkeren Berücksichtigung (moralischer) Gefühle und Intuitionen bei der Begründung von Normen und Werturteilen. Parallel zum narrativen Ansatz aufkommende Versuche der Wiederbelebung von ethischen Ansätzen wie z.B. der Tugendethik, von Klugheitsethiken, von Fürsorge-Ethiken und nicht zuletzt der verantwortungsethische Ansatz von Jonas über die Heuristik der Furcht wie auch die zunehmende Verwendung der Kategorie Verantwortung überhaupt scheinen diese These zu stützen. Auch in diesen Tendenzen wird die emotionale und intuitive Ebene ethischen Denkens und Entscheidens betont. Ob sich ein *einzelner* dieser Ansätze als lösungskompetent erweisen wird, ist allerdings fraglich.

Für die momentane Lage bleibt festzuhalten, daß die angewandte Ethik, zumindest sofern sie auch ein konkret auf die Praxis gerichtetes Interesse verfolgt, ihr offensichtliches methodisches Defizit nur durch Hilfskonstruktionen, Mischung von Methoden und Zulassung argumentativer Leerstellen überbrücken kann. Sie ist dadurch zugleich gezwungen, sich von den klassischen Idealen ethischer Argumentation zu verabschieden. Folgendes zeichnet sich ab: Universalität wird zur allgemeinen Akzeptierbarkeit bzw. öffentlichen Vertretbarkeit, und rationale Begründung wird zur Plausibilität bzw. intersubjektiven Nachvollziehbarkeit.

---

[50] In diesem Sinne stellt bspw. Holmes folgendes fest: „Most of us do not turn to our philosophizing in applied ethics from a position of neutrality on the issues we examine. We come predisposed to be for or against abortion, euthanasia, surrogate motherhood and the like. If these predispositions can enter significantly into one's choice of a normative ethical theory when it comes to applying normative ethics to practical problems, it can do so even more directly in any attempt to analyze the problems of applied ethics without presuming to derive them from a background normative theory." (R.L. HOLMES, „The Limited Relevance of Analytical Ethics", S. 156f.)

[51] Siehe hierzu auch Kapitel 8.2.1.2.

2.3 Problemlösungsansätze jenseits der Frage nach dem moralischen
Status menschlicher Embryonen und Föten

Die Handlungsmöglichkeiten, die in Kapitel 1 untersucht wurden und die das
Ausgangsthema dieser Arbeit bilden, stellen offensichtlich sehr unterschiedliche
Handlungen dar. Unterschiedlich sind sie im Hinblick auf ihre Ziele, auf die
Interessen und Umstände, aus denen sich diese Ziele ergeben, und auch im Hinblick auf die jeweilige Tätigkeit selbst. So spielen beispielsweise beim Abbruch
einer Schwangerschaft als Ziel der Abtreibungshandlung ganz andere Umstände
und Interessen eine Rolle als etwa bei der In-vitro-Fertilisation als ein Ziel der
Kryokonservierung menschlicher Embryonen. Jedoch sind die Handlungsmöglichkeiten trotz ihrer Unterschiedlichkeit auch erheblich miteinander vernetzt.
So werden in der Forschung zur Transplantation fötaler Gewebe und Organe
teilweise abgetriebene Föten verwendet, und für die Forschung an Embryonen
bietet es sich an, überzählige Embryonen aus dem In-vitro-Fertilisationsverfah-
ren zu verwenden. Damit kann die eine Handlung das Mittel zur Durchführung
der anderen darstellen.

Die Unterschiedlichkeit der Handlungsmöglichkeiten einerseits und ihre
Vernetzung andererseits spiegeln sich in der ethischen Diskussion nicht nur
wider, sondern sie werfen auch die Frage auf, mit welchem Zugang die Probleme erfaßt werden können und sollen.

Auf den ersten Blick bieten sich zwei Möglichkeiten des Problemzugangs an:
Die angewandte Ethik kann sich 1. auf diejenigen ethischen Probleme beziehen,
die allen Handlungsmöglichkeiten gemeinsam sind und die sich insofern nicht
allein aus dem spezifischen Kontext der jeweiligen Handlungsoption ergeben. Bei
diesem Problemzugang konzentriert sich die ethische Auseinandersetzung auf
eine grundsätzliche moralische Frage, die zwar für verschiedene Handlungskontexte von zentraler Bedeutung ist, die jedoch weitgehend unabhängig von der
kontextuellen Spezifik diskutiert wird. *Die angewandte Ethik kann aber auch 2.*
den Weg gehen, zunächst die gesamte spezifische ethische Problematik jeweils
eines einzelnen Handlungskontextes zu erfassen. Ein solcher Problemzugang betrachtet stärker als der erstgenannte die wechselseitigen Abhängigkeiten der für
den einzelnen Kontext maßgeblichen ethischen Aspekte. – In der gegenwärtigen
Debatte um die hier zugrunde gelegten medizinisch-technischen Handlungsmöglichkeiten werden beide Problemzugänge verfolgt.

Bei der *ersten* Zugangsweise steht als gemeinsames und grundsätzliches
ethisches Problem der Handlungsoptionen die Frage im Vordergrund, ob es
moralisch generell, d.h. kontextunabhängig, zu rechtfertigen ist, menschliche
Embryonen und Föten zu töten. Da dies die Frage nach dem moralischen Status
ungeborenen Lebens impliziert, werden Positionen, die dieser Frage nachgehen,
im Rahmen dieser Arbeit unter dem Etikett „*Statusdiskussion*" zusammengefaßt.

Der andere, *kontextspezifische Problemzugang* – der im folgenden näher untersucht werden soll – wird im Zusammenhang mit den genannten Handlungsoptionen gegenwärtig vorwiegend von *feministischer* Seite angestrebt, ist jedoch prinzipiell nicht an eine feministische Grundhaltung gebunden. Da sich die diesen Problemzugang vertretenden Positionen nicht (zumindest nicht vorrangig) mit der Frage beschäftigen, welches der moralische Status menschlicher Embryonen ist, werden sie von Leist aus der Perspektive der Statusdiskussion als „Umgehungsstrategien" etikettiert.[52]

Diese Bezeichnung ist m. E. jedoch deshalb unangemessen, weil diese Positionen einen grundsätzlich unterschiedlichen Problemzugang verfolgen. Sie vermittelt nämlich den Eindruck, als seien diese Positionen, sofern ihnen eine „Umgehung der Statusfrage" nicht gelingt, für die Bewertung der Handlungsoptionen weitgehend irrelevant. Davon ist jedoch nicht auszugehen, und zwar aus folgenden Gründen: Wenn es den Handlungsmöglichkeiten auch gemeinsam ist, daß sie den menschlichen Embryo bzw. Fötus zum Objekt haben und seine Tötung – zumindest gegenwärtig noch – die Folge der jeweiligen Handlungen ist, so unterscheidet sich der jeweilige Kanon der weiteren ethischen Probleme der einzelnen Handlungsmöglichkeiten letztlich doch erheblich. Unabhängig von der Frage nach der Tötungserlaubnis sind etwa die ethischen Probleme der Transplantation fötaler Organe andere als die der Abtreibung. In der öffentlichen Diskussion hat sich daher z. B. gezeigt, daß diejenigen, die den Abbruch einer Schwangerschaft für moralisch unbedenklich und damit also die Tötung menschlicher Embryonen für ethisch rechtfertigbar halten, nicht alle zugleich auch die Transplantation fötaler Organe moralisch befürworten. Ethische Aspekte, die außerhalb der Frage nach der Moralität der Tötung menschlicher Embryonen liegen, wie etwa Bewertungen körperlicher Integrität oder Fragen nach den gesellschaftlichen Folgen solcher Transplantationen, können hier kontextspezifische Grundlage des moralischen Urteils sein. Gleichermaßen ist denkbar, daß jemand die Tötung von Embryonen im Zusammenhang mit Abtreibungen als moralisch bedenklich ansieht und andererseits ihre Tötung im Rahmen von In-vitro-Fertilisation eher für geboten hält, etwa mit der Begründung, daß andernfalls tradierte Konzepte chronologischer Familienstrukturen in ethisch verwerflicher Form gebrochen werden könnten.

Auf der Grundlage der Forderung, daß angewandte Ethik sich auf die Problematiken der zeitgenössischen Lebenswelt beziehen soll, stellen *alle* diese ethischen Erwägungen einen Gegenstand für sie dar, der bei der Beurteilung der Handlungsoptionen berücksichtigt werden muß. Die Wahl eines *Problemzugangs* scheint somit nicht notwendig mit einer inhaltlichen Fassung bzw.

---

[52] Siehe A. LEIST, *Eine Frage des Lebens*, S. 32.

Begrenzung der ethischen Problematik selbst einherzugehen, sondern nur mit einer Entscheidung über die ethischen Aspekte, die zuerst behandelt werden.[53]

Je nachdem, ob die im ersten Kapitel dargestellten Handlungsmöglichkeiten aufgrund ihrer Gemeinsamkeiten zunächst als *ein* Problemfeld angewandter Ethik betrachtet werden oder ob sie aufgrund ihrer Differenzen zunächst als *je eigene* Problematiken aufgefaßt werden, rücken unterschiedliche Aspekte in den Vordergrund der Auseinandersetzung. Obwohl sich die skizzierten Problemzugänge in wünschenswerter Weise zu ergänzen und eine umfassende ethische Problematisierung der Handlungsoptionen gerade dadurch voranzutreiben scheinen, daß jeweils unterschiedliche Aspekte behandelt werden, handelt es sich nämlich nicht lediglich um alternative Wege zur Realisierung des gleichen Anliegens. Es zeigt sich vielmehr, daß dem jeweiligen Problemzugang bestimmte, und zwar jeweils unterschiedliche, Vorannahmen zugrunde liegen, die eine grundsätzlich kontroverse Haltung gegenüber dem, was im Zusammenhang mit den Handlungsmöglichkeiten als das entscheidende ethische Problem angesehen wird, widerspiegeln.[54]

So ergeben sich bspw. aus der *Grundposition des Feminismus*, nämlich dem Anliegen, sämtliche Bedingungen gesellschaftlichen Lebens, einschließlich der ethischen Fragen, daraufhin zu untersuchen, welche Bedeutung sie für die Stellung der Frau haben, andere Problemaspekte als bei Problemzugängen, die diese Grundposition nicht teilen oder sie nicht als vorrangig anerkennen.[55] Aus der Perspektive des Feminismus ist die im Konzept der angewandten Ethik geforderte öffentliche Vertretbarkeit von Handlungsmaßstäben nur dann gewährleistet, wenn die Handlungsmaßstäbe zugleich auch dazu geeignet sind, die Benachteiligung von Frauen aufzuheben oder sie zumindest nicht noch zu verstärken. Von daher wird die ethische Problematik der im ersten Kapitel dargestellten Handlungsoptionen von dieser Seite aus vorrangig unter der Frage

---

[53] Dies setzt allerdings voraus, daß der gewählte Problemzugang auch zu einem Ergebnis kommt (siehe dazu auch Kapitel 6.2).

[54] Die Kontroverse geht bis hin zum Ideologievorwurf. So formuliert beispielsweise J. Ditfurth im Zusammenhang mit der Debatte über Abtreibung: „Als ideologische Vorreiter von staatlichen und industriellen Interessen begehren Kirchenpatriarchen den Zugriff und die Verfügungsgewalt über Frauenkörper." (J. DITFURTH, „Hölle, Schuld und Knast", S. 155)

[55] Hinzu kommt, daß die bewertende Auseinandersetzung mit den praktischen Problemen nicht innerhalb einer einzigen Disziplin – etwa der Ethik – stattfindet, sondern aus der Perspektive verschiedener Fachrichtungen erfolgt. Dementsprechend sind die erkenntnisleitenden Fragestellungen sogar innerhalb eines Problemzugangs vielfältig. Als ein Beispiel kann an dieser Stelle die soziologische Frage nach den eine konkrete Handlung motivierenden (Herrschafts-)Interessen gelten, die sich z.B. aus philosophischer Perspektive entweder gar nicht ergäbe oder unter Berücksichtigung anderer Aspekte bzw. nur innerhalb von Ansätzen, die überhaupt von einer eher sozialwissenschaftlichen Ausrichtung der Philosophie ausgehen, diskutiert würde.

behandelt, welche Bedeutung und Folgen sie für Frauen haben. Die für den feministischen Ansatz charakteristische Differenzierung der Handlungskontexte ist somit nicht Folge der Präferenz eines bestimmten *methodischen Ansatzes*, sondern einer spezifischen *inhaltlichen Zielsetzung*.

In Konsequenz des feministischen Problemzugangs werden im Rahmen des Themas daher vor allem Abtreibung und Reproduktionstechnologien[56] als separate Problembereiche erfaßt. Die Problematik der Abtreibung wird vorwiegend unter dem Gesichtspunkt der Rechte von Frauen diskutiert, während in bezug auf die Reproduktionstechnologien eher der Gesichtspunkt der „Verwendung" des weiblichen Körpers im Rahmen einer patriarchal-strukturierten, naturwissenschaftlichen Forschungskultur im Vordergrund steht.

Der *feministische Ansatz zum Schwangerschaftsabbruch* basiert nicht zuletzt auf der begründeten Vermutung, daß die Zahl der Abtreibungen ungeachtet ihrer moralischen Bewertung und der darauf fußenden gesetzlichen Regelungen in verschiedenen Gesellschaften bzw. zu verschiedenen Zeiten etwa gleich hoch bleibt.[57] Empirische Untersuchungen legen die These nahe, daß nicht die moralische Bewertung der Tötung pränatalen menschlichen Lebens und entsprechende gesetzliche Regelungen den Ausschlag für eine Entscheidung für oder gegen eine Abtreibung geben, sondern die sozialen Bedingungen, unter denen Schwangerschaft und Kinderaufzucht stattfinden. Vor diesem Hintergrund – und zusätzlich dem, daß die moralische Bewertung des Schwangerschaftsabbruches in der Geschichte sehr stark von der jeweiligen (patriarchalen) Weltanschauung abhängt – besteht das ethische Problem aus der Perspektive des Feminismus nicht in der Frage nach dem moralischen Status menschlicher Embryonen, sondern in den Folgen der jeweiligen gesetzlichen Regelung für die Schwangere.

---

[56] Der hier unter den Begriff „Reproduktionstechnologien" gefaßte Themenbereich ist nicht deckungsgleich mit den in Kapitel 1.3 – 1.5 dargestellten Handlungsoptionen, denn mit Reproduktionstechnologien werden bspw. auch moderne Techniken der pränatalen Diagnostik bezeichnet.

[57] „Daß diese Aspekte [nämlich die Begründungen gesetzlicher Regelungen zur Abtreibung, C. K.] an den Frauen vorbeigingen, zeigt die Tatsache, daß Abtreibungen bisher nicht verhindert werden konnten, sondern es lediglich zu einer Verschiebung zwischen legalem und illegalem Raum kam. Es ist überhaupt die Frage, ob ein Kausalzusammenhang zwischen der Anzahl der Abtreibungen und der unterschiedlichen Gesetzgebung besteht oder ob nicht vielmehr persönliche Momente der Frau und ihrer Situation ausschlaggebend für die Entscheidung und das Tun sind." (K. STUKENBROCK, „Zur Geschichte der Abtreibung", S. 29. – Siehe auch A. SCHWARZER, „Ewig zittere das Weib", S. 6f.) Die Tatsache, daß bei restriktiver Gesetzgebung Abtreibungen illegal stattfinden und in Statistiken somit kaum erfaßbar sind, führt dazu, daß diese These weitgehend auf Schätzungen basiert.

> Die Frage ist also nicht, *ob* abgetrieben wird, sondern nur, *wie* abgetrie
> ben wird. Ob heimlich, gedemütigt und bevormundet – oder offen, mit
> schonenden Methoden und selbstbestimmt.[58]

Feministische Positionen zum Schwangerschaftsabbruch setzen deshalb nicht
bei der – unter anderem Problemzugang zentralen – Frage an, ob der menschliche Embryo oder Fötus überhaupt getötet werden darf. Diese Frage fällt nach
feministischer Ansicht in den persönlich-weltanschaulichen Entscheidungsbereich der Frau:

> Es steht jeder Frau [...] frei, für sich selbst die Entscheidung zu treffen,
> nicht abzutreiben. Bekämpfen müssen wir allerdings den Versuch, die
> *individuelle* Entscheidung [...] zur verbindlichen Richtschnur für an
> dere Frauen zu erklären und dies notfalls mit Terror durchzusetzen.[59]

Ethisches Thema des Feminismus ist daher die Erörterung der Frage, ob es
moralisch zu rechtfertigen ist, Frauen an der individuellen Entscheidung zu hindern oder ihnen die Entscheidung (z.B. durch Zwangsberatung oder das Vorenthalten finanzieller Mittel, und zwar sowohl im Hinblick auf die Kosten der
Abtreibung als auch im Hinblick auf die Kosten der Kinderaufzucht) bewußt zu
erschweren.

Aus dieser Priorität des Entscheidungsproblems – im Gegensatz zur Priorität des Statusproblems – ergeben sich die weithin bekannten Slogans „Mein
Bauch gehört mir" und „Kinder oder keine – entscheiden wir alleine". Beide
Slogans unterstreichen das individuelle Entscheidungs- bzw. Selbstbestimmungsrecht der Frau. Zwar sind diese Slogans vor allem auch gegen diejenigen
Positionen formuliert, die auf der Basis eines Konzeptes embryonalen Lebensrechtes Abtreibungen als moralisch verwerflich bezeichnen, jedoch sind Versuche, die Slogans auf ihren Aussagewert im Hinblick auf den moralischen
Status menschlicher Embryonen zu überprüfen, inadäquat. So sind die „Übersetzungen" der Slogans durch Leist und seine anschließende Diskussion[60] m.E.
ein Beispiel für eine unangemessene Auseinandersetzung mit dem feministischen
Ansatz. Leist fehlinterpretiert nämlich die Voraussetzungen, auf denen die
Slogans beruhen. Seiner Ansicht nach werden die in den Slogans enthaltenen
Argumente „in einem Kontext vorgebracht, in dem die Frage, welchen Status
der Fötus hat, als ungelöst oder unlösbar angesehen wird", und sie müßten nach
Leist deshalb auch einer Argumentation standhalten, die davon ausgeht, daß es

---

[58] A. Schwarzer, „Ewig zittere das Weib", S. 6f.

[59] J. Ditfurth, „Hölle, Schuld und Knast", S. 161.

[60] Siehe A. Leist, *Eine Frage des Lebens*, S. 33–38. – Leist „übersetzt" die Slogans im Sinne
eines Besitzrechtsarguments, eines Erzeugungsarguments, eines Autonomiearguments, eines
Gleichberechtigungsarguments und schließlich eines Selbstverteidigungsarguments.

sich beim Fötus um ein Wesen handelt, „das *möglicherweise* wie ein Erwachsener beurteilt werden muß".[61] Diese Auffassung geht jedoch in zweierlei Hinsicht an der feministischen Argumentation vorbei: Zum einen sieht die feministische Argumentation die Statusfrage nicht als ungelöst oder als unlösbar an, sondern versteht sie als eine nur (durch die Schwangere) individuell zu lösende Frage. Hierin liegt ein erheblicher Unterschied, denn danach ergibt sich die von Leist aufgezeigte Schwierigkeit allenfalls für solche Frauen, die zwar annehmen, der Fötus sei möglicherweise zu beurteilen wie ein Erwachsener, zugleich aber eine Abtreibung wünschen. Zum anderen stellt die Auffassung von der allein individuellen Lösbarkeit der Statusfrage nicht den *Kontext* (im Sinne des o.g. Leist-Zitats), sondern die *Voraussetzung* der feministischen Position dar.

Für eine adäquate *Kritik des feministischen Problemzugangs* ist daher die Bezugnahme auf diese Voraussetzungen – d.h. die Tatsache, daß die gesetzlichen Regelungen zur Abtreibung variieren und die Frauen diesen Regelungen jeweils unterworfen sind, sowie die Tatsache, daß restriktive gesetzliche Regelungen nur geringen Einfluß auf die Zahl der Abtreibungen, sehr wohl aber auf das Risiko für dennoch abtreibende Frauen haben – und auf die mit ihnen verbundenen Folgerungen erforderlich. Da die angewandte Ethik – wie Leist selbst darstellt – zur Berücksichtigung unstrittiger empirischer Daten gezwungen ist, kann der feministische Problemzugang nicht dahingehend kritisiert werden, er gründe seine Prämisse auf empirische Daten und nicht auf moralische Prinzipien. Die Kritik an den Voraussetzungen (die Zahl der Schwangerschaftsabbrüche und die Auslegungsvarianz) kann sich allenfalls auf deren *Relevanz* für die Prämisse beziehen, und zwar mit folgender Argumentation: Aussagen über die Relevanz der Voraussetzungen sind wiederum abhängig von einer Beurteilung der Prämisse. Geht man davon aus, daß als relevant im bestätigenden Sinne gilt, was die aufgestellte Hypothese (hier die Prämisse, daß über den moralischen Status menschlichen ungeborenen Lebens nur individuell, d.h. im Rahmen der persönlichen Weltanschauung, entschieden werden kann) argumentativ stützt, so zeigt sich, daß zwar eine soziologische Relevanz vorhanden ist, jedoch keine moralisch-philosophische. Das heißt, die empirischen Voraussetzungen unterstützen die Hypothese im Sinne des gesellschaftlich faktisch Gegebenen: zum einen ist die Frage nach dem moralischen Status menschlicher Embryonen bisher nicht universell und konsensfähig beantwortet, und zum anderen entscheiden Schwangere letztlich ungeachtet verfassungsrechtlicher Vorgaben individuell über das Tötungsverbot in bezug auf Embryonen und Föten. Im Hinblick darauf jedoch, daß die Prämisse bzw. Hypothese der feministischen Position nicht auf die Feststellung eines Ist-Zustandes beschränkt ist, sondern darüber hinaus ein erkenntnistheoretisches Postulat sowie einen normativen

---

[61] Ebd., S. 38.

Gehalt beinhaltet, ist die Relevanz der Voraussetzungen nicht gegeben. Der normative Gehalt der Prämisse besteht in der Forderung, daß über den moralischen Status menschlicher Embryonen individuell entschieden werden *soll*, wobei diese Forderung auf der erkenntnistheoretischen Annahme beruht, daß der moralische Status menschlicher Embryonen nicht kollektiv geltend bestimmt werden *kann*. Sofern diese Annahme und die sich ihr anschließende Forderung jedoch nicht philosophisch begründet, sondern lediglich aus den genannten empirischen Gegebenheiten abgeleitet werden, kann die Prämisse – zumindest unter der Perspektive des oben erörterten quasi-prinzipiellen Ansatzes der angewandten Ethik – zunächst nicht überzeugen. Die empirischen Daten belegen nämlich zwar, daß bisher keine (gemäß dem Anspruch angewandter Ethik) allgemein akzeptierbare Begründung des Tötungsverbots für Embryonen und Föten etabliert ist, sie belegen aber in keiner Weise, daß eine solche Begründung nicht in Zukunft *möglich* ist. Darüber hinaus bleibt unklar, warum aus der Feststellung des Ist-Zustandes der individuellen Entscheidung das *Recht* auf die individuelle Entscheidung notwendig folgen soll. Der Schluß vom sozio-historischen „Ist" auf ein moralisches „Soll" birgt hier – in Parallele zum naturalistischen Fehlschluß – die Gefahr eines sozio-kulturellen Fehlschlusses. Damit soll nicht gesagt sein, der Schluß führe unter Verlust des normativ-kritischen Anspruchs der angewandten Ethik zu einer Konservierung der Moral, denn gerade das Gegenteil ist Anliegen des Feminismus. Vielmehr bezieht sich der Vorwurf auf die unbegründete Übersetzung deskriptiver in normative Gehalte.

Sollte es sich jedoch erweisen, daß der moralische Status menschlicher Embryonen tatsächlich nicht im Sinne allgemeiner Akzeptierbarkeit, sondern nur jeweils individuell, d. h. nach persönlicher Weltanschauung, begründbar ist, dann ist die normative Forderung nach einem Entscheidungsrecht der Frau naheliegend. Die Klärung der Frage, ob der moralische Status menschlicher Embryonen allgemein akzeptierbar begründet werden kann, ist daher für die Kritik der feministischen Position ausschlaggebend.

Es gibt allerdings auch (feministische) Positionen, die die Auffassung vertreten, die Statusfrage sei gesamtgesellschaftlich gelöst und dennoch bestehe ein individuelles Entscheidungsrecht der Frau.

Eine solche – sehr prominente – Position wird von Judith J. Thomson vorgetragen. In ihrem berühmten Aufsatz „Eine Verteidigung der Abtreibung"[62] geht sie von der Hypothese aus, der menschliche Embryo bzw. Fötus sei eine Person und als solche Träger des Lebensrechts. Thomson nimmt damit die Statusfrage nicht nur als universell geklärt an, sondern auch ein prinzipielles Tötungsverbot in bezug auf Embryonen. In der anschließenden Argumentation

---

[62] J.J. THOMSON, „A Defense of Abortion" (1971), dt.: „Eine Verteidigung der Abtreibung".

kommt sie durch Analogisierung mit hypothetischen Fällen[63] allerdings zu dem Schluß, daß die Entscheidung für oder gegen eine Abtreibung trotz geklärter Statusfrage im – auf dem Recht auf Selbstverteidigung fußenden – Ermessensspielraum der Frau verbleibt. Thomson geht hierbei davon aus, die Geltung des Lebensrechts bzw. des Tötungsverbots sowie seine Einschränkung durch das Recht auf Selbstverteidigung seien unstrittig. Auf diesen quasi-prinzipiellen Grundlagen aufbauend, strebt sie mit einem spezifischen kasuistisch-analogischen Vorgehen[64] eine rationale Begründung dafür an, daß eine ungewollte Schwangerschaft grundsätzlich mit einer Notwehrsituation vergleichbar ist und die Frau somit ihr Recht auf Selbstverteidigung in Anspruch nehmen und abtreiben kann.[65] Kritiken an Thomsons Position beziehen sich zumeist auf die Frage der Analogisierbarkeit der hypothetischen Fälle mit der Schwangerschaft.[66] Es gelingt den Kritikern jedoch bisher nicht, die Vergleichbarkeit vollends abzuweisen.[67] Die Kritik an der Vergleichbarkeit der hypothetischen Fälle mit der Schwangerschaft scheint dabei vor allem an der Frage zu scheitern, inwieweit die Schwangere für die Existenz des Fötus verantwortlich ist und ihr daraus die Pflicht auferlegt ist, für die Fortexistenz des Fötus zu sorgen. Daher ist m. E. Leist darin zuzustimmen, „daß die *Zuschreibung von Verantwortung* der wesentliche Gesichtspunkt ist, unter dem Thomsons Ansatz geprüft und kritisiert werden muß".[68] Er ist also danach zu bewerten, ob die Schwangere –

---

[63] Thomson konstruiert Fälle, die auf eine Analogisierung mit der Abhängigkeit des Fötus von der Schwangeren abzielen. Sehr berühmt ist in diesem Zusammenhang ihr „Geiger-Fall" geworden, in dem sie annimmt, jemand sei gekidnappt und an den Blutkreislauf eines berühmten Geigers angeschlossen worden. Dessen Leben ist nur zu erhalten, wenn die gekidnappte Person für neun Monate an seinen Blutkreislauf angeschlossen bleibt. Es stellt sich dabei die Frage, ob die gekidnappte Person auf der Grundlage des Tötungsverbots und zusätzlich auf der Grundlage, daß es ein allgemeines Interesse am Leben des Geigers gibt, die Pflicht hat, an den Blutkreislauf des Geigers angeschlossen zu bleiben. Thomson kommt zu dem Schluß, daß eine solche Pflicht nicht besteht, und folgert analog für die Abtreibungssituation, eine Pflicht zur Fortsetzung einer Schwangeschaft sei auch unter der Prämisse eines Lebensrechts des Fötus nicht zu begründen (siehe ebd., S. 108 f.).

[64] Der kasuistische Ansatz Thomsons entspricht nicht der z. B. von Jonsen und Toulmin (vgl. Kap. 2.3) entwickelten Kasuistik, denn Thomson entwirft hypothetische Fälle, während Jonsen und Toulmin auf die Verwendung weitgehend authentischer Fälle abzielen.

[65] Zu diesem Ergebnis gelangt sie durch die Konstruktion von hypothetischen analogen Fällen, die nach ihrer Ansicht belegen, daß die Schwangere sich gegenüber dem Fötus grundsätzlich in einer Situation befindet, die sie als Notwehrsituation empfinden kann, und daß sie daher über unstrittig geltende rechts-moralische Regeln den Fötus zum Schutz ihrer Interessen töten darf.

[66] Siehe dazu etwa J. FINNIS, *Natural Law and Natural Rights*; J. FEINBERG, „Abortion".

[67] Der gleichen Meinung ist Leist (siehe A. LEIST, *Eine Frage des Lebens*, S. 41 u. S. 38, Fußnote 5).

[68] Ebd., S. 41.

zumindest sofern die Schwangerschaft nicht durch eine Vergewaltigung entstanden ist – für die Schwangerschaft verantwortlich ist und ob dadurch ihr
Selbstverteidigungsrecht eingeschränkt ist, des weiteren daran, ob die Schwangere Verantwortung für den Embryo bzw. Fötus trägt und ob sie deshalb von
ihrem Selbstverteidigungsrecht keinen Gebrauch machen darf. Im Vorgriff auf
die Erörterung der Kategorie Verantwortung[69] kann an dieser Stelle allerdings
bereits die These formuliert werden, daß auch die Bezugnahme auf den Begriff
Verantwortung keine prinzipielle Entscheidung in dieser Frage ermöglicht.

Neben einer moralischen Rechtfertigung des Schwangerschaftsabbruches ist
es das Ziel Thomsons, den Nachweis zu erbringen, daß die *Klärung der Status-*
frage für die moralische Bewertung des Schwangerschaftsabbruches weder eine
notwendige, noch eine hinreichende Bedingung ist. Dieser Nachweis ist ihr insofern gelungen, als ihre Position verdeutlicht, daß zusätzliche ethische Aspekte
Grund dafür sein können, das Tötungsverbot außer Kraft zu setzen, und daß die
Diskussion des Tötungsverbots dann nicht notwendig für die Beurteilung der
Abtreibung ist.

Andererseits wird an der Position Thomsons aber auch deutlich, daß die
Klärung der Statusfrage die Diskussion um den Schwangerschaftsabbruch erheblich erleichtern *kann*: Sollte es sich nämlich erweisen, daß allgemein akzeptierbar
begründet werden kann, daß für Embryonen und Föten *kein* Tötungsverbot
besteht, dann bedarf es keiner aufwendigen Diskussion über Ausnahmen vom
Tötungsverbot, und die Statusklärung wäre insofern hinreichender Grund für
die moralische Bewertung der Abtreibung. Dies bedeutet aber zugleich, daß sich
der Problemzugang der Statusklärung auch im Zusammenhang mit Positionen,
die diesen Problemzugang gerade nicht wählen, nicht als irrelevant erweist.[70]

---

[69] Siehe Kapitel 8.

[70] Die Selbstbestimmungs- und Selbstverteidigungsargumentation des Feminismus ist auf
die Handlungskontexte der *Reproduktionstechnologien* allerdings nicht übertragbar. Aus
feministischer Sicht ergeben sich im Rahmen dieser Handlungsmöglichkeiten grundsätzlich
andere, wenn auch mit der Abtreibungsdebatte verbundene ethische Probleme. Dies zeigt,
daß sich unter diesem Problemzugang Ergebnisse des einen Kontextes – im Unterschied zu
dem auf „Gemeinsamkeiten" gerichteten Ansatz der Statusdiskussion – nicht bzw. nicht
ohne weiteres auf andere übertragen lassen. Ohne die jeweiligen Argumente an dieser Stelle
ausführen zu können, ist der Hinweis nötig, daß von feministischer Seite auch in diesen
Handlungskontexten die Frage nach dem moralischen Status menschlicher Embryonen nicht
als das vorrangige ethische Problem angesehen wird. Im Vordergrund stehen eher Probleme
der Bedingungen der Technikentwicklung und ihrer Folgen, wobei diese freilich unter besonderer Berücksichtigung der Situation von Frauen reflektiert werden. Die Diskussion
dieser Technologien geht allerdings über die feministische Diskussion weit hinaus. Z.B.
wendet sich auch Jonas gegen diese Technologien, ohne dies explizit mit Rekurs auf das
Tötungsverbot zu begründen. Daß die Statusfrage dennoch auch in diesen Kontexten erhebliche Relevanz hat, ergibt sich schon daraus, daß sie ein gemeinsames ethisches Problem aller
genannten Handlungsoptionen ist. Die Einsicht, daß für eine abschließende Bewertung der

Zusammenfassend läßt sich feststellen, daß für die ethische Bewertung der Handlungsoptionen eine Diskussion auch unabhängig von der Statusfrage nicht nur wünschenswert, sondern auch notwendig ist. Sie ist deshalb notwendig, weil die zur Debatte stehenden Handlungsoptionen nicht nur gemeinsame ethische Probleme aufwerfen, sondern neben den gemeinsamen auch kontextspezifische ethische Problematiken enthalten. Allerdings erübrigt sich die Statusdiskussion aufgrund der Notwendigkeit eines kontextuellen Ansatzes, der die ethische Problematik der einzelnen Handlungsoptionen ohne Bezugnahme auf die Statusfrage angeht, keinesfalls. Ganz im Gegenteil erweist sie sich – wie gezeigt wurde – je nach kontextuellem Ansatz sogar als notwendig.

2.4 Der Ansatz der Statusklärung

Alle Handlungen, die die thematische Grundlage dieser Arbeit bilden, schließen die Tötung von menschlichen Embryonen bzw. Föten ein. Die Frage, ob es moralisch erlaubt ist, Embryonen bzw. Föten zu töten, stellt daher ein gemeinsames ethisches Problem dieser Handlungen dar. Daß sich die Frage nach der moralischen Rechtfertigung von Tötungshandlungen in diesen Zusammenhängen überhaupt stellt, basiert darauf, daß es sich bei den Handlungsobjekten Embryo und Fötus um *menschliches* Leben handelt, das generell über das für Menschen geltende Lebensrecht bzw. das daraus folgende Tötungsverbot stärker geschützt ist als das Leben von Tieren und von anderen nicht-menschlichen Wesen.

Die Frage nach dem moralischen Status ungeborenen menschlichen Lebens stellt sich insofern nicht auf moralischem „Neuland", sondern sie ist sehr konkret auf die normative Forderung nach dem im Lebensrecht implizierten Schutz menschlichen Lebens bezogen. Deshalb besteht der Ansatz der Statusklärung nicht in einer unbedingten Erörterung des moralischen Werts des *Ungeborenen*, sondern er findet unter den Bedingungen bestehender Wertschätzung menschlichen Lebens statt. Daher ist das Kernproblem des Ansatzes der Statusklärung die Frage, ob bzw. ab wann ungeborenens menschliches Leben unter das Tötungsverbot fällt oder ob sich dieses nicht vielmehr ausschließlich auf *geborene Menschen* bezieht.

Das Lebensrecht des Menschen spiegelt nicht nur eine höhere Wertung menschlichen Lebens gegenüber z.B. tierischem wider, sondern es gilt zudem als das höchste, d.h. allen anderen übergeordnete, Recht des Menschen. Es stellt die vitale Grundlage aller weiteren Menschenrechte dar, denn ohne ein vorrangig geltendes Tötungsverbot wäre die Bedeutung von Freiheitsrechten, wie z.B. des

---

Handlungen außer der Statusfrage noch weitere ethische Aspekte – möglicherweise auch grundlegendere – diskutiert und geklärt werden müssen, ist dadurch nicht berührt.

Selbstbestimmungsrechts, des Rechts auf freie Meinungsäußerung etc., nivelliert. Der Wert des im Lebensrecht gesicherten Tötungsverbots resultiert damit vor allem daraus, daß das Lebensrecht durch andere Rechte nicht einschränkbar ist.

Sollte es sich herausstellen, daß menschliche Embryonen und Föten durch das bestehende Lebensrecht geschützt sind und folglich nicht getötet werden dürfen, dann scheinen sich kaum noch Begründungen dafür finden zu lassen, die im ersten Kapitel dargestellten Handlungen durchzuführen. Weil sich aus dem für sie geltenden Lebensrecht das Tötungsverbot ergäbe, könnten allenfalls noch Notwehrrechte die Tötung von Embryonen und Föten rechtfertigen. Allerdings wurde im vorangegangenen Abschnitt am Beispiel der Position Thomsons erörtert, daß selbst im Kontext der Abtreibung Zweifel daran bestehen, ob der Embryo überhaupt als „Angreifer" angesehen und die Anwendung des Selbstverteidigungsrechts gegenüber ungeborenem Leben generell gerechtfertigt werden kann. In den anderen Kontexten ist das Selbstverteidigungsrecht als Tötungsrechtfertigung weitestgehend irrelevant, da eine Symbiose wie in der Schwangerschaft nicht gegeben ist.

Aufgrund dieses Zusammenhangs von Lebensrecht einerseits und möglichen Tötungsrechtfertigungen andererseits kommt der Beantwortung der Frage, ob es moralisch erlaubt ist, Embryonen bzw. Föten zu töten, eine zentrale Bedeutung für die moralische Bewertung der eingangs beschriebenen Handlungsmöglichkeiten zu. Darüber hinaus hat die Beantwortung der Frage Bedeutung für das Menschenbild schlechthin, denn je nachdem, wie Begründungen für oder gegen die Subsumption von Embryonen und Föten unter das Lebensrecht ausfallen, sind zugleich auch Aussagen darüber getroffen, inwieweit bzw. aus welchen Gründen menschliches Leben höher geschätzt wird als tierisches bzw. nichtmenschliches. Mit der Erörterung des moralischen Status menschlicher Embryonen und Föten geht also die Diskussion derjenigen Eigenschaften einher, die für die höhere Wertung menschlichen Lebens ausschlaggebend sind.

Im Rahmen der angewandten Ethik liegt in dieser *doppelten Bedeutsamkeit der Statusklärung* – einerseits als Bewertungs- und Entscheidungskriterium für aktuelle Handlungsprobleme, andererseits als wesentliche Manifestation eines allgemeinen Menschenbildes – eine besondere Schwierigkeit und Gefahr, die aus der wechselseitigen Beeinflussung von bestehenden moralischen Regeln und ihrer (philosophischen) Diskussion zu resultieren scheinen: Die Schwierigkeit besteht darin, daß es notwendig ist, in Absehung von einer (theoretisch nicht konsistent abgesicherten) moralischen Alltagspraxis ontologische Bedingungen der Lebensrechtszuschreibung zu begründen, und die Gefahr darin, daß dadurch ein Begründungs- bzw. Definitionstabu aufgehoben wird.

Folgt man den dargestellten Ansätzen zur angewandten Ethik, liegt es auch für den Ansatz der Statusklärung nahe, *von Unstrittigem auszugehen*. Schon aufgrund der Motivation der Statusdiskussion bietet es sich an, etwa von der bundesdeutschen Verfassung auszugehen, die ein Lebensrecht für jeden ausweist und die Tötung von Menschen damit prinzipiell verbietet. Weitere Grundlagen wären etwa der Artikel 3 der Allgemeinen Erklärung der Menschenrechte vom 10. Dezember 1948[71] oder der Artikel 2 der Europäischen Menschenrechtskonvention vom 4. November 1950[72].

So sehr die Statusdiskussion auch auf der unstrittigen und unbestreitbaren Geltung dieser Lebensrechtsformulierungen basieren mag, so wenig eignen diese sich für Rückschlüsse auf den moralischen Status ungeborenen menschlichen Lebens: Das Kernproblem der Statusdiskussion besteht in der Frage, ob Embryonen bzw. Föten als „Menschen" im Sinne der Lebensrechtsformulierungen zu verstehen sind oder ob sie nicht vielmehr erst noch Menschen werden und damit eine Vorform des Menschseins darstellen, die insofern noch nicht unter den im Lebensrecht implizierten Lebensschutz fällt. Die genannten Lebensrechtsformulierungen sind somit zwar eine Grundlage für die Behandlung des Problems, aber sie können aus sich heraus keinen Aufschluß über das Problem geben. Unter der Voraussetzung, daß das Unstrittige, von dem auszugehen die angewandte Ethik gezwungen ist, quasi-prinzipiellen Charakter hat, reicht der Rekurs auf das Lebensrecht für Menschen nämlich für eine allgemein akzeptierbare Problemlösung nicht aus. Es muß vielmehr eine zusätzliche unstrittige, quasi-prinzipielle Prämisse gefunden werden, die hinreichend, d.h. allgemein akzeptierbar, begründet, *ob bzw. ab wann Embryonen und Föten als Menschen im o. g. Sinne zu betrachten sind.*

Diese Prämisse aufzufinden ist Inhalt der Statusdiskussion. Insofern ist die Statusdiskussion einerseits auf das Ziel gerichtet, den Nachweis zu erbringen, daß es prinzipiell möglich ist, die Statusfrage allgemein akzeptierbar zu klären, und andererseits auf das Ziel, diese Klärung vorzunehmen.

Die Klärung der Frage, ob Embryonen und Föten als Menschen im Sinne der Lebensrechtsformulierungen anzusehen sind, setzt allerdings die Bezugnahme erstens auf entsprechende *Konzepte zur Begründung des Rechts auf Leben* voraus und zweitens auf *ontologische Bedingungen menschlichen Lebens in pränatalen Entwicklungsstadien.* Die Frage richtet sich demnach auf das Zusammenspiel von Begründung und Geltungsbereich des Lebensrechts, d.h. darauf, warum Menschen ein Recht auf Leben haben und ob dieses Recht grundsätzlich für alle Mitglieder der Spezies Mensch gilt oder bloß für solche Menschen, die bestimmte (moralisch relevante) Eigenschaften oder Fähigkeiten aufweisen.

Im Falle eines für alle Mitglieder der Gattung Mensch begründeten Lebensrechts würde sich die Statusfrage darauf reduzieren, zu überprüfen, ob der menschliche Embryo der Gattung angehört. Dies ist jedoch unbestritten und eher Ausgangspunkt des Statusproblems. Der Ansatz der Statusklärung beruht

---

[71] „Jedermann hat das Recht auf Leben, Freiheit und persönliche Sicherheit."

[72] „Das Recht jedes Menschen auf das Leben wird gesetzlich geschützt."

insofern nicht auf einem lediglich gattungsbiologischen Verständnis des Begriffs „Mensch", sondern auf seinem damit verbundenen normativen Verständnis.

Während in der abendländischen Geschichte mit Aristoteles' animal rationale[73] und später, im Mittelalter, mit der Vorstellung der imago dei[74] der normative Aspekt noch mit dem biologischen Mensch-Verständnis zusammenfiel, zeichnet sich in der Gegenwart eine Separierung der Begriffsbedeutungen ab: Wer der Ansicht ist, die Gattung Mensch genieße einen moralischen Sonderstatus im Reich des Lebendigen, ohne diesen zugleich mit einer begründeten Höherwertung ontologischer Merkmale zu belegen, die exklusiv und für alle Mitglieder der Gattung gelten, ist dem „Speziezismus-Vorwurf" ausgesetzt.[75] Ob die Tötung menschlicher Embryonen und Föten im Rahmen der in Kapitel 1 beschriebenen Handlungsmöglichkeiten ethisch gerechtfertigt ist, kann somit nicht allein über die Bewertung ontologischer Merkmale der Gattung begründet werden, sondern es ist zudem notwendig, nachzuweisen, daß das Individuum diese ontologischen Merkmale aufweist. Wenn in der Statusdiskussion nun geklärt werden soll, ob menschliche Embryonen bzw. Föten Menschen im Sinne der Lebensrechtsformulierungen sind, muß nach den Eigenschaften gesucht werden, die zur moralischen Wertschätzung führen.

> In der neueren Abtreibungsdiskussion geschah diese Suche vorrangig unter dem Begriff oder Kriterium der *Personalität*. Dieser Zugang liegt deshalb nahe, weil menschliche Personen (meistens eine Umschreibung für normal ausgestattete Kinder und Erwachsene) der Paradigmafall von Wesen sind, denen gegenüber wir moralisch handeln: Moralisches Handeln gegenüber und zwischen Personen ist ein relativ sicherer Ausgangspunkt.[76]

Damit wird die Frage „Wann beginnt *menschliches* Leben im Sinne des Lebensrechts?" durch die Frage ersetzt: Wann beginnt *personales menschliches* Leben? Zugrunde liegt dieser alternativen Terminologie die Unterscheidung von Seinsweisen menschlichen Lebens, die moralisch zu berücksichtigen sind, und solchen, die nicht moralisch zu berücksichtigen sind. Da der Personbegriff in seiner traditionellen Verwendung als Substanz-Begriff die moralisch relevante Ebene des Mensch-Seins betrifft, bietet sich seine Verwendung in diesem Zusammenhang anscheinend an.

---

[73] Siehe ARISTOTELES, *Politik*, I 1–2; 1252 a – 1253 a.

[74] Siehe TH. VON AQUIN, *Summa theologica*, 93, 4.

[75] Der Speziezismus-Vorwurf wird insbesondere von P. Singer expliziert (siehe auch Kapitel 4.3). Der Begriff Speziezismus ist in Anlehnung an den Begriff Rassismus geprägt und meint die unbegründete Höherwertung einer Gattung gegenüber anderen.

[76] A. LEIST, „Diskussionen um Leben und Tod", S. 26 f.

> Das Verständnis von Person als *„Substanz'* ist freilich nicht materiali-
> stisch aufzufassen, vielmehr geht es um die These, das Person-Sein eines
> Menschen ruhe bzw. ‚wohne' in ihm bleibend und per Definitionem
> (des Menschen). Der Mensch ist vom Tier durch den Besitz der Ver-
> nunft (animal rationale) unterschieden […]. Dieses Konzept wurde mit
> dem christlichen Verständnis verknüpft, der Mensch sei als Ebenbild
> Gottes (imago dei) geschaffen.[77]

Diese Verbindung von besonderer Seinsweise der Person einerseits und ihrer
notwendig besonderen Behandlung andererseits umfaßt die ontologische und
die normative Ebene des Personbegriffs. Der Personbegriff ist demnach – im
Unterschied zum Begriff „Mensch" – immer auch ein moralischer Begriff, der
gleichzeitig eine ontologische Bedeutungsebene beinhaltet. Das Recht auf Leben
wird damit nicht notwendig im Sinne eines (Natur-)Rechts der Gattung Mensch
verstanden und der Personbegriff nicht als Synonym des Begriffes Mensch, sondern der *Begriff Person ist als ein Prädikat zu verstehen, das einigen Seinsweisen
menschlichen Lebens zukommt.*[78]

Das Recht auf Leben als moralischer Wert ist demnach nicht aufzufassen als
dem biologischen Begriff „Mensch" inhärent, sondern dem Begriff „Person".
*Die Statusdiskussion besteht damit in der Frage, ob es sich bei menschlichen
Embryonen bzw. Föten um Personen handelt.*[79]

Das Verhältnis des Personbegriffs zum Menschenrecht auf Leben kann in
dem Satz ausgedrückt werden: ‚Menschen, die Personen sind, haben ein Recht
auf Leben'. Gemäß dieses Satzes, für den ein Konsens angenommen werden
kann, wäre die Statusfrage entsprechend gelöst, wenn sich erwiese, daß menschliche Embryonen Personen sind. Dies aber setzt wiederum die Kenntnis der
Kriterien voraus, *nach denen einem Individuum das Prädikat ‚Person' zukommen kann*, d.h. der ontologischen Merkmale, die es eine Person sein lassen.

Der Personbegriff kann somit nicht ohne Explikation auf die Statusfrage
angewendet werden. Das von Leist für die angewandte Ethik vorgeschlagene
Konzept, von unstrittigen Begriffen auszugehen, kann sich – insbesondere aufgrund seiner Dynamik – nicht auf die bloße *Verwendung* des Begriffs „Person"
beschränken. Es ist vielmehr notwendig, eine *(unstrittige) Definition des Person-
Begriffs* zugrunde zu legen.

---

[77] D. Ritschl, „Person/Personalität", Sp. 792 f.

[78] Siehe R. Puccetti, „The Life of a Person", S. 105; H.T. Engelhardt, „Medicine and
the Concept of Person", S. 95.

[79] Der Personbegriff ist für die Diskussion des Status menschlicher Embryonen zudem
insofern von zentraler Bedeutung, als er auf normativer Ebene einen Konsens enthält: Bei
aller Uneinigkeit über den Satz: ‚Der Mensch hat ein Recht auf Leben' kann dem Satz: ‚Die
menschliche *Person* hat ein Recht auf Leben' allgemein zugestimmt werden.

Dies erweist sich jedoch als schwierig: Metaphysische Begründungskonzepte, nach denen eine Klasse von Wesen (z. B. eine Gattung) moralisch höherwertig *genannt wird*, wurden bereits wegen ihres Begründungsdefizits verworfen. Begründungskonzepte, die dagegen im Anschluß an die kantische Deontik argumentieren, beziehen sich auf notwendige und hinreichende ontologische Bedingungen des moralischen Handelns. Engelhardt, dessen Position an anderer Stelle[80] in dieser Arbeit noch genauer erörtert werden wird, belegt dies in einer einleitenden Bemerkung:

> To begin with, the morally significant difference between biological and personal life lies in the fact, to use Kant's idiom, that persons are ends in themselves. [...] Only self-conscious agents can be held accountable for their actions and thus be bound together solely in terms of mutual respect of each other's autonomy.[81]

Im Gegensatz dazu suchen Begründungskonzepte, die auf utilitaristische Ethiken zurückgehen, nach den ontologischen Bedingungen der Möglichkeit, Wünsche oder Interessen zu haben, Lust und Unlust zu empfinden. Michael Tooley schließt daher seine Bemerkungen zum Verfahren der Auffindung der für das Lebensrecht relevanten Kriterien des Personseins wie folgt:

> Die letzte Stufe des Arguments besteht einfach darin, zu fragen, was der Fall sein muß, damit etwas fähig sein kann, einen Wunsch nach fortdauernder Existenz als ein Subjekt von Erfahrungen und anderen mentalen Zuständen zu haben.[82]

Den jeweiligen Katalogisierungen von notwendigen und hinreichenden Eigenschaften der Person ist jedoch größte Skepsis entgegenzubringen. „Solche Vorschriften, die allgemeine und zureichende Bedingungen als wesentliche Paradigmata unantastbar machen, kommen einer Willkürherrschaft gleich."[83] Dieser Aspekt kann auch auf die oben für die Statusdiskkusion erwähnte Gefahr der Enttabuisierung bezogen werden, die Gefahr nämlich, daß im Bemühen um die Klärung der Frage, ob Embryonen und Föten im Zusammenhang von Schwangerschaft, Forschung und Organtransplantation getötet werden dürfen, das Diskussionsergebnis möglicherweise auch Auswirkungen auf das Lebensrecht *Geborener* hat, obwohl dies überhaupt nicht Gegenstand der Diskussion war.

Um dem Vorwurf der Willkür zu entgehen, ist man insbesondere in der analytischen Philosophie,[84] aber auch im Bereich der Medizin-Ethik bemüht,

---

[80] Siehe Kapitel 5.2.

[81] H.T. ENGELHARDT, „Medicine and the Concept of Person", S. 95.

[82] M. TOOLEY, „Abtreibung und Kindstötung", S. 166.

[83] A. RORTY, „Ein literarisches Postscriptum", S. 127.

[84] Siehe dazu L. SIEP, „Einleitung", in: DERS. (Hg.), *Die Identität der Person*, S. 7–30. –

sich der Bedeutung des Personbegriffes durch sprachanalytische Untersuchungen zu nähern. Feinberg etwa versucht dies über „recht präzise linguistische Konventionen" der Begriffsbedeutung und erarbeitet ein „commonsense"-Konzept des Personseins.

> It is in virtue of these reasonably precise linguistic conventions that the word 'person' normally conveys the idea of a definite set of descriptive characteristics. I shall call the idea defined by these characteristics 'the commonsense concept of personhood'.[85]

Dieses Konzept impliziert, daß Personbegriffe nicht ohne Berücksichtigung von bestehenden Konventionen begründet werden können. Angesichts der weitreichenden Implikationen, die der jeweils zugrunde gelegte Personbegriff für die Rechte von Wesen hat, ist m.E. allerdings auch der Ansatz Feinbergs fragwürdig. Zwar scheint er gewachsene Konventionen zu berücksichtigen, jedoch ist gerade der „commonsense" wegen seiner (auch propagandistischen) Wandelbarkeit als verbindliche Grundlage für die Definition des Geltungsbereichs des Lebensrechts problematisch.

Zusammenfassend ist festzuhalten, daß eine Unterscheidung von biologischem menschlichem Leben und personalem menschlichem Leben – letzteres eingeschränkt, im Sinne rechtlich zu schützenden Lebens verstanden – für die Klärung der Statusfrage unerläßlich ist. Es ist darüber hinaus festzuhalten, daß nach gegenwärtigem Forschungsstand eine umfassende und allgemeingültige Bestimmung der notwendigen und hinreichenden Bedingungen der Person *nicht* vorliegt.

Ob das Statusproblem mit Hilfe einer exakten Definition des Personseins überhaupt zu lösen wäre, ist allerdings fraglich: Selbst wenn eine allgemeingültige und exakte Definition vorläge, wäre damit noch nicht geklärt, ob ausschließlich Personen oder ausschließlich *menschliche* Personen ein Recht auf Leben haben, d.h., ob auch Entitäten ein Recht auf Leben haben, die zwar noch keine Personen sind, die aber möglicherweise oder wahrscheinlich Personen werden. Mit dieser Überlegung ist das Problem potentieller Eigenschaften angesprochen, das noch genauer zu erörtern sein wird.[86]

Generell darf jedoch nicht geschlossen werden, daß ausschließlich menschliche Wesen Personen sein können oder daß Wesen, die nicht Personen sind, getötet werden dürfen. Es ist denkbar, daß es Wesen gibt, die die ontologischen Merkmale einer Person aufweisen, aber keine Menschen sind (z.B. Gott, Außer-

---

Siep referiert hier eine beträchtliche Auswahl sprachanalytischer Ansätze zur Definition notwendiger und hinreichender Bedingungen der Person.

[85] J. FEINBERG, „The Problem of Personhood", S. 109.

[86] Siehe Kapitel 3.3.

irdische, Gorillas etc.), und es sind andere Begründungen für ein Tötungsverbot denkbar als das Recht auf Leben (z. B. die Erhaltung einer Art).

Für die weitere Verwendung dieses Begriffes innerhalb dieser Arbeit werde ich mich daher der Meinung Puccettis anschließen: „In any case it is not my task here to say exactly what a person is, but only to argue that a person is more than a living human organism."[87] Dies ist für den Fortgang der Arbeit zunächst hinreichend, weil im Rahmen der Diskussion von Einzelpositionen die darin zugrunde gelegten Verständnisse des Personbegriffs jeweils erörtert werden. Im folgenden wird mit dem Terminus „personales menschliches Leben" daher auf keinen bestimmten Personbegriff Bezug genommen. Gemeint ist bei der Verwendung die Kontrastierung zu dem Terminus „biologisches menschliches Leben", der im Rahmen dieser Arbeit in bezug auf den moralischen Status neutral verwendet wird. Damit soll allerdings keineswegs impliziert sein, daß „biologisch menschlichem Leben" (überhaupt) kein moralischer Wert beizumessen wäre.

---

[87] R. Puccetti, „The Life of a Person", S. 105.

3. Die Bestimmung des moralischen Status menschlicher Embryonen innerhalb der „konservativen" Position[1]

3.1 Problemstellung

In vielen (westlichen) Gesellschaften – insbesondere in Deutschland und in Nordamerika, aber auch z. B. in Irland – gibt es vehemente und sogar militante Verfechter eines Lebensrechts ab Befruchtung. Ihre Aktionen richten sich vorwiegend noch gegen liberale gesetzliche Regelungen zur Abtreibung bzw. gegen die Befürwortung von Abtreibungsrechten; zunehmend wenden sie sich aber auch gegen die Tötung bzw. Nutzung menschlicher Embryonen und Föten im Rahmen der forschenden und therapierenden Medizin. Die Publizität dieser Gruppen ist ebenso groß wie die ihrer Gegner, was nicht nur ein weiterer Beleg für die öffentliche Beteiligung an der Kontroverse um die Statusbestimmung ist, sondern – dies ist an dieser Stelle wichtiger – unterstreicht, daß es in der Öffentlichkeit eine große Zahl von Anhängern der konservativen Position zum Status ungeborenen menschlichen Lebens gibt. Im Rahmen lösungsorientierter Ansprüche angewandter Ethik ist dies insofern von Bedeutung, als für den Entwurf allgemein akzeptierbarer Problemlösungen eben auch empirische Daten, also auch tatsächlich vorfindliche Einstellungen u. ä., berücksichtigt werden müssen.

Für die philosophische Auseinandersetzung mit dem individuellen Lebensrechtsbeginn steht allerdings nicht die Bewertung der Motivation und Form der Aktivitäten der „Lebensschützer" und „Pro-Lifers" im Zentrum des Interesses, sondern die Argumente für die „konservative" Position, d. h. für ein Lebensrecht des Konzeptus, und der Versuch ihrer philosophisch-ethischen Bewertung.

Ein Problem, das konservative Positionen mit anderen Positionen teilen, ist die Explikation derjenigen Eigenschaften, die den hinreichenden Grund für die Zuschreibung des Lebensrechts bilden. Darüber hinaus haben sie das spezifische Problem, nachzuweisen, daß der Konzeptus diese Eigenschaften bereits in moralisch ebenso relevanter Form aufweist wie z. B. Erwachsene als Wesen, deren Lebensrecht unbestritten gilt. Intuitive und sogar gesetzlich verankerte Differenzierungen[2] bei der Zuschreibung von Lebensrechts- bzw. Person-Status

---

[1] Wenn im folgenden Positionen, die ein Lebensrecht ab Befruchtung begründen, als „konservative" Positionen bezeichnet werden, so geschieht dies in Anlehnung an einen üblich gewordenen Sprachgebrauch. Es soll damit jedoch keineswegs eine Abwertung der Positionen gegenüber „modernen" oder „liberalen" Positionen impliziert sein.

[2] Z. B. die de facto Differenzierung der moralischen Bedeutung der Tötung ungeborenen menschlichen Lebens im Rahmen der Empfängnisverhütung, der Abtreibung und der Kindstötung. (Siehe dazu auch Kapitel 2.2.)

vorgeburtlichen menschlichen Lebens wie auch etablierte und weitestgehend akzeptierte Handlungspraxen (z. B. die Verwendung post-conzeptionaler Verhütungsmethoden), die in Konsequenz der konservativen Position gesamtgesellschaftlich revidiert werden müßten, auferlegen ihr zudem ein über die philosophische Argumentation hinausgehendes, nämlich ein sozial-politisches Rechtfertigungsbemühen.

Wenn im folgenden Positionen erörtert werden, die in ihrem Ergebnis den moralischen Status des menschlichen Konzeptus dem des erwachsenen Menschen – als paradigmatischem Fall der moralischen Wertschätzung menschlichen Lebens – insofern gleichstellen, als sie auch dem Konzeptus ein Lebensrecht zuweisen, stehen deshalb nicht allein Begründungsfragen, sondern – entsprechend dem lösungsorientierten Anspruch angewandter Ethik – auch die Frage der Durchsetzungskonsequenzen im Vordergrund.

Daß die kritische Erörterung der konservativen Begründungsansätze sich hierbei besonders auf Plausibilitätsuntersuchungen stützt, ist indes nicht in den Ansätzen selbst begründet, sondern in den Bedingungen und Möglichkeiten angewandter Ethik, wie sie im vorangegangenen Kapitel beschrieben wurden. Danach erfordern die Prämisse nicht letztbegründbarer Theorien einerseits und der Konsistenzanspruch philosophischer Argumentation andererseits, daß die Plausibilitätsuntersuchungen zum einen auf positionsinterne Aspekte zu richten sind, zum anderen aber auch auf Aspekte der erwartbaren externen Positionskritik. Positionsinterne Aspekte betreffen die innere Logik bzw. Plausibilität der Position im Hinblick auf die darin gesetzten (weltanschaulichen) Prämissen im Sinne des Unstrittigen; positionsexterne Aspekte beziehen sich auf die Plausibilität der jeweiligen Position im Hinblick auf eine philosophische und auch politische Infragestellung der von ihr als unstrittig angesehenen Prämissen.

Unter der Voraussetzung, daß die im ersten Kapitel dargestellten Handlungen sich in der Hinsicht als ambivalent erweisen, daß nicht nur ihr Vollzug, sondern auch ihr Unterlassen ethische Probleme aufwirft und die normative Forderung nach ihrer Unterlassung in der Lebensrechtszuschreibung ab Befruchtung bereits impliziert ist, sind die in diesem Kapitel zur Diskussion stehenden Positionen des weiteren auch im Hinblick auf ihre Vermittlungsmöglichkeiten mit alternativen Positionen zu prüfen.

3.2 Die Lehre von der Heiligkeit und der Beseelung des (menschlichen) Lebens – Der gegenwärtige Standpunkt der römisch-katholischen Kirche zum Status ungeborenen menschlichen Lebens

Die christliche, vor allem die römisch-katholische Lehre von der Heiligkeit des Lebens, insbesondere des menschlichen Lebens, ist ein Bestandteil der abendländischen Kultur und deshalb für moralische Entscheidungen, die sich auf den

Umgang mit diesem Leben beziehen, grundsätzlich von Bedeutung. Es ist von daher geboten, auch in einer philosophischen Arbeit, die sich mit einem moralischen Problem abendländischer Gesellschaften beschäftigt, auf die Position dieser Glaubensrichtung einzugehen; gleichzeitig ist es gerechtfertigt, die Positionen anderer Glaubensrichtungen, die weniger prägend auf die westliche Kultur gewirkt haben, relativ zu vernachlässigen.

Man könnte andererseits der Auffassung sein, auf der Grundlage des Pluralismusgebots erübrige sich die Diskussion einer im Glauben an Gott fundierten Position, sofern es um die Suche nach einer (zumindest innergesellschaftlich) allgemein akzeptierbaren Problemlösung geht und eine Gottesvorstellung weder allgemein vorausgesetzt werden kann noch darf. Obwohl einer solchen Auffassung insofern zuzustimmen ist, als unter der Prämisse des Pluralismusgebots (mindestens) für keine religiöse Position ein allgemeiner Akzeptanzanspruch gestellt werden kann, ist sie m. E. aus zwei Gründen zurückzuweisen, die im bisher Gesagten bereits impliziert sind: zum einen wegen der meinungsbildenden Kraft der christlichen Position, zum anderen aufgrund einer möglicherweise notwendigen Vermittlung zwischen unterschiedlichen Positionen. Insbesondere im Hinblick auf letzteres ist es notwendig, die im Konzept der „Heiligkeit des Lebens" begründete Position der christlichen Religion aus der Perspektive der angewandten Ethik zu erörtern.

Da das Konzept der Heiligkeit des Lebens, wie etwa Kuhse[3] nachweist, ohne metaphysische Voraussetzungen nicht auskommt, stellt sich die Frage, ob ein solches Konzept in einer pluralistischen Gesellschaft dennoch ein Maß an Plausibilität aufweist, das es vernünftigerweise konsensfähig sein lassen könnte, oder ob es als allgemein akzeptierbarer Ansatz zur Lösung der im ersten Kapitel dargestellten Handlungsprobleme verworfen werden muß.

Die normative Forderung der römisch-katholischen Kirche:
In einer „Instruktion über die Achtung vor dem beginnenden menschlichen Leben und die Würde der Fortpflanzung"[4] hat der Vatikan 1987 eine Position formuliert, die an die Aussagen zum Problem der Abtreibung anschließt. In der

---

[3] H. KUHSE, „Die Lehre von der ‚Heiligkeit des Lebens'". – Kuhse untersucht die Lehre von der Heiligkeit des Lebens als „Bestandteil der konventionellen säkularen Moral" und kommt nach der Analyse des Prinzips der Heiligkeit des Lebens zu folgendem Schluß: „Während es religiös gesehen sinnvoll gewesen sein mag, zu behaupten, daß rein körperliches Leben heilig ist, weil das Leben ein Geschenk Gottes ist und durch ihn Wert erlangt, macht es kaum einen philosophischen Sinn, zu sagen, bloß körperliches Leben sei intrinsisch wertvoll und absolut unverletzlich – denn eine säkulare Erklärung der Heiligkeit des Lebens wird einige Schwierigkeiten haben, für diese Ansicht überzeugende Gründe beizubringen." (S. 97) – Siehe des weiteren auch N. HOERSTER, *Abtreibung im säkularen Staat*, S. 119f.; H.T. ENGELHARDT, *The Foundations of Bioethics*, S. 24f.

[4] Vatikan, *Instruktion über die Achtung*, S. 14.

damaligen Auseinandersetzung ging es hauptsächlich um die Frage, ob oder inwieweit das Selbstbestimmungsrecht der Mutter gegenüber möglichen Rechten
des entstehenden menschlichen Lebens abwägbar ist. Heute steht die Bewertung
neuer medizinischer Praktiken im Vordergrund.

Das Lehramt der katholischen Kirche stellt allen weiteren Ausführungen
zum Status vorgeburtlichen menschlichen Lebens die Annahme voran, das
menschliche Leben sei ein Geschenk Gottes und als solches heilig. Diese Auffassung des „donum vitae" ist somit die Grundlage dafür, alle weiteren Aussagen
zur Frage nach dem Recht auf Leben auf die menschliche Spezies zu beschränken, da nur ihr dieses göttliche Geschenk zuteil werde.[5]

Es werden also ausschließlich Individuen der menschlichen Spezies mit Personrechten ausgestattet, und zwar nur, sofern sie *leben*, weil ihr Leben als ein
Geschenk Gottes heilig ist. Da nun aber die Zeugung als Fortpflanzung im
Sinne der *Weitergabe* von Leben verstanden wird,[6] stellt sich die Frage, zu welchem *Zeitpunkt* im Prozeß der Fortpflanzung ein neues menschliches Individuum entstanden ist bzw. wann das „donum vitae" Gestalt angenommen hat, d. h.,
ab wann das Individuum heilig ist und mit Personrechten ausgestattet werden
muß. In der Darstellung seiner Position fordert der Vatikan: „Jedes menschliche
Wesen muß – als Person – vom ersten Augenblick seines Daseins an geachtet
werden."[7] Als moralisch relevanter Zeitpunkt im Prozeß der Weitergabe des
Lebens, der den „ersten Augenblick des Daseins" kennzeichnet, ist die Entstehung des neuen Genoms zum Abschluß der Befruchtung impliziert:

> Vom dem Augenblick an, in dem die Eizelle befruchtet wird, beginnt ein
> neues Leben, welches weder das des Vaters noch das der Mutter ist, son-
> dern das eines neuen menschlichen Lebens, das sich eigenständig entwik-
> kelt. Es würde niemals menschlich, wenn es das nicht schon von diesem
> Augenblick gewesen wäre. Die neuere Genetik [...] hat gezeigt, daß
> schon vom ersten Augenblick an eine feste Struktur dieses Lebewesens
> vorliegt: eines Menschen nämlich, und zwar dieses konkreten mensch-
> lichen Individuums, das schon mit all seinen genau umschriebenen cha-
> rakteristischen Merkmalen ausgestattet ist. Mit der Befruchtung beginnt
> das Abenteuer des menschlichen Lebens, dessen einzelne Anlagen Zeit
> brauchen, um richtig entfaltet und zum Handeln bereit zu werden.[8]

---

[5] Weil es sich bei dieser Prämisse um einen Glaubenssatz handelt, der sich jeder Verifi-
zierbarkeit oder Falsifizierbarkeit entzieht, und weil die zentrale Frage sich ohnehin auf den
Beginn des Lebensrechtes *menschlicher* Individuen richtet, soll diese Prämisse für die weitere
Diskussion dieser Position als gegeben angenommen werden.

[6] Siehe Vatikan, *Instruktion über die Achtung*, S. 19. – Das Lehramt unterscheidet zwar
die Weitergabe von Leben bei Tieren und bei Menschen, jedoch wird explizit von der Weitergabe des Lebens durch die eheliche Vereinigung gesprochen.

[7] Ebd., S. 22.

[8] Ebd., S. 23.

Die Betonung der Entstehung eines neuen, vorher nie dagewesenen Genoms als die „feste Struktur", die das Individuum zeitlebens prägt, verdeutlicht allerdings noch nicht, warum das Individuum *als Person* geachtet werden soll, denn die Verschmelzung der haploiden Chromosomensätze zu einem neuen diploiden ist ein Vorgang, der sich gleichermaßen bei anderen Gattungen vollzieht, für die aber nicht gefordert wird, die so entstandenen Individuen als Person zu achten. Es muß also zusätzlich zu der Verschmelzung der Chromosomensätze das Geschenk Gottes zuteil geworden sein, so daß nicht bloß ein Individuum, sondern auch eine Person entstanden ist. Es stellt sich daher die Frage, wann und auf welche Weise das *Individuum zugleich auch Person* geworden ist. Dazu äußert sich das Lehramt in der Instruktion allein mit der rhetorischen Frage: „Wie sollte ein menschliches Individuum nicht eine menschliche Person sein?"[9] Die Frage nach dem *Zeitpunkt der Beseelung* als personstiftendes Geschenk Gottes bleibt ungeklärt.

Als unstrittig kann gelten, daß es sich bei der befruchteten menschlichen Eizelle um biologisches menschliches Leben handelt, und auch, daß bei der Befruchtung ein neues (menschliches) Genom entstanden ist. Streitbar bleibt, inwiefern damit eine moralische Berücksichtigung des Lebens verbunden ist. Von Interesse ist daher die Frage, in welcher Beziehung die „feste Struktur" mit der Person steht.

Die menschliche Person als beseelter Leib:
Die normative Forderung des Vatikans, menschliches Leben ab der Befruchtung als Person zu achten, bedeutet, daß ein menschliches Leben von der Empfängnis an ein Recht auf Leben hat, weil es eine Person *ist*. Der Position des Vatikans unterliegt somit ein Personbegriff, der das Personsein als intrinsisch menschlich versteht: Nach römisch-katholischer Sicht ist der Mensch „im letzten durch seine Herkunft von Gott, durch seine Gegenwart vor ihm und seine Beziehung zu ihm seinshaft Person". Die „Trennung von Individuum und Person im Menschen" ist danach „wesenswidrig". „Es geht nicht an, daß etwa eine ‚niedere Natur' und die geistige Sphäre je auf ein Individuum und eine Person verrechnet werden."[10] Der römisch-katholische Personbegriff geht folglich auf das Verständnis des Menschen als „aus Leib und Seele einer" zurück:

> Jeder Mensch besteht in seiner unwiederholbaren Einmaligkeit nicht nur aus Geist, sondern auch aus Leib. So berührt man im Leib und durch den Leib die Person als solche in ihrer konkreten Wirklichkeit. Die Würde des Menschen achten bedeutet demzufolge, diese Identität

---

[9] Ebd., S. 24.
[10] A. Guggenberger, „Person".

des aus Leib und Seele einen Menschen (*corpore et anima unus*) zu wahren [...].[11]

Insofern die ontologische Personhaftigkeit des Menschen somit auf dem Beseelt-Sein des Menschen beruht – wobei die Seele als nicht vom menschlichen Leib losgelöst zu denkendes Seinsprinzip gilt, welches den Menschen immer zugleich auch Person sein läßt –, stellt sich die Frage nach dem *Zeitpunkt der Beseelung*. Die offizielle Lehrmeinung der römisch-katholischen Kirche behauptet nicht, diesen Zeitpunkt zu kennen. Die Vorstellung aber, daß die Befruchtung *möglicherweise* der Zeitpunkt ist, zu dem menschliches Leben die Seele empfängt, läßt es nach ihrer Meinung nicht zu, dem Konzeptus einen geringeren moralischen Status als den Personstatus zuzuerkennen. Die Unkenntnis des Beseelungszeitpunktes führt in der römisch-katholischen Lehre daher zu einer Strategie der Risikovermeidung, die in der genannten Forderung ihre Ausprägung findet. Um jedes Risiko zu vermeiden, einen beseelten Menschen zu schädigen, wird der frühest denkbare Zeitpunkt der Beseelung, nämlich der der Befruchtung, zur Grundlage der moralischen Forderung, menschliches Leben von der Befruchtung an als Person zu schützen.

Inwieweit die Position der katholischen Kirche moraltheologisch und glaubenskonzeptionell eindeutig und zureichend fundiert ist, kann und muß im Rahmen dieser Arbeit nicht umfassend geklärt werden; das Problem bleibt weitgehend einer innertheologischen Auseinandersetzung vorbehalten. Dennoch können Positionen referiert werden, die auf einzelne Aspekte der römisch-katholischen Lehrmeinung kritisch Bezug nehmen und eine ethische Stellungnahme erst ermöglichen.

Kritiken an der römisch-katholischen Position beziehen sich einerseits auf die in ihr enthaltene Beseelungsauffassung und andererseits auf die Fundierung der Risikovermeidungsstrategie bzw. auf ihren Charakter der verbindlichen Verpflichtung für die Gläubigen. Die kritischen Stimmen richten sich in erster Linie gegen die aus der offiziellen Position der römisch-katholischen Kirche folgenden Restriktionen in bezug auf Abtreibungsentscheidungen. Sie untersuchen deshalb, ob es nicht möglich oder sogar geboten ist, in Übereinstimmung mit dem katholischen Glauben eine weniger restriktive Lehre zu vertreten. Da die Bestimmung des moralischen Status ungeborenen Lebens von der Beseeltheit dieses Lebens abhängt, der Zeitpunkt der Beseelung jedoch unbekannt ist, weisen Kritiker auf unterschiedliche Beseelungstheorien hin, die in der Geschichte der katholischen Glaubenslehre ausgeprägt waren.

Die Vorstellung der direkten Animation ist eine relativ junge Lehre der römisch-katholischen Kirche, die auf verbindliche Lehren Papst Pius IX. im

---

[11] II. Vatikan. Konzil, Pastoralkonstitution, Gaudium et spes, 14, 1, zitiert nach Vatikan, *Instruktion über die Achtung*, S. 17.

Jahre 1869 zurückgeht. Vor diesem Zeitpunkt galt, außer in den Jahren 1588-91,[12] die Lehre Thomas von Aquins, in der männliche Föten am 40. Tag und weibliche am 80. Tag nach der Befruchtung ihre Seele erhalten, d.h. sukzessiv nach der Formung des Leibes beseelt werden.[13] Die heutzutage in der katholischen Amtskirche vertretene kreationistische Theorie ist von daher nicht schon von jeher Bestandteil der moraltheologischen Lehre, sondern sie wird erst seit Ende des vorigen Jahrhunderts offiziell vertreten.[14] Zwar hat die römisch-katholische Kirche sich von jeher gegen Abtreibung ausgesprochen, jedoch wurde dies nicht damit begründet, die Tötung eines Fötus sei als Kindstötung zu werten, sondern Abtreibungen wurden als Beweis dafür angesehen, daß Geschlechtsverkehr ohne den Wunsch, Nachkommenschaft zu zeugen, und damit sündhaft stattgefunden hat. Die Ablehnung bzw. Sündhaftigkeit der Abtreibung bezog sich somit weniger auf die Tötung des Embryos, sondern eher auf die sündhaften Absichten, mit denen Sexualverkehr vollzogen wurde.[15]

Mit der Frage nach dem Zeitpunkt der Beseelung des Menschen ist also ein theologisches Problem angesprochen, das in der Geschichte der christlichen Theologie unterschiedlichste Antworten gefunden hat und noch heute umstrittene Antworten hervorruft. So wird in der Gegenwart z.B. diskutiert, ob die Seele möglicherweise nicht jedem einzelnen Menschen zu einem bestimmten

---

[12] Papst Sixtus V. hatte im Jahre 1588 die Abtreibung von der Empfängnis an mit der Todesstrafe belegt, was die Auffassung von einer Beseelung bei Empfängnis implizierte. Allerdings wurde diese Entscheidung durch Papst Gregor XIV. im Jahre 1591 zurückgenommen (siehe U. RANKE-HEINEMANN, „wg. Maria", S. 183f.).

[13] Siehe J. FUCHS, „Seele und Beseelung", S. 524. – Th. von Aquin vertritt im Anschluß an Aristoteles eine hylemorphistische Position, nach der alle körperlichen Substanzen aus Stoff und Form bestehen. „This concept defines the human being as a unitiy of two separate elements: primary matter (potentiality) and substantial form (the actualizing principle). These two principles unite in the reality of body and soul in the human being. No person exists without the presence of both elements. [...] The hylomorphic view is consistent with the belief that Jesus Christ [...] is wholly human and wholly divine at once. [...] For St. Thomas, the hylomorphic conception implies delayed hominization, which he outrightly professed. Since body and soul unite to make a human being, there cannot be a human soul in a less than fully human body. The developing fetus does not have the substantial form of the human person." (J. HURST, *The History of Abortion*, S. 12). Hintergrund für die von Thomas genannten Beseelungszeitpunkte ist die ebenfalls an Aristoteles anschließende Auffassung, daß entsprechend der Entwicklung des Körpers die Seele erst ein pflanzliches und ein animalisches Stadium durchläuft, bevor sie sich zur Vernunftseele entwickelt. (TH. VON AQUIN, *Summa contra gentiles*, 2.89)

[14] Siehe dazu auch U. RANKE-HEINEMANN, „wg. Maria", S. 184f. – Ranke-Heinemann stellt hier dar, daß der Übergang von der sukzessiven zur kreationistischen Beseelungstheorie in Zusammenhang mit der Begründung des 1854 verkündeten Dogmas der unbefleckten Empfängnis Marias steht.

[15] Siehe J. HURST, *The History of Abortion*, S .3.

Zeitpunkt durch Gott eingegeben wird, sondern – wie der menschliche Leib –
einer Genese unterliegt. Josef Fuchs, der diese Position vertritt, folgt hierbei
dem Konzept Karl Rahners, der annimmt, Gott habe „dem Menschen von
Anfang an die Möglichkeit des Selbstüberstiegs eingestiftet",[16] was bedeuten
würde, daß nicht nur der Leib, sondern auch die Seele in den menschlichen
Keimen kodiert ist. Die menschliche Beseelung müßte demnach nicht als ein
dem einzelnen Menschen zuteil werdender individueller göttlicher Akt verstanden und die Entstehung des leib-geistigen Menschen gleichzeitig als Prozeß
aufgefaßt werden.

Unabhängig von dem jeweils angenommenen Zeitpunkt der Beseelung gehen
alle Positionen allerdings davon aus, daß es *prinzipiell* einen bestimmten Zeitpunkt gibt, zu dem ein Mensch eine Seele erhält und zu dem er dadurch zur
absolut schützenswerten Person wird. Mit der Auffassung von Rahner und
Fuchs kann ein stufenweise steigender moralischer Status ungeborenen menschlichen Lebens begründet werden. Dieser wäre zudem auch durch die in der
Geschichte der katholischen Kirche über lange Zeit vertretene Auffassung von
einer sukzessiven Beseelung gestützt und entspräche vorherrschenden moralischen Intuitionen eher als die Vorstellung einer direkten und vollständigen
Beseelung bei Befruchtung.

Nichtkatholische religiöse Auffassungen vom ungeborenen menschlichen Leben:
Eine – stufenweise oder kontinuierlich – wachsende moralische Bedeutung ungeborenen menschlichen Lebens findet sich auch in der Position der Evangelischen
Kirche, der zweiten einflußreichen und prägenden christlichen Glaubensrichtung unserer Kultur, sowie im Islam und im Judentum.

Die *Evangelische Kirche* in Deutschland hat in ihrer – im Vergleich zur
„Instruktion" der römisch-katholischen Kirche bezeichnenderweise „Handrei-
chung" genannten – Schrift zum gleichen Thema keine absolute Pflicht zur
Achtung vor dem werdenden Leben formuliert.

> Evangelische Stellungnahmen [...] haben immer vorausgesetzt, daß ethi-
> sche Verantwortung für das menschliche Leben mit dem Zeitpunkt der
> Zeugung beginnt und deshalb einen *angemessenen* Schutz des werden-
> den menschlichen Lebens als eines hohen Rechtsgutes verlangt.[17]

In den formulierten Grundsätzen heißt es weiter:

> Im werdenden menschlichen Leben ist von dem Augenblick an, in dem
> sich Samen und Ei vereinen, eine künftige [sic!] Person angelegt. Schon

---

[16] J. Fuchs, „Seele und Beseelung", S. 527.
[17] Kirchenamt der Ev. Kirche in Deutschland (Hg.), *Von der Würde werdenden Lebens*,
S. 1 (Hervorhebung C. K.).

> der Embryo ist zum unverwechselbaren Individuum bestimmt. Auch
> im Stadium der ersten Zellteilung besitzt er schon die gleiche ethische
> Qualität wie ein Fetus in der vorgerückten Schwangerschaft.[18]

Obwohl nicht geklärt wird, warum der Embryo zum genannten Zeitpunkt die
gleiche ethische Qualität hat wie ein Fötus, dessen ethischer Wert ebenfalls nicht
beschrieben wird, ist festzuhalten, daß in dieser Position der Embryo hinsichtlich seines moralischen Status *nicht* mit geborenen Menschen verglichen wird
und daß von ihm auch nicht ausgesagt wird, er sei (möglicherweise) aktuell eine
Person. Welche sittliche Pflicht sich im konkreten Handlungsfeld aus dem Gebot zum Schutz der Würde ergibt, wird aus der Betrachtung der Gesamtwirk-
lichkeit, in der diese Handlung stattfindet, und nach christlichem Wertbild (in
erster Linie vom Handelnden) erschlossen.

Aus Gründen der Kontrastierung sollen im folgenden nur kurz die Positionen des Buddhismus, des Islam und des Judentums zum Thema dargestellt
werden. Der Vergleich der Lehren christlicher Kirchen zum Status ungeborenen
menschlichen Lebens mit nichtchristlichen Religionslehren zeigt, daß es durchaus Parallelen in der Vorstellung der Status*begründung* gibt: Nicht nur im
Christentum, sondern auch im Buddhismus, im Islam und im Judentum ist der
Status ungeborenen menschlichen Lebens von dessen *Beseeltheit* abhängig;
Differenzen bestehen allerdings hinsichtlich des Zeitpunktes der Beseelung bzw.
hinsichtlich der normativen Forderungen, die aus dem nicht zweifelsfrei angenommenen Beseelungszeitpunkt gefolgert werden.

Im *Buddhismus* bildet die Idee der Wiedergeburt den Eckpunkt der Statusbegründung. Nach buddhistischer Vorstellung existiert das Bewußtsein – als
personstiftendes Element vergleichbar mit der Seele in der christlichen Lehre –
bereits vor der physischen Form.[19] Die Vereinigung von Bewußtsein und physischer Form findet nach buddhistischer Lehre bei der Empfängnis statt, die – wie
bei der römisch-katholischen Lehre auch – mit der Befruchtung gleichgesetzt
wird.

> Genaugenommen wird nach buddhistischer Terminologie bereits der
> Moment der Befruchtung als Geburt bezeichnet. [...] Das Wesen im
> Zwischenzustand erlangt mit der Befruchtung ein menschliches Leben
> und somit auch das Recht auf Leben.[20]

Auf der Grundlage dieser Vorstellungen ist aus buddhistischer Perspektive die
Tötung eines (hier: menschlichen) Embryos oder Fötus prinzipiell verboten. Im
Kontext der Abtreibung ist eine Tötung des Embryos bzw. Fötus allerdings

---

[18] Ebd.

[19] Siehe PH. A. LESCO, „A Buddhist View of Abortion", S. 215.

[20] C. ROLOFF, „Kostbare Menschengeburt", S. 110f.

dann erlaubt, wenn die Schwangerschaft eine Bedrohung für die physische Gesundheit der Mutter darstellt.[21] Der Buddhismus scheint damit im Hinblick auf
praktische Konsequenzen seiner Position zu gleich strengen normativen Forderungen zu gelangen wie die römisch-katholische Kirche. Da es der Buddhismus
jedoch ablehnt, individuelle Moralität legislativen Entscheidungen zu unter-
werfen, wird die letzte Entscheidung dem bzw. der handelnden Gläubigen überlassen:

> Human rebirth is rare, of great value, and filled with potential. [...]
> Buddhism rejects the arguments favoring abortion and argues strongly
> for protecting all human life. However, the decision concerning abor-
> tion should be left with the pregnant woman.[22]

Im Unterschied zum Anspruch der römisch-katholischen Kirche auf legislative
Durchsetzung – und zwar nicht nur im Rahmen innerkirchlicher, sondern auch
säkularer Legislation – des absoluten Lebensschutzes vertraut der Buddhismus
auf die Glaubenskraft seiner Anhänger und versteht die Pflicht zum Lebensschutz des ungeborenen Menschen damit eher als eine prima facie Pflicht:

> Solange [...] naturwissenschaftlich nicht eindeutig erwiesen ist, daß das
> menschliche Leben nicht mit der Befruchtung beginnt, sollte [sic!] jede
> Entscheidung im Zweifelsfalle zugunsten des werdenden Lebens getrof-
> fen werden.[23]

Im *Islam* ist der moralische Status ungeborenen menschlichen Lebens entsprechend verschiedener Entwicklungsstufen differenziert. Prinzipiell, d.h. als
prima facie Pflicht, gilt, daß in den gottgegebenen Entwicklungsprozeß nicht
eingegriffen werden sollte:

> Von der Empfängnis bis zur Geburt durchläuft die Menschwerdung
> [...] sieben Stadien. Diese Entwicklung ist gottgegeben. Der Mensch
> sollte [sic!] in sie nicht eingreifen, sondern ihr den natürlichen Lauf
> lassen.[24]

Nach dem Zeitpunkt der Empfängnis, der noch wenig moralische Bedeutung
hat, folgt der Prozeß der Individuation, der mit dem 40. Tag als abgeschlossen
angesehen wird. Vollen Personstatus erlangt ungeborenens menschliches Leben

---

[21] Siehe PH. A. LESCO, „A Buddhist View of Abortion", S. 217. – Lesco stellt des weiteren
dar, daß die Bedrohung der psychischen Gesundheit der Schwangeren einen geringeren
Rechtfertigungsgrund für die Abtreibung darstellt, weil psychische Schäden als weniger gut
voraussagbar erscheinen als physische Schäden.

[22] Ebd.

[23] C. ROLOFF, „Kostbare Menschengeburt", S. 112.

[24] A. v. DENFFER, „... tötet nicht eure Kinder ...", S. 105.

allerdings auch nach muslimischem Glauben erst mit dem Empfang von Allahs Atem, d. h. erst mit der Ankunft des „ruh", am 120. Tag nach der Befruchtung. Entsprechend der Vorstellung der zunehmenden Bedeutsamkeit vorgeburtlicher Entwicklungsstufen gewinnt im Islam auch die Tötung ungeborenen menschlichen Lebens an Bedeutung. Bei Abtreibungen in frühen Stadien, vor dem 40. Tag, wird lediglich Mißfallen zum Ausdruck gebracht, danach gelten Abtreibungen als krimineller Akt.[25]

> Einhelligkeit besteht darüber, daß nach dem 120. Tag der Schwangerschaft ein Abbruch als Tötung eines Menschen gilt und somit gänzlich unerlaubt ist. Als Ausnahme erkennt das islamische Recht nur die zweifelsfreie Gefährdung des Lebens der Mutter an.[26]

Die gegenwärtige Position des Islam erinnert an die traditionelle sukzessive Beseelungsauffassung der römisch-katholischen Kirche, nach der der Status ungeborenen menschlichen Lebens ebenfalls stufenweise ansteigend differenziert wurde.

In der Position des *Judentums* findet sich eine noch weiterreichende Statusdifferenzierung: Zwar lehnt auch das Judentum Abtreibungen prinzipiell ab, jedoch wird dies nicht damit begründet, daß der menschliche Embryo bzw. Fötus eine Person sei. Vielmehr wird ungeborenes menschliches Leben bis zum 40. Tag nach der Befruchtung als bloße Flüssigkeit angesehen.[27] Nach dem 40. Tag wird ein Embryo, „solange der Prozeß der Geburt noch nicht begann, wie ein Körperteil der Mutter betrachtet, d. h. ein Organ von den Organen der Mutter. Deswegen kann man von Rechts wegen nach dem jüdischen Ritualgesetz von der Mutter ein Glied abschneiden, um sie zu retten".[28] Die Personwerdung beginnt erst beim Geburtsprozeß, und der Fötus gilt erst dann als „nefesh", d. h. als Person mit vollen Rechten, wenn er „das Licht der Welt erblickt", wenn also sein Kopf (oder der größte Teil seines Körpers) geboren ist.[29]

Der Exkurs in die Geschichte der Statusbestimmung innerhalb der römisch-katholischen Kirche sowie der Vergleich ihrer gegenwärtigen Position zum Status ungeborenen menschlichen Lebens mit einer anderen einflußreichen christlichen, nämlich der protestantischen, Kirche und mit den gegenwärtigen Positionen anderer Weltreligionen ist nicht dazu geeignet, die moraltheologische Legitimität und glaubensinterne Plausibilität der katholischen Statusbestimmung zu bewerten. Diese Betrachtung liefert aber gleichwohl Indizien und Daten, die innerhalb der angewandten Ethik und unter Maßgabe des Pluralismusgebots als

---

[25] Siehe Rabbi A. SPERO, „Therefore Choose Life", S. 44.

[26] A. v. DENFFER, „… tötet nicht eure Kinder …", S. 106.

[27] Siehe F. ROSNER, „Pregnancy Reduction in Jewish Law", S. 182.

[28] Oberrabbiner P. BIBERFELD, „Das Problem der Abtreibung im Judentum", S. 101.

[29] F. ROSNER, „Pregnancy Reduction in Jewish Law", S. 182.

bedeutsame Aspekte bei der Normfindung und -durchsetzung dienen können
und müssen: Daß eine metaphysisch und in je spezifischen Gottesvorstellungen
fundierte Position nicht die alleinige Grundlage allgemein geltender moralischer
und legislativer Regelbegründung sein soll, ist spätestens seit der Aufklärung
philosophisch begründet und als staatliche Selbstbeschränkung in viele Verfassungen aufgenommen. Gleichzeitig kann die Akzeptanz der freien Religions-
wahl, zumindest in politischem Rahmen, aber auch bedeuten, daß religiöse
Auffassungen – zumal dann, wenn sie das Wert- und Weltbild einer Gesellschaft
geprägt haben – nicht nur tolerierend geschützt, sondern sogar in die inhaltliche
Regelbestimmung aufgenommen werden sollten. Dies gilt um so mehr, wenn
alternative nichtmetaphysische Regelbegründungen weder vernunftmäßig letzt-
begründet, noch quasi-prinzipiell in Unstrittigem fundiert sind, gleichzeitig aber
der religiös geprägten Kultur der Gesellschaft entgegenstehen, in der die Regel
gelten soll. Ob allerdings gerade die gegenwärtige Position der römisch-katholischen Kirche zum moralischen Status menschlicher Embryonen in unserer
Gesellschaft gegenwärtig noch als derart kulturprägend angesehen werden kann
und muß, daß ihr ggf. schon deshalb ein besonderes Gewicht im Rahmen einer
pluralistischen Entscheidungsfindung zukommen müßte, ist zu bezweifeln. Darüber hinaus zeigt die Statusbestimmung innerhalb anderer Religionen, daß zwar
menschliches Leben prinzipiell eine besondere Wertschätzung erfährt, daß aber
andererseits in den meisten Weltreligionen menschliches Leben nicht von der
Befruchtung an auch als personales menschliches Leben betrachtet wird. Dies
läßt die These zu, daß Religionsgläubigkeit zwar mit der besonderen (gattungsbezogenen) Wertschätzung menschlichen Lebens korreliert, nicht aber notwendig die Auffassung impliziert, menschliches Leben sei stets zugleich auch
personales Leben.

Innerkatholische Vermittlungsansätze:
Die restriktive und absolute Gültigkeit beanspruchende Position der katholischen Kirche erweist sich weder für Nichtgläubige bzw. für Nichtkatholiken
noch für die Gesamtheit der römisch-katholischen Glaubensgemeinschaft als
unstrittig bzw. als allgemein akzeptierbar. Die Auffassung, daß bereits der Conceptus als beseelt und damit als Person mit vollen Rechten gelten soll, stellt ein
– auch innerkirchlich – so kontrovers beurteiltes Konzept dar, daß zu fragen
ist, ob es nicht auch moraltheologisch fundierte Argumentationen gibt, die es
ermöglichen, zwischen den kontroversen Ansichten über den Zeitpunkt der
Beseelung zu vermitteln.
    In der Erklärung zur vorsätzlichen Abtreibung geht die Kongregation für
die Glaubenslehre, wie bereits dargelegt wurde, auf das ungeklärte Problem des
Zeitpunktes der Beseelung ein. In einer Fußnote wird erklärt, daß – auch wenn
der Zeitpunkt nicht eindeutig feststeht, an dem die Seele im Körper ihren Platz
findet – es einen solchen Zeitpunkt prinzipiell gibt und kein Risiko eingegangen

werden soll, beseeltes Leben zu töten. Die normative Forderung, menschliches Leben von der Befruchtung an zu schützen und als Person zu achten, wird also unabhängig vom Zeitpunkt der Beseelung formuliert. Zu diesem Konzept stellt Tauer in ihrer Dissertation[30] dar, welche Modelle in der katholischen Moraltheorie zur Verfügung stehen, wenn unter Bedingungen moralischer Unsicherheit gehandelt werden muß.

Den Ausführungen Tauers zufolge gilt in der katholischen Morallehre grundsätzlich, daß nicht eher gehandelt werden darf, bis alle Zweifel ausgeräumt sind. Obgleich es für Fälle, bei denen Zweifel letztlich nicht ausgeräumt werden können, kein verbindliches Gesetz gibt, nach dem gehandelt werden könnte, sind in der Geschichte der Moraltheorie Regelsysteme für die Lösung solcher Fälle entwickelt worden.[31] Jedes dieser Systeme ist auf Situationen gerichtet, in denen uneindeutig ist, ob ein spezifisches moralisches Gebot befolgt werden muß oder nicht. Sie bestehen aus Regeln, nach denen angesichts dieser Ungewißheit bzw. bloßen Wahrscheinlichkeit Handlungsentscheidungen zu treffen sind. Allen Regelsystemen ist gemeinsam, daß sie auf der Grundlage der bloßen Wahrscheinlichkeit, daß ein spezifisches Gebot in einer spezifischen Situation gilt, keine kategorische Befolgung des moralischen Gebots fordern. Jedoch scheint die durch den Vatikan vorgelegte Morallehre nach Meinung Tauers keinem dieser Regelsysteme zu folgen, sondern statt dessen zu fordern, daß selbst die geringste Wahrscheinlichkeit (daß menschliche Embryonen und Föten beseelt sind) zur Befolgung der Pflicht (beseelte Wesen als Personen zu achten) zwingt. Diese sog. tutioristische Regel wird in der Geschichte der Moraltheologie allerdings üblicherweise nur dann angewendet, wenn es sich bei den Zweifeln um zu bezweifelnde *Tatsachen* handelt. Tauer führt zwei Beispiele an: Ein Apotheker, der im Zweifel ist, ob seine Anmischung ein hilfreiches Medikament oder ein tödliches Gift ist, sollte dem Hilfesuchenden die Anmischung nicht geben, und ein Jäger, der sich nicht sicher ist, ob sich im Gebüsch das gejagte Tier oder ein Mensch befindet, sollte nicht schießen. Da es sich in diesen Beispielen um Zweifel an Tatsachen handelt, die sich letztlich empirisch überprüfen lassen, hält Tauer das System auf den Personstatus menschlicher Zygoten

---

[30] C. A. Tauer, *The Moral Status*, S. 18, Fußnote 23.

[31] Bei den behandelten Systemen handelt es sich (1.) um den *Probabiliorismus*, nach dem es unter Handlungsbedingungen, in denen die Anwendung einer moralischen Regel uneindeutig ist, als moralisch falsch angesehen wird, einer, im Vergleich mit der Pflichtbefolgung, liberaleren Auffassung zu folgen. Es sei denn, die liberalere Auffassung ist besser begründet als die Auffassung, nach der die Pflicht befolgt werden muß. Ein weiteres (2.) System stellt der *Equiprobabilismus* dar, der es als moralisch richtig ausweist, einer liberalen Auffassung zu folgen, wenn es für die pflichtgemäße und die liberalere Auffassung gleich starke Argumente gibt. Ein (3.) System ist der *Probabilismus*, der es für moralisch gerechtfertigt hält, einer liberalen Auffassung auch dann zu folgen, wenn es bessere Argumente für die pflichtgemäße Handlungsweise gibt (siehe C. A. Tauer, „The Tradition of Probabilism", S. 16).

für nicht übertragbar, da sich die Frage nach dem Zeitpunkt der Beseelung des menschlichen Individuums empirischer Überprüfbarkeit entzieht. Das tutioristische System sollte deshalb nach Meinung Tauers zugunsten eines probabilistischen Systems aufgegeben werden, welches es dem Gläubigen erlaubt, eine Abwägung im Einzelfall vorzunehmen.

Ob es innerhalb der römisch-katholischen Moraltheologie denkbar ist, angesichts des Risikos durch eine liberalere Statusbestimmung möglicherweise die Tötung einer menschlichen Person hinzunehmen, kann im Rahmen dieser Arbeit nicht weiter erörtert werden. Dennoch hebt die Studie Tauers m.E. für die außer-theologische Bewertung der römisch-katholischen Position einen Aspekt hervor, der möglicherweise auch in der säkularen Diskussion ein zentrales Problem aufwirft: Wenn die Bestimmung des moralischen Status ungeborenen menschlichen Lebens nicht auf zweifelsfreien naturwissenschaftlichen Daten und unstrittigen moralischen Prämissen beruht, bedarf es offenbar eines begründeten methodischen Ansatzes, der Handlungsentscheidungen unter Unsicherheit regelt. Ob es für ein moralisches Handeln in den einleitend dargestellten Kontexten notwendig ist, solche methodischen Ansätze zu begründen und zu nutzen, oder ob es eine Statusbegründung gibt, die im Hinblick auf ihre Plausibilität, Akzeptierbarkeit und Durchsetzbarkeit so leistungsfähig ist, daß sie eine Entscheidung über die Moralität der Tötungshandlungen verbindlich ermöglicht, wird im Verlauf dieser Arbeit noch erörtert werden. Die Suche nach alternativen methodischen Ansätzen wird jedoch erst notwendig, wenn sich für alle vorliegenden Positionen zur Statusfrage erweisen sollte, daß sie nicht entsprechend leistungsfähig sind, und gleichzeitig die Annahme begründet ist, daß es prinzipiell keine entsprechend leistungsfähige Position geben kann. Davon kann jedoch an dieser Stelle noch nicht ausgegangen werden.

Noch ein weiterer Aspekt, der mit der „konservativen" Position verbunden ist, ist von Relevanz für die säkulare Statusdiskussion: In der Kontroverse über den Zeitpunkt der Beseelung und besonders in den Positionen der Evangelischen Kirche sowie des Islam und des Judentums ist nämlich ein Argument enthalten, das eine neue Perspektive eröffnet. Indem die natürliche Gegebenheit des neu entstandenen Genoms nicht als Entstehung einer Person angesehen, sondern als die Anlage einer künftigen Person interpretiert wird, kann an die Stelle des „donum vitae" das Postulat *der moralischen Relevanz des „Werdens"*, d.h. der kontinuierlichen Weiterentwicklung *zur Person*, treten. Ob das Recht auf Leben der Person auf religiösen oder anderen Gründen beruht, ist bei dieser Überlegung zunächst unerheblich. Erwiese sich nämlich das Personwerden als moralisch ebenso relevant wie das Personsein und wäre die Aussage der Evangelischen Kirche, daß das neu entstandene Genom die Anlage einer künftigen Person ist, konsensfähig, so könnte die Statusfrage unabhängig von unterschiedlichen Auffassungen zum Personbegriff gelöst werden. Der folgende Abschnitt wird sich mit dieser Frage auseinandersetzen.

3.3 Zur moralischen Relevanz der Mensch- bzw. Personwerdung

Die Darstellung der Position der römisch-katholischen Kirche führte zunächst auf die Frage, ob menschliche Zygoten Personen sind. Eine allgemein verbindliche Antwort auf diese Frage war aus dieser Position wegen ihrer Abhängigkeit vom zugrunde gelegten, religiös fundierten Personbegriff und Menschenbild bzw. deren Anlehnung an Beseelungstheorien nicht formulierbar. Mit der Position der Evangelischen Kirche Deutschlands, aber auch mit der des Islam und des Judentums deutete sich jedoch eine alternative Perspektive an, nämlich die, den Menschen unter dem Aspekt seiner Fähigkeit, sich zur Person zu *entwickeln*, zu betrachten. Gegenüber dem Prinzip des Personseins bzw. des Nicht-Personseins rückt somit ein zweites Prinzip für die Statusbestimmung in den Blick: das *Prinzip des Personwerdens*. Es ist zu fragen, ob das Werden menschlichen Lebens, also die Prozeßhaftigkeit des Lebens generell, ein Grund dafür ist, Werdendes moralisch so zu bewerten wie das Sein, das aus dem Werdenden erwartet wird.

Von verschiedenen Autoren wird mit drei unterschiedlichen, gleichwohl eng miteinander verbundenen Argumentationsgängen ein Ansatz entwickelt, der diese Frage bejaht. Es handelt dabei sich um:

1. *Kontinuitätsargumente*, die besagen, daß es angesichts der prozeßhaften Entwicklung menschlichen Lebens von der Befruchtung bis zur Person keinen eindeutig feststellbaren Zeitpunkt gibt, zu dem die Existenz der Person beginnt, so daß jede moralische Zäsur willkürlich ist und die Sicherheit von Personen gefährdet.

2. *Identitätsargumente*, die besagen, daß Embryonen mit dem Erwachsenen, zu dem sie sich möglicherweise entwickeln, in einem Identitätsverhältnis stehen und daher ebensowenig getötet werden dürfen wie Erwachsene.

3. *Potentialitätsargumente*, bei denen man zwar nicht notwendig davon ausgeht, daß der menschliche Embryo mit der Person, die er möglicherweise wird, identisch ist, aber außerhalb der Identitätsfrage dafür argumentieren kann, daß der Embryo eine potentielle Person ist und deshalb ein Recht auf Leben haben sollte.

Vor der genaueren Analyse dieser drei Argumentationen sei noch einmal betont, daß sie sehr eng miteinander verbunden sind und von ihren Vertretern zumeist in Kombination vorgetragen werden. Aufgrund der allen Argumentationen gemeinsamen Relation zwischen Embryo und Erwachsenem liegt in jeder dieser Argumentationen die Bezugnahme auf alle drei Aspekte nahe, und ein auf das Moment der Personwerdung zielender Ansatz ist darüber hinaus möglicherweise auch erst in dieser Kombination schlüssig.[32] Gleichwohl sollen im folgen-

---

[32] Siehe E.-M. ENGELS, „Der Wandel des lebensweltlichen Naturverständnisses". – Engels rekurriert in ihrem Aufsatz sowohl auf die „Kontinuität" des Entwicklungsprozesses (S. 81)

den diese drei Denkansätze gesondert erörtert werden, um der philosophischen Konsistenz und Kohärenz der jeweiligen Argumente näherzukommen. Zudem kann an der gesonderten Erörterung der Argumente besser verdeutlicht werden, warum und in welcher Weise nur die Kombination von Konzeptionen der Kontinuität, der Identität und der Potentialität eine Statusbestimmung im Sinne des Personwerdens ermöglichen kann.

3.3.1 Zur moralischen Relevanz der Kontinuität der Entwicklung

Kontinuitätsargumente beschreiben die Relation zwischen Embryo und Erwachsenem als die einer kontinuierlichen Entwicklung.[33]

> Die zugrundeliegende Idee besteht darin, die bekannte Schwierigkeit, in der Entwicklung des Fötus einen moralisch signifikanten Einschnitt auszumachen, als *Bestätigung* des fötalen Lebensrechts zu interpretieren.[34]

Kontinuitätsargumente sind damit insofern defensive Argumente, als sie sich auf andere Argumente zur Definition des moralischen Status pränatalen menschlichen Lebens beziehen: Wer Kontinuitätsargumente vertritt, intendiert eher, andere Argumente zu entkräften, als selbst notwendige und hinreichende Bedingungen für ein Recht auf Leben zu begründen. Die Kontinuität biologischer Entwicklung gilt dabei als Argument gegen den Versuch, moralische Zäsuren zu etablieren.[35] Als kontinuierlich sich entwickelnd werden nicht ein bestimmter Aspekt (etwa die Körperlichkeit im Unterschied zur Geistigkeit) oder eine bestimmte Eigenschaft menschlichen Daseins (etwa kognitive Fähigkeiten) verstanden, sondern der Entwicklungsprozeß überhaupt wird als ein kontinuierlicher aufgefaßt. Der Kern von Kontinuitätsargumenten besteht darin, *die Moralität der moralischen Differenzierung eines kontinuierlichen Entwicklungsprozesses in Frage zu stellen* und zu kritisieren, d.h., den Versuch als unmoralisch zu begründen, eine moralische Zäsur zwischen zu schützendem und nicht zu schützendem Leben zu ziehen, die in dem biologischen Entwicklungsprozeß keine Entsprechung findet:

---

als auch auf „genetische Identität" (S. 80) und „Potentialität" (S. 79).

[33] Mit der kontinuierlichen Entwicklung des (menschlichen) Lebens ist dabei nicht nur dessen physische Entwicklung bezeichnet, sondern zugleich auch die psychische Entwicklung, für die allerdings spezifische physische Entwicklungen notwendige Voraussetzung sind.

[34] A. Leist, *Eine Frage des Lebens*, S. 50.

[35] So verläuft z.B. die aus juristischer Perspektive von A. Schmidt vorgetragene Argumentation. Siehe A. Schmidt, *Rechtliche Aspekte der Genomanalyse*, S. 92ff.

> Die Kontinuität dieses Entwicklungsprozesses läßt jeden Versuch einer
> punktuellen Bestimmung des Beginns personalen Menschseins als will-
> kürlich erscheinen.[36]

Als Willkür werden Versuche gewertet, Entwicklungs*phasen* mit moralischen
Bewertungs*stufen* zu identifizieren und damit die Differenz von moralischer
Aussage einerseits und natürlichem Faktum andererseits zu nivellieren. Konti-
nuitätsargumente basieren auf der naturwissenschaftlichen Erkenntnis, daß es
in der Entwicklung des (menschlichen) Lebens keine Entwicklungs-„Sprünge"
gibt, sondern alle Entwicklungsphasen kontinuierlich ineinander übergehen.
„Ein solches Argument scheint solange haltbar, als es gelingt, alle konkreten
Vorschläge, einen Einschnitt zu markieren, als irrelevant abzuweisen."[37] Das
Argument der Kontinuität wäre demnach nur zu widerlegen, wenn ein Zeitpunkt in der Entwicklung des Lebens nachweisbar wäre, der eine plötzliche Veränderung im Gegensatz zu einer kontinuierlichen Entwicklung anzeigt. Nach
der Kontinuitätsargumentation ist es jedoch nicht möglich, einen ‚genauen'
Zeitpunkt, im Sinne eines bestimmten Ereignisses, aufzuzeigen, der das menschliche Wesen in einer Weise verändert, die es erlauben würde, zwischen rechtlich
zu schützendem und nicht zu schützendem Leben zu unterscheiden. Dabei wird
der Beginn der kontinuierlichen Entwicklung zur Person üblicherweise mit der
Verschmelzung der elterlichen Gameten bei der Fertilisation identifiziert.[38]
    Kontinuitätsargumente können auf *zwei Arten* wirken: Sie können sich 1.
gegen die Annahme wenden, ein bestimmter Zeitpunkt (z. B. die Geburt) sei
moralisch relevant. In diesem Fall wird die moralische Relevanz des Kriteriums
damit bestritten, daß der moralisch besonders bewertete Zeitpunkt keinem
besonderen biologischen Einschnitt im Sinne eines Diskontinuums entspricht.
Oder sie können sich 2. darauf beziehen, daß ein moralisch relevantes Kriterium
wegen der kontinuierlichen Entwicklung zu keinem eindeutigen Zeitpunkt
applizierbar ist. In diesem Fall wird gegen die (exakte) empirische Feststellbar-

---

[36] E.-M. Engels, „Der Wandel des lebensweltlichen Naturverständnisses", S. 81. – Gegen
eine *willkürliche* Bestimmung des Lebensschutzes siehe auch A. Schmidt, *Rechtliche Aspekte der Genomanalyse*, S. 92.

[37] A. Leist, *Eine Frage des Lebens*, S. 50.

[38] Siehe ebd., S. 51, sowie C. A. Tauer, *The Moral Status* , S. 40. – Denkbar sind allerdings
auch andere Zeitpunkte, wie etwa der Abschluß der Möglichkeit zur Zwillingsbildung.
Diese Ansicht wird etwa von dem Embryologen Klaus Hinrichsen vertreten, der als Berater
des Bundesverfassungsgerichtes und des Gesetzgebers mit dieser Ansicht auch erheblichen
Einfluß auf die Legislation zum Schwangerschaftsabbruch genommen hat (siehe Urteil des
Bundesverfassungsgerichtes v. 25. 02. 1975, Nr. 1, I.1. b). Entgegen der Auffassung, die kontinuierliche Entwicklung setze mit der Individuation ein, verweist Engels darauf, daß auch
die Individuation bloß eine Stufe innerhalb des kontinuierlichen Prozesses ist, der mit der
Befruchtung beginnt (siehe E.-M. Engels, „Der Wandel des lebensweltlichen Naturverständnisses", S. 85).

keit des Einschnittes argumentiert.[39] In beiden Fällen folgt aus den Kontinuitätsargumenten die Forderung, dem Menschen über die gesamte Dauer seiner Existenz das Recht auf Leben zuzusprechen.

Allerdings ist selbst vor dem Hintergrund der hinreichend plausiblen und
weitgehend unumstrittenen These, die Entwicklung menschlichen Lebens sei
kontinuierlich, an diese Position die kritische Frage zu richten, warum es nicht
erlaubt sein sollte, einen Zeitpunkt zu *benennen*, der zwischen schützenswerten
und nicht schützenswerten menschlichen Lebensphasen differenziert. Es besteht
grundsätzlich die Möglichkeit, moralisch relevante Eigenschaften zu begründen
und einen Zeitpunkt, zu dem diese fraglos vorhanden sind, als *moralische* Zäsur
anzugeben. In diesem Fall wäre die kontinuierliche *biologische* Entwicklung
nicht bestritten. Daher müssen Kontinuitätsargumente in bezug auf die Bestimmung des moralischen Status ungeborenen menschlichen Lebens m.E. zusätzlich
zum Hinweis auf die kontinuierliche biologische Entwicklung menschlichen
Lebens entweder begründen, daß *moralische* Wertunterscheidungen innerhalb
kontinuierlicher Zusammenhänge grundsätzlich unerlaubt sind, oder sie müssen
begründen, warum moralische Differenzierungen in dem speziellen Fall der
Statusbegründung unerlaubt sind..

Ein solches *zusätzliches Argument* ist die – aus der Kontinuitätsargumentation letztlich folgende – *gattungsumgreifende Lebensrechtsforderung* mit der
Auffassung, eine Definition moralisch relevanter Eigenschaften des Mensch-
oder Personseins gefährde die Sicherheit aller Menschen bzw. Personen:

> Wenn es überhaupt so etwas wie Rechte des Menschen geben soll, dann
> kann es sie nur geben unter der Voraussetzung, daß niemand befugt ist,
> darüber zu urteilen, ob jemand Subjekt solcher Rechte ist. Denn der Ge-
> danke des Menschenrechts meint gerade, daß der Mensch nicht ein auf-
> grund bestimmter Eigenschaften kooptiertes Mitglied der menschlichen
> Gemeinschaft ist, sondern da[ß] jeder [in] sie kraft eigenen Rechte[s]
> eintritt. Kraft eigenen Rechtes kann aber nur heißen: Aufgrund seiner
> biologischen Zugehörigkeit zur Species homo sapiens. Jedes andere
> Kriterium würde die einen zu Richtern über die anderen machen.[40]

Ein Argument, das teilweise bereits in der Risikovermeidungsstrategie der römisch-katholischen Kirche zum Tragen kommt, ist in dieser Auffassung auf den
säkularen Bedeutungszusammenhang der Statusbestimmung bezogen: es bestehe
die Gefahr, daß durch die Bestimmung moralisch relevanter Eigenschaften
menschlichen Lebens die Lebenssicherheit des einzelnen gefährdet werde. Das
im Rahmen der Kontinuitätsargumentation so verstandene gattungsbezogene

---

[39] Siehe A. LEIST, *Eine Frage des Lebens*, S. 50ff.

[40] R. SPAEMANN, „Versuch über Ethik", in: *Glück und Wohlwollen*, Stuttgart 1989; zitiert
nach K. LACHWITZ, *Menschenwürde*, S. 17f. (Schreibfehler in der Vorlage).

Lebensrecht des einzelnen Menschen stützt sich hierbei auf eine gesellschaftliche Konvention, die den Zweck hat, den einzelnen Menschen vor dem Zugriff anderer Menschen und vor allem auch vor dem Zugriff des Staates zu sichern.

> Die Grundsituation, die danach auch in Artikel 1 Absatz 1 unserer Verfassung: ‚Die Würde des Menschen ist unantastbar‘ stillschweigend schon immer vorausgesetzt wird, ist nicht der einzelne Mensch in seinem Verhalten oder seinen Verhältnissen für sich betrachtet, sondern der Mensch in seinem Verhalten und Verhältnis zu anderen Menschen [...].[41]

Der implizierte Zugriff auf ein einzelnes Individuum wird nicht erst als im tätlichen Angriff vollziehbar angesehen, sondern der Angriff droht nach dieser Auffassung bereits mit der Definition des Begriffes Mensch bzw. Person. Die Definition des Geltungsbereichs des menschlichen Lebensrechts – im Sinne einer das Gattungsverständnis präzisierenden Begründung moralisch relevanter Eigenschaften menschlicher Individuen – steht demnach einer allgemeinen Lebens- und Würdesicherung entgegen und muß deshalb als moralisch verwerflich gelten. Es besteht somit ein Definitionsverbot, dessen Bedeutung durch „handfeste geschichtliche Erfahrungen"[42] belegt ist.

Auch an diese Forderung nach einem Definitionsverbot und die Bestimmung der Gattungszugehörigkeit als hinreichendem Grund für die Ausstattung mit einem Lebensrecht ist allerdings die Frage zu richten, wann denn die Existenz eines Menschen beginnt. Angesichts des ebenfalls kontinuierlich verlaufenden Prozesses der Fortpflanzung von der Entstehung der Gameten über die Ejakulation und die Penetration der Oozyte besteht nämlich auch bei Kontinuitätsargumenten die Notwendigkeit, wenn schon nicht moralisch unterschiedlich relevante Lebensphasen eines Individuums, so doch den Beginn des Individuums zu bestimmen. Dieser Beginn wird nach der Kontinuitätsargumentation üblicherweise mit der Entstehung eines neuen Genoms während des Befruchtungsvorgangs identifiziert.

Dafür ist eine *retrospektive* Betrachtungsweise erforderlich, die von der Existenz eines Individuums ausgeht und dessen kontinuierliche Entwicklung bis zu einem Entstehungspunkt zurückverfolgt. Als Entstehungspunkt kommt in diesem Modell allein die Befruchtung einer spezifischen Eizelle mit einer spezifischen Samenzelle in Frage, wobei von Bedeutung ist, daß die Zusammenkunft

---

[41] W. MAIHOFER, *Rechtsstaat und menschliche Würde*, S. 12. – In diesem Sinne ist auch der Hinweis A. Schmidts zu interpretieren, „daß die Aufnahme des Grundrechts auf Leben wie auch das Postulat der unbedingten Achtung der Menschenwürde in den Grundrechtskatalog eine Reaktion auf das Naziregime des Dritten Reiches war". (A. SCHMIDT, *Rechtliche Aspekte der Genomanalyse*, S. 92)

[42] Siehe E.-M. ENGELS, „Der Wandel des lebensweltlichen Naturverständnisses", S. 85.

gerade dieser spezifischen Gameten nicht Teil, sondern Voraussetzung des kontinuierlich verlaufenden biologischen Entwicklungsprozesses *eines spezifischen* Individuums ist.[43] Die Kontinuitätsargumentation kann unter der Voraussetzung dieser retospektiven Betrachtung erklären, wann das Leben eines (erwachsenen) Individuums, für das das Lebensrecht unbestritten gilt, begann. In Kombination mit der im Definitionsverbot enthaltenen Forderung, einem menschlichen Individuum für die gesamte Dauer seiner Existenz ein Recht auf Leben zuzugestehen, ergibt sich retrospektiv, daß das Lebensrecht eines Erwachsenen mit dem Beginn seiner Entstehung bei der Befruchtung begann.

Für die Bestimmung des moralischen Status menschlicher Embryonen ist es allerdings notwendig, eine *prospektive* Betrachtung vorzunehmen, die klärt, ob bzw. warum der befruchteten menschlichen Eizelle z.B. auch dann ein Lebensrecht zukommt, wenn sie sich (möglicherweise) *nicht* zu einem Erwachsenen entwickelt, für den das Lebensrecht unbestritten gilt.[44] Darüber hinaus ist dem Kontinuitätsargument die These entgegenzuhalten, daß trotz der kontinuierlichen Entwicklung zum Erwachsenen ein qualitativer Unterschied zwischen befruchteter Eizelle und Erwachsenem besteht, der für die Zuschreibung des Lebensrechts erst in späteren Entwicklungsphasen hinreichend relevant ist. Wenn Kontinuitätsargumente zureichend begründet sein wollen, müßten sie daher zumindest mit Argumentationen kombiniert werden, die zum einen den notwendigen prospektiven Bezug wiederherstellen und die zum anderen die moralische Relevanz der *Entwicklungsfähigkeit* der befruchteten Eizelle zum erwachsenen Individuum begründen.

---

[43] „The adult, adolescent, child, viable fetus, pre-viable fetus, embryo, blastocyst and conceptus are similarily part of a continuum. [...] If the initial stage [fertilization] does not occur none of the later stages can be reached and therefore this first stage is an essential component of the complex whole in the same way that the laying of foundations is the essential first stage of building a house." (N. POPLAWSKI u. G. GILLETT, „Ethics and Embryos", S. 63) – Der gelegentlich gegen diese Argumentation vorgebrachte Einwand, die Vereinigung zweier Gameten könne der Beginn nicht nur *eines* sondern *mehrerer* Individuen sein, verkennt, daß es unter *retrospektiver* Betrachtungsweise unerheblich ist, ob die Befruchtung den Beginn eines oder mehrerer Individuen bedeutet. So fragt A. Schmidt in diesem Zusammenhang provokativ, „ob die Möglichkeit, daß sich aus einer Zygote mehrere Individuen entwickeln können, nicht eher eine Schutzwürdigkeit zu begründen geeignet ist als sie entfallen zu lassen." (A. SCHMIDT, *Rechtliche Aspekte der Genomanalyse*, S. 96)

[44] Auf den Hinweis, daß sich nicht jede befruchtete menschliche Eizelle zu einem Erwachsenen (für den das Lebensrecht unbestritten gilt) entwickelt, nehmen Poplawski und Gillet Bezug: „Of course, given present medical technology, one cannot ascertain, prospectively, which [blastocyst] will develop to term, which will spontaneously abort and which will become hydiatidiform moles. Therefore all blastocysts must be considered to have the same moral status until the time when overall longitudinal form can be determined." (N. POPLAWSKI u. G. GILLETT, „Ethics and Embryos", S. 65)

3.3.2 Zur moralischen Relevanz von Identitätsverhältnissen zwischen Embryo und Erwachsenem

Eine *prospektive* Betrachtung des individuellen Entwicklungsprozesses wird – unter anderen – von Argumentationsgängen berücksichtigt, die auf eine *Identität* von Embryo und dem sich aus ihm entwickelnden Erwachsenen verweisen. Die Identitätsbehauptungen, mit denen der Status menschlicher Embryonen begründet wird, können dabei unterschiedlich sein und sich auf verschiedene Phasen der vorgeburtlichen Entwicklung beziehen.

Da es an dieser Stelle um die Analyse von Begründungsansätzen der „konservativen" Position geht, werden im folgenden ausschließlich solche Identitätsargumente behandelt, deren normative Forderung darin besteht, befruchteten menschlichen Eizellen deshalb ein Recht auf Leben zuzuschreiben, weil sie numerisch und genetisch mit dem Erwachsenen identisch sind, der aus ihnen entsteht.[45]

Die für diesen Ansatz zentrale Frage ist die nach dem Begriff und der Bedeutung von „Identität". Was also konstituiert die Identität, die für Erwachsenen und Fötus angenommen wird, d.h., in welcher Hinsicht sind der Fötus und der aus ihm entstehende Erwachsene die gleichen Entitäten?

Im Anschluß an Penelhum weist Tauer auf zwei unterschiedliche Bedeutungen des Wortes „gleich" hin:

> In the comparative sense, the word *same* applied to one thing at two different times means *unaltered*. But in the numerical sense, a thing can be said to be ‚the same' even if there have been extensive changes in it.[46]

Nach dieser begrifflichen Unterscheidung kann die Behauptung, ein menschlicher Embryo sei mit dem Erwachsenen, der sich aus ihm entwickelt, identisch, in erster Linie auf zwei Arten verstanden werden: Sie kann erstens als die Behauptung *körperlicher Identität* aufgefaßt werden und wäre damit numerisch, denn der embryonale ‚Körper' durchläuft eine Vielzahl von Veränderungen und ist insofern nicht im komparativen Sinne der gleiche wie der Körper des Erwachsenen. Diese Feststellung *numerischer Identität* von (einem nicht mehr teilungsfähigen) Embryo und Erwachsenem ist zwar plausibel, sie begründet allerdings noch keine moralische Relevanz, denn – wie z.B. Leist kritisch anmerkt – auch andere Lebewesen sind mit sich zu verschiedenen Zeiten numerisch identisch, ohne daß daraus ein moralischer Wert gefolgert würde.[47]

---

[45] Ein weiteres Identitätsargument wird in einer späteren Darstellung der Position C.A. Tauers (vgl. Kapitel 5.2) erörtert werden.

[46] C.A. Tauer, *The Moral Status*, S. 46.

[47] Siehe A. Leist, *Eine Frage des Lebens*, S. 112f.

Die Behauptung der Identität kann zweitens in der Behauptung *genetischer Identität* von Embryo und Erwachsenem bestehen. Auch diese Auffassung ist weitestgehend plausibel,[48] eine moralische Relevanz ist allerdings auch bei ihr nicht offensichtlich, „weil das Tötungsverbot auf Erwachsene nicht insofern zutrifft, als sie Repräsentanten ihrer Gene sind".[49]

Es wird allerdings bereits deutlich, daß diese beiden Interpretationen der Identitätsposition insofern konstruiert sind, als sie die Identitätsargumente von Kontinuitäts- und Potentialitätsargumenten trennen. Gerade diese sind aber – wie im folgenden zu zeigen ist – in diesem Zusammenhang wichtig.

Über die beiden o.g. Interpretationen der Identitätsbehauptung hinaus ist eine dritte Interpretation möglich, die die beiden ersten miteinander verbindet und die in Kombination mit dem Kontinuitätsargument dem Selbstverständnis der das Identitätsargument vertretenden Position m.E. am nächsten kommt. Tauer hat dieses Identitätsverständnis ein philosophisches Standardargument genannt:

> Human bodily continuity is the primary criterion for personal identity; true bodily continuity begins at fertilization in humans; and thus the human conceptus has personal identity from fertilization through adult life.[50]

Der damit betonte Zusammenhang von Kontinuitäts- und Identitätsargumenten besteht in folgendem: Wie oben dargestellt wurde, wird innerhalb der Kontinuitätsargumentation die Verschmelzung der Gameten als der Beginn der kontinuierlichen körperlichen Entwicklung eines Menschen interpretiert. Die moralische Relevanz dieser kontinuierlichen Entwicklung kann indes, wie gesagt, mit dem Hinweis in Frage gestellt werden, daß die Verschmelzung des elterlichen genetischen Materials auch unter retrospektiver Betrachtung als moralisch und biologisch signifikanter Zeitpunkt begründet werden muß. Hier nun wird das Kontinuum körperlicher Entwicklung in Beziehung zum personalen (d.h. eindeutig moralisch relevanten) Dasein des Menschen gesetzt. Körperliche Kontinuität gilt als Kriterium für personale Identität, d.h. körperliche (und in diesem Verständnis auch genetische) Kontinuität gilt als Kriterium für die Identität von Zygote und Person.[51] Eine sich hier anschließende Frage ist allerdings, ob sich

---

[48] Die These ist nur mit Einschränkungen plausibel zu nennen, weil das Genom in den ersten Entwicklungsphasen noch umweltbedingten Veränderungen ausgesetzt ist. Die Veränderungen sind allerdings hier zu vernachlässigen, weil sich das Argument auf den Teil des Genoms beziehen kann, der unverändert bestehen bleibt.

[49] A. Leist, *Eine Frage des Lebens*, S. 113.

[50] C.A. Tauer, *The Moral Status*, S. 40.

[51] Dieser Schluß ist problematisch, denn Körperlichkeit müßte als notwendige Bedingung personaler Identität begründet werden. Die Frage nach der Körperlichkeit als notwendiger

die Identität der Person durch ihren Körper, durch psychische Strukturen oder durch eine Kombination aus beidem manifestiert.

In der Frage, ob das Kriterium der kontinuierlichen körperlichen Entwicklung die Identität zwischen Embryo und (erwachsener) Person belegt, kommt z. B. Leist zu einem negativen Ergebnis:

> Obwohl die Identität von Personen nicht in Erinnerungen oder Bewußtsein besteht, scheinen sich Personen umgekehrt jedoch auch nicht auf ihre Körper reduzieren zu lassen. Das heißt aber, daß Bewußtsein als notwendige Bedingung bestehen bleibt und damit der zeitlichen Erstreckung des Körpers *einer Person* – im Unterschied zu einem bloßen Körper – Grenzen auferlegt.[52]

Nach dieser Überlegung kann die kontinuierliche Körperlichkeit zwar als bedeutsame oder sogar als wesentliche, nicht aber als notwendige und hinreichende[53] Bedingung der Personenidentität aufgefaßt werden. Folglich sind (nach Leist) Embryonen keine Personen. Prinzipiell aber hängt die Beantwortung der Frage, ob Föten mit den aus ihnen entstehenden Personen identisch sind, davon ab, welchen Personenbegriff man zugrunde legt: Nimmt man an, daß bereits kontinuierliche Körperlichkeit allein – d. h. ohne z. B. gleichzeitige psychische Leistungen (z. B. die Fähigkeit zu Erfahrung und zu Bewußtseinsleistungen) –

Bedingung des Personseins kann im Rahmen dieser Arbeit nicht näher erörtert werden. Verwiesen sei hier jedoch auf unterschiedliche Ansichten zu dieser Frage: S. Shoemaker bspw. erachtet die Verkörperung der Person für ihre Erkennbarkeit als notwendig. H. Frankfurt dagegen hält Personenidentität unabhängig von Körperlichkeit für bestimmbar (siehe dazu den Aufsatz Shoemakers in: L. Siep (Hg.), *Die Identität der Person*, S. 96–126).

[52] A. Leist, *Eine Frage des Lebens*, S. 115. – Leist spricht hier von „Erinnerungen", weil er einer Unterscheidung J. Lockes folgt, nach der sich die Identität der Person durch ihre Erinnerungen manifestiert.

[53] Insbesondere durch zunehmende Erfolge bei der Transplantationsmedizin und durch erwartbare Möglichkeiten der Gentherapie ist die körperliche Identität als notwendige personkonstituierende Bedingung m. E. erheblich in Frage gestellt: Auch nach multiplen Organ- und Gewebetransplantationen an einem Menschen ist seine Personidentität – zumindest der Außenwahrnehmung nach – nicht anzuzweifeln. Ganz im Gegenteil bestehen die medizinischen Bemühungen gerade darin, das Leben *dieser* Person zu erhalten. Veränderungen *in* der Person – insbesondere Veränderungen in ihrer eigenen Wahrnehmung des eigenen Körpers – betreffen eher die Persönlichkeit dieser Person und bestätigen somit m. E. die Fragwürdigkeit des Kriteriums der notwendigen körperlichen Kontinuität. Andererseits ist m. E. auch die gegenteilige Ansicht, nach der körperliche Kontinuität keinerlei identitätsstiftende Bedeutung hat, fraglich: Sollte es z. B. möglich sein, die Transplantation eines Gehirns als Trägerorgan psychischer Strukturen in einen anderen Körper vorzunehmen, so ist m. E. fragwürdig, ob die so entstandene Person den Personalausweis und die Rentenzahlungen desjenigen erhalten sollte, dessen psychische Strukturen nun den Körper lenken, oder ob es der Körper ist, der durch die Ersetzung eines defekten durch ein funktionierendes Gehirn nun (person-)identisch weiterlebt.

personale Identität konstituiert, dann scheint man die Begriffe „Mensch" (im biologischen Sinne) und „Person" synonym zu gebrauchen. Dies stellt z.B. Tauer fest: „[...] it appears that those who argue for personal identity beginning at fertilization must make the assumption that every member of the human species is a person."[54]

Die These, daß jedes Mitglied der menschlichen Spezies (von der Befruchtung an) eine Person ist, ist allerdings nicht selbstevident und daher begründungsbedürftig. Der Versuch, diese Begründung über die Identität von Erwachsenem (als unbestritten moralisch zu berücksichtigender Entität) und befruchteter Eizelle bzw. unteilbarem Embryo zu liefern, muß aber als gescheitert angesehen werden, und zwar aus zwei Gründen: zum einen, weil es dafür letztlich notwendig ist, einen Personbegriff als quasi-prinzipiellen Begriff vorauszusetzen, der aber – wie sich in den nächsten zwei Kapiteln zeigen wird – keineswegs unbestritten ist, zum anderen deshalb, weil nicht erklärt werden kann, inwieweit sich die Identität der Entitäten im Gegensatz zu ihren offensichtlichen Differenzen auf moralisch relevante Aspekte bezieht. Wenn auch die Feststellung körperlicher und genetischer Identität der befruchteten Eizelle mit dem Erwachsenen nicht zu bestreiten ist, so ist dies nicht notwendig moralisch relevant.

Die These, daß genetische bzw. körperliche Kontinuität die Identität des Fötus mit der Person konstituiert, kann also vor dem Hintergrund vielfältiger Personbegriffe weder bestätigt noch widerlegt werden. Ob sich der Ansatz einer Begründung des moralischen Status menschlicher Embryonen auf der Grundlage von Kontinuitäts- und Identitätsargumenten unter den konkreten Bedingungen des Soziallebens etablieren läßt, wird somit wesentlich davon abhängen, ob der in diesem Ansatz zugrunde gelegte Personbegriff auch der lebensweltlich vorherrschende ist.

3.3.3 Zur moralischen Relevanz der Potentialität ungeborenen menschlichen Lebens

Die Erörterung der Identitätsargumentation, d.h. der These, zwischen der befruchteten Eizelle und dem aus ihr kontinuierlich sich entwickelnden Erwachsenen bestehe ein Identitätsverhältnis, hat verdeutlicht, daß eine Identitätsbehauptung sich allenfalls auf die genetische bzw. numerische vollkommene Gleichheit beziehen kann und sich für diese Aspekte eine moralische Relevanz nicht unstrittig begründen läßt. Die Konsequenz dieser Identitätsbehauptung, nämlich, daß eine befruchtete menschliche Eizelle moralisch als Person gelten soll, weil sie genetisch und numerisch mit der Entität identisch ist, die zukünftig

---

[54] C.A. Tauer, *The Moral Status*, S. 49.

(d. h. nach Ablauf gewisser Entwicklungsphasen) unstrittig als Person anerkannt werden wird, kann wegen der Strittigkeit der moralischen Relevanz der Identitätsaspekte nicht als Grundlage moralischer Entscheidungen über den Status menschlichen ungeborenen Lebens angenommen werden.

Bei aller Skepsis gegenüber der Aussage, es bestehe ein (moralisch relevantes) Identitätsverhältnis zwischen Embryo und Erwachsenem, kann allerdings nicht geleugnet werden, daß es einen *wesentlichen Zusammenhang* zwischen diesen begrifflich unterschiedenen Entitäten gibt. Daß eine Form von ,Gleichheit' der Referenzgegenstände zumindest im Sinne einer entwicklungsbiologischen Kontinuität und einer genetischen wie numerischen Identität besteht, ist nicht zu bestreiten. Darüber hinaus können die Identitätsargumente sogar den innerhalb der Kontinuitätsargumentation als moralisch relevant bezeichneten Zeitpunkt der Entstehung eines neuen Genoms stärker begründen.[55] Offen bleibt allerdings – und dies ist der entscheidende Einwand gegen die bisher dargestellten Ansätze – eine unstrittige *Begründung der moralischen Relevanz des Genoms*. Im folgenden sollen deshalb Potentialitätsargumente analysiert werden, die eine weitere *prospektive* Relation von befruchteter Eizelle und der aus ihr entstehenden Person für moralisch relevant erachten.

Auch Potentialitätsargumente beziehen sich auf die Befruchtung als den Beginn des Prozesses der Personwerdung.[56] Die befruchtete menschliche Eizelle gilt dabei als eine Entität, die die Potentialität besitzt, Person zu werden, und damit als eine *potentielle Person*. Sie stellt durch das neu entstandene Genom das erste Glied in der Kette des kontinuierlichen Prozesses dar, den Beginn der Personwerdung: Die Grundaussage dieser Position besteht darin, daß unabhän-

---

[55] Das Argument, daß das in dem neuen Genom vereinigte genetische Material bereits in den noch separaten elterlichen Gameten enthalten ist und daher eine genetische Identität schon zwischen Gameten und späterem Erwachsenen vorliegt, kann m. E. aus praktischen Gründen dann nicht plausibel gegen die erörterten *Identitätsbehauptungen* vorgebracht werden, wenn – bei der natürlichen Zeugung – keine exakten Aussagen darüber getroffen werden können, welche Gameten sich zu einem neuen Genom vereinigen werden. Innerhalb der artifiziellen Insemination – insbesondere in Zusammenhang mit denkbaren gentherapeutischen Eingriffen – verliert dieses Argument allerdings zunehmend an Bedeutung: Dort kann nämlich eine Situation geschaffen werden, in der exakt bestimmbar ist, welche Eizelle mit welchem Spermium vereinigt wird, und es ist darüber hinaus denkbar, daß es eines Tages möglich und üblich ist, das genetische Material eines Gameten gentherapeutisch zu verändern, und zwar gerade im Hinblick auf die Bildung eines spezifischen neuen Genoms und seine späteren physischen Ausprägungen.

[56] Es sei schon hier darauf verwiesen, daß es – ähnlich wie bei Identitätsargumenten – auch Positionen zum Status menschlicher Embryonen gibt, die mit dem Argument der Potentialität arbeiten, jedoch nicht auf den Zeitpunkt der Befruchtung rekurrieren, so z. B. Tauer, deren Argumentation an späterer Stelle dieser Arbeit erörtert wird. Da solche Positionen jedoch nicht unter die Argumentationsstrukturen fallen, die üblicherweise Potentialitätsargumente genannt werden, sollen sie auch hier nicht darunter gefaßt werden.

gig davon, welche Eigenschaft der Person oder des Menschen als die moralisch
relevante angesehen wird, sie in dem neu entstandenen Genom bereits enthalten
ist. Konsequenz der Potentialitätsargumente ist, daß es moralische Pflichten
gegenüber werdenden, d. h. potentiellen, Personen gibt, weil sie die moralisch
relevanten Eigenschaften der Person potentiell enthalten. An diese Konsequenz
ist die kritische Frage anzuschließen, ob moralische Pflichten nicht erst und
allein gegenüber aktuell Existierendem, sondern auch schon gegenüber Potentiellem bestehen sollen.

Claude Bruaire formuliert – entgegen Positionen, die eine moralische Relevanz allein solchen Entitäten zusprechen, die spezielle kognitive, im Sinne personaler Fähigkeiten aktuell realisieren – folgende These:

> Das persönliche menschliche Sein reduziert sich nicht auf die Bildung,
> die es in seiner Familie und in der Gesellschaft erhält, auch nicht auf
> seine Äußerungen oder die Geschichte seines Denkens oder seiner
> Handlungen. Sein besonderes Sein ist also in dem Geheimnis des Lebens
> seines Körpers eingeschlossen, aus dem es nach und nach hervortritt.[57]

Wenn Bruaire mit der Betonung der Körperlichkeit menschlichen (personalen)
Lebens auch an die Identitätsargumentation erinnert, so beschränkt er sich
dennoch nicht auf sie: Bruaire geht es vielmehr darum, „die Bildung menschlichen Geistes als Werden" zu verstehen und anzuerkennen, daß „ein Seiendes
existieren kann, bevor es sichtbar wird, bevor es sich durch Handeln beweist,
daß es dort sein kann, wo es erst potentiell, im Wartestand, und sozusagen sich
selbst voraus ist".[58]

Auch wenn man die Existenz potentiellen Seins nicht bestreiten will, kann
sie nicht bereits als Begründung der moralischen Relevanz der Potentialität
angesehen werden; zudem bleibt der Zeitpunkt fraglich, an dem die Potentialität
vorliegt, für die moralische Relevanz angenommen wird. Für letzteres bezieht
sich Bruaire vergleichsweise unpräzise auf das embryonale Leben, in dem er das
„persönliche Sein potentiell doch schon ganz" enthalten sieht.[59] Deutlicher
argumentiert Eibach, der das Genom als das Programm versteht, nach dessen
Plan sich jede weitere Entwicklung vollzieht:

> Auf die *Potenz*, die genetisch von der Konjugation der Keimzellen an
> vorhanden ist, aber erst im komplexen Zusammenspiel mit der Umwelt
> des Embryos realisiert wird, kommt es an und nicht allein auf das fak-
> tische Vorhandensein dieser oder jener Struktur und psychischer und
> geistiger Leistung [...].[60]

---

[57] C. Bruaire, „Die Abtreibung und ihre Implikationen", S. 26.

[58] Ebd.

[59] Ebd., S. 27.

[60] U. Eibach, *Experimentierfeld*, S. 17. (Hervorhebung C. K.) – Mit der „Umwelt" des

Die Möglichkeit der Weiterentwicklung eines menschlichen Wesens zur Person wird in dieser Argumentation als vollständig im neukombinierten Erbmaterial angelegt verstanden. Befruchtete menschliche Eizellen, nicht aber einzelne Ei- und Samenzellen, besitzen demnach die Potentialität, Person zu werden, und deshalb sollen ihnen die Rechte der Person zukommen. Nach Eibachs Ansicht hat gerade „die IVB [...] den Erweis gebracht, daß Leben – und zwar im Sinne einer sich selbst regulierenden und integrierenden eigenständigen Ganzheit – mit der Verschmelzung der Samen- und Eizelle [...] beginnt".[61] Dem aktuellen Vorhandensein „geistiger Leistungen",[62] die das Entstehen einer Person im erkenntnistheoretischen Sinne erst ermöglichen, wird deshalb keine Bedeutung zugewiesen, weil sich diese Strukturen aus dem im Genom enthaltenen Programm zu späterem Zeitpunkt bilden werden. Insofern sind – und dies ist der Kern der Potentialitätsargumentation – spätere Zeitpunkte für die Zuschreibung des Lebensrechtes ausgeschlossen.[63]

Es stellt sich allerdings die Frage, wie zu begründen ist, daß für *potentielle* Entitäten die Rechte *aktueller* Entitäten gefordert werden. Die Forderung, potentielle Personen so zu behandeln wie aktuelle Personen, ist insofern begründungsbedürftig, als die moralische Gleichsetzung potentiellen Seins mit aktuellem Sein weder zwingend noch üblich zu sein scheint. So geht bereits Aristoteles

---

Embryos ist in diesem Zusammenhang im weitesten Sinne der Mutterleib gemeint. Eibach rekurriert damit auf die Erkenntnis, daß die Fortentwicklung des Embryos zum Teil durch ein chemisches Wechselwirkungsverhältnis mit dem mütterlichen Organismus gewährleistet ist.

[61] U. EIBACH, „Ethische Aspekte", S. 180.

[62] Mit dem Verweis auf ‚geistige Leistungen' rekurriert Eibach auf Positionen, die das Recht auf Leben aus dem Personbegriff deduzieren und aktuelles Vorhandensein neuronaler Vernetzungen als notwendige Bedingung des Personseins ansehen. – Vgl. dazu die Untersuchung der Positionen von Singer (Kap. 4.3), Engelhardt und Tauer (Kap. 5.2) sowie Sass (Kap. 5.3).

[63] Es ist in diesem Zusammenhang allerdings verschiedentlich gegen Potentialitätsargumente vorgebracht worden, sie müßten aus Konsistenz- und Kohärenzgründen die moralischen Forderungen auch auf menschliche Ei- und Samenzellen übertragen, weil auch sie die Potentialität besitzen, Mensch zu werden. Eine solche Forderung wäre allerdings eine ethische Unsinnsforderung, weil sie bedeuten würde, daß nach Möglichkeit lebenserhaltende Maßnahmen für menschliche Ei- und Samenzellen ergriffen werden müßten oder sogar ein Zeugungsgebot bestünde. (Siehe zu dieser Kritik an Potentialitätsargumentationen z.B. A. LEIST, *Eine Frage des Lebens*, S. 88f., und H.-M. SASS, „Hirntod und Hirnleben", S. 175f.) – Erneut erweist sich hier die isolierte Betrachtung nur eines Arguments des Ansatzes als unzureichend. Potentialitätsforderungen sind nämlich m.E. nur dann mit dem o.g. Abgrenzungsproblem konfrontiert, wenn sie nicht gleichzeitig auch auf das Kontinuitätsargument Bezug nehmen. Da jedoch die Vertreter des in diesem Kapitel thematisierten Ansatzes die Argumente zumeist nicht voneinander trennen, ist es nicht notwendig, das Abgrenzungsproblem weiterführend zu diskutieren.

davon aus, daß potentielles Sein im Unterschied zu aktuellem Sein nicht zu
bewerten ist, weil potentielles Sein stets auch die Realisierung seines Gegenteils
als Möglichkeit umfaßt.[64] Übertragen auf die Potentialität der befruchteten
menschlichen Eizelle, Mensch bzw. Person zu werden, bedeutet dies, daß sie
nicht schon wie ein Mensch bzw. wie eine Person zu bewerten ist, weil ihre
Potentialität auch beinhaltet, daß sie sich nicht zu einem Menschen bzw. einer
Person fortentwickelt.[65] Diese Auffassung entspricht auch der Bewertung von
und dem Umgang mit potentiellem Sein in der Alltagsmoral. Ein in der Literatur mittlerweile sehr häufig gebrauchtes Beispiel verdeutlicht, inwiefern potentielle Eigenschaften nicht wie aktuelle Eigenschaften bewertet werden:

> Prinz Charles, der potentielle König von England, gilt nicht bereits als
> König. Er kann nicht die Rechte für sich in Anspruch nehmen, die ihm
> als König zukommen werden.[66]

Aus der Tatsache, daß Prinz Charles der potentielle König ist, ist folglich nicht
die Pflicht zu folgern, Prinz Charles die Königsrechte zuzusprechen. Ludger
Viefhues stellt dagegen allerdings fest:

> Dieser Einwand übersieht, daß es nicht um *alle* Rechte einer Person
> geht, sondern um die Bedingung der Möglichkeit, Rechte zu haben,
> nämlich Leben. [...] Man kann aus der Tatsache, daß Prinz Charles kein
> König ist, also nicht alle Rechte eines Königs hat, kaum folgern, daß er
> nicht das Recht habe, König zu werden. Bei diesem Recht handelt es
> sich doch um eines, das er als jetziger Thronfolger hat.[67]

Viefhues übersieht jedoch seinerseits, daß er ein Recht annimmt, welches nicht
mit der Potentialität gefolgert wird. Denn Prinz Charles hat das Recht, König
zu werden, nicht deshalb, weil er potentiell König ist, sondern aufgrund einer
spezifisch geregelten Thronfolge. Prinz Charles hat keineswegs das Recht auf
diese spezifische Regelung, und sie folgt eben auch nicht aus Charles' Status als
potentieller König. Sein Recht darauf, König zu werden, setzt vielmehr die Geltung dieser spezifischen Regelung voraus.

---

[64] Siehe ARISTOTELES, *Metaphysik*, IX, 1051 a.

[65] Vertreter von Potentialitätsargumenten könnten gegen diese These einwenden, daß aus
einem *menschlichen* Genom stets nur ein Mensch entstehen kann und nicht etwa ein anderes
Wesen. Dies wird mit der These allerdings auch nicht bestritten: Verwiesen wird vielmehr
auf den Umstand der bestehenden *Möglichkeit*, daß sich die befruchtete Eizelle *nicht weiterentwickelt*. Das Gegenteil der Existenz eines Menschen bzw. einer Person ist die Nicht-
existenz dieses Menschen bzw. dieser Person und nicht etwa die Existenz eines anderen
Wesens, wie es in dem Einwand unterstellt wird.

[66] A. LEIST, *Eine Frage des Lebens*, S. 92.

[67] L. VIEFHUES, „Rechtfertigung des Schwangerschaftsabbruchs?", S. 760.

Auf die Statusfrage gewendet bedeutet dies folgendes: Unbestritten ist die Zugehörigkeit des Embryos zum Kreis der potentiellen Personen. Umstritten ist aber, ob für potentielle Personen ein Lebensrecht gilt. Dieses folgt nicht aus der Potentialität, sondern muß eigens begründet werden. Gerade dies gelingt den dargestellten Potentialitätsargumentationen jedoch nicht. Begründet wird dort lediglich, daß menschliche Embryonen zum Kreis der potentiellen Personen gehören. Dem ist entgegenzuhalten, daß Potentielles weder zwingend, noch üblicherweise mit Aktuellem normativ gleichzusetzen ist. Als schärfste Kritik an Potentialitätsargumenten ist also anzuführen: Sie begründen nicht, warum potentielles Sein ethisch wie aktuelles Sein bewertet werden soll.

3.4 Zusammenfassung

Die Erörterung der verschiedenen zur ,konservativen' Position zu rechnenden Ansätze führt zu dem Ergebnis, daß in der Perspektive einer holistischen Auffassung des Menschen der Aspekt eines mit der Befruchtung beginnenden Werdens aus dem moralischen Diskurs *nicht ausgeschlossen* werden kann. Wenn auch die religiöse Position, die die befruchtete Eizelle als beseelt und damit als Person ansieht, keinesfalls – und zwar schon vor dem Hintergrund der ethischen Erwünschtheit einer offenen Gesellschaft – allgemeine Verbindlichkeit beanspruchen kann, so zeigen die Argumentationen für die moralische Wertschätzung der Mensch-Werdung – bei aller Kritik, die in einzelnen Punkten an ihnen zu üben ist – doch deutlich, daß die befruchtete menschliche Eizelle mit dem aus ihr sich entwickelnden erwachsenen Menschen in einem – wenn auch nicht genau und konsensfähig bestimmten – Kontinuitäts-, Identitäts- und Potentialitätsverhältnis steht, das moralisch zu *berücksichtigen* ist.

Auf der anderen Seite belegt die kritische Analyse dieser Position aber auch, daß es keine zwingenden Gründe gibt, diese moralische Berücksichtigung im Sinne einer Zuschreibung von Lebensrecht ab Befruchtung zu verstehen. Dafür ist ausschlagebend, daß eben die befruchtete Eizelle, obgleich sie sich kontinuierlich entwickelt und obgleich sie hinsichtlich spezifischer Aspekte mit ihren Seinsweisen in späteren Entwicklungsstadien identisch ist, lediglich *potentiell*, nicht aber *aktuell* ein Mensch ist, für den das Lebensrecht unbestritten gilt. Deshalb stellt auch Engels fest, die eigentlich wesentliche Frage sei die, „ob wir allen Entwicklungsstadien des menschlichen embryonalen Lebens gegenüber *dieselbe* ethische Verpflichtung haben, oder ob diese entsprechend der graduellen Entfaltung des Individuums graduell wächst".[68] Engels betont darüber hinaus, eine Antwort auf diese Frage sei „allenfalls auf der Grundlage eines

---

[68] E.-M. ENGELS, „Der Wandel des lebensweltlichen Naturverständnisses", S. 85.

diskursiv erzielten Konsensus zu erreichen, der eine Einigung auf ein bestimmtes Verständnis in einer konkreten historischen Situation darstellt".[69]

In bezug auf die Forderung, bereits der befruchteten menschlichen Eizelle ein Lebensrecht zuzugestehen, besteht ein solcher Konsensus allerdings nicht, und er ist m.E. auch nicht zu erwarten. Entscheidend dafür scheint mir allerdings nicht allein die moralische Intuition[70] zu sein, daß es trotz der potentiellen und kontinuierlichen Entwicklung zum Menschen, für den das Lebensrecht unbestritten gilt, moralische Gründe dafür gibt, menschlichem Leben in seinen frühesten Entwicklungsstadien *kein* Recht auf Leben zuzugestehen. Hinzu kommen wohl auch außermoralische und moralpragmatische Überlegungen, die die Konsequenzen eines Lebensrechts ab Befruchtung betreffen: Zu solchen Konsequenzen würden das Verbot nicht nur der Abtreibung, sondern auch post-konzeptionaler Verhütungsmethoden ebenso wie das Verbot der ‚verbrauchenden' Embryonenforschung gehören. Ob darüber hinaus als Konsequenz eines Lebensrechts ab Befruchtung auch das Gebot erfolgen müßte, lebenserhaltende Maßnahmen für befruchtete menschliche Eizellen außerhalb des natürlichen Uterus zu ergreifen, ist eigens zu prüfen, gleichzeitig aber auch naheliegend, da diese Maßnahmen ja auch für aktuelle Menschen bzw. Personen zu ergreifen sind. Angesichts der bereits gegebenen Möglichkeit der Kryokonservierung und der Übertragung befruchteter Eizellen von einem Uterus in einen anderen scheint es mir deshalb nicht abwegig zu sein, entsprechende Szenarien als Konsequenz eines Lebensrechts ab Befruchtung anzunehmen. Die Entwicklung eines künstlichen Uterus könnte die Handlungsmöglichkeiten in dieser Hinsicht noch erweitern, so daß die moralische Forderung, menschlichem Leben ab der Befruchtung ein Lebensrecht zuzugestehen, entsprechende Forschungsvorhaben begünstigen würde. Gerade dies scheint allerdings im Widerspruch zu den moralischen Intuitionen zu stehen, die mit der ‚konservativen' Position zum moralischen Status menschlicher Embryonen vermutlich verbunden sind.

---

[69] Ebd.

[70] Poplawski und Gillett problematisieren bspw. in bezug auf die Zuschreibung eines Lebensrechts ab Befruchtung folgendes: „However, this analysis seems to suggest that infanticide is no worse than contraception using the ‚morning after' pill. This is decidedly *counterintuitive* [...]" (N. POPLAWSKI u. G. GILLETT, „Ethics and Embryos", S. 66 (Hervorhebung C.K.)).

4. Lebensinteresse-orientierte Ansätze

4.1 Problemstellung

Im Zusammenhang mit modernen technischen Entwicklungen der Medizin wird immer häufiger die Frage gestellt, ob es – entgegen dem traditionellen Ethos der Medizin – eine moralische Pflicht gibt, nicht länger alles dafür zu tun, das Leben eines Menschen zu erhalten; und zwar wird diese Frage insbesondere dann gestellt, wenn der Mensch, über dessen Lebenserhaltung reflektiert wird, sich nicht selbst an der Entscheidung beteiligen kann. Diese Reflexionen sind weitestgehend auf Handlungskontexte bezogen, die sich von denen, die dieser Arbeit zugrunde liegen, wesentlich schon dadurch unterscheiden, daß sie meistens am Lebensende eines Menschen angestellt werden und sich definitiv nicht auf die Klärung des Geltungsbereichs eines allgemeinen Lebens*rechts*, sondern eher auf ein individuelles Recht zu dessen Verweigerung beziehen. Dennoch gibt es Zusammenhänge zwischen diesen beiden derzeitigen Themen der Medizin-Ethik, die (mindestens) in der Diskussion der Statusfrage bedeutsam sind und dringend berücksichtigt werden sollten. Der Kern des medizinischen Ethos, nämlich der Auftrag, das Leben eines Menschen nach allen Regeln der Kunst – und das hieß bis jetzt: nach bestem Wissensstand der Schulmedizin und unter Einsatz besten Könnens und Gewissens des individuellen Arztes – zu erhalten, beruht nicht nur auf dem Konzept, daß das Leben den Höchstwert eines jeden (Menschen) darstellt, sondern auch auf einem Weltbild, das dem im Grunde biologisch gefaßten Menschen ein exklusives Recht auf Leben zugestand und das ihm darüber hinaus auch – nicht zuletzt wegen des damit verbundenen Selbstbildes – einen individuellen uneingeschränkten Lebenswillen unterstellte. Gerade letzteres wird durch die Diskussion moralisch geforderter und rechtfertigbarer Grenzen der Lebenserhaltung mit Fug und Recht in Frage gestellt: Für manch einen verliert der Höchstwert Leben seinen Wert, wenn er mit dem negativen Wert eines Leidensmaßes verbunden ist, das bei gleichzeitigem Verlust der Hoffnung auf Besserung als unerträglich empfunden wird. Indem die Medizin Möglichkeiten entwickelt hat, Leben zu erhalten, das als solches von dem Lebenden nicht mehr empfunden und genossen wird, hat sie sich selbst in die prekäre Lage gebracht, ihr Fundament zu erschüttern und erschüttern lassen zu müssen. Wenn sich der einzelne Mensch auch wie eh und je an seine eigene Existenz klammert, so kann – zumindest mit Bezug auf die Möglichkeiten der Lebenserhaltungsmaßnahmen der modernen Medizin – dennoch nicht länger davon ausgegangen werden, daß der Betroffene seiner bloßen Existenz gegenüber seiner Nicht-Existenz den Vorzug gibt.

Das Vokabular, mit dem hier diese Lage der hochtechnisierten Medizin beschrieben wurde, gleicht dem Vokabular, mit dem spezifische – und zwar höchst philosophische – Argumentationen zum moralischen Status ungeborenen menschlichen Lebens vorgetragen werden; auch daher ist dies hier zu berücksichtigen.

Im folgenden werden die Positionen Richard M. Hares und Peter Singers dargestellt und erörtert. Beiden ist gemeinsam, daß sie im Kern ihrer Ansätze die Frage stellen, welche Bedeutung das Existieren für denjenigen hat, um dessen Existenz es bei den Entscheidungen in den jeweiligen Handlungskontexten geht. Des weiteren ist ihnen gemeinsam, daß sie dem Utilitarismus nahestehen und von daher die Bedeutung von Existenz über die Begriffe „Interesse" und „Präferenz" zu erschließen suchen. Im Gegensatz zu den Positionen, die im vorangegangenen Kapitel erörtert wurden, steht nun nicht mehr die Frage im Mittelpunkt, ob ungeborenes menschliches Leben aufgrund spezifischer biologischer Gegebenheiten oder aufgrund metaphysischer Annahmen hinsichtlich des Lebensschutzes so zu behandeln sei wie ein geborener Mensch, dessen Lebensrecht unbestritten gilt. Ob dem ungeborenen Leben durch die im Lebensschutz implizierte besondere Wertschätzung ein Schaden oder Nutzen entsteht, war innerhalb dieser Positionen ohne Belang. Die im folgenden zu erörternden Positionen beziehen sich demgegenüber gerade auf ein Schaden/Nutzen-Kalkül aus der Perspektive des Objekts der moralischen Entscheidung. Es steht dabei explizit nicht mehr die Frage nach einem *Recht* auf Leben im Vordergrund, ohne daß damit jedoch seine Bedeutung nivelliert würde. Die an Konzeptionen vom Lebensinteresse orientierten Positionen setzen vielmehr vor Lebensrechtszuschreibungen an, indem sie fragen, welches Interesse das betreffende Wesen überhaupt an einem solchen Recht haben kann. Während Hare bei diesen Überlegungen nicht allein derzeitige, d.h. aktuelle Lebensinteressen, sondern auch zukünftige, d.h. potentielle Interessen des Handlungsobjektes erwägt, geht es Singer eher um das Auffinden der Bedingungen der Möglichkeit von Lebensinteresse. Wenn diese beiden Autoren zu erheblich unterschiedlichen Ergebnissen in bezug auf den moralischen Status ungeborenen menschlichen Lebens gelangen, so liegt dies jedoch nicht allein an der unterschiedlichen Grundlegung der Interessenskonzepte, sondern vor allem auch an einer unterschiedlichen Auffassung vom universalen Aspekt der Ethik, d.h. des Aspekts, der eine Handlung moralisch vertretbar sein läßt. Während Singer anerkennt und betont, daß Eigeninteressen des Handelnden nicht „mehr zählen als die Interessen von irgend jemand anders",[1] und er deshalb – jenseits einer Formalisierung – für die moralische Vertretbarkeit fordert, die Interessen aller von einer Handlung Betroffenen gleich zu erwägen, sieht Hare in der „Goldenen Regel" eine (in seinem

---

[1] P. SINGER, *Praktische Ethik* (1984), S. 23.

universellen Präskriptivismus) logisch begründete Formel, mit deren Hilfe die
moralische Vertretbarkeit einer Handlung gesichert werden kann.

Inwieweit die Ansätze tatsächlich zu moralisch vertretbaren und – im Sinne
des dargelegten Ansatzes angewandter Ethik – unstrittigen sowie praktikablen
Ergebnissen führen, die bei den Entscheidungen in den genannten Handlungskontexten moralische Orientierung bieten, wird Gegenstand der folgenden Erörterung sein.

4.2 Zur Statusbestimmung über die „Goldene Regel" – Der Ansatz Richard M. Hares

Im Gegensatz zu anderen in dieser Arbeit bereits dargestellten oder noch darzustellenden Positionen hält Richard M. Hare den Versuch, die Bestimmung
des moralischen Status menschlicher Embryonen über die Klärung von deren
Person-Sein vorzunehmen, für ungerechtfertigt, weil der Person-Begriff dazu zu
vage und undeutlich definiert sei.[2]

An die Stelle der Frage, ob Embryonen und Föten Personen sind, tritt bei
Hare deshalb die Frage, ob es „etwas hinsichtlich des Fötus" gibt, „das moralische Probleme über die Berechtigung aufwirft, ihn zu töten". Die Annahme,
daß diese Fragestellung Aussicht auf eine erfolgreiche Beantwortung unabhängig von einem Person-Begriff hat, begründet Hare damit, daß zum einen alle für
ihre Beantwortung notwendigen Informationen im Hinblick auf die ontologischen Bedingungen ungeborenen menschlichen Lebens bekannt sind, zum
anderen damit, daß Argumente gegen die Tötung von Föten sich eher auf die
„Verletzung von Interessen derjenigen Person, zu der sich der Fötus normaler-
weise entwickeln würde",[3] richten als auf die Leiden des Fötus. Die hinreichende Information über die ontologischen Bedingungen des Fötus besteht für Hare
in dem Wissen um die „Potentialität' des Fötus, sich zu einer Person im vollständig normalen Sinn zu entwickeln".[4] Wenn Hare mit der Verwendung des
Begriffs Potentialität an die Potentialitätsargumentation anschließt, so teilt er
mit deren Vertretern zwar die Auffassung, daß die Entwicklungsfähigkeit des
menschlichen Konzeptus moralisch relevant ist, aber er begründet diese moralische Relevanz mit Überlegungen, die in der Potentialitätsargumentation nicht
angestellt werden und die zu anderen moralischen Forderungen führen: Im
Gegensatz zu Vertretern der Potentialitätsargumente ist Hare nicht der Ansicht,
daß die Potentialität des Embryos bzw. Fötus, sich zur Person zu entwickeln,

---

[2] Siehe R.M. HARE, „Abtreibung und die Goldene Regel", S. 135.
[3] Ebd., S. 136.
[4] Ebd., S. 137.

ein auf ihn bezogenes Tötungsverbot bereits hinreichend begründet. Vielmehr wird die moralische Bedeutung der spezifischen Entwicklungsfähigkeit des Fötus nach Hares Ansicht erst durch die Anwendung eines Arguments ersichtlich, das sich aus formalen Regeln des moralischen Argumentierens, wie z. B. aus dem Kategorischen Imperativ Kants, dem von Hare selbst entwickelten universellen Präskriptivismus und aus einigen anderen formalen Regeln, ergibt. Insbesondere aufgrund ihrer Bedeutung für die christliche Kultur entscheidet sich Hare dafür, die moralische Bedeutung der Potentialität durch die Anwendung der „Goldenen Regel" nachzuweisen, die seiner Ansicht nach ihrerseits durch den universellen Präskriptivismus logisch begründet ist und universellen Charakter hat.

Die Formel der „Goldenen Regel", „daß wir anderen gegenüber so handeln sollten, wie wir wollen, daß sie uns gegenüber handeln",[5] erweitert Hare in zeitlicher Hinsicht, d. h., er geht davon aus, daß die Regel nicht nur bei Gleichzeitigkeit von Handlungen Gültigkeit hat, sondern auch mit Bezug auf Vergangenes und Zukünftiges gilt:

> Es bedeutet eine logische Erweiterung dieser Form eines Arguments, zu sagen, daß wir anderen gegenüber so handeln sollten, wie *wir begrüßen*, daß uns gegenüber *gehandelt wurde*.[6]

Auf der Grundlage der Potentialität des Fötus – und dies bedeutet bei Hare die Wahrscheinlichkeit, daß er sich zu einer Person entwickelt – ist es für Hare offensichtlich, daß die Anwendung dieser Formulierung der „Goldenen Regel" zu folgender Forderung führt:

> Wenn wir froh sind, daß niemand die Schwangerschaft beendete, die zu *unserer* Geburt führte, dann sind wir *ceteris paribus* aufgefordert, keine Schwangerschaft zu beenden, die zur Geburt einer Person führen würde, mit einem Leben wie dem unsrigen.[7]

Die Möglichkeit der Anwendung der „Goldenen Regel" setzt grundsätzlich voraus, daß zwei Fälle in Beziehung gesetzt werden, die in relevanter Hinsicht gleich, wenn nicht sogar identisch sind. In der Anwendung der Regel auf das Abtreibungsproblem bezieht sich Hare auf die relevante Gleichheit derjenigen Aspekte, die für das Frohsein an der eigenen Existenz ausschlaggebend sind. Das moralische Urteil, das sich aus der Anwendung der „Goldenen Regel" in bezug auf die Abtreibungsproblematik ergibt, wird dementsprechend auf der Grundlage der Vergleichbarkeit der Frohseins-Gründe der aktuellen Person mit den prospektiven Frohseins-Möglichkeiten des entwicklungsfähigen Fötus

---

[5] Ebd., S. 138.

[6] Ebd.

[7] Ebd., S. 139.

gefällt: Insofern die aktuelle Person froh über ihre Existenz ist – und in der logischen Folge eben auch froh darüber, (vor der Geburt) nicht getötet worden zu sein –, wird von ihr durch die „Goldene Regel" gefordert, Föten, die zum einen die Potentialität haben, sich zu Personen zu entwickeln, und für die als aktuelle Person zum anderen ein Frohsein über die eigene Existenz anzunehmen ist, nicht zu töten.

Die Kritik an der Position Hares hat den Blick vor allem auf die Vergleichbarkeit der Fälle im Rahmen der ceteris paribus-Klausel gerichtet: Die ceteris paribus-Klausel der „Goldenen Regel" erzwingt es, bei der Anwendung auf die Abtreibungsproblematik Aspekte vergleichend in Beziehung zu setzen, deren Vergleichbarkeit in Zweifel gezogen wird. Es handelt sich dabei um den Vergleich „einmal in der Beziehung zwischen mir und dem Fötus, dessen Abtreibung erwogen wird, zum anderen in der Beziehung zwischen mir als Erwachsenem und mir als Fötus".[8]

Leist sieht ein Problem darin, daß es für die Erfüllung der ceteris paribus-Klausel notwendig ist, sich selbst mit sich als Fötus zu vergleichen, da dies nach seiner Ansicht die Identität der aktuellen Person, die froh über ihre Existenz ist, mit dem Fötus, aus dem sie sich entwickelte, voraussetzt. Diese Identität ist seines Erachtens aber nicht zweifelsfrei gegeben, so daß ein entsprechender Vergleich nicht ohne weiteres angestellt werden kann. Nicht zuletzt auf der Grundlage der Ausführungen über die Identitätsargumentation im vorangegangenen Kapitel kann man Leist m.E. darin zustimmen, daß die Frage nach der Identität von Fötus und Person ungeklärt ist. Dennoch kann dies meiner Ansicht nach nicht als Argument gegen die Position Hares fungieren: In Hares Ansatz ist es nämlich gar nicht notwendig, eine Identität des Fötus mit dem Erwachsenen, der sich mit Wahrscheinlichkeit aus ihm entwickelt, anzunehmen. Es reicht vielmehr der Aspekt aus, daß das Überleben dieses spezifischen Fötus eine *Voraussetzung* für die Existenz dieser spezifischen Person bildete. Wenn Hare Interessen betrachtet, dann sind es somit diejenigen der zukünftig aktuellen Person und nicht etwa diejenigen der jetzt potentiellen Person, die als solche selbst keine Interessen hat und haben kann, die aber eben die Voraussetzung der zukünftig aktuellen Person ist.

Da Hare dementsprechend nicht davon ausgeht, die Interessen des Fötus würden im Falle seiner Tötung enttäuscht, sondern vielmehr die der Person, die aus ihm entstünde, würde er nicht getötet, folgt aus der ceteris paribus-Klausel, daß die Interessen eines zukünftigen Erwachsenen mit denen eines bereits aktuell Lebenden verglichen bzw. gleichgestellt werden können. Das bedeutet nur, daß Hare es für möglich hält, sich als Akteur in die Lage einer spezifischen potentiellen Person hineinzuversetzen und sich zu fragen, ob man jetzt meint,

---

[8] A. LEIST, *Eine Frage des Lebens*, S. 100.

daß die potentielle Person dann, wenn sie aktuell existiert, froh sein wird und
deshalb dann auch froh sein wird, jetzt nicht abgetrieben worden zu sein. Die
Annahme, daß Interessen, die zukünftig entstehen (z. B. weil der Träger des
Interesses erst zukünftig entsteht), für gegenwärtige Handlungen moralisch
relevant sind, impliziert jedoch, daß die zeitliche Asymmetrie – zwischen Inter-
essenentstehung und Interessenberücksichtigung – moralisch irrelevant ist. Nach
Ansicht Leists läuft dies allerdings auf die Unterstellung hinaus, „daß Leben für
den Fötus bereits ebensoviel Wert hat wie für den Erwachsenen. Denn Abtreibung ist eine Handlung, die direkt auf den Fötus gerichtet ist, nicht auf den
Erwachsenen".[9] In dieser Hinsicht irrt Leist allerdings, da Hares Ansatz explizit
gerade *nicht* darin besteht, den Wert, den das Leben für die aktuelle Person hat,
mit dem Wert zu vergleichen, den das Leben für die potentielle Person, das
heißt z. B. für den Fötus, hat. Im Ansatz Hares hat das Leben des Fötus (als
potentielle Person) nicht Wert für ihn selbst, sondern für die Person, die aus ihm
entsteht, und zwar deshalb, weil er die *Voraussetzung* für ihre Entstehung darstellt. Entgegen der Auffassung Leists vergleicht Hare somit das Leben der jetzt
aktuellen Person mit dem Leben der aus dem Fötus sich entwickelnden (somit
zunächst hypothetisch existierenden) Person. Die Kritik Leists ist daher verfehlt.

Weitaus plausibler erscheint mir dagegen ein Einwand gegen die Position
Hares, der zwar auch durch Leist angesprochen wird, der durch ihn aber m. E.
nicht umfassend genug dargestellt wird: Wenn es für Hare offenbar moralisch
irrelevant ist, daß sich die Tötungshandlung auf den Fötus bezieht und nicht auf
den Erwachsenen, der sich (dann eben nicht mehr) aus ihm entwickelt, impliziert dies in seinem Ansatz *nicht* – und deshalb ist ja der o. g. Einwand Leists
abzuweisen –, daß er annimmt, das Leben habe für den Fötus den gleichen Wert
wie für den Erwachsenen (und zwar sowohl den bereits aktuellen als auch den
hypothetisch aktuellen). Denn daß Hare es (zunächst) für irrelevant hält, daß
sich die Tötung auf den Fötus als Voraussetzung der Existenz der Person bezieht und nicht auf die Person selbst, liegt vielmehr daran, daß er nicht erst die
Vernichtung eines Lebensinteresses, das sich im Frohsein über die eigene Existenz konstituiert, für unmoralisch hält, sondern schon das *Vorenthalten* der
Bedingung der Möglichkeit dieses Interesses, nämlich die Existenz.

Es stellt sich allerdings die Frage, wie es möglich ist, jemandem, der nicht
existiert, dessen Existenz also bloß möglich gewesen wäre, zu schaden. Hare
selbst geht auf dieses Problem lediglich mit dem Hinweis ein, daß es nach seiner
Ansicht „eigenartig" wäre, wenn mit der Tötung eines potentiellen Menschen
und der dadurch bedingten zukünftigen Nicht-Aktualität der zukünftigen
(hypothetischen) Person nicht geschadet werden könnte und deshalb eine
Handlung vorläge, die moralisch unmöglich falsch sein könne.

---

[9] Ebd., S. 102.

Indem die Existenz des Objekts falschen Handelns verhindert wird, würde die Falschheit des Handelns beseitigt. Das scheint ein zu einfacher Weg, dem Verbrechen auszuweichen.[10]

Die bloße „Eigenartigkeit" einer solchen Handlung kann m.E. jedoch kein moralisches Kriterium sein, und sogar Hare selbst bezeichnet dieses Argument als „oberflächlich".[11] Selbst wenn es so ist, daß die Tötung des Objekts der Handlung die Handlung aus dem Feld der moralischen Bewertbarkeit herausbringt, ist das kein Beweis für ihre Falschheit. Einem Verbrechen auf ‚einfachem Weg' auszuweichen, bedeutet nämlich nicht, ein Verbrechen zu begehen. In diesem Sinne argumentiert auch Hoche und weist u.a. an diesem Beispiel die „exzentrischen" Konsequenzen von Hares Auffassung der „Goldenen Regel" nach.[12]

Hare geht jedoch zudem davon aus, daß die gegenwärtige Nicht-Aktualität des Gegenstandes der Pflicht für die Befolgung bzw. Erfüllung der Pflicht irrelevant ist. Er verdeutlicht dies am Beispiel der Pflichten gegenüber zukünftigen Generationen.

> Wir können nachfolgenden Generationen schaden und ihnen gegenüber unmoralisch handeln, indem wir weltweit alle Rohstoffe verbrauchen oder zu viel Radioaktivität freisetzen. [...] Es scheint eigenartig, daß, wenn wir uns nur etwas schlechter verhielten, so daß die nächste Generation nur den halben zahlenmäßigen Umfang hätte, den sie sonst gehabt hätte, wir dieser Generation gegenüber schlecht gehandelt hätten; daß wir aber dann, wenn wir uns viel schlechter verhalten hätten, so daß die nachfolgende Generation auf Null reduziert würde, wir ihr gegenüber überhaupt nichts Schlechtes getan hätten.[13]

Zwar ist Hare m.E. unbedingt darin zuzustimmen, daß die *gegenwärtige* Nicht-Aktualität einer hypothetischen oder potentiellen Person für die Befolgung der ihr gegenüber bestehenden Pflichten moralisch (weitgehend) irrelevant ist. Es kann daher m.E. tatsächlich nicht bestritten werden, daß durch gegenwärtige Handlungen zukünftigen Interessen geschadet wird. Dennoch bleibt selbst nach Hares Explikation der moralischen Irrelevanz gegenwärtiger Nicht-Aktualität der Einwand bestehen, daß auch am Beispiel der Pflichten gegenüber zukünftigen Generationen letztlich nicht verdeutlicht werden kann, warum es einen Schaden bedeutet, nicht zu existieren. Der Einwand besteht nämlich keineswegs in der Behauptung, die gegenwärtige Nicht-Aktualität sei moralisch relevant, sondern er besteht in der Behauptung, daß die zukünftige Nicht-Existenz des Interessensubjekts das Konzept von dessen Interessenberücksichtigung nivel-

---

[10] R.M. HARE, „Abtreibung und die Goldene Regel", S. 151.

[11] Ebd.

[12] Siehe H.-U. HOCHE, „Die Goldene Regel", bes. S. 366ff.

[13] R.M. HARE, „Abtreibung und die Goldene Regel", S. 153.

liert.[14] Dies läßt sich eindeutiger nachweisen, wenn man das Beispiel Hares auf die Abtreibungsproblematik wendet: Dem Verbrauch von Rohstoffen im Beispiel Hares würde es etwa entsprechen, wenn die Schwangere während ihrer Schwangerschaft raucht und damit Schädigungen verursacht, die etwa dem Gesundheitsinteresse der späteren Person schaden. Noch schlechter – um im Vokabular Hares zu verbleiben – wäre es, wenn die Schwangere nicht nur extensiv rauchte, sondern zusätzlich regelmäßig Alkohol tränke, weil sie damit Schäden verursachte, die nicht allein die Gesundheitsinteressen, sondern zusätzlich z.B. Unabhängigkeitsinteressen der aus dem Fötus später entstehenden Person verletzen würde. Wenn die Schwangere den Fötus aber abtriebe, würde sie die Interessen der späteren Person eben nicht verletzen, weil es gar kein Subjekt gäbe, das verletzbare Interessen hat. Im gleichen Sinne argumentiert auch Schöne-Seifert, wenn sie feststellt, daß

> das ‚Irgendwann-Existieren‘ eben *doch* eine moralisch relevante Eigenschaft für Subjekte wie Objekte moralischer Präskriptionen [ist]. Das folgt bereits aus den moralisch konstitutiven Begriffen des ‚Agenten‘ und des ‚Glücks‘ bzw. der ‚Präferenz‘. Und das widerspricht auch keineswegs der Forderung, daß universelle Vorschriften für hypothetische Fälle ebenso ‚Gültigkeit‘ haben müßten wie für aktuelle – Handlungsbedeutung erhalten sie jedenfalls erst unter der Bedingung der Realität ihrer Subjekte und Objekte.[15]

Auf einer ähnlichen Überlegung basiert auch das Resümee Hoersters: „Die *Verhinderung der Entstehung* eines Überlebensinteresses ist etwas ganz anderes als

---

[14] Vgl. H.-U. HOCHE, „Die Goldene Regel“. – Hoche ist, entgegen Hare, der Auffassung, daß der Anwendung der „Goldenen Regel“ faktisch nicht Wünsche zugrunde liegen, sondern eher „Vorstellungen von Rechten und Pflichten“ (S. 368). Grundsätzlich sieht es Hoche als eine Aufgabe der „Goldenen Regel“ an, „uns ein Verfahren oder ein Instrument an die Hand zu geben, mit dessen Hilfe wir in konkreten Fällen konkrete Pflichten erkennen können“ (ebd). Dies setzt seiner Ansicht nach zum einen eine – von Hare versäumte – Unterscheidung von Wünschen und Interessen voraus und zum anderen die tatsächliche – dabei durchaus auch zukünftige – Existenz des Interessensubjekts. Ausschlaggebend für das Gelingen der „Goldenen Regel“ ist darüber hinaus eine allgemeinere Formulierung der „Goldenen Regel“, durch die sie zu einem analytischen Satz – und nicht, wie Hare meint, allein zu einer formalen Basis moralischen Argumentierens – wird. Zwar ist es an dieser Stelle nicht möglich, die unterschiedlichen Konzeptionen der „Goldenen Regel“ von Hoche und von Hare genauer darzustellen. Es sollte jedoch berücksichtigt werden, daß sich die Kritik an Hares Ansatz nicht auf dessen spezifische Anwendung auf das Problem der Abtreibung beschränkt, sondern darüber hinaus auch die Grundlagen seines Ansatzes betrifft. (Siehe dazu auch H.-U. HOCHE, *Elemente einer Philosophie der Verpflichtung.*)

[15] B. SCHÖNE-SEIFERT, „Zum moralischen Status potentieller Personen“, S. 9.

die *Verletzung* eines – sei es gegenwärtig oder zukünftig – *existierenden* Überlebensinteresses."[16]

Da eben Hare – im Gegensatz zu Leists Unterstellung – keineswegs behauptet, das Leben habe bereits für den Fötus einen Wert, bleibt es letztlich unplausibel, warum Interessen, die durch die Tötung des Fötus gar nicht erst entstehen
können, durch die Tötungshandlung verletzt werden können. Das Argument
gegen Hare besteht somit meiner Ansicht nach nicht darin, daß er ungerechtfertigt dem fötalen Leben einen Wert für den Fötus unterstellt, sondern vielmehr darin, daß die Vorstellung, als Fötus abgetrieben worden zu sein, zur
Konsequenz hätte, daß es aktuell gar kein Subjekt gäbe, das über den Wert der
eigenen Existenz denken bzw. empfinden könnte.

Wenn man ungeachtet dieses Einwands gegen Hares Argumentation seinem
Ansatz folgt, ergibt sich zudem ein Problem hinsichtlich der in seiner Position
implizierten Hervorbringungspflichten: Indem mir nämlich das Frohsein über
die eigene Existenz bei der Anwendung der erweiterten „Goldenen Regel" nicht
nur die Pflicht auferlegt, andere, die aktuell froh über ihre Existenz sind, nicht
zu töten, sondern ich in Anbetracht denkbarer zukünftiger Frohseins-Gründe
auch verpflichtet bin, die Voraussetzungen der Existenz nicht zu vereiteln, ergibt sich eine Zeugungspflicht.

> Das eigentliche Argument ist dieses: wenn ich froh bin, geboren worden
> zu sein [...], beschränkt sich diese Einstellung nicht darauf, froh zu sein,
> daß man mich nicht abtrieb. Ich bin auch froh, daß meine Eltern über-
> haupt Geschlechtsverkehr hatten, ohne Verhütungsmittel zu benutzen.
> Aus meiner Freude hierüber gewinne ich also [...] nicht nur eine Pflicht,
> nicht abzutreiben, sondern auch eine Pflicht, mich nicht des Zeugens zu
> enthalten.[17]

Es ist an dieser Stelle vorauszuschicken, daß Hare die Zeugungspflicht durch
utilitaristische bevölkerungspolitische Erwägungen insoweit eingeschränkt sieht,
daß sie nicht in der Verpflichtung des einzelnen besteht, alle möglichen oder
möglichst viele potentielle Personen hervorzubringen.[18] Der Hinweis, daß die
Existenz einer Person nicht nur das Überleben des Fötus voraussetzt, sondern
(z.B.) auch die Zeugung – die Hare, da er im Kontext der Abtreibungsproblematik verbleibt, im Sinne von Geschlechtsverkehr ohne empfängnisverhütende
Mittel versteht –, dient ihm vielmehr zur Entkräftung einer These, die von
Michael Tooley vorgebracht wurde: Tooley ist der Meinung, daß, sofern man
das Potentialitätsprinzip anerkennt, die konservative Position zur Abtreibung

---

[16] N. Hoerster, *Abtreibung im säkularen Staat*, S. 100.
[17] R.M. Hare, „Abtreibung und die Goldene Regel", S. 143.
[18] Ebd., S. 150f.

unangreifbar wird.[19] Zu dieser These gelangt Tooley vor allem, weil er entsprechend der Potentialitätsargumentation, wie sie im vorangegangenen Kapitel erörtert wurde, den Beginn der potentiellen Person mit der Verschmelzung des elterlichen genetischen Materials identifiziert. Hare dagegen sieht als potentielle Personen auch solche an, die noch nicht wie „der Fötus bereits als einzelnes lebendes Wesen an einer bestimmten Stelle im Ganzen"[20] existieren. Infolge dieses Verständnisses von potentiellen Personen kann Hare gegen die These Tooleys zeigen, daß die im Potentialitätsprinzip begründete „konservative" Position insofern nicht unhintergehbar ist, als das Abtreibungsverbot bloß prima facie gilt und sich das darin enthaltene Existenz-Vorenthaltungs-Verbot eben nicht erst auf „bereits lebende Wesen" bezieht.

Hares Argumentation gegen Tooley greift m. E. nicht, weil Tooley den Wert potentiellen Seins von einem grundsätzlich anderen Ansatz aus entwickelt. Aus diesem Grunde und zusätzlich deshalb, weil Hare infolge seines Ansatzes der „Goldenen Regel" nach meiner Ansicht kein Potentialitätsargument im üblichen Sinne vertritt, ist es für die kritische Betrachtung der Position Hares nicht notwendig, die Kontroverse mit Tooley weitergehend zu diskutieren. Unerläßlich ist es dagegen, auf die Konsequenzen des Frohsein-Konzeptes in Verbindung mit dem sich daraus ergebenden Potentialitätsverständnis in der Position Hares zurückzukommen.

Nach Hares Position ergibt sich die Pflicht, potentiellen Personen ihre spätere aktuelle Existenz zu ermöglichen, nicht wegen der Personhaftigkeit selbst, sondern nur hinsichtlich der für die aktuelle Person erwartbaren Möglichkeiten des Frohseins an ihrer eigenen Existenz. (Die Personhaftigkeit selbst ist insofern als Bedingung der Möglichkeit des Frohseins zwar notwendige, keineswegs aber hinreichende Bedingung für die Geltung des Existenz-Vorenthaltungs-Verbotes.) Da es jedoch weder möglich noch wünschenswert ist, alle potentiellen Personen hervorzubringen, für die als aktuelle Personen ein Frohsein über die eigene Existenz zu erwarten ist, hält es Hare, wenn nicht für geboten, so doch für zulässig, die Existenz derjenigen potentiellen Person zu sichern, für die eine große Frohseins-Wahrscheinlichkeit zu erwarten ist, und gleichzeitig denjenigen die Existenz vorzuenthalten, deren Frohseins-Wahrscheinlichkeit geringer zu sein scheint. Es ist deshalb, wie Hare an einem Beispiel darlegt, zu befürworten, einen bereits gezeugten Fötus mit geringer Frohseins-Wahrscheinlichkeit abzutreiben, wenn dies die Voraussetzung dafür ist, daß ein anderer Fötus mit größeren Frohseins-Wahrscheinlichkeiten gezeugt wird. In Fällen jedoch, in denen die Frohseins-Wahrscheinlichkeiten einer bereits gezeugten potentiellen Person gleich denen einer noch nicht gezeugten potentiellen Person sind, sollte

---

[19] Siehe ebd., S. 142 f., und M. TOOLEY, „Abtreibung und Kindstötung", S. 177 ff.
[20] R. M. HARE, „Abtreibung und die Goldene Regel", S. 143.

eine Abtreibung nicht durchgeführt werden, weil die Wahrscheinlichkeit der Herbeiführung eines glücklichen Lebens nach der erfolgten Zeugung größer ist als vor der Zeugung.

> Es sind diese Unterschiede in der Wahrscheinlichkeit, ein Leben zu bekommen, und zwar ein glückliches, die erstens die generelle Regel rechtfertigen [...], daß Abtreibungen im allgemeinen vermieden werden sollten, und zweitens die Ausnahmen zu dieser Regel rechtfertigen [...].[21]

Zum Parameter der Entscheidung für oder gegen eine Abtreibung wird in Hares Konzeption das herbeigeführte Lebensglück in Verbindung mit der Wahrscheinlichkeit seiner Aktualisierung. Problematisch ist es allerdings, daß zum einen die Kriterien und Bedingungen des Lebensglücks und zum anderen die Wahrscheinlichkeitsabschätzungen im Ermessen der über die Handlung bzw. Unterlassung reflektierenden Person liegen. So wird beispielsweise deutlich, daß Hare der Ansicht ist, ein Mensch mit Behinderungen habe weniger Glücksaussichten als ein Mensch, der keine Behinderungen hat.[22] Hare erörtert nicht, wie er zu dieser Ansicht gelangt. Daß sie vehement infrage gestellt werden muß, bedarf angesichts der jahrelangen Bemühungen von Behindertenverbänden um Abschaffung von entsprechenden stigmatisierenden Strukturen wohl auch keiner weiteren Explikation.[23] Es wird an diesem von Hare vorgetragenen Beispiel allerdings deutlich, daß Frohseins-Kriterien letztlich unbeschränkt gefaßt werden können: Wer etwa der Ansicht ist, Frauen hätten (z. B. aufgrund spezifischer gesellschaftlicher Strukturen) prinzipiell weniger Glücksaussichten als Männer, hätte mit dieser Ansicht einen guten Grund, einen weiblichen Fötus abzutreiben, wenn die Zeugung eines männlichen Fötus erwartbar ist.

Welche Lebensbedingungen für die zukünftige Person ihr Frohsein an der eigenen Existenz erwarten lassen, obliegt damit nicht nur der subjektiven Beurteilung desjenigen, der über ihre Aktualisierungsmöglichkeiten entscheidet, sondern ist zudem – dies ist m. E. bedeutsamer – abhängig von strukturellen gesellschaftlichen Bedingungen, die damit konserviert werden. Jeder gesellschaftliche Umstand, der Frohseins-Möglichkeiten einer Person, die in dieser Gesellschaft lebt, in Frage stellt oder sogar erwarten läßt, daß die Person unglücklich über ihre Existenz ist, wird nicht zum Gegenstand für Veränderungen, sondern zum Grund dafür, der potentiellen Person ihre Aktualisierung vorzuenthalten.

Wenn Hare für sein Potentialitätsprinzip (gegen Tooleys These) feststellt, daß es „nur eine zurückweisbare oder widerlegbare generelle Ablehnung von Abtreibung – und zwar eine ziemlich leicht zurückweisbare, wenn gute Gründe

---

[21] Ebd., S. 145.
[22] Siehe Hares Beispiel zur „Ersetzbarkeit" potentieller Personen. Ebd., S. 145f.
[23] Siehe auch D. Birnbacher, „Das Tötungsverbot", S. 44f.

vorliegen",[24] liefert, dann ist dies m. E. eine zu kurz greifende Einschätzung der
Konsequenzen seiner Position: Indem es nach der Position Hares gefordert ist,
sich in die Lage der potentiellen Person zu versetzen und über deren Frohseins-
Aussichten zu urteilen, besteht für den Fall, daß die Bilanz positiv ausfällt, zwar
eine – „ziemlich leicht zurückweisbare" – Pflicht, dieser Person ihre Aktualisierung nicht vorzuenthalten. Es besteht damit aber andererseits auch die Pflicht,
die Aktualisierung einer Person zu verhindern, wenn die Bilanz negativ ausfällt:
Sobald ich nämlich im Prozeß des Mich-hinein-Versetzens zu dem Ergebnis
komme, daß ich froh wäre, wenn meine Mutter mich unter entsprechenden
Bedingungen nicht gezeugt oder abgetrieben hätte, bin ich ceteris paribus aufgefordert, gleiches gegenüber der potentiellen Person zu tun.[25] Ob Hare der
Ansicht ist, diese Aufforderung sei genauso leicht zurückzuweisen wie die Aufforderung, glückliche Existenzen nicht vorzuenthalten, bleibt dahingestellt.
Meiner Ansicht nach ist sie es nicht: Da nämlich – Hares Argumentation fol-
gend – jede vorenthaltene glückliche Existenz einer potentiellen Person mit der
Herbeiführung einer glücklichen Existenz einer anderen potentiellen Person
prinzipiell kompensierbar ist, kann die Aufforderung zur Existenzerhaltung
leicht zurückgewiesen werden, denn die Frohseins-Bilanz bleibt letztlich gleich.
Die Kompensierbarkeit liegt dabei darin begründet, daß es – wie oben erörtert –
nicht möglich ist, die Existenz aller potentiellen Personen herbeizuführen, die
gute Frohseins-Aussichten haben. Im Falle der Aufforderung zur Existenzver-
hinderung ist eine solche Kompensation unmöglich, da – anders als bei der Aufforderung zur Existenzherbeiführung – prinzipiell alle Existenzen verhindert
werden können, die keine Aussicht haben, über ihre Existenz froh zu sein, und
es damit nicht zum Bilanzausgleich kommen kann. Die Position Hares begründet insofern eher ein Gebot zur Abtreibung als ein Verbot.

Die Problematik von Hares Position liegt – um das Gesagte zusammenzu-
fassen – meiner Ansicht nach in drei Aspekten: Erstens darin, daß nicht plausibel begründet wurde, inwieweit das Vorenthalten einer glücklichen Existenz
einen Schaden *für* die glückliche Existenz bedeutet (und nicht etwa für die
Glückssumme in einer spezifischen Gesellschaft); zweitens in dem Aspekt, daß
die Frohseins-Kriterien nur extrem subjektiv und nicht unabhängig von gesellschaftlichen Umständen formulierbar sind. Drittens ist schließlich problematisch, daß Hares Position eher in einem Gebot zur Abtreibung mündet als in der

---

[24] R. M. HARE, „Abtreibung und die Goldene Regel", S. 145.

[25] Siehe dazu auch D. PARFIT, „Rechte, Interessen und mögliche Menschen". – In Ansehung dieser Konsequenzen der Position Hares entwickelt Parfit in Ergänzung zur Anwendung der „Goldenen Regel" ein personenbezogenes Moralprinzip, in dessen Konsequenz
eine auf Frohseins-Aussichten beruhende Kompensation einer hervorgebrachten Existenz
mit einer anderen nicht möglich ist.

Begründung ihres Verbots bzw. in der eindeutigen Explikation von dessen Ausnahmen.

Schon aufgrund dieser Aspekte weist der Ansatz Hares wenig Problemlösungskompetenz im Kontext der Abtreibung auf. Es ist jedoch angesichts der Fragestellung der vorliegenden Arbeit, die nicht nur auf den Kontext der Abtreibung, sondern auch auf den der Embryonenforschung, der IVF und der Nutzung fötaler Organe und Gewebe bezogen ist, von Interesse zu überprüfen, welche Implikationen sich für diese Handlungskontexte aus dem Ansatz von Hare ergeben. Obwohl Hare selbst sich ausschließlich auf den Kontext der Abtreibung bezieht, sind seine Überlegungen durchaus auch auf andere Kontexte übertragbar. Wesentlich für die Übertragung auf andere Kontexte ist die Unterscheidung von potentiellen Personen *mit* Frohseins-Aussichten und potentiellen Personen *ohne* Frohseins-Aussichten. Da für letztere ein Gebot – oder zumindest kein Verbot – besteht, ihre Aktualisierung zu verhindern, wäre gegen ihre Erzeugung bzw. Nutzung für verbrauchende Forschung sowie zur Entnahme ihrer Organe nichts einzuwenden. Im Gegenteil kann man unter Anwendung der „Goldenen Regel" sogar der Auffassung sein, daß ein Gebot besteht, sie entsprechend zu nutzen: dies nämlich dann, wenn von den Nutzungs- und Forschungsergebnissen zu erwarten ist, daß sie die Frohseins-Aussichten anderer potentieller und aktueller Personen erhöhen.

Bei potentiellen Personen mit Frohseins-Aussichten, für die nach dem Ansatz Hares prinzipiell eine Hervorbringungsaufforderung gilt, ergeben sich je nach Kontext unterschiedliche Konsequenzen: Im Rahmen der IVF wäre es prinzipiell geboten, möglichst viele Embryonen zu zeugen und gleichzeitig, etwa mit Hilfe ihrer Kryokonservierung und späterer Übertragung in natürliche oder künstliche Uteri, ihre Aktualisierung als Person zu ermöglichen. Beschränkt wäre dieses Gebot nur durch zwei Überlegungen: entweder durch die Überlegung, daß man selbst nicht froh über seine Existenz wäre, wenn sie durch diese technischen Maßnahmen hervorgebracht worden wäre; oder durch die Überlegung, daß diese Form der Hervorbringung – in Parallele zu Hares Begründung gegen ein Zeugungsgebot mit dem durch die wachsende Bevölkerungsdichte verursachten Gesamtschaden – letztlich einen Gesamtschaden verursacht, der das mit den aktualisierten Personen hervorgebrachte Gut neutralisiert.[26]

Die Tötung von Föten zum Zwecke der Nutzung ihrer Gewebe und Organe muß innerhalb des Ansatzes von Hare zunächst als moralisch ungerechtfertigt angesehen werden, da damit einer potentiellen Person mit Frohseins-Aussichten ihre Existenz vorenthalten würde. Auf den zweiten Blick stellt sich jedoch die Frage, ob nicht in diesem Zusammenhang die Wahrscheinlichkeitsüberlegun-

---

[26] Vgl. R.M. HARE, „Abtreibung und die Goldene Regel", S. 150.

gen²⁷ Hares relevant werden: Geht man nämlich davon aus, daß die Nutzung
bzw. Transplantation fötaler Gewebe oder Organe der Existenzerhaltung einer
aktuellen Person dient, die bereits über ihr Leben froh ist, dann sind möglicherweise die Wahrscheinlichkeiten, daß der Fötus sich zu einer aktuellen frohen
Person entwickelt, vergleichsweise geringer und es ist damit der Nutzung seiner
Organe bzw. Gewebe der Vorzug zu geben.

Ähnliche Konsequenzen zeichnen sich auch für den Kontext der verbrauchenden Embryonenforschung ab: Auch hier gelten zwar prinzipiell die Hervorbringungsaufforderung und damit die moralische Mißbilligung der Tötung
des Embryos, aber die aus dem Ansatz Hares folgende „Ersetzbarkeit" potentieller Personen rechtfertigt die verbrauchende Forschung an Embryonen und
gebietet sie sogar, wenn dadurch die Frohseins-Aussichten anderer potentieller
und aktueller Personen gesteigert werden können.

Abschließend bleibt festzustellen, daß der Ansatz Hares durchaus Orientierungshilfe bei Handlungsentscheidungen in den genannten Kontexten zu bieten
scheint. Allerdings ist diese Orientierungshilfe schon insofern unbefriedigend,
als sie sich durch die je nur subjektive Auswahl an Frohseins-Kriterien nicht
generalisieren läßt. Man kann zwar der Ansicht sein, daß es keinen Nachteil,
sondern im Gegenteil einen Vorteil bedeutet, wenn Abtreibungsentscheidungen
unter Einhaltung formaler Regeln entsprechend subjektiver Moralität gefällt
werden. Orientierungshilfe wäre dabei nicht durch eine allgemeingültige inhaltliche Beantwortung der Statusfrage gegeben, sondern durch die Bereitstellung
einer allgemeingültigen und auf die jeweilige Situation, in der sich die Statusfrage stellt, anwendbaren Regel. Gerade dies leistet jedoch die „Goldene Regel"
im Ansatz Hares auch nicht. Indem nämlich Hare von der konsequenten Subjektivität der Frohseins-Kriterien dadurch abweicht – und zwar ironischerweise
deshalb, um seinen Ansatz im Hinblick auf alle künftigen Personen mit Frohseins-Aussichten zu generalisieren –, daß er „diejenigen, die nicht froh sind, daß
sie geboren wurden", auffordert, sich vorzustellen, „daß sie, wenn sie froh
wären, geboren worden zu sein",²⁸ sich wünschten, nicht abgetrieben worden
zu sein, ist das reflektierende Subjekt zu einer Objektivierung der Frohseins-
Kriterien gezwungen. Diese kann aber gerade deshalb nicht vollzogen werden,
weil sie entweder 1. auf die Nivellierung der Frohseins-Klausel hinausliefe oder
2. jeweils entgegengesetzte Entscheidungen zuließe. Im ersten Fall müßte –
jenseits subjektiver Frohseins-Kriterien und durchaus im Sinne Hares – für jede
potentielle Person angenommen werden, daß sie Frohseins-Aussichten hat. Die
Frohseins-Aussichten gehörten somit gleichsam zum Begriff der potentiellen
Person und könnten als relevantes Kriterium für die Vergleichbarkeit der Fälle

---

²⁷ Vgl. ebd., S. 144f.
²⁸ Ebd., S. 139.

– nämlich der jetzt aktuellen Person und der später aktuellen Person – nicht länger gelten. Damit bliebe als Kriterium relevanter Gleichheit die aktuelle Existenz als solche. Das Frohsein an der eigenen Existenz der jetzt aktuellen Person ist damit bloßes Motivations-Konstrukt für die Anwendung der „Goldenen Regel", nicht aber Differenzierungs- oder besser Selektionsaspekt für die Hervorbringung potentieller Personen.

Hare selbst deutet allerdings durch seine Differenzierung von Frohseins-Aussichten in bezug auf Behinderte den zweiten Fall an, der darauf hinausläuft, daß jeweils konträre Entscheidungen moralisch rechtfertigbar sind. Indem er nämlich seine – sehr subjektive – Ansicht darüber, daß Behinderte weniger Aussicht auf ein Frohsein an der eigenen Existenz haben, als Beispiel dafür benutzt, daß die Wahrscheinlichkeit einer frohen Existenz für die Hervorbringungspflichten eine Rolle spielt, kann das Frohsein nicht mehr als im Begriff der potentiellen Person enthalten verstanden werden. Damit wird es aber Gegenstand der Einschätzung seitens des Akteurs, der andererseits verpflichtet ist, auch die Frohseins-Bedingungen anderer aktueller Personen mit zu berücksichtigen. Da anzunehmen ist, daß hinsichtlich der betrachteten Bedingungen jeweils aktuelle Personen gefunden werden können, die trotz oder wegen der Bedingungen über ihre Existenz froh sind, wie auch solche, die trotz oder wegen der Bedingungen nicht froh über ihre Existenz sind, kann der Akteur bzw. die Akteurin letztlich beliebig entscheiden, ob gegenüber der konkreten potentiellen Person eine Hervorbringungspflicht besteht oder nicht.

Die Position von Hare liefert damit weder eine inhaltliche Definition des moralischen Status ungeborenen menschlichen Lebens noch stellt sie ein allgemeingültiges Instrumentarium bereit, mit dessen Hilfe eindeutige moralische Entscheidungen im Einzelfall getroffen werden könnten.

4.3 Wann schadet man einem Menschen durch seine Tötung? – Die Position Peter Singers

Die Erörterung der Position Hares zur Abtreibung verdeutlichte, daß bestimmte ethische Theorien darauf hinaus laufen können, es – unter spezifischen Voraussetzungen – nicht nur zu erlauben, sondern sogar zu gebieten, menschliches Leben zu töten. Zumindest vor dem Hintergrund einer christlich oder humanistisch geprägten Kulturgeschichte fällt es schwer, einem solchen Gebot sachlich zu begegnen. Das Verbot der Tötung eines Menschen erscheint so selbstverständlich, daß seine Infragestellung nicht nur schockierend wirkt, sondern von vielen auch als moralisch unzulässige, weil auf die „schiefe Bahn" führende Enttabuisierung bezeichnet wird. Positionen, die explizit von der Frage ausgehen, warum es denn eigentlich moralisch verwerflich ist, menschliches Leben zu töten, stehen damit von vornherein, d. h., schon bevor man sich inhaltlich umfassend mit ihnen beschäftigt hat, unter dem Verdacht eines moralischen Vergehens und werden mit besonderer Skepsis beurteilt. Die Position Peter Singers bzw. die besonders hierzulande virulent gewordenen Reaktionen darauf liefern dafür ein gutes Beispiel. Für die Statusfrage bedeutet dies, daß es (zumindest intuitiv) einen Unterschied in der Moralität der Fragestellung, ob ungeborenes menschliches Leben moralisch in gleicher Weise zu berücksichtigen ist wie geborenes bzw. erwachsenes menschliches Leben, und der Moralität der Fragestellung, warum bzw. wann es verwerflich ist, menschliches Leben zu töten, zu geben scheint. Daß eine Diskussion über den Geltungsbereich des Tötungsverbotes zu seiner Enttabuisierung führen und Dammbruchgefahren mit sich bringen kann, ist m. E. nicht völlig von der Hand zu weisen. Allerdings liegen diese Gefahren meiner Ansicht nach weniger in der spezifischen Fragestellung, mit der nach Antworten auf die Statusfrage gesucht wird, als in den Motivationen und Bedingungen der Statusfrage selbst. An anderer Stelle dieser Arbeit[29] wird darauf noch explizit eingegangen werden.

Bei der Frage anzusetzen, warum bzw. in bezug auf welche Lebewesen eine Tötung verwerflich ist, ist schon wegen der Handlungskontexte, in denen sich die Statusfrage konkret stellt, m. E. nicht nur naheliegend, sondern scheint – weil diese Frage zunächst unabhängig von Einordnungen ungeborenen menschlichen Lebens gestellt wird – für die Beantwortung der Statusfrage auch vielversprechend zu sein. Möglicherweise kann nämlich so, losgelöst von den innerhalb der Statusdiskussion problematischen Konzeptionen von Mensch- bzw. Personsein, geklärt werden, ob Embryonen und Föten in den genannten Handlungskontexten getötet werden dürfen.

Gleiche Interessenerwägung:
Wenn nun im folgenden am Beispiel der Position Peter Singers erörtert wird, in welcher Hinsicht es falsch ist, ein Lebewesen zu töten, dann stellt sich zunächst die Frage, an welchen Kriterien er die Entscheidung über die Verwerflichkeit des Tötens überhaupt orientiert: Ein solches Kriterium ist im Ansatz Singers das utilitaristische Prinzip der gleichen Interessenerwägung. Dieses Prinzip stellt nach seiner Ansicht eine ethische Minimalforderung dar, die dem Ziel dient, durch eine Handlung nicht nur die besten Konsequenzen für das *eigene* Interesse, sondern im Interesse *aller* Betroffenen zu erreichen. „Beste Konsequenzen" entsprechen dabei – explizit im Unterschied zu den Lust/Unlust-Erwägungen des klassischen Utilitarismus[30] – einem per-saldo-Kalkül von Interessenerfüllung und Interessenenttäuschung.

---

[29] Siehe Kapitel 6.2.
[30] Siehe P. SINGER, *Praktische Ethik (1984)*, S. 24.

> Wenn X und Y von einer möglichen Handlung betroffen wären und X
> dabei mehr zu verlieren als Y zu gewinnen hätte, ist es besser, die Hand-
> lung nicht zu tun.[31]

Eine Voraussetzung für die damit notwendig werdende Interessenerwägung ist
es, die Interessen der von einer Handlung Betroffenen nicht nur zu kennen,
sondern sie auch gleichwertig zu behandeln. Dies bedeutet vor allem, ungeachtet
jeglicher anderer Aspekte (wie z.B. soziale Stellung, Rasse, Nationalität etc.) das
bloße Interesse in das Kalkül einzubeziehen.

> Das Prinzip der gleichen Interessenerwägung verbietet es, unsere Bereit-
> schaft, die Interessen anderer Personen zu erwägen, von ihren Fähig-
> keiten oder anderen Merkmalen abhängig zu machen, außer dem einen:
> daß sie Interessen haben.[32]

Das Prinzip der gleichen Interessenerwägung geht somit über Gattungsgrenzen
hinaus. Da allein das *Interesse* eines Lebewesens und keine sonstigen Eigenschaften für die moralische Bewertung einer Handlung ausschlaggebend sein
sollen, wäre dem Ansatz Singers zufolge eine Beschränkung auf die Berücksichtigung der Interessen von Mitgliedern bestimmter Gattungen ebenso verwerflich
wie die Beschränkung auf die Interessen bestimmter Rassen.

Hieraus ergibt sich der ‚Speziezismusvorwurf‘ Singers, der diejenigen Positionen betrifft, die nur Mitgliedern der Gattung Mensch ein Recht auf Leben
zugestehen, ohne dies begründet auf moralisch relevante Eigenschaften zu beziehen, die alle Menschen und nur Menschen haben können. Die Aufforderung
zur moralischen Berücksichtigung von Interessen darf dementsprechend im
folgenden nicht mehr bloß auf Mitglieder der menschlichen Gattung begrenzt
gedacht werden, sondern muß prinzipiell auch für andere Tiere bzw. Lebewesen
Geltung haben, sofern sie die Eigenschaften aufweisen, die eine moralische Berücksichtigung verlangen.[33]

Bedingungen der Möglichkeit von Überlebensinteressen:
Die Aufforderung zur moralischen Berücksichtigung von Interessen ist gebunden an die Möglichkeit des Vorhandenseins von Interessen. Die Möglichkeit,
Interessen zu haben, setzt Singer – im Sinne des klassischen Utilitarismus Bent-
hams – mit der Empfindungs*fähigkeit*, d.h. mit der Fähigkeit, Leid, Freude oder
Glück zu erfahren, gleich. Moralische Berücksichtigung gebührt daher solchen
und nur solchen Wesen, die empfindungsfähig sind.

---

[31] Ebd., S. 32.

[32] Ebd., S. 34.

[33] In gleicher Weise argumentiert beispielsweise auch Hoerster, allerdings ohne die
gattungsübergreifende Interessenberücksichtigung aus dem Utilitarismus abzuleiten. N.
Hoerster, *Abtreibung im säkularen Staat*, S. 55 ff.

Ist ein Wesen nicht leidensfähig oder nicht fähig, Freude oder Glück zu
erfahren, dann gibt es nichts zu berücksichtigen. Deshalb ist die Grenze
der Empfindungsfähigkeit [sentience] [...] die einzig vertretbare Grenze
für die Rücksichtnahme auf die Interessen anderer. Diese Grenze durch
irgendwelche anderen Merkmale wie Intelligenz oder Rationalität festsetzen, hieße, sie auf willkürliche Weise festsetzen.[34]

Konsequenz dieser Voraussetzung ist, daß die Interessen menschlicher Föten,
aber auch die Interessen nicht-menschlicher Lebewesen, sobald und sofern sie
empfindungsfähig im beschriebenen Sinne sind, dann aber immer moralische
Berücksichtigung finden.

Von dieser Prämisse ausgehend, fragt Singer nach der Verwerflichkeit des
Tötens. Die konkrete Frage, die sich ihm stellt, ist die, ob die Tötung eines empfindungsfähigen Lebewesens grundsätzlich im Gegensatz zu dessen Interessen
steht oder ob die Tötung eines Wesens nur dann verwerflich ist, wenn das
betreffende Wesen ein konkretes Interesse daran hat, nicht getötet zu werden.
Eine Tötung ist nun nach Ansicht Singers nur insofern verwerflich, als sie die
Existenz-Präferenz des Wesens enttäuscht, dessen Tötung erwogen wird: Wenn
ein bestimmtes Interesse nicht vorliegt, kann es auch nicht enttäuscht werden,
und wenn durch eine Handlung keine Interessen enttäuscht werden, dann ist sie
auch nicht verwerflich. Folglich ist für Singer das Töten dann nicht verwerflich,
wenn der zu Tötende kein Interesse bzw. keine Präferenz an fortgesetzter Existenz hat.[35]

Allerdings ist nach Singers Ansicht Empfindungsfähigkeit zwar eine notwendige, aber keine hinreichende Bedingung der Möglichkeit, ein Interesse an der
Existenz zu haben. Erforderlich sind hierfür vielmehr zusätzliche Fähigkeiten,
nämlich die, neben der *Empfindungsfähigkeit* ein *Bewußtsein* von sich selbst
und *Zeitgefühl* zu haben. Die Voraussetzung gerade dieser zusätzlichen Fähigkeiten beruht – obwohl Singer explizit auf den in gleicher Weise definierten
Person-Begriff Lockes hinweist – allerdings keineswegs auf der bloßen Bevor-
zugung eines bestimmten Person-Begriffs gegenüber anderen, sondern sie ist in
einer durchaus plausiblen Überlegung begründet: Nach Singers Auffassung ist
es nicht notwendig, daß dem *Überlebensinteresse* als solchem Ausdruck verliehen wird; es ist vielmehr auch hinreichend, wenn ein Wesen Wünsche hat.[36]

---

[34] P. Singer, *Praktische Ethik (1984)*, S. 73.

[35] Das Interesse an der Existenz eines Wesens kann dabei entweder durch andere oder/und
das Wesen selbst formuliert werden. Der Schaden, der bei Vorliegen eines solchen Interesses
durch Tötung entsteht, bezieht sich entsprechend entweder auf Außenstehende oder auf das
zu tötende Wesen oder auf beide. (Siehe P. Singer, *Praktische Ethik (1984)*, S. 181ff.)

[36] Es ist damit keineswegs impliziert, daß Wünsche und Interessen das gleiche sind. Dies
wird im weiteren Textverlauf deutlich. Darüber hinaus ist aber auch keineswegs anzunehmen, daß sich Wünsche inhaltlich regelmäßig als Repräsentanten eines spezifischen Inter-

Diesem Gedanken folgt auch Hoerster, wenn er darstellt, daß sich *„jeder Wunsch eines Wesens* nach einem eigenen Erlebnis oder einer eigenen Erfahrung" dadurch auszeichnet, „daß das eigene Überleben für die Verwirklichung dieses Wunsches (im Fall realistischer Wünsche) geeignete Bedingung ist. [...] Jedes Wesen, das überhaupt Wünsche hat, hat somit auch ein gewisses Überlebensinteresse".[37] Die notwendigen und hinreichenden Bedingungen für die Möglichkeit eines Wunsches bestehen indes darin, ein Bewußtsein von sich selbst sowie Zeitbewußtsein zu haben. Diese beiden Fähigkeiten, verbunden mit der Empfindungsfähigkeit als hinreichendem Grund für moralische Berücksichtigung, konstituieren eine Person im Sinne Lockes.[38]

Während für Hoerster das Tötungsverbot im individuellen Überlebensinteresse hinreichend begründet ist,[39] stellt sich in bezug auf die Position Singers allerdings die Frage, woraus sich im Zusammenhang mit seiner utilitaristischen Grundposition die moralische Bedeutung des in Wünschen sich konstituierenden Überlebensinteresses ergibt. Singer selbst erörtert, daß man auf der Grundlage des klassischen Utilitarismus der Ansicht sein kann, daß es zwar durchaus die Wünsche eines Wesens durchkreuzt, wenn es getötet wird, daß dies aber letztlich moralisch weniger verwerflich ist, als die Wünsche eines Wesens zu durchkreuzen, das weiterleben wird, weil die Durchkreuzung von Wünschen logischerweise nur im letzten Fall zu negativen Bewußtseinszuständen führen kann und nur dadurch eine Handlung als moralisch verwerflich gekennzeichnet ist.[40] Dieser Position hält Singer die moralische Beurteilung von Handlungen

---

esses erwiesen. (Auf die Differenzen zwischen Wünschen und Interessen verweist explizitermaßen Hoche in seinem „Bochumer Gastwirts-Modell". (H.-U. HOCHE, „Die Goldene Regel", S. 362ff.)) Inwieweit diese Unterscheidung von Interessen und Wünschen auf die Position Singers Einfluß nimmt, wird an anderer Stelle noch zu erörtern sein. An dieser Stelle ist jedoch allein die *Fähigkeit* zu wünschen relevant und nicht etwa die konkrete inhaltliche Fassung eines Wunsches (etwa nach fortgesetzter Existenz).

[37] N. HOERSTER, *Abtreibung im säkularen Staat*, S. 73.

[38] Siehe J. LOCKE, *An Essay Concerning Human Understanding*, II. § 27 (bes. § 27.9).

[39] Im Unterschied zu Singer begründet Hoerster die moralische Bedeutung der Fähigkeit, Wünsche zu haben, in bezug auf das Tötungsverbot nicht utilitaristisch. Seiner Ansicht nach ist das generelle, auf Individuen gerichtete Tötungsverbot schon dadurch hinreichend begründet, daß jede Person – im Sinne Hoersters als Wesen mit Überlebensinteresse verstanden – ein Überlebensinteresse und damit verbunden ein Interesse an einem generell geltenden Tötungsverbot (das damit intersubjektiv begründet ist) hat. „Die sogenannte ‚Unverfügbarkeit' des menschlichen Lebens ist so gesehen kein dem Menschengeschlecht absolut vorgegebener Wert, sondern eine im Interesse menschlicher Individuen existierende soziale Einrichtung." (N. HOERSTER, *Abtreibung im säkularen Staat*, S. 20f.)

[40] Diese Argumentation ist nicht die gleiche, mit der Kritik an der Position von Hare geübt wurde. Wenn an der Position Hares kritisiert wurde, daß er nicht plausibel zu begründen vermag, weshalb man einer *potentiellen* Person durch die Vorenthaltung ihrer Existenz einen Schaden zufügen kann, dann bezog sich diese Kritik explizit darauf, daß aktuell keine

durch eine „andere Version des Utilitarismus", nämlich den Präferenz-Utilitarismus, entgegen.

> Nach dem Präferenz-Utilitarismus ist eine Handlung, die der Präferenz
> irgendeines Wesens entgegensteht, ohne daß diese Präferenz durch ent-
> gegengesetzte Präferenzen ausgeglichen wird, falsch. Eine Person zu
> töten, die es vorzieht, weiterzuleben, ist daher falsch, die übrigen Um-
> stände als gleichbleibend vorausgesetzt. Daß die Opfer nach der Er-
> mordung nicht mehr da sind, um sich darüber zu beklagen, daß ihre
> Präferenzen nicht beachtet worden sind, ist unerheblich.[41]

Während es schon zu einem Standardargument (besonders) gegen den klassischen Utilitarismus avanciert ist, daß er ein Tötungsverbot letztlich nicht mit
Bezug auf den zu Tötenden begründen kann,[42] scheint sich die präferenzutilitaristische Begründung des Tötungsverbots dieser Kritik somit gerade zu
entziehen. Allerdings wird der präferenzutilitaristische Ansatz Singers von
Birnbacher dahingehend kritisiert, daß er bereits auf der Theorieebene, d.h. *an
Stelle* des klassischen Utilitarismus, vertreten und nicht erst als ein Sekundär-
prinzip auf der mittleren Abstraktionsebene des klassischen Utilitarismus ein-
geführt wird.[43] Der Nachteil in der von Singer vertretenen Variante des Utilitarismus besteht nach Birnbachers Ansicht in der Schwierigkeit, „daß zukunftsbezogene oder auf andere Personen gerichtete Präferenzen in erheblichem Maße
kognitiv und emotional verzerrt, irrational und selbstschädigend sein können, so
daß die Befriedigung solcher Präferenzen dem jeweiligen Subjekt keineswegs
immer zu wünschen ist."[44]
Ein Beispiel kann Birnbachers Einwand verdeutlichen: Wenn eine Person –
etwa wegen als unerträglich empfundenen Liebeskummers – die Präferenz äu-
ßerte, zu sterben, so wäre derjenige, der dem Präferenzutilitarismus Singers
folgt, moralisch aufgefordert, keine Handlung zu unternehmen, die den Präferenzen der an Liebeskummer leidenden Person widerspricht. Der Präferenz-
utilitarist wäre somit beispielsweise aufgefordert, einen Selbstmord (sofern dieser nicht den Präferenzen anderer erheblich widerspricht) *nicht* zu verhindern,
obwohl er gute Gründe für die Annahme hätte, daß die Person ihren derzeitigen

---

Präferenzen, Interessen oder Wünsche vorliegen, weil es eben (noch) kein Wesen gibt, das
deren Träger wäre.

[41] P. SINGER, *Praktische Ethik (1984)*, S. 112.

[42] Siehe dazu D. BIRNBACHER, „Das Tötungsverbot", S. 34. – Birnbacher wirft Singer vor,
„eine Art ‚Theorienopportunismus' zu praktizieren", der darin besteht, zwischen Glücks-
und Präferenzutilitarismus willkürlich zu wechseln. (Vgl. auch P. SINGER, *Praktische Ethik
(1984)*, S. 141f.)

[43] D. BIRNBACHER, „Das Tötungsverbot", S. 33.

[44] Ebd.

Liebeskummer nach einiger Zeit überwinden würde und dann auch wieder die Präferenz hätte, weiterzuleben.

> Um diesen Schwierigkeiten zu entgehen, muß sich der Präferenz-Utilitarismus statt auf die faktisch geäußerten oder im Verhalten manifestierten Präferenzen auf ein idealisierendes Konstrukt beziehen: die ‚hypothetischen Präferenzen‘ unter kontrafaktischen Bedingungen höchstmöglicher Rationalität [...], womöglich mit dem zusätzlichen Ausschluß antisozialer [...] bzw. aller ‚externer‘, auf andere gerichteter Präferenzen [...].[45]

Die Schwierigkeiten, die damit verbunden sind, die hypothetischen Interessen bzw. Präferenzen eines Wesens zu eruieren, wurden bereits im Zusammenhang mit der Darstellung der Position Hares[46] dargelegt, so daß man Birnbachers Skepsis gegenüber der Praktikabilität des präferenzutilitaristischen Ansatzes m. E. folgen muß.

Trotz der Vorbehalte, die schon aufgrund dieser Schwierigkeiten dem Präferenz-Utilitarismus entgegengebracht werden müssen, kann man m. E. allerdings die durch Singer vorgenommene Kennzeichnung bewußter, interessensfähiger Wesen als Wesen, die zu Selbst- und Zeitbewußtsein fähig sind, zunächst annehmen, da sie sich – wie das o. g. Beispiel Hoersters zeigt – unabhängig von einem spezifisch präferenzutilitaristischen Ansatz als moralisch relevant erweisen kann.

Konsequenzen der Begründung des Tötungsverbots in Überlebensinteressen:
Die Konsequenzen der Begründung des Tötungsverbots in den Überlebensinteressen (bzw. den Wünschen, durch die sie sich konstituieren) erfordern eine Revision gängiger Vorstellungen vom Geltungsbereich des Tötungsverbots. Nicht nur der moralische Status ungeborenen menschlichen Lebens, sondern auch der bisher als unstrittig angesehene Status *geborenen* menschlichen Lebens ist von dieser Begründung betroffen. Dies wird bei Singer explizit deutlich, wenn er die folgende These vertritt:

> Ein Wesen, das sich solchermaßen selbst bewußt ist, ist fähig, Wünsche hinsichtlich seiner eigenen Zukunft zu haben. [...] Nimmt man einem dieser Menschen ohne seine Zustimmung das Leben, so durchkreuzt man damit seine Wünsche für die Zukunft. Tötet man eine Schnecke oder ein einen Tag altes Kind, so durchkreuzt man keine Wünsche dieser Art, weil Schnecken und Neugeborene unfähig sind, solche Wünsche zu haben.[47]

---

[45] Ebd.
[46] Siehe Kapitel 4.2.
[47] P. Singer, *Praktische Ethik (1984)*, S. 109.

Daraus folgt im Ansatz Singers für die Statusfrage, daß vorgeburtliches menschliches Leben zwar moralische Berücksichtigung finden soll, sobald es empfindungsfähig ist, daß aber andererseits für Lebensstadien (und zwar auch für nach-
geburtliche), in denen kein Lebenswunsch vorliegen *kann*, kein Tötungsverbot
gilt. Ein Tötungsverbot gilt dem Ansatz von Singer entsprechend erst und nur
dann, wenn ein Wesen Selbstbewußtsein und Rationalität zeigt, weil erst dann
die notwendige und hinreichende Bedingung für die Möglichkeit einer Präferenz an bzw. eines Wunsches nach der eigenen Weiterexistenz gegeben ist.

Aus der Position Singers ergibt sich somit ein Stufenmodell[48] hinsichtlich
der moralischen Berücksichtigung von lebenden Organismen: Die erste Stufe
betrifft Lebewesen, die nicht empfindungsfähig sind (dazu zählt Singer z.B.
Pflanzen, niedere Tiere und Embryonen). Sie bedürfen prinzipiell keiner moralischen Berücksichtigung, da, weil sie nicht fühlen können, keinerlei ‚Innenperspektive‘ möglich ist und ihnen deshalb kein Schaden zugefügt werden kann.
Lebewesen der zweiten Stufe, die empfindungsfähig sind (z.B. Mäuse, Schweine
und menschliche Föten im dritten Schwangerschaftsmonat), bedürfen moralischer Berücksichtigung, aber nur hinsichtlich ihrer Empfindungen, wie z.B. der
Schmerzempfindung. Lebewesen der dritten Stufe schließlich, die nicht nur
empfindungsfähig, sondern auch selbstbewußt und rational sind (dazu zählt
Singer z.B. erwachsene Menschen und Gorillas),[49] müssen hinsichtlich aller
Interessen, Präferenzen und Wünsche, die sie haben, moralisch berücksichtigt
werden. Da sie ein Interesse an ihrer eigenen Weiterexistenz haben können, gilt
für sie das Tötungsverbot, das die Durchkreuzung ihres Lebensinteresses verhindert.

Problematik der Wahrnehmung von Selbst- und Zeitbewußtsein eines anderen:
Selbst wenn man bereit sein sollte, dem Ansatz Singers bis hierher zu folgen,
stellt sich nun die Frage, wie sich denn eigentlich feststellen läßt, ob bzw. zu
welchem Zeitpunkt ein empfindungsfähiges menschliches Wesen auch selbstbewußt und rational ist. Singer selbst kann diese – m.E. außerordentlich wichtige und je nach Kontext sogar lebensentscheidende – Frage nicht zufrieden-
stellend, d.h. durch Benennung präziser Kriterien, beantworten:

> Es ist natürlich schwer zu sagen, in welchem Alter ein Kind sich selbst
> als eine in der Zeit existierende Wesenheit zu sehen beginnt. [...]
> Gleichwohl erlaubt die Schwierigkeit, eine Zäsur zu setzen, nicht, sie an
> einer offensichtlich falschen Stelle zu setzen. [...] Falls man in dieser
> Sache ein Gesetz zu machen hätte, dann dürfte man dem Kind wohl nur

---

[48] Siehe dazu L. Viefhues, „Rechtfertigung des Schwangerschaftsabbruchs?“, bes. S. 758.
[49] Siehe P. Singer, *Praktische Ethik (1984)*, Kap. 4, bes. S. 134ff.

innerhalb einer kurzen Zeitspanne nach der Geburt, vielleicht für einen Monat, ein volles legales Recht auf Leben absprechen.[50]

Wenn Singer hier bereit ist, eine Sicherheitsmarge festzusetzen, dann erinnert dies an die Sicherheiterwägungen, die sich in der Position der römisch-katholischen Kirche angesichts des nicht bestimmbaren Beseelungszeitpunktes niederschlagen. Bei der Erörterung der römisch-katholischen Position zum Statusproblem wurde in bezug auf die dort angestellten Sicherheiterwägungen die Frage gestellt, ob es nicht möglich sei, unter Beibehaltung theorie-interner Konsistenz ein höheres Risiko einzugehen. In bezug auf den Ansatz von Singer scheint sich dies nun umzukehren: Die Forderung Singers selbst wie auch die der Rezipienten seiner Position geht eher dahin, ein *geringeres* Risiko einzugehen.

Dies führt zu der Frage, worin eigentlich das Risiko in Singers Position besteht, denn wenigstens auf den ersten Blick lassen sich die Charakteristika des „Beseeltseins" und des „Zu-Selbst- und Zeitbewußtsein-fähig-seins" zumindest schon deshalb nicht vergleichen, weil „Beseeltsein" sich prinzipiell empirisch nicht nachweisen läßt, „Selbst- und Zeitbewußtsein" dagegen sehr wohl. Auf den zweiten Blick wird jedoch deutlich, daß Selbst- und Zeitbewußtsein zwar durchaus empirisch nachzuweisen sind, aber erst dann, wenn ein Wesen diesem Bewußtsein auch Ausdruck verleiht. Die von Singer selbst formulierte „Sicherheitsmarge" bezieht sich somit auf das Risiko, daß ein Wesen möglicherweise schon zu Selbst- und Zeitbewußtsein fähig ist, *bevor* es dieser Fähigkeit auch Ausdruck verleihen kann bzw. verleiht.[51]

Es zeichnet sich hier m. E. ein zentrales Problem ab, das besonders die Position Singers, aber auch Lebensinteresse-orientierte Ansätze überhaupt nicht lösen können: Es handelt sich um das Problem, daß sich der Interessen-Begriff als moralisches Kriterium zumindest dann disqualifiziert, wenn der Träger eines möglicherweise vorhandenen Interesses dieses – aus welchen Gründen auch immer – nicht (auch verstanden als ‚noch nicht' ebenso wie ‚nicht mehr') äußern

---

[50] Ebd., S. 171.

[51] Ob jemand zu Selbst- und Zeitbewußtsein fähig ist, äußert sich der Auffassung Singers zufolge darin, daß er zukunftsbezogene Wünsche hat. Ob jemand zukunftsbezogene Wünsche hat, läßt sich durch andere allerdings nur dann feststellen, wenn diese Wünsche auch geäußert werden; und zwar in einer Weise, die von anderen verstehbar ist. Es ist hierbei zu fragen, ob es nicht Zustände gibt, in denen ein Wesen zwar selbst- und zeitbewußt, gleichzeitig aber nicht kommunikationsfähig ist. Ein Wesen in einem solchen Zustand (z.B. ein Komatöser) hat möglicherweise ein Überlebensinteresse, kann dieses aber in keiner (von anderen verstehbaren) Weise zum Ausdruck bringen. Im Ansatz Singers sind solche Zustände zwar berücksichtigt, aber Singer urteilt aus seiner subjektiven Auffassung heraus, daß ein Überleben in einem solchen Zustand ohnehin nicht gewünscht wird. Ein Tötungsverbot gilt in Zuständen nicht kommunizierter Überlebensinteressen allenfalls theoretisch. (Siehe dazu auch A. LEIST, *Eine Frage des Lebens*, S. 152)

kann. Die Frage, ob ein Überlebensinteresse bzw. die Fähigkeit zu Selbst- und
Zeitbewußtsein möglicherweise schon besteht, *bevor* das Lebensinteresse zum
Ausdruck gebracht werden kann, ist weder durch technisch-naturwissenschaftliche Mittel noch durch einen empathischen Monolog beantwortbar. Und selbst
wenn es die Methoden zum empirischen Nachweis der Fähigkeit zu Selbst- und
Zeitbewußtsein und zur Festlegung des Zeitpunktes ihrer Entstehung gäbe,
wäre damit die Problematik der Lebensinteresse-orientierten Ansätze nicht
gelöst. Zwar wäre dann – unabhängig vom Zeitpunkt der Äußerungsfähigkeit –
ein Zeitpunkt bekannt, zu dem man davon ausgehen kann, daß das betreffende
Wesen in der Lage ist, ein Überlebensinteresse zu haben. Um aber herauszufinden, ob das betreffende Wesen tatsächlich eine Präferenz hinsichtlich seiner
fortgesetzten Existenz hat, wäre man allerdings noch immer auf einen empathischen Monolog angewiesen, wie er z.B. von Hare vorgeschlagen wurde, sich
aber schon dort in seiner Anwendung auf die Frage nach Überlebensinteressen
als äußerst problematisch erwies. Wenn man – wie ich meine, mit Fug und
Recht – davon ausgeht, daß nicht jedes Wesen, das in der Lage ist, ein Überlebensinteresse zu haben, auch tatsächlich ein Überlebensinteresse hat, so ist es
dennoch nicht gerechtfertigt, sich anzumaßen, man könne dies etwa durch
„hermeneutische Simulierung eines Dialogs" ergründen.

> Wer es also auf sich nimmt, die Glücksvorstellungen und Interessen
> eines anderen zu bestimmen, ist auf kommunikative Verständigung
> angewiesen. Er muß in einen Dialog eintreten, um Sinn und Bedeutung
> der Vorstellungen des anderen zu erhellen.[52]

Umgehung der Problematik durch Identifikation des Überlebensinteresses mit
Empfindungsfähigkeit und subjektivem Wohl:
Ein Ansatz, der diese Probleme zu umgehen versucht, findet sich bei Leist. Leist
wendet sich zum einen gegen die von Singer benannten notwendigen und hinreichenden Bedingungen der Möglichkeit eines Lebensinteresses und zum anderen – damit zusammenhängend – gegen Singers Konzept zukunftsbezogener
Wünsche als Äußerungsform einer Überlebenspräferenz. Seine Kritik an Singer
geht von einer Unterscheidung subjektiven und objektiven Wohls[53] aus:

---

[52] A. MATHEIS, „Ethik und Euthanasie", S. 250.

[53] Siehe A. LEIST, *Eine Frage des Lebens*, S. 69–74. – Der Begriff des Wohls ist für Leist
der Ansatzpunkt einer Ethik, die darauf angewiesen ist, dem „Prinzip des minimalen Anthropozentrismus" zu folgen, wenn sie mögliche Objekte moralischen Handelns abgrenzen
will. Aus der Perspektive dieses minimalen Anthropozentrismus ergibt sich nach seiner
Ansicht eine dreistufige Einteilung von Handlungsobjekten: Auf der ersten Stufe stehen
nicht-lebende Objekte, die aus anthropozentrischer Sicht kein Wohl haben können und
damit als Objekte moralischen Handelns vollkommen außer Betracht gelassen werden
können. Auf der zweiten Stufe stehen lebendige Objekte (z.B. Pflanzen), die Leist als „teleo-

> Ein Wesen hat nur dann Lebensinteresse bzw. kann nur dann in Hin-
> blick auf Lebensinteresse Schaden erleiden, wenn es überhaupt ein sub-
> jektives Wohl hat, also über Empfindungen oder Bewußtsein verfügt.[54]

Damit bindet Leist, wie Singer, die Schadensfähigkeit des Menschen an seine
Empfindungsfähigkeit. In bezug auf die Schadensfähigkeit gegenüber einer
Tötung kommt Leist allerdings zu anderen Ergebnissen als Singer.

> Schadensfähigkeit ergibt sich in diesem Fall einfach daraus, *daß* lust-
> volles Empfinden vorliegt und Empfinden objektiv in der Zeit verläuft.
> Beides zusammen läßt die Folgerung zu, daß einem lustvoll empfinden-
> den Wesen ein Schaden entsteht, wenn sein Empfinden unterbrochen
> wird. [...] Deshalb schadet man *diesem Wesen*, wenn man es beim lust-
> vollen Empfinden unterbricht – und daß Töten ein Unterbrechen ist,
> dürfte unstrittig sein.[55]

Nach dieser Auffassung wäre das Tötungsverbot allein dadurch begründet, daß
lustvolle Empfindungen eines Wesens verhindert würden. Der Unterschied zur
Position Singers ergibt sich dabei aus einer unterschiedlichen Verwendung der
Wunsch-Konzeption im Hinblick auf das darin implizierte Überlebensinteresse.
Während es im Rahmen der Position Singers auf die Fähigkeit ankommt, *zukunftsbezogene* Wünsche zu haben, die dann gleichsam die Äußerungsform
eines Überlebensinteresses sind, bezieht sich Leist auch auf *gegenwartsbezogene*
Wünsche[56] als *Indiz* für ein Lebensinteresse. Im Ansatz Leists wird das Lebensinteresse demnach nicht – über die Implikate zukunftsbezogener Wünsche –
vom Subjekt selbst expliziert, sondern extern dem empfindungsfähigen Subjekt
zugeschrieben.

Obgleich dieser Ansatz Leists das in der Position Singers enthaltene Risiko
einer zu späten externen Wahrnehmung der Überlebensinteressen eines konkreten Wesens zu überwinden scheint, so ist die Annahme, daß das Überlebensinteresse mit der bloßen Empfindungsfähigkeit korreliert, doch wenig plausibel
begründet. Dieser Ansicht ist auch Hoerster, der zwar einerseits anerkennt,

---

logische Systeme" (S. 71) bezeichnet und die seiner Ansicht nach zwar insofern ein Wohl
besitzen, als sie „optimale Zustände" anstreben, die aber andererseits „keine subjektive
Repräsentation ihres Wohls" kennen. Solche Objekte, für die bloß ein objektives Wohl zu
veranschlagen ist, bedürfen nach Leists Ansicht ebenfalls keiner moralischen Berücksichtigung und sind demnach keine Objekte moralischen Handelns. Erst Wesen auf der dritten
Stufe, d.h. Wesen, die aus anthropozentrischer Sicht ein subjektives Wohl – dessen minima-
les und grundlegendes Kriterium die Empfindungsfähigkeit ist – haben, sollten nach Ansicht
von Leist als Objekte moralischen Handelns moralisch berücksichtigt werden.

[54] A. LEIST, *Eine Frage des Lebens*, S. 141.

[55] Ebd., S. 147.

[56] Gegenwartsbezogene Wünsche, etwa nach Nahrung, Schmerzvermeidung etc. gelten
dabei als in der bloßen Empfindungsfähigkeit impliziert.

„daß auch gegenwartsbezogene Wünsche jedenfalls ein _gewisses_ Überlebensinteresse zur Folge haben", der aber andererseits die These vertrat, „daß ein
eventuelles Lebensrecht bloß empfindungsfähiger Wesen jedenfalls im _Rang_
dem Lebensrecht personaler Wesen nicht annähernd gleichkommen kann".[57]

Leist sagt selbst, ihm scheine „die Wahl [sic!] des Kriteriums von Empfindungsfähigkeit gerade _die am wenigsten willkürliche_".[58] M.E. ist Leist in dieser
Auffassung keineswegs zuzustimmen. Zwar gibt Leist mit dem Verweis auf den
anthropozentrischen Standpunkt bei der Definition moralischer Handlungs-
objekte zu bedenken, daß Rationalität und Selbstbewußtsein möglicherweise
nicht allein hinreichende Bedingungen für die Geltung des Tötungsverbots sind,
da man vom Standpunkt des personalen Erwachsenen aus eine externe Zuschreibung von Überlebensinteressen bei empfindungsfähigen, aber noch nicht selbst-
bewußten Wesen vornehmen kann, aber er begründet nicht evident, warum
solche Zuschreibungen sich nur auf Wesen richten sollten, die mindestens über
Empfindungsfähigkeit verfügen. Sofern man nämlich von dem Konzept abweicht, das die de facto und aktuell vorhandenen Interessen eines Wesens als
Kriterium für ihre moralische Bewertung ansieht und es statt dessen für geboten
hält, eine Perspektive einzunehmen, aus der man Interessen zuschreibt, die eben
de facto und aktuell (noch) nicht vorliegen, erscheint die Empfindungsfähigkeit
nicht als notwendige Bedingung einer solchen Zuschreibung. Es ist hier das
bereits oben mit der Kritik Birnbachers genannte Problem der Erwägung
hypothetischer Interessen angesprochen; hypothetische Interessen zu erwägen,
scheint zwar einerseits im Zusammenhang mit dem präferenzutilitaristischen
Ansatz Singers unvermeidlich zu sein, wirft aber andererseits selbst auch Probleme auf. Der Ansatz von Leist liefert kein geeignetes Mittel, diese Ambivalenz
zu überwinden: Einerseits fordert er den Handelnden dazu auf, zur Feststellung
des subjektiven oder objektiven Wohls seines Handlungsobjektes gleichsam die
Position des „omniscient narrators" einzunehmen und damit auch zukünftige
Interessen, Wünsche und Präferenzen zu beachten, andererseits bindet er diese
Aufforderung an das aktuelle Vorhandensein von Empfindungsfähigkeit. Dies
ist allerdings schon insofern unplausibel, als der Handelnde – entsprechend der
Potentialität der Interessen seines Handlungsobjektes – ebenso die _zukünftige_
Empfindungsfähigkeit in seine Überlegungen mit einbeziehen könnte. Leist
nennt allerdings zwei

> Gründe, warum Lebensinteresse _nicht bereits früher_ zugeschrieben
> werden sollte. [...] Einmal fügt sich die Zuschreibung _vor_ Erlangen von
> Empfindungsfähigkeit in eine subjektive Auffassung von Wohl _nicht_
> ein, der frühe Fötus oder Embryo ist noch kein Subjekt. Zum andern

---

[57] N. HOERSTER, _Abtreibung im säkularen Staat_, S. 89 ff.
[58] Ebd., S. 158 f.

[...] eine frühere Zuschreibung wäre durch die *reductio* bedroht, auch
für die Zeit *vor* Befruchtung zu gelten [...].[59]

Leists Begründungen sind allerdings unbefriedigend, denn der Subjektbegriff,
den er hier verwendet, ist insofern unklar, als seine Überlegungen zum übergreifenden Lebensinteresse gerade darauf gründen, daß eine externe Instanz
Interessen zuschreibt, die das Objekt der Zuschreibung (noch) nicht explizieren
kann. Subjekt kann im Sinne Leists daher eben nicht wie bei Singer bedeuten,
daß das Wesen, das Subjekt genannt wird, seine Interessen physisch oder
sprachlich explizieren kann. Andererseits unterscheidet Leist zwischen Wesen,
die ein subjektives Wohl haben und zugleich die Potentialität besitzen, Subjekt
im philosophischen Sinne der Person bzw. des Agenten zu werden, und solchen
Wesen die diese Potentialität nicht besitzen. Für letztere (dies könnten z. B. empfindungsfähige nicht-menschliche Tiere sein) fordert er keine Zuschreibung
eines übergreifenden Lebensinteresses.

Wenn der Subjektbegriff aber, wie es bei Leist der Fall ist, im Sinne von
‚jetzt Objekt mit subjektivem Wohl, später Subjekt‘ verstanden wird, dann steht
die Empfindungsfähigkeit prinzipiell nicht in Verbindung mit der externen Zuschreibung, denn obwohl Empfindungsfähigkeit als unterste Stufe des Subjekt-
Seins angesehen werden kann, ist für sie selbst keine moralische Relevanz hinsichtlich des Tötungsverbots begründet worden. Insofern vertritt Leist folglich
ein klassisches Potentialitätsargument, das allerdings nicht bei der Befruchtung
ansetzt, sondern bei der Empfindungsfähigkeit. Der ‚Bedrohung durch die
reductio‘ kann Leist somit nicht entgehen; sie stellt kein Argument für den Zeitpunkt der Empfindungsfähigkeit dar, sondern allenfalls, nach Leists eigener
Argumentation, einen Grund dafür, eine Position zu verwerfen.[60] Der einzige
Grund, den Leist für die Zuschreibung zuerst ab Empfindungsfähigkeit anführt,
ist, „daß diese Zuschreibung kontrolliert *möglich* ist und sich in das sonst übliche Verständnis einer subjektiven Auffassung vom (menschlichen) Wohl ein-
fügt“.[61]

Dem steht entgegen, daß ungeklärt bleibt, was unter ‚kontrolliert möglich
sein‘ zu verstehen ist und welches das ‚übliche Verständnis‘ subjektiven Wohls
ist.

Leist bringt also keine zwingenden Gründe für die Zuschreibung eines ‚über-
greifenden Lebensinteresses‘ ab Empfindungsfähigkeit vor. Damit bietet sein
Ansatz aber auch keine Alternative – und das war der Ausgangspunkt der
Diskussion der Position Leists – zur Lösung des Risiko-Problems im Ansatz
Singers.

---

[59] Ebd., S. 158.
[60] Vgl. A. LEIST zur Abgrenzungsproblematik, in: *Eine Frage des Lebens*, S. 84ff.
[61] Ebd., S. 158.

Zur Bedeutung lebensweltlicher Ansichten über Schaden durch Tod:
Wichtig bleibt in diesem Zusammenhang allerdings der Hinweis Leists, mit dem
möglicherweise dem im Ansatz Singers enthaltenen Risiko von einem anderen
Punkt aus begegnet werden kann, „daß eine übergreifende Interessenzuschrei-
bung nötig ist, wenn wir viele unserer Ansichten über Schaden durch Tod und
andere Eingriffe beibehalten wollen".[62] Obgleich aufgrund der genannten Kritik
an Leists Position anzuzweifeln ist, daß eine „übergreifende Interessenzuschrei-
bung" eine Beibehaltung der in der Lebenswelt üblichen Ansichten gewährleistet, so scheint es sich doch als eine Notwendigkeit der Statusdiskussion zu
erweisen, daß durch sie nicht das Lebensrecht von Wesen in Frage gestellt wird,
für die es bislang – vor und unabhängig von der Statusdiskussion – unbestritten
gilt. Gerade diese Infragestellung ist aber die Konsequenz der Position Singers:
Gängige – und das heißt in diesem Zusammenhang nichts anderes als: weitestgehend unbestrittene, konsensuelle und akzeptierte – Ansichten über den Geltungsbereich des Tötungsverbots werden durch den Ansatz Singers zutiefst
erschüttert. Nicht nur die Vorstellung, daß mit seiner Position Abtreibungen
(freilich, sofern die Schwangere sie präferiert) gänzlich und Kindstötungen weitgehend moralisch gerechtfertigt sind, sondern auch die Vorstellung, daß Menschen, die etwa aufgrund von Erkrankungen zu Selbst- und Zeitbewußtsein –
bzw. zu deren Expression – nicht mehr fähig sind, getötet werden dürfen,[63]
steht in eklatantem Gegensatz zu – auf den ersten Blick – allgemein geteilten
Emotionen und Intuitionen zum Geltungsbereich des Tötungsverbots. Wenn
man sich andererseits die Kontroverse über den „Erlanger Fall" ins Gedächtnis
ruft und auch die Kontroversen über die Perinatalmedizin wie auch die zunehmende Forderung nach Begrenzungen der Intensiv-Medizin am Lebensende,
dann zersplittert diese anscheinend unstrittige Ansicht über den Geltungsbereich des Tötungsverbots in eine Vielzahl von Emotionen und Intuitionen.
Wenn auf die emotional bzw. intuitiv unterschiedlichen moralischen Bewertungen der genannten Situationen gleichsam als Beweis für eine weitgehende allgemeine Offenheit gegenüber theoretischen Fundierungen des Tötungsverbots
hingewiesen wird,[64] läßt man m.E. jedoch außer acht, daß diese unterschiedlichen Einstellungen sich unmittelbar auf die moralische Bewertung von *Technikanwendungen* beziehen und nur mittelbar auf die moralische Bewertung der
jeweiligen Handlung als einer, die zum Tod des Handlungsobjektes führt. Es ist

---

[62] Ebd., S. 157.

[63] Siehe P. SINGER, *Praktische Ethik (1984)*, S. 189f. – Singer beschreibt hier, daß nach
seinem Ansatz die Euthanasie von Menschen, die z.B. an extremer Altersdemenz leiden oder
die sich in einem komatösen Zustand befinden, moralisch ebenso gerechtfertigt ist wie die
Euthanasie bei Neugeborenen.

[64] Siehe dazu etwa R. HEGSELMANN u. R. MERKEL: „Einleitung der Herausgeber", in: DIES.
(Hg.), *Zur Debatte über Euthanasie*, S. 15ff.

zwar nicht zu leugnen, daß ein unhintergehbarer Zusammenhang zwischen den spezifischen Technikanwendungen bzw. ihren Begrenzungen und dem Geltungsbereich des Tötungsverbots – bzw. hier besser: dem Geltungsbereich des Gebots zum Lebensschutz – besteht. Es ist aber meiner Ansicht nach daraus keineswegs der Schluß zu ziehen, daß die moralischen Gefühle hinsichtlich der Anwendung lebenserhaltender Techniken mit moralischen Gefühlen in bezug auf Lebensschutzgebote korrelieren. Es wird im letzten Kapitel der vorliegenden Arbeit noch erörtert werden, daß es im Gegenteil zu den wesentlichen Defiziten der Statusdiskussion zählt, aufgrund ihrer Bedingtheiten nicht zwischen diesen beiden Aspekten unterscheiden zu können. Wer, wie etwa Hegselmann und Merkel,[65] die Möglichkeit einer konsistenten Begründung von Anwendungen lebenserhaltender Techniken einerseits und Lebensschutzgebot andererseits nur dann für möglich hält, wenn man „zu Revisionen auch an tiefsitzenden Intuitionen bereit"[66] ist, hat daher m. E. Konzessionen an eine Logik formuliert, die allererst noch in Frage gestellt werden kann und muß.[67] Die mit der Inkompatibilität mit geltenden (im Sinne von vorherrschenden) Ansichten begründete Kritik an der Position von Singer kann insofern nicht schon als abgewiesen gelten. Es soll damit keineswegs behauptet sein, moralische Begründungen seien prinzipiell nach ihrer Kompatibilität mit mehr oder weniger etablierten Wertvorstellungen zu bewerten. Im Falle von Singers Position ist allerdings unbedingt in Betracht zu ziehen, daß ihre Konsequenzen nicht nur vorherrschenden, in der abendländischen Kultur tradierten Ansichten entgegenstehen, sondern darüber hinaus bzw. gerade deshalb existentielle Ängste erzeugen. Auch ohne der Frage genauer nachzugehen, inwieweit diese Ängste begründet sind, kann man der Auffassung sein, daß ihre Existenz hinreichender Grund mindestens für eine Modifikation der Position sein sollte.

---

[65] Ebd., S. 16 f.

[66] Ebd., S. 18.

[67] Gemeint ist hier die Implikation Hegselmanns und Merkels, daß eine kohärente und konsistente moralische Begründung von Technikanwendung nur unter dem Paradigma eines „entweder-oder" zu formulieren ist. (Entweder man schützt das Leben von Föten in der 26. SSW (wie z.B. in der Perinatalmedizin, dann aber eben auch im „Erlanger Fall"), oder man schützt es nicht (wenn nicht im „Erlanger Fall", dann auch nicht in anderen Fällen der Perinatalmedizin). Ob es möglich ist, einen ethischen Ansatz zu formulieren, der moralische Entscheidungen in einem anderen Sinne fällen kann und dennoch normativ leistungsfähig ist, kann an dieser Stelle nicht erörtert werden. Es ist jedoch m.E. voreilig, ohne vorherige Auseinandersetzung mit denkbaren Alternativen auf der Grundlage einer spezifischen „Logik" (nämlich der des „entweder-oder") zur Revision von existentiellen Ansichten aufzurufen. Siehe hierzu Kapitel 8.2.1 und 9.

Praxisnormen als risikovermeidende Modifikation von Idealnormen:
Ein in diesem Sinne modifizierter Ansatz, der insbesondere auch die Ängste, die
als Nebenfolgen der Position Singers auftreten, systematisch in Betracht zieht,
wird von Birnbacher vorgetragen. Zwar äußert auch Birnbacher, wie Singer
selbst, gegenüber den gegen Singer vorgebrachten Dammbruchargumenten
Skepsis, aber er ist andererseits der Meinung, es spräche „einiges dafür, in einem
so sensitiven Bereich wie dem des Lebensschutzes auch ein kleines Risiko eher
zu vermeiden".[68] Insbesondere mißt Birnbacher den *„unmittelbaren* sozialen
Nebenfolgen einer möglichen Ausweitung der Ausnahmen vom Tötungsverbot", die er bei Singer kaum berücksichtigt findet, ein großes Gewicht bei. Zu
diesen unmittelbaren Nebenfolgen gehören zusätzlich zu den Dammbruchgefahren eben auch die Ängste, die z.B. durch Singers Position hevorgerufen
werden, wie auch – nicht zuletzt – die Entrüstung als Folge des Affronts, den
Singers Position gegenüber Behinderten bedeutet. Eine Berücksichtigung dieser
Nebenfolgen ist sogar, wie den Darlegungen Birnbachers zu entnehmen ist,
theorie-intern, d.h. innerhalb des utilitaristischen Ansatzes selbst gefordert.

> Gefühlen und Einstellungen muß aus utilitaristischer Sicht aber zumin-
> dest dann einiges Gewicht zugebilligt werden, wenn sie entweder un-
> abhängig von der in Frage stehenden Praxis wichtige individuelle und
> soziale Funktionen übernehmen, die sie nicht übernehmen könnten,
> würden sie in Teilbereichen geschwächt, oder wenn sie sich allen Bemü-
> hungen einer Umorientierung durch die Argumente hartnäckig wider-
> setzen.[69]

Aufgrund dieser Überlegung kommt Birnbacher, obwohl auch er die Statusfrage
aus utilitaristischer Sicht beantwortet, zu ganz anderen Ergebnissen als Singer.
Unter Berücksichtigung weitgehend geteilter Gefühle und Einstellungen müssen
nach Birnbachers Ansicht Abtreibung und Früheuthanasie konsequent unterschieden werden, wobei für ihn die Geburt, obgleich sie „keine ‚echte' Grenze"[70] ist, als eine Grenze aufgefaßt werden kann, die mit theoretischen Erwägungen und tradierten Einstellungen vereinbar ist und zugleich zur Praktikabilität
einer Norm beiträgt. Ein intrinsisches ethisches wie auch ein rechtliches Verbot
der Abtreibung sind nach Birnbachers Ansicht nicht zu begründen.[71] Darüber
hinaus ergibt sich aus den Erfahrungen mit der Abtreibungspraxis, daß auch die
sozialen Nebenfolgen der Abtreibung „von großen Teilen der Gesellschaft ‚ver-
kraftet'"[72] werden.

---

[68] D. Birnbacher, „Das Tötungsverbot", S. 41.

[69] Ebd., S. 42.

[70] Ebd., S. 47.

[71] Siehe D. Birnbacher, „Thesen zur Ethik".

[72] D. Birnbacher, „Das Tötungsverbot", S. 47.

> Auch die intensive Mißbilligung, auf die eine etablierte Praxis der Ab-
> treibung und ihre Duldung oder Rechtfertigung durch den Staat und die
> Gesellschaft bei den Abtreibungsgegnern stößt, kann angesichts der
> Intensität des Abtreibungswunsches in der Regel nicht ins Gewicht
> fallen.[73]

Insofern ist nach Birnbacher die Entscheidung für oder gegen eine Abtreibung
weitestgehend der Schwangeren zu überlassen. In bezug auf die Früheuthanasie,
die ja nach Singers Position moralisch nicht anders zu bewerten ist als die Abtreibung, sieht Birnbacher die sozialen Nebenfolgen aber als so schwerwiegend
an, daß sie moralisch von der Abtreibung unterschieden werden muß. Nicht nur
die unweigerlichen Parallelisierungen des Euthanasiegedankens mit seinen Konsequenzen im Nationalsozialismus, sondern zudem auch das Risiko, durch eine
externe – wenn auch um die Binnenperspektive bemühte – Bewertung von Men-
schenleben „instrumentalisierende Sichtweisen anderer Menschen generell zu
unterstützen und damit den ersten Schritt zu ihrer faktischen Instrumentalisierung zu tun", sind Grund dafür, die Tötung eines nicht-bewußten Menschen
nach der Geburt grundsätzlich moralisch in Frage zu stellen. Daß Birnbacher
gerade die Geburt als Grenzpunkt für die moralische Bewertung der Tötung
nicht-bewußten menschlichen Lebens ansehen will, ist dabei nicht allein in der
traditionellen Unterscheidung von Abtreibung (vor der Geburt) und Kindstötung (nach der Geburt) begründet, sondern zudem in seinem Konzept der Ideal-
und Praxisnorm. Die Praxisnorm ist nämlich in Ansehung der Fehlbarkeit der
Akteure so zu formulieren, daß die Inhalte der abstrakt formulierten Idealnorm
auf spezifische gesellschaftliche Bedingungen hin operationalisiert und damit
„die Chancen maximiert werden, die von den abstrakten Normen postulierten
Ziele zu erreichen".[74] Auf der Grundlage der gleichen Unterscheidung zwischen
Ideal- und Praxisnorm sieht neben Birnbacher auch Hoerster die Geburt als eine
im pragmatischen Sinn gut begründete Zäsur an, mit der die Inhalte der Idealnorm (die nicht nur für Singer, sondern auch für Birnbacher und Hoerster letztlich darin besteht, selbst- und zeitbewußte Wesen bzw. Menschen nicht zu
töten) in der Praxis durchgesetzt werden können. Hoerster nennt drei Aspekte,
die seiner Ansicht nach die Geburt als eine moralisch sichere und praktikable
Zäsur erscheinen lassen. Zum einen stellt sie seiner Ansicht nach einen Einschnitt dar, „*vor* dem mit absoluter Sicherheit noch kein personales Leben vorhanden ist".[75] Zum anderen „ist die Geburt der einzige Einschnitt in der Entwicklung des menschlichen Individuums, der auf den ersten Blick und ohne die
geringsten weiteren Kenntnisse für jedermann – ob Bürger oder staatliches

---

[73] D. Birnbacher, „Thesen zur Ethik", S. 16.

[74] D. Birnbacher, *Verantwortung für zukünftige Generationen*, S. 19.

[75] N. Hoerster, *Abtreibung im säkularen Staat*, S. 132.

Sanktionsorgan – problemlos feststellbar ist".[76] Und schließlich liegt – als dritter
Aspekt – die Geburt nicht „allzu weit (nämlich nur einige Monate) vom Auftreten der ersten Spuren personalen Lebens entfernt".[77]

Ob man der so gefaßten Praxisnorm Birnbachers und Hoersters zuzustimmen bereit ist, wird letztlich vor allem davon abhängen, ob man ihrer jeweiligen
Begründung des Tötungsverbots und ihrer daraus folgenden Statusbestimmung
im Sinne der Idealnorm folgt. Im Vergleich mit der Position Singers kann jedenfalls festgestellt werden, daß über die konzeptionelle Berücksichtigung unmittelbarer sozialer Nebenfolgen und Praktikabilitätserwägungen in den Positionen
von Hoerster und Birnbacher ein Risiko vermieden wird, das auf der Grundlage
von Singers Überlegungen keinesfalls abwendbar wäre. Die Statusbestimmung
durch Birnbacher und Hoerster ist zudem nicht auf die hermeneutische Simulierung eines Dialogs mit dem betroffenen Wesen angewiesen und entgeht damit
dem unvermeidbaren Risiko des Mißlingens dieser Simulation. Andererseits ist
m. E. jedoch zu fragen, ob nicht angesichts zunehmender Möglichkeiten in der
Frühgeborenen-Medizin die vorgeschlagene Praxisnorm zu unerträglichen
Doppelstandards führen würde, bei denen auf der einen Seite alles dafür getan
würde, einen Fötus der 26. Schwangerschaftswoche ex utero am Leben zu erhalten, und auf der anderen Seite ein Fötus der 35. Schwangerschaftswoche in utero
abgetrieben werden könnte.[78] Zugestehen muß man dabei wohl, daß die Erfahrung der Abtreibungspraxis keinen Anlaß zu der Annahme gibt, daß Schwangere sich erst in so späten Phasen der Schwangerschaft für eine Abtreibung entscheiden. Es kann aber auch nicht geleugnet werden, daß mit zunehmenden
Möglichkeiten der Nutzung fötaler Gewebe und Organe auch ein zunehmendes
Interesse an späten Abtreibungen aufkommen könnte.[79] Gerade weil das Konzept der Praxisnorm auf soziale Nebenfolgen Rücksicht nimmt, können m. E.
solche Doppelstandards nicht ohne weiteres hingenommen werden.

Zusammenfassung:
Die Lebensinteresse-orientierten Ansätze – dies kann abschließend gesagt werden – haben verdeutlicht, daß und inwiefern der Versuch, die Bedeutung des
Tötungsverbotes aus der Innenperspektive zu beurteilen, vom Kriterium der
Bewußtseinsfähigkeiten des betroffenen Wesens abhängt. Die Zielsetzung, eine
auf diesen Bewußtseinsfähigkeiten basierende intersubjektiv gültige und zugleich praktikable Lösung des Statusproblems vorzubringen, muß allerdings als

---

[76] Ebd.

[77] Ebd., S. 133.

[78] Siehe hierzu P. SINGER, *Praktische Ethik*, 1. Aufl. (1984), S. 149f., 2. Aufl. (1994), S. 182f.,
sowie Kapitel 5.2 der vorliegenden Arbeit.

[79] Insbesondere dann, wenn die Schwangere oder andere, die an der Abtreibungsentscheidung beteiligt sind, für die so ermöglichte „Organernte" (finanziell) entlohnt würden.

gescheitert angesehen werden. Zusätzliche außenperspektivische Bedeutungen des Tötungsverbots zum einen und zum anderen die Unmöglichkeit, Selbst- und Zeitbewußtseinsfähigkeiten losgelöst von deren Äußerungsformen nachzuweisen, sind Grund für die Absage an Ansätze, die eine *positive* Formulierung des Geltungsbereichs des Tötungsverbotes an dem Lebensinteresse des Betroffenen orientieren wollen. Unberührt von dieser Kritik bleibt aber m. E. die auf Lebensinteresse-orientierten Ansätzen beruhende *negative* Formulierung des Tötungsverbots, die die Regel begründet, daß es grundsätzlich moralisch falsch ist, Wesen, die ein Überlebensinteresse haben, zu töten. Allerdings können sie damit umgekehrt nicht implizieren, daß die Tötung von Wesen, die diese Fähigkeiten nicht aufweisen, ethisch gerechtfertigt wäre. Das Verdienst der Lebensinteresse-orientierten Ansätze liegt daher m. E. nicht in der Klärung des Statusproblems, wohl aber im Versuch einer Begründung des Geltungsbereichs des Tötungsverbotes.

5. Definitionen des Lebensrechtsbeginns auf der Grundlage sozialer, kultureller und philosophischer Auffassungen des Personbegriffs

5.1 Problemstellung

Die Darstellung der Position Peter Singers hat nicht nur gezeigt, inwieweit sein spezifischer utilitaristischer Begründungsansatz im Zusammenhang mit der Klärung der Statusfrage inkonsequent und lückenhaft ist, sondern sie hat auch gezeigt, welche Problematik in der konsequenten Absehung von der faktischen sozio-kulturellen Genese des Personbegriffs liegt. Der Versuch, den Personbegriff von seinen kulturgeschichtlichen und religiösen Prägungen loszulösen und unter Maßgabe eines spezifischen ethischen Ansatzes zu definieren, ist zwar eine legitime philosophische Vorgehensweise, jedoch erscheint sie im Rahmen anwendungsorientierter Ethik als problematisch, sobald ihre Ergebnisse moralisch-ethische Standards einer Gemeinschaft in Frage stellen. Wenn Singer in letzter Konsequenz zu dem Ergebnis kommt, daß – zumindest in den westlichen Industriegesellschaften mit ihren ökonomischen und technischen Mitteln[1] – umfassendere Bemühungen zum Lebensschutz des einzelnen erfolgt sind, als notwendig oder wünschenswert ist, dann fällt er damit zurück hinter ein Maß an humaner Sittlichkeit im Sinne eines moralischen Konsenses darüber, welchen Wesen schützendes Mitgefühl entgegenzubringen ist, das seine Position nicht nur als wenig plausibel, sondern sogar als inakzeptabel disqualifiziert.

Die Berücksichtigung der sozialen Praxis im Zusammenhang mit dem Personbegriff bzw. der sozialen Folgen eines durchaus metaphysisch geprägten Personbegriffs sind nicht unerheblich, wenn es um die Bestimmung des moralischen Status ungeborenen menschlichen Lebens geht, und zwar schon deshalb nicht, weil die mit dem Begriff in Zusammenhang stehende soziale Praxis in einer Wechselbeziehung zu seiner ideengeschichtlichen Entwicklung steht. Wenn beispielsweise die Philosophie metaphysische Elemente aus ihren Theorien mit gutem Grund verdrängen will, so sind diese rudimentär in der Lebenswelt noch immer so wirksam, daß ihre gezielte und programmatische Tilgung

---

[1] Es muß hier allerdings kritisch bemerkt werden, daß auch diese Gesellschaften sich letztlich bloß nominell zu einem so umfassenden Lebensschutz bekennen. Die fortgesetzte ökonomische Ausbeutung der armen Länder bei gleichzeitiger weitgehender Hinnahme von Hungertoten in den entsprechenden Ländern sowie die Beschränkung von Hilfeleistungen dort, wo das Leben von Menschen in Gefahr ist, lassen an der Ernsthaftigkeit zweifeln, mit der das Lebensrecht von Personen als Höchstwert postuliert wird. – Siehe dazu M. NEUFFER, *Nein zum Leben*, S. 69f.

– etwa im Sinne Singers – moralpsychologische Probleme aufzuwerfen scheint. Es stellt sich daher die Frage, ob und inwieweit innerhalb der angewandten Ethik die soziale ethische Praxis als Kriterium für die Bewertung von theoretischen Schlußfolgerungen oder als Ergänzung zu Schlußfolgerungen aus einem spezifischen ethischen Ansatz berücksichtigt werden kann und muß. Die Problematik liegt dabei in der Notwendigkeit, vermeiden zu müssen, daß sich eine moralische Praxis durch den ethischen Ansatz perpetuiert, indem sie aufgrund ihrer faktischen praktischen Geltung auch gelten *soll* und damit einer bewertenden Reflexion per se entzogen ist. Matthias Kettner hat auf diese Problematik hingewiesen und gleichzeitig als Alternative einen diskursethischen Ansatz vorgeschlagen, der seines Erachtens auf der einen Seite die Verfestigung eines moralischen Status Quo verhindert und es auf der anderen Seite ermöglicht, an konsensuellen Normen festzuhalten, auch und gerade wenn diese fachtheoretisch nicht zu begründen sind. Allerdings ist die Praktikabilität des diskursethischen Ansatzes im Rahmen der Statusdiskussion selbst in Frage zu stellen. Die Frage nach dem Geltungsbereich des Lebensrechts führt nämlich den diskursethischen Ansatz schon insofern in ein Dilemma, als er die Frage nicht klären kann, ob denn die betroffenen Föten, Neugeborenen, Komatösen etc. als Betroffene im Sinne der Diskursethik zu gelten haben oder nicht. Jede Entscheidung über diese Frage würde das über den Konsens erst zu Bestimmende schon vorwegnehmen. Letztlich kommt somit auch der diskursethische Ansatz nicht über eine zweite Problematik hinaus, die in Zusammenhang mit der Berücksichtigung etablierter moralischer Praktiken besteht: Es handelt sich um die Gefahr der Parzellierung der Normengeltung je nach Zusammenschluß der Diskurspartner in Gruppen, die je nach ihren Vorannahmen über den Betroffenen-Status der Föten, Neugeborenen, Komatösen etc. zusammengefaßt sind. Ob des weiteren erst die Betonung der jeweils spezifischen Tradition einer Gemeinschaft als Kriterium oder Prämisse für die darin Geltung beanspruchenden ethischen Normen, wie es z.B. in kommunitaristischen Ansätzen gefordert ist, eine angemessene Form der Berücksichtigung etablierter moralischer Praxis ermöglicht, kann im Rahmen dieser Arbeit nicht eigens behandelt werden. Der Schwerpunkt dieser Arbeit liegt auf der entgegengesetzten Erwartung, die in einer allgemeingültigen Lösung des Problems besteht. Diese Erwartung kann gerade in Bezug auf den Geltungsbereich des Lebensrechts nicht so leicht aufgegeben werden wie bei der Klärung weniger fundamentaler Wertfragen.

Festgehalten werden kann andererseits schon jetzt, daß die kritische Reflexion auf die Praxis eines Begriffs, und zwar unter dem Gesichtspunkt des durch ihn getragenen Maßes an humaner Sittlichkeit, nicht – zumindest in der *angewandten* Ethik nicht – außer acht gelassen werden darf. Konkret bedeutet dies die Erwartung an eine philosophische Position zum moralischen Status ungeborenen menschlichen Lebens, sie habe *nicht nur konsistent begründet, sondern zudem „sozial verträglich"* zu sein, wobei darunter nicht irgendeine Moral zu

verstehen ist, sondern die gelebte humane Sittlichkeit als ethische Errungen-
schaft einer Kultur. Insofern kann gerade die Berücksichtigung des faktischen
Konsenses z.B. über den kulturell gewachsenen und derzeit sozial wirksamen
Personbegriff für die philosophische Reflexion auf die Problematik der Statusklärung fruchtbar sein.

Die im folgenden dargestellten Positionen sind Ansätze, die die kulturellen
und sozialen Bedeutungen des Personbegriffs berücksichtigen und als Bewertungskriterium in die philosophische Klärung der Statusfrage integrieren. Es
handelt sich bei diesen Ansätzen zum einen um den insbesondere von H.T.
Engelhardt Jr. unternommenen Versuch, die in verschiedenen Personbegriffen
implizierten Normen moralisch zu vereinen, zum anderen um den Versuch, das
Statusproblem über eine Analogisierung mit einer von weitgehendem Konsens
getragenen und in der Kulturgeschichte verankerten moralischen Praxis, nämlich
der Hirntoddefinition, zu lösen.

5.2 Personen im deontologischen Sinne und Personen im sozialen Sinne

Der ethische Ausgangspunkt der Position Engelhardts besteht in der liberalistischen Zielvorstellung einer moralischen Gemeinschaft, in der moralische Regeln
zum einen aus der liberalistischen Prämisse deduzierbar sind und aus Vernunftgründen unbedingt gelten und in der zum anderen moralische Regeln bedingt
gelten, die auf der freien Zustimmung aller Mitglieder der Gemeinschaft beruhen.[2] Das heißt, daß grundsätzlich nur solche Werte allgemeinverbindliche bzw.
absolute Geltung beanspruchen können, die zum minimalistischen Konzept
einer liberalistischen Ethik selbst gehören und damit der Existenzsicherung der
moralischen Gemeinschaft dienen, nicht aber solche, die deren Moralität inhaltlich festlegen oder reglementieren, denn die Geltung *dieser* Normen ist an die
Dauer des allgemeinen Konsenses gebunden, und damit können sie nicht absolut gelten. Unter dieser ethischen Zielvorstellung nimmt der Begriff des moralischen Subjekts bzw. des moralischen Agenten in Engelhardts Position eine
zentrale Stellung ein.

Personen im strengen Sinne:
Die notwendigen Bedingungen der Möglichkeit moralischen Handelns und
damit der Möglichkeit einer moralischen Gemeinschaft faßt Engelhardt – unter
Bezugnahme auf den ‚mundus intelligibilis‘ in der Philosophie Kants[3] – unter

---

[2] Zur genaueren und systematischen Auseinandersetzung mit den von H.T. Engelhardt
angenommenen Prämissen und seiner damit begründeten Position siehe K. STEIGLEDER, *Die
Begründung des moralischen Sollens,* bes. Kapitel III.

[3] H.T. ENGELHARDT, *The Foundations of Bioethics,* S. 105.

dem Personbegriff zusammen, der somit die Fähigkeit eines Wesens zu Selbst-
bewußtsein, Rationalität und minimaler Moralität [minimal moral sense] um-
schreibt.[4] Im Unterschied zu Kant – bzw. im Unterschied zu einer möglichen
Interpretation der Position Kants[5] – identifiziert Engelhardt den Begriff „Person" allerdings nicht mit dem Begriff „Mensch", sondern er differenziert die
moralische Bedeutung des Menschseins im Sinne von biologischem menschlichen Leben einerseits und personalem menschlichen Leben andererseits.[6] Insofern vertritt Engelhardt die Auffassung, daß menschliche Wesen, die nicht die
genannten personalen Fähigkeiten besitzen, auch keine Personen sind. Nach
dieser Bestimmung sind trotz seiner versuchsweise deontologischen Begründung die Ergebnisse Engelhardts den Ergebnissen der bereits dargestellten Position von Singer ähnlich: Ungeborene Menschen, Kinder und auch Menschen mit
schweren geistigen Behinderungen sind keine Personen[7] und haben im Unterschied zu Personen im strengen Sinne keinen *intrinsischen* moralischen Wert,
weil sie nicht die Bedingung der Möglichkeit einer moralischen Gemeinschaft
darstellen. Unter Personen (im strengen Sinne) versteht Engelhardt allein Wesen,
nicht notwendig Menschen, die vernunftbegabt sind, Selbstbewußtsein haben,
absichtlich, willentlich und moralisch handeln können usw. Diese Wesen haben
nach seiner Ansicht einen *intrinsischen* ethischen Wert, weil sie die Bedingung
der Möglichkeit einer moralischen Gesellschaft sind und als die Bedingung und
Folge ihres Personseins einen Freiheitsanspruch haben, der in Rechten resultiert,
die nur durch Pflichten als Folge der Freiheitsansprüche anderer Personen beschränkt sind.

---

[4] Ebd., S. 107f.

[5] Es ist aus den Schriften Kants m.E. nicht zu erschließen, ob Kant einer moralischen
Differenzierung von personalem und biologischem menschlichen Leben zugestimmt hätte.
Wenn Kant auch die moralische Bedeutung des Menschen mit dessen Vernunftfähigkeit
begründet, so scheint er diese eher auf die *Gattung Mensch* zu beziehen. Eine Unterscheidung von Menschen mit Vernunft, auf die der kategorische Imperativ somit zuträfe, und
Menschen ohne Vernunft, die entsprechend als Sache gälten, wäre nach dieser Auslegung
nicht möglich. Andererseits kann man der Ansicht sein, Kant hätte den Menschen stets nur
als vernunftbegabtes Wesen vor Augen gehabt und menschliche Seinsweisen, die noch nicht
bzw. nicht mehr vernunftbegabt sind, gleichsam außer acht gelassen. Die durchgängige Betonung der Person als Bedingung der moralischen Gemeinschaft unterstützt diese Ansicht.
Die Konsequenz daraus wäre, daß es mit der Philosophie Kants durchaus vereinbar wäre,
nicht vernunftbegabte Menschen moralisch als Sache einzustufen. Siehe dazu insbesondere
I. KANT, *Grundlegung zur Metaphysik der Sitten*, S. 428f. u. S. 456f.

[6] H.T. ENGELHARDT, *The Foundations of Bioethics*, S. 108.

[7] „If by person one means a self-conscious, rational and self-determining entity, it is
reasonable to hold that, though normal adult humans are such beings, infants are not." (H.
T. ENGELHARDT, „Viability and the Use of the Fetus", S. 185)

Die intrinsischen Rechte von Personen, insbesondere das Recht auf Leben, sind begründet aus ihrer Funktion als Bedingung der Möglichkeit des Fortbestandes einer moralischen Gemeinschaft, denn als moralisch Handelnde sind sie die Träger einer solchen Gemeinschaft. Diejenigen Lebewesen, die keine Personen in diesem strengen deontischen Sinne und damit nicht Träger der moralischen Gemeinschaft sind, haben entsprechend dem Ansatz von Engelhardt auch kein intrinsisches Recht auf Leben. Der Respekt vor der Freiheit anderer Personen ist neben der ontologischen Bedingung der Möglichkeit einer moralischen Gemeinschaft die damit verknüpfte deontologisch begründete und einzige allgemeinverbindliche Regel als notwendige Bedingung der moralischen Gemeinschaft. Sie bildet nach Engelhardts Ansicht den Pflichtenrahmen, innerhalb dessen weitere Rechte und Pflichten zwar formuliert und begründet werden können, die aber zugleich keine universelle Geltung beanspruchen können.

Obwohl Engelhardt das Lebensrecht von Personen anders als Singer (nämlich nicht utilitaristisch) begründet, bleiben die praktischen Konsequenzen beider Positionen insofern gleich, als sie das Lebensrecht an die faktische Äußerung spezifischer kognitiver Fähigkeiten binden. Die Problematik, die sich aus dieser Auffassung im Hinblick auf eine etablierte Praxis des Umgangs z. B. mit Säuglingen, mit Menschen mit geistigen Behinderungen usw. ergibt, wurde bereits im Zusammenhang mit den Positionen Hares und Singers erörtert[8] und muß hier nicht wiederholt werden.

Während die Kritik an der Position Singers sich allerdings besonders auf seine Infragestellung dieser etablierten Praxis bezog, ergibt sich für die Beurteilung der Position Engelhardts eine andere Grundlage, da er nicht bei der deontologischen Auslegung des Personbegriffs verbleibt, sondern ein zweites Personkonzept, nämlich das der Person im sozialen Sinne, annimmt. Im Unterschied zu der absoluten Geltung der im deontologischen Personbegriff enthaltenen Pflicht, die Freiheit (und damit auch das Leben) anderer Personen respektieren zu müssen, kann für das zweite Personkonzept, das auf zusätzlichen Regeln beruht, die innerhalb des Freiheitsrahmens definiert werden und nicht zugleich direkte Auslegungen der Freiheitsrechte sind, jedoch kein Anspruch auf Allgemeingültigkeit erhoben werden. Die Fundierung zusätzlicher Regeln besteht nach Engelhardts Ansicht in einem allgemeinen Konsens über die jeweilige Regel, die insofern auf teleologische oder konsequentialistische Überlegungen zurückgeführt werden kann und für die nur so lange Geltung beansprucht werden kann, wie ihr durch die moralischen Akteure zugestimmt wird. Die Bestimmung des moralischen Status ungeborenen menschlichen Lebens ist Engelhardt zufolge als ein Gegenstand der Einigungsnotwendigkeit der moralischen Akteure zu verstehen.

---

[8] Siehe Kapitel 4.2 u. 4.3.

> Respect of freedom, not as something to be valued, but as a side con-
> straint, or condition for moral life, produces the deontological matrix
> within which teleological or consequentialist considerations, such as
> those bearing on the use of the fetus, must be framed.[9]

Während somit das Lebensrecht von Personen im strengen Sinne unabhängig
von Interessen und Präferenzen allgemeinverbindlich deontologisch-kantisch
begründet ist, obliegt die Bestimmung des moralischen Status von Wesen, die
nicht Personen im beschriebenen Sinne sind, der friedfertigen Verhandlung
[peacable negotiation] und Entscheidung der Gemeinschaft moralischer Agenten. Einzige Bedingung dieses Entscheidungsprozesses ist der Respekt vor der
Freiheit anderer moralischer Agenten.

> That is, rules with regard to the termination of human biological life,
> which life is not also that of a person in a strict sense, will need to be
> justified in terms of wether such practices will in general support the
> interest of persons in particular goods and values, including those of
> moral character.[10]

Parameter der Beurteilung sind die Interessen der von der Entscheidung betroffenen Personen im strengen Sinne. Menschliche Embryonen und Föten sind
nach diesem Ansatz nicht moralisches Subjekt, sondern moralisches Objekt,
d. h., ihr moralischer Wert ist kein intrinsischer, sondern wird aus den Interessen
von Personen (im strengen Sinne) auf sie projiziert, sie haben, weil sie Wesen
sind, die unfähig sind, am moralischen Diskurs teilzunehmen, allenfalls extrinsischen Wert: „human biological life may be a moral object in a special sense,
even when it is not a moral subject in the sense of a moral agent".[11]

Personen im sozialen Sinne:
Bei dem Konzept der Person im sozialen Sinne handelt es sich nach Engelhardts
Ansicht um die allgemeine konsensuelle Praxis, bestimmte *Wesen mit Person-
Rechten auszustatten, obwohl sie keine Personen sind.* Sie ergibt sich nach Engelhardt aus der sozialen Rolle, die diese Wesen in der Gemeinschaft moralischer
Agenten innehaben können, und – damit verbunden – aus den Sicherheitsinteressen der Gemeinschaft von Personen im strengen Sinne. Neben den Personen
im strengen Sinne, unter die weder Embryonen und Föten noch Säuglinge und
schwerst geistig Behinderte etc. fallen, gibt es nach Ansicht Engelhardts Menschen, die Personen *genannt werden* und aufgrund des Konsenses auch so genannt werden *sollen,* obwohl sie nach Maßgabe des Personbegriffs im strengen

---

[9] H.T. ENGELHARDT, „Viability and the Use of the Fetus", S. 186.
[10] Ebd.
[11] Ebd.

Sinne keine Personen im Sinne moralischer Agenten sind. Unter diese Kategorie fallen beispielsweise Säuglinge und schwerst geistig Behinderte, die, obwohl sie keine Pflichten übernehmen können, Person-Rechte haben. Die allgemeine Praxis dieses Konzeptes der Person im sozialen Sinne erklärt Engelhardt mit dem grundlegenden Bedürfnis von Personen, ihre Güter und Interessen zu schützen:

> Our treatment of instances of human life that are not also persons must be explained in terms of general practices established to secure important goods and interests including the development of kindly parental attitudes to children, concern and sympathy for the weak, and protection for persons in the strict sense when it is not clear that they are still alive.[12]

Wenn Engelhardt hier die Bedeutung der allgemeinen Praxis des Konzepts der Person im sozialen Sinne betont und auch dazu auffordert, die Praxis als Orientierungshilfe für Entscheidungen über die Wertzuschreibung zu nutzen, so erinnert dies an die bereits im vorangegangenen Kapitel erörterte Konzeption der Ideal- und Praxisnorm. Zwar unterscheiden sich die Überlegungen Birnbachers und Hoersters zum Konzept der Praxisnormen von der Engelhardtschen Aufforderung zur Orientierung an einer allgemeinen Praxis insofern, als die Praxisnormen nicht mit einem zweiten Personkonzept identifiziert, sondern eher pragmatisch unter Ansehung verschiedenster Problemaspekte[13] hergeleitet werden. Es stellt sich dennoch die Frage, ob nicht letztlich das Konzept der Praxisnormen im Konzept der Person im sozialen Sinne enthalten ist und möglicherweise einige der Schwierigkeiten, die das Personkonzept mit sich bringt, überwinden kann: Die Problematik der Praxisnorm lag in der Frage, wie denn Praxisnormen aus Idealnormen hergeleitet werden können. Das heißt, es ergab sich erstens die Frage, welcher – über eine Klugheitsvermutung hinausgehende – Zusammenhang zwischen der Idealnorm und ihrer Konkretisierung als Gefüge von Praxisnormen besteht, und zweitens die Frage, wer denn beanspruchen kann, Praxisnormen zu entwerfen und durchzusetzen. Auf den ersten Blick scheint es, als sei diese Schwierigkeit in Engelhardts Konzept der Person im sozialen Sinne überwunden, und zwar dadurch, daß dieses Konzept, auch wenn es faktisch mittelbar mit dem Konzept der Person im strengen Sinne verbunden ist, für sich allein Bestand hat bzw. Geltung beanspruchen kann. Ein logischer

---

12 Ebd., S. 190. Siehe auch DERS., *The Foundations of Bioethics*, S. 117.

13 Solche Aspekte sind beispielsweise die Divergenz der philosophisch-theoretischen Fassung des Personbegriffs und seiner lebensweltlichen Verwendung, ferner die Praktikabilität einer Handlungsnorm, die Entlastung nicht-idealer Akteure durch eine „einfache" Regel und – nicht zuletzt – die Vermeidung der Furcht vor Dammbruchgefahren. (Siehe dazu Kapitel 2.2 u. 4.3.)

oder pragmatischer Zusammenhang – im Sinne eines Herleitungsverhältnisses – zwischen der Begründung des moralischen Werts von Personen im strengen Sinne und von Personen im sozialen Sinne ist nicht zwingend. Im Gegenteil scheint es Engelhardt zunächst gerade darum zu gehen, den Geltungsanspruch des Konzeptes allein aus dessen konsensueller Praxis abzuleiten. Der Geltungsanspruch des normativen Konzeptes der Person im sozialen Sinne wäre dementsprechend im faktisch bestehenden Konsens aller moralischen Akteure einer Gemeinschaft begründet. In dem Moment aber, in dem Engelhardt nach Gründen für den Konsens fragt und ihn mit den Sicherheitsinteressen der moralischen Akteure erklärt, diese aber auch auf ihre Berechtigung hinterfragt, wird der Geltungsanspruch des Konzeptes in Frage gestellt. Es zeigt sich, daß das Konzept nicht nur über die Begründung der Praxisnormen nicht hinauskommt, sondern zusätzlich auf einer Prämisse beruht, die im Konzept der Praxisnorm m. E. mit Fug und Recht problematisiert wird: Im Ansatz Engelhardts muß von der Entscheidungskompetenz der Gesamtheit der moralischen Akteure ausgegangen werden, während sich die Konzeption der Praxisnormen gerade auf deren Fehlbarkeit bezieht. Hinzu kommt, daß auch die Ableitungen bzw. Schlußfolgerungen aus dem Konzept der Person im sozialen Sinne nicht eindeutig sind. Dies wird an Engelhardts eigenen Übertragungen seines Konzeptes auf die Statusproblematik deutlich.

Anwendung des Konzepts der Person im sozialen Sinne:
Während Engelhardt noch in seinem 1984 veröffentlichten Aufsatz unter Bezugnahme auf die Praxis des Konzeptes der Person im sozialen Sinne eine starke Begründung des Lebensrechtsbeginns mit dem Zeitpunkt der Überlebensfähigkeit anstrebt, nimmt er 1986 in den „Foundations of Bioethics" weitgehend davon Abstand. Noch 1984 ist Engelhardt von der Frage ausgegangen, ob ein dem extrinsischen Wert von Kindern als Personen im sozialen Sinne vergleichbarer Wert nicht auch Embryonen und Föten zugestanden werden kann und muß. Den Ausgangspunkt seiner Auseinandersetzung bildete eine Situation, in der in bezug auf Fötus und frühgeborenen Säugling (!) im gleichen Entwicklungsstadium insofern ein Doppelstandard zu vermeiden ist, als sich die Situation ergeben kann, daß ein zu früh geborener Fötus unter großem medizinischen Aufwand am Leben erhalten wird, während ein anderer, gleichaltriger Fötus abgetrieben wird. Obwohl Engelhardt auch 1984 schon einen moralisch relevanten Unterschied darin sah, daß der eine Fötus „ungewollt", der andere aber „gewollt" ist, hielt er es für ethisch und kulturell geboten, auf der Grundlage des Konzepts der Person im sozialen Sinne eine ‚Gleichbehandlung' zu etablieren und Doppelstandards zu vermeiden. Da auch der zu früh geborene Säugling die soziale Rolle eines Kindes – dem konsensgemäß Personstatus zukommt – übernimmt, sollte nach Engelhardts damaliger Ansicht dem noch im Uterus verbliebenden Fötus im gleichen Entwicklungsstadium ebenfalls diese

Rolle und damit ein Lebensschutz zugeschrieben werden. Er sah deshalb die
Lebensfähigkeit als den Zeitpunkt an, zu dem ungeborene Menschen als Personen im sozialen Sinne anerkannt werden sollten. Unter Lebensfähigkeit verstand
er dabei das Entwicklungsstadium, in dem frühgeborene gewollte Menschen mit
minimalem medizinischen Aufwand überleben.[14]
    In den zwei Jahre später erschienenen „Foundations of Bioethics" räumt
Engelhardt dem Konzept der Person im sozialen Sinne im Unterschied zu seiner
früheren Haltung dann nur noch sehr wenig normsetzende Kraft ein: Ganz im
Gegenteil belegt er im Grunde die Fallibilität des Konzeptes, indem er im Zusammenhang mit der Frage nach der Moralität der Kindstötung anhand historischer Beispiele nachweist, daß die Kindstötung zum einen in der westeuropä-
ischen Kulturgeschichte verankert ist und daß sie zum anderen die Werte und
Sicherheitsinteressen der Personen im strengen Sinne nicht zu gefährden
scheint.[15] Engelhardt geht somit nicht mehr von dem Konsens über die Anwendung des Konzepts der Person im sozialen Sinne mindestens auf Kinder ab der
Geburt aus, sondern er stellt in Frage, ob dieses Konzept in diesem Anwendungsbereich überhaupt den Zweck erfüllt, die Interessen, Güter und Werte von
Personen im strengen Sinne zu schützen, und gelangt dabei zu einem negativen
Ergebnis. Das Resultat dieser Überlegung besteht in der Auffassung, ein prinzipielles Verbot der Kindstötung könne nicht bestehen. Vielmehr begründet er,
letztlich eher im Sinne der Praxisnorm und unter gänzlicher Absehung von
einem normativen Konzept der Person im sozialen Sinne, den Vorschlag, man
solle den Infantizid verbieten, um die allgemeine Praxis der Elternschaft [paren-
ting] zu schützen.[16] Die Tötung eines Kindes wäre demnach allerdings erlaubt,
sobald Rechtfertigungsgründe dafür vorgebracht werden. Da Engelhardt jedoch

---

[14] Die Einschränkung der Definition der Lebensfähigkeit auf den minimalen medizinischen
Aufwand ergab sich aus der Überlegung, daß durch die Verbesserung intensiv-medizinischer
Techniken, mit deren Hilfe immer jüngere Frühgeborene am Leben erhalten werden könnten, das moralische Kriterium der Lebensfähigkeit schon in sehr frühen Schwangerschafts-
bzw. fötalen Entwicklungsphasen Anwendung findet. Das moralische Kriterium sollte
allerdings nach der Meinung Engelhardts unbedingt das Recht der Mutter auf Selbstbestimmung schützen und deshalb einen Schwangerschaftszeitraum nicht unterschreiten, der der
Schwangeren genügend Zeit läßt, sich gegebenenfalls gegen eine Mutterschaft und für eine
Abtreibung zu entschließen.

[15] Siehe H.T. ENGELHARDT, The Foundations of Bioethics, S. 228 ff. – Engelhardt weist hier
darauf hin, daß beispielsweise im Mittelalter und im Nationalsozialismus die Kindstötung
verboten war. Die Tatsache, daß andererseits gerade diese Epochen Beispiele für die massen-
hafte Verfolgung und Tötung von Menschen sind, sieht Engelhardt als einen Beleg dafür an,
daß das Verbot der Kindstötung keineswegs die allgemeine Wertschätzung menschlichen
Lebens fördert, bzw. umgekehrt als Beleg dafür, daß die Erlaubnis der Kindstötung auch
nicht die allgemeine Wertschätzung menschlichen Lebens verringert.

[16] Siehe ebd., S. 229.

gerade in bezug auf Elternschaft die Freiheitsrechte des Einzelnen betont, ist kaum noch zu erkennen, welche Gründe *nicht* als Rechtfertigung dafür vorgebracht werden könnten, das eigene Kind zu töten. Engelhardts Position klärt die Frage nach den Bedingungen des Lebensrechts am *Übergang* von menschlichem und personal-menschlichem Leben noch weniger als das Konzept der Praxisnorm und auch als die Position Peter Singers. Während Singer für die Praxis noch eine Sicherheitsmarge fordert und das Konzept der Praxisnorm von Hoerster und Birnbacher gerade auf die Verfestigung einer Sicherheitsmarge zielt, ist der Status von Wesen, die nicht Personen im strengen Sinne sind, bei Engelhardt gänzlich der subjektiven Beurteilung durch den jeweiligen moralischen Agenten unterworfen. Ein Konsens hat – sofern er überhaupt besteht – damit gar keine über die Normen, auf die er sich ohnehin bezieht, hinausgehende normative Bedeutung.

Bewertung des Konzepts der Person im sozialen Sinne:
Der Versuch Engelhardts, über das Konzept der Person im sozialen Sinne als Ergänzung zu einem deontologischen Personkonzept eine verbindliche Orientierungshilfe für die Bewertung des moralischen Status menschlichen Lebens zu erlangen, muß als gescheitert angesehen werden. Es zeigte sich, daß das Konzept der Person im sozialen Sinne als Kriterium für die Statusbestimmung durch die theoretische Vorannahme eines deontologischen Personbegriffs und seiner normativen Bedeutung im liberalistischen Ansatz Engelhardts in mehrfacher Weise aufgehoben wird. Verbindlich ist im Ansatz Engelhardts lediglich das Gebot, die Freiheit von vernunftbegabten Wesen, die er als Personen im strengen Sinne bezeichnet, zu respektieren, und zwar gebührt ihnen dieser Respekt, weil sie als Vernunftbegabte die Bedingung der Möglichkeit einer moralischen Gemeinschaft darstellen. Sie sind somit in der Lage, in friedfertiger Auseinandersetzung zu Konsensen zu gelangen, aber sie sind ebenso frei, einen Konsens zu verweigern; in diesem Fall greift die Pflicht, die Freiheit der einzelnen vernunftbegabten Person, d.h. der Person im strengen Sinne, zu respektieren. Das Kriterium der *Person im sozialen Sinne* als Konsens über die besondere extrinsische Wertschätzung spezifischer Entitäten ist 1. *bereits durch Freiheitsrechte von Personen im strengen Sinne hinfällig*, weil sie auf der Grundlage der liberalistischen Ausgangsprämisse Engelhardts berechtigt sind, den moralischen Wert von Personen im sozialen Sinne privat und subjektiv zu bestimmen. Ein Mehrheitskonsens über den Status von Personen im sozialen Sinne – von dem Engelhardt ursprünglich ausgeht – kann unter dieser liberalistischen Prämisse somit keine Verbindlichkeit beanspruchen. Hinzu kommt, daß 2. auch ein Konsens über die *Gründe der Statuszuschreibung* (etwa die Sicherung übergreifender Interessen von Personen im deontologischen Sinne) das Kriterium der Person im sozialen Sinne nicht zu stärken vermag, da prinzipiell in Frage gestellt werden kann, ob die Norm überhaupt ein adäquates Sicherungsinstrument darstellt. Ein Beispiel

dafür ist Engelhardts Exkurs über die historisch nicht belegbare Korrelation von Lebensschutz nicht-personaler Lebensphasen des Menschen und dem Lebensschutz der Person, den er als Argument gegen die Auffassung anführt, der Schutz des Lebens der Person im sozialen Sinne diene der Sicherung des Lebensschutzes der Person im deontologischen Sinne. Und schließlich ist 3. die Existenz des Kriteriums, d.h. die *konsensuelle Praxis des Konzepts der Person im sozialen Sinne, selbst in Zweifel zu ziehen.* Es kann nämlich – nicht zuletzt angesichts der gegenwärtigen Diskussionen über lebenserhaltende Maßnahmen bei schwerstgeschädigten Neugeborenen – mehr und mehr bestritten werden, daß es überhaupt einen Konsens darüber gibt, Säuglinge in der Rolle des Kindes anzusehen und ihnen damit den Status der Person im sozialen Sinne zuzusprechen.

Im Anschluß an die Ausgangsfrage, ob der Ansatz Engelhardts eine Möglichkeit bietet, lebensweltlich existierende moralische Konsense aufzuspüren und innerhalb eines normentheoretischen Ansatzes zu operationalisieren, muß festgestellt werden, daß dies nicht gelungen ist. Meiner Ansicht nach liegt jedoch die Problematik in Engelhardts Position weniger in der Diagnose des Konzepts der Person im sozialen Sinne selbst, sondern vielmehr in der normativen Interpretation dieses Personkonzeptes. Engelhardt überschreitet m.E. die Grenze von historischer Realität und eigener normativer Forderung. Das Lebensrecht ist in unserem Kulturkreis nämlich faktisch nicht aus den von Engelhardt gezeichneten Personbegriffen hergeleitet, sondern aus der Vorstellung vom Sonderstatus der Gattung „Mensch", d.h. aus dem Menschenbild des ‚animal rationale' und der ‚imago dei'. Folglich entspricht hier das Lebensrecht von Kindern nicht einem pragmatisch begründeten Begriff der Person im sozialen Sinne, sondern Gesetzen, die, fußend auf dem tradierten abendländischen Menschenbild, Kindern ein Lebensrecht gewähren.

Personen im psychischen Sinne:
Auf diesen Aspekt bezieht sich auch Tauers Kritik an der Position Engelhardts:

> Families do accept newborns, with rare exceptions, as children and as persons. This sort of attributed personhood is a matter of cultural objectivity. Its inherent moral implications cannot be set aside in order to facilitate consistency with what may appear to be a reasonable approach to the moral status of the late-term fetuses.[17]

Tauer strebt einen Ansatz an, der sich in seinen Konsequenzen mit faktisch gegebenen kulturellen Auffassungen deckt. Ähnlich wie Engelhardt geht auch Tauer von einem zweiten Person-Konzept aus. Sie unterscheidet zwischen Personen im strengen Sinne (wobei dieser Bergiff dem von Engelhardt definierten entspricht) und Personen im *psychischen* Sinne.

---

[17] C.A. Tauer, *The Moral Status,* S. 193.

> A prenatal human entity is a person in the psychic sense if and only if:
> (1) the person has the potential to become a person in the strict sense;
> and (2) the entity has the physiological capacity to retain in some way
> what might be called ‚memories' of happenings. [...] this capacity could
> not exist until there is some development of the central nervous system.
> The onset of discernible brain waves, which have been reported at six
> weeks' gestation, seems to be the earliest point at which to set the boun-
> dary of this category.[18]

Die Kategorie der Person im psychischen Sinne ist dabei nicht durch die Interpretation einer gesellschaftlichen Konvention begründet, sondern sie wird vom
deontologischen, d.h. strengen Personbegriff abgeleitet:

> The moral significance of the category of person in the psychic sense
> derives from its close relationship to the category of person in the strict
> sense. [...] (1) There is a continuity of experience between a person in
> the psychic sense and the person in the strict sense which he or she
> develops into. (2) The experience of a person in the psychic sense affects
> the development of the characteristics which specifically give moral
> significance to personhood in the strict sense.[19]

Die Verbindung, die von Tauer zwischen der Person im psychischen Sinne und
der Person im strengen Sinne angenommen wird, ist die der kontinuierlichen
Erfahrung und damit der Identität. Teil des Personseins im strengen Sinne ist
das psychische Personsein, das nach Auffassung Tauers bereits vor der Geburt
beginnt. Im Unterschied zur bereits behandelten Identitätsargumentation,[20] die
sich auf die körperliche Identität bezog, liefert Tauer damit eine Identitätsargumentation, die sich auf eine psychische Identität – im Sinne einer kontinuierlichen Entwicklung und eines Nicht-Verloren-Gehens von Erfahrungen –
von Fötus und der aus ihm erwachsenden Person bezieht. Im Gegensatz zur
körperlichen Identität, für die die moralische Relevanz vor allem deshalb bestritten wurde, weil sie nicht zu den notwendigen Bedingungen des Personseins
gehört, zielt nach Tauers Ansicht die Definition der Person im psychischen
Sinne direkt auf die moralisch relevanten Eigenschaften der Person im deontologischen Sinne:

> The psychic sense of person is truly a sense of *person*, because its de-
> fining characteristics are closely linked to those of person in the strict
> sense, especially as those characteristics carry moral significance.[21]

---

[18] Ebd., S. 215.

[19] Ebd.

[20] Siehe Kapitel 3.3.2.

[21] C.A. Tauer, *The Moral Status*, S. 203.

Gegenüber dem Ansatz Engelhardts geht es Tauer also nicht darum, einen zweiten, vom deontologischen Personbegriff unabhängigen Personbegriff zu begründen und dessen moralische Relevanz zu erörtern, sondern sie zielt vielmehr auf die moralische Relevanz des Prozesses der Entwicklung zur Person. Die Person im psychischen Sinne bezeichnet im Ansatz Tauers somit gleichsam die Vorform der Person, die als moralischer Agent zum Träger der moralischen Gemeinschaft wird und deshalb besondere Rechte für sich in Anspruch nehmen kann. In bezug auf den intrinsischen moralischen Wert der Person stimmt Tauer folglich mit Engelhardt überein.

> The concept of person specifies ontological characteristics which are necessarily related to moral claims, since a being possessing these characteristics is both a moral agent and a being of intrinsic moral worth.[22]

Während Engelhardt jedoch – wie auch Singer – den moralischen Wert der personalen Existenz eines Wesens an die *aktuelle* Fähigkeit des Wesens, seine personalen Qualitäten zum Ausdruck zu bringen, bindet, fordert Tauer, auch bereits der Vorform der Person Personstatus zuzuschreiben. Dies ist zunächst unplausibel, weil die Forderung nach aktuellem Personsein im Rahmen der Positionen Engelhardts und Singers durchaus konsistent ist. Wenn nämlich die Person allein wegen und nur für die Dauer ihrer Fähigkeit zu moralischem Handeln besondere Rechte genießt, so ist nicht ersichtlich, warum diese Rechte auch auf Lebensstadien angewendet werden sollen, in denen diese Fähigkeit noch nicht besteht. Allerdings besteht ein Aspekt, der bei Engelhardt völlig unberücksichtigt bleibt, in der Frage, wie die ontologischen Strukturen, die in den Forderungen nach Rationalität und Selbstbewußtsein zum Ausdruck gebracht werden, konkret verfaßt sind. Tauer schließt in diesem Zusammenhang an die Erkenntnisse der Psychoanalyse an und beschreibt bewußte, aber auch – und dies ist für ihren Ansatz grundlegend – *nicht-bewußte* Erfahrungen als konstitutives Moment des mentalen Lebens des Individuums:

> Rather, I maintain that nonconscious experience is significant because of the contribution it makes to the psychological life of the individual.[23]

Unter Berufung auf neuere Erkenntnisse der Neurophysiologie und pränatalen Psychologie kann Tauer davon ausgehen, daß schon in *vorgeburtlichen Entwicklungsstadien* Erfahrungen gemacht werden, die gemeinsam mit den bewußten und unbewußten Erfahrungen nach der Geburt in der psychischen Konstitution der Person kumulieren.

---

[22] Ebd., S. 216.
[23] Ebd., S. 211.

Fußend auf diesen Forschungsergebnissen kann Tauer plausibel dafür argumentieren, daß zwischen den Erfahrungen des Fötus und den Erfahrungen der
Person, die aus ihm potentiell und kontinuierlich entsteht, ein Identitätsverhältnis besteht. Nicht plausibel ist jedoch die moralische Relevanz, die Tauer der
Identität dieser nicht-bewußten Erfahrung beimißt: Zwar ist angesichts der
Erkenntnisse der Neurophysiologie und der Psychoanalyse kaum zu bestreiten,
daß die „Identität" einer Person und ihre Handlungen nicht nur durch bewußte,
sondern auch durch unbewußte und vorbewußte Faktoren geprägt sind, aber es
kann aus den moralisch relevanten Kriterien des strengen Personbegriffs m. E.
eben nicht gefolgert werden, daß die moralische Relevanz für jede Art der Erfahrung als psychische Grundlage moralischer Handlungsfähigkeit gilt. Leider
expliziert Tauer nicht, welcher Zusammenhang ihrer Ansicht nach zwischen der
deontisch als Handlungssubjekt verstandenen Person und deren Psyche in
bezug auf das moralische Handeln besteht. Einerseits bestätigt Tauer das deontische Verständnis der Person, die durch Rationalität, Selbst-Bewußtsein und
Freiheit charakterisiert ist,[24] andererseits aber geht sie von einem holistischen
Begriff des mentalen Lebens aus[25] und schließt somit Aspekte ein, die dem deontischen Subjekt- bzw. Personbegriff im Grunde widersprechen. Diese Konsequenz scheint Tauer aber nicht bewußt zu sein. Insofern nämlich die moralische
Relevanz der deontologisch verstandenen Person ausschließlich den bewußten
und reflektierten Strukturen zuzurechnen ist, müßte sie zumindest problematisieren, ob nicht folglich auch nur den bewußten und reflektierten Erfahrungen
bzw. den Erfahrungen, die bewußt werden können und reflektierbar sind, als
konstitutives Element der Rationalität und des Selbstbewußtseins von Personen
moralischer Wert beigemessen werden müßte. Wenn Tauer sich für ihre Begründung des Konzeptes der Person im psychischen Sinne schon auf die Psychoanalyse bezieht, dann müßte sie auch die Frage diskutieren, ob prinzipiell alle
unbewußten Erfahrungen einer bewußten Reflexion zugänglich werden können,
denn nur unter dieser Voraussetzung können sie nach Maßgabe des deontologischen Verständnisses vom moralischen Wert der Person moralisch relevant sein.
Ist diese Frage jedoch mit „nein" zu beantworten – und die psychoanalytische
Konzeption der Relevanz, wenn nicht sogar des Primats, des Unbewußten
sowie die Tatsache, daß der Mensch als Teil der Phylogenese durch nicht be-
wußtseinsfähige Erfahrungen geprägt ist, enthält gute Gründe für eine solche
Annahme –, dann wäre das deontische Verständnis der Person selbst (wie dies ja
auch innerhalb wichtiger Strömungen der Psychoanalyse und philosophischen
Psychoanalyse-Rezeption geschieht) in Frage zu stellen.[26] Sowohl das Konzept

---

[24] Siehe ebd., S. 219.

[25] „It is I as an experiencing and continuing whole, a whole which is a person in the strict
sense, that has moral significance." (Ebd., S. 218)

[26] Es kann an dieser Stelle keine eigene Darstellung und Diskussion der Psychoanalyse

der Rationalität als auch das Konzept des Selbst-Bewußtseins als Kriterien des
moralischen Werts der Person erweisen sich vor dem Hintergrund der Theorie
des Unbewußten möglicherweise als Fehlkonzeptionen: Handlungen, die nicht
Ergebnis der Intentionalität eines sich selbst bewußten, identischen Subjekts
sind, sondern (teilweise) von unbewußten Prozessen abhängen, sind allenfalls
scheinrationale Handlungen, und ein Selbstbewußtsein, dem nur ein Teil des
Selbst bewußt ist, kennt sich „im eigenen Haus" nicht aus.[27]

Die Bedeutung des Ansatzes von Tauer liegt somit weniger im Erfolg ihres
Versuchs begründet, den Beginn der Person im strengen bzw. deontischen Sinne
herauszuarbeiten. Dieser Versuch muß sogar als gescheitert angesehen werden.
Zwar ist ihr der Identitätsnachweis von Fötus und dem Erwachsenen, der aus
ihm potentiell entsteht, über den Hinweis auf die kontinuierliche Kumulation
bewußter und unbewußter Erfahrungen gelungen, aber die moralische Relevanz
der unbewußten Erfahrungen (vor allem in fötalen Lebensstadien) bleibt auf der
Grundlage des deontologischen Verständnisses des Personbegriffs unklar. Das,
wenn auch unbeabsichtigte, Verdienst des Ansatzes von Tauer besteht m. E.
allerdings darin, daß Tauer überhaupt den Aspekt der Entwicklung und der
Verfaßtheit psychischer Strukturen im Zusammenhang mit der Bestimmung des
Personstatus menschlicher Embryonen und Föten thematisiert hat. Diese Thematisierung hat verdeutlicht, daß die Frage nach der Rationalität des Subjekts
und nach dem Verständnis des Subjekts unhintergehbar ist. Die Verwendung
eines deontologischen Personbegriffs wird, sofern nicht zugleich auch erörtert
wird, was unter Rationalität und Selbst-Bewußtsein zu verstehen ist, zur bloßen
Hommage an die Begriffe des philosophischen Idealismus. Im Rahmen der Statusdiskussion ist durch die Theorie des Unbewußten allerdings nicht allein die
Möglichkeit der Verwendung eines deontologischen Personverständnisses in
Zweifel gezogen, sondern es ergeben sich zusätzlich Fragen im Hinblick auf die
Anwendung eines solchen Person- und Subjektverständnisses auf die Grenz-
bereiche so verstandener Personalität. In bezug auf die Position Engelhardts
bedeutet dies, daß zum einen der von ihm verwendete Personbegriff in Frage zu
stellen ist und daß zum anderen – diesmal unter einem anderen Aspekt – fraglich
ist, ob das Vorhandensein von Rationalität und Selbst-Bewußtsein überhaupt
mit sprachlichen und aktionalen Äußerungsformen zu identifizieren ist. Tauers
Verweis auf die psychologische und neurophysiologische Verfaßtheit von
Rationalität und Selbst-Bewußtsein hat m. E. verdeutlicht, warum ein Personbegriff, der den moralischen Wert der Person über die Aspekte der Rationalität

---

erfolgen. Da aber Tauer selbst sich auf Psychoanalyse bezieht, mögen diese knappen kritischen Anmerkungen angemessen sein.

[27] Siehe S. FREUD, „Vorlesungen zur Einführung in die Psychoanalyse, XVIII. Vorlesung:
Die Fixierung an das Trauma, das Unbewußte", in: *S. Freud: Gesammelte Werke*, Bd. XI, S.
294 f., und S. FREUD, „Eine Schwierigkeit der Psychoanalyse", ebd., Bd. XII, S. 1–12.

und des Selbst-Bewußtseins bestimmt – zumindest im Rahmen der Statusdiskussion –, nicht brauchbar ist. Der holistischen Perspektive auf das mentale Leben der Person kann man – darin ist Tauer zu folgen – nicht entgehen, weil eine moralische Differenzierung des Rationalen als der Summe des (moralisch relevanten) Bewußten und des Irrationalen als der Summe des (moralisch irrelevanten) Unbewußten nicht möglich ist.

Sämtliche Positionen, die den Geltungsbereich des Lebensrechts an die Fähigkeit zu Rationalität und Selbst-Bewußtsein binden, lassen sich auf die Forderung nach der Fähigkeit zur Äußerung dessen reduzieren, was gemeinhin von außen als Rationalität und Selbst-Bewußtsein rezipiert wird. Diese Form der Äußerungsfähigkeit ist aber ihrerseits nicht moralisch begründet, so daß schon aus diesem Grunde – d.h. selbst schon, wenn man (noch) gar nicht die Frage nach der philosophischen Haltbarkeit des deontologischen Personbegriffs selbst stellt – die entsprechenden Positionen nicht angenommen werden können.

5.3 Konsense über den moralischen Umgang mit funktionierenden menschlichen Gehirnen – Zur Analogisierung von Hirntod und Hirnleben

Innerhalb der angewandten Ethik hat es sich verschiedentlich als wünschenswert, wenn nicht sogar als notwendig erwiesen, an einen moralischen Status quo, d.h. an die Realität einer moralischen Praxis, anzuschließen und sie im Prozeß der Normenfindung normativ zu berücksichtigen. Die normative Berücksichtigung von etablierten Normen soll dabei die Kompatibilität der abgeleiteten (neuen) Normen mit der sozialen Realität und damit auch die politische Durchsetzbarkeit dieser Normen sicherstellen. Unklar ist allerdings noch die methodische Absicherung einer solchen Berücksichtigung: Neben der grundlegenden Frage, ob nicht die Einlösung des kritischen Anspruchs der Philosophie eher eine Distanz zu sozialen Praktiken erfordert, ergibt sich die praktische Frage, auf welche Weise eine moralische Praxis überhaupt diagnostiziert und wie sie dann entsprechend normativ genutzt werden kann. Obwohl ein einheitlicher Ansatz zu diesem Problem bisher nicht vorliegt, können methodische Tendenzen ausgemacht werden: gesucht wird nach gesellschaftlichen Konsensen. Als Konsens wird hierbei allerdings nicht die reflektierte Zustimmung aller von einer Norm Betroffenen verstanden, sondern „Konsens" steht in diesem Zusammenhang für eine weitgehend ,störungsfreie' (und häufige) Anwendung einer moralischen Regel. Die Störungsfreiheit, d.h. die Abwesenheit massiven öffentlichen Protests angesichts der Regelanwendung, wird dabei als mehrheitliche Zustimmung zur Regel interpretiert, und die Regel selbst gilt fortan als Ausdruck für die Kompatibilität der ihr zugrundeliegenden Norm mit den – durchaus unterschiedlich begründeten – mehrheitlich geteilten Wertvorstellungen. Die dieser methodischen Tendenz zugrundeliegende These lautet, daß je relevanter die in diesem Sinne konsensuelle Norm für die moralische Fragestellung ist, desto eher eine im gleichen Sinne konsensfähige Norm für den fraglichen Themenbereich gefunden werden kann.

Die implizite Prämisse dieser methodischen Tendenz besteht in der Auffassung, daß pluralistische Wertvorstellungen zwar nicht auf der Ebene der Letztbegründung, wohl aber auf der Ebene der Handlungsnorm harmonisierbar sind.

Im Rahmen der Statusdiskussion kann auf der Grundlage dieser Vorannahmen die Leitfrage formuliert werden, ob es in der gegenwärtigen Gesellschaft etablierte Handlungsnormen gibt, die auf einer Unterscheidung von schützenswertem und nicht zu schützendem menschlichen Leben beruhen. Ziel dieser Fragestellung ist die Auffindung eines Konsenses, der für die Fragestellung der Statusdiskussion insofern relevant ist, als er eine Differenzierung vornimmt, die auch im Rahmen der Definition des Beginns des individuellen Lebensrechts gesucht ist. Die These der Hirnleben-Position besteht in der Auffassung, daß es auf der Grundlage eines allgemeinen Konsenses über die moderne Todesdefinition möglich ist, eine ebenso konsensfähige und der Hirntod-Definition analoge Definition des Hirnlebens zu formulieren.

Die Hirntod-Definition als gesellschaftlicher
Konsens über das Ende des Lebensrechts:
Die Null-Linie des Elektroenzephalogramms ist in den letzten Jahren zum dramaturgischen Sinnbild des Ablebens einer Person geworden. Im Film steht dieses Bild – im Gegensatz zum wenig bedeutsamen schnellen Tod der Protagonisten im Genre der Actionfilme – für das Ende der Hoffnung auf Lebensrettung und damit für das leidvolle Abschiednehmen und die unausweichliche existentielle Bedrohung durch den Tod. Wo die Null-Linie des EEGs zur Großaufnahme wird, ist das Ende der modernen Person thematisiert. Zumindest auf dieser grundsätzlichen Ebene ist die Metapher inzwischen für jedermann verständlich: das funktionale Ende des Gehirns steht für das absolute Ende lebendiger Beziehung. Hoffnung muß von dort aus metaphysisch ins Jenseitige oder technisch ins Zukünftige transportiert werden. Filmisch hat sich in bezug auf letzteres vor allem das Genre der Sci-Fi zur Verfügung gestellt.

Der filmischen Verwendbarkeit der Metapher liegt dabei keineswegs bloß die den Rezipienten gemeinsame technische Information zugrunde, daß eine Person definitionsgemäß als tot gilt, sobald keine Gehirnströme mehr meßbar sind. In diesem Fall wäre es nicht möglich, über das Sinnbild der Null-Linie emotionale Betroffenheit auszulösen. Da dies aber zweifellos gelingt, scheint es neben der Akzeptanz der technisch-definitorischen Bedeutung der Null-Linie ein Einvernehmen darüber zu geben, daß das funktionale Ende des Gehirns die Sinnlosigkeit aller weiteren Bemühungen um das Leben der Person bedeutet.

Das Einvernehmen über diese Bedeutung des Hirntodes wird im Rahmen der Hirnleben-Position als allgemeiner Konsens interpretiert, der darin besteht, menschliche Hirnfunktion mit der notwendigen physischen Grundlage personalen – und damit moralisch schützenswerten – Lebens zu identifizieren. Es wird, ausgehend von dieser Interpretation, nicht mehr hinterfragt, wie die Hirntod-Definition moralisch begründet werden kann und soll. Sie gilt vielmehr als vernünftige und letztlich unausweichliche Folge der medizinisch-technischen Handlungsmöglichkeiten, die die vor der Hirntod-Definition gültige Definition des Herz-Kreislauf-Todes insofern außer Kraft zu setzen vermochten, als der Herz-Kreislauf-Tote mit ihrer Hilfe erneut zum Leben erweckt werden kann:

> Der Stillstand von Herz und Kreislauf führt nach 3 Minuten zu einer irreversiblen Schädigung des Gehirns, auf die im zeitlichen Abstand die endgültige Schädigung aller anderen Organe folgt. [...] Die Erfindung der Herzmassage und des Beatmungsgerätes sowie der Ausbau eines unglaublich schnellen und effizienten Rettungssystems haben seither die gelungene Wiederbelebung innerhalb der 3 Minuten zu einer beinahe alltäglichen medizinischen Arbeit der Notärzte in unserem Teil der Welt werden lassen. So spricht man heute bei einem Herz- und Atemstillstand vom klinischen Tod, der nur dann in den endgültigen biologischen Tod übergeht, wenn eine Reanimation [...] ausbleibt oder erfolglos ist.[28]

Gleichzeitig erforderte andererseits auch die Möglichkeit, nach dem Ausbleiben jeglicher Hirntätigkeit die Funktionen des Kreislaufs und des Herzens wie auch anderer Organe über Stunden und Tage erhalten zu können, ein Überdenken des Todesbegriffs. Es kam darauf an, ihn in Einklang mit der Würde des Patienten und dem ärztlichen Auftrag zu bringen.[29] Die Aufrechterhaltung des bloß biologischen Daseins desjenigen, der irreversibel ohne Bewußtsein ist, erscheint dem betroffenen Patienten gegenüber als völlig sinnlose medizinische Maßnahme und pervertiert die ärztliche Pflicht zur Lebenserhaltung. Hinzu kommt, daß der sinnlosen Aufrechterhaltung der Physis des Hirntoten die Option gegenübersteht, noch lebende Organe zu entnehmen, um anderen, Sterbenskranken, ein Leben zu ermöglichen. Die Hirntod-Definition ist damit möglicherweise „ein undiskutierbares Kriterium [...], das von der ethischen Tradition abgedeckt ist und das vor seinem Eintritt den vollen medizinischen und rechtlichen Schutz und die ungeteilte ethische Solidarität mit dem Mitmenschen fordert, nach seinem Eintritt aber einen solchen Schutz und eine solche Respektierung nicht mehr begründet".[30] Die 1968 von der Ad-hoc Kommission der Harvard Medical School vorgeschlagene Hirntod-Definition ist aus diesem

---

[28] I. Schlingensiepen-Brysch, „Wann beginnt das menschliche Leben?", S. 419.
[29] Siehe H.-M. Sass, „Hirntod und Hirnleben", S. 163.
[30] Ebd., S. 167.

medizinisch-ethischen Kontext erwachsen[31] und zur „störungsfrei" anwendbaren Regel im medizinisch-technischen Alltag avanciert. Es scheint so, als läge
mit der Hirntod-Definition tatsächlich ein Konsens vor, der für die Statusdiskussion insofern fruchtbar sein kann, als er die Grenze des Geltungsbereichs des
Lebensrechts am Lebensende bestimmt. Ob der weitgehend reibungslose Umgang mit der Hirntod-Definition als Konsens aufgefaßt werden kann, der auch
normative Implikationen für die Bestimmung der Grenze des Geltungsbereichs
am Lebensbeginn enthält, ist allerdings nicht ohne weitere Überlegungen zu
klären. Es stellt sich vor allem die Frage, inwieweit der Verlust der Hirnfunktion, im Unterschied etwa zum Verlust der Nierenfunktion, hinreichender
Grund für das Ende der Person ist. Diese Fragestellung zielt auf die Klärung des
moralisch relevanten Zusammenhangs von Hirnfunktion und Personalität. Darüber hinaus ergibt sich die Frage, ob und in welcher Hinsicht der Geltungsbereich des individuellen Lebensrechts generell, d.h. auch am Lebensbeginn, an
der Funktionsfähigkeit des individuellen Gehirns orientiert werden kann oder
ggf. sogar muß.

Bedeutungen der Hirnfunktion für die Personalität des Menschen:
Die moderne Bedeutung des Gehirns als des Organs des Kopfes kann durchaus
in einer Linie mit der traditionellen Kopf-Symbolik gesehen werden: So wie die
Kopf-Symbolik auf die unterschiedlichsten Aspekte menschlicher Personalität
verweist, beziehen sich die modernen naturwissenschaftlich-technischen Deu-
tungen der Hirnfunktion – durchaus mit Referenz an die traditionelle Symbolik
– auf wesentliche Aspekte der Personalität. In der traditionellen Symbolik gilt
der Kopf „zusammen mit dem Herzen als der Hauptteil des Körpers, der Sitz
der Lebenskraft, der Seele und der Macht; er bedeutet Weisheit, Geist, Beherr-
schung und Herrschaft. Der Kopf ist der Sitz sowohl der Intelligenz als auch
der Torheit, und auf ihn richten sich Ehre und Unehre zuerst; die Krone des
Ruhms und der Kranz des Sieges werden auf den Kopf gesetzt, aber auch die
Asche der Trauer und der Buße, die Narrenkappe und die ‚Kohlen der Leidenschaft' kommen auf den Kopf."[32]
    Die Funktionsfähigkeit des Gehirns repräsentiert also die notwendige phy-
sische Bedingung der Möglichkeit personalen Seins als Grund der besonderen
moralischen Wertschätzung.
    So formuliert beispielsweise Goldenring:

> Fortunately, it had long been clear that the brain, the seat of con-
> sciousness, emotion and an individual's unique personality held the
> most central vital function in the body. Without its co-ordinating

---

[31] Siehe ebd., S. 164.

[32] J.C. COOPER, *Illustriertes Lexikon der traditionellen Symbole*, S. 94.

action, the organs of a body would be like discordant instruments in a conductorless orchestra – functional perhaps, but unable to play together anything recognisable as a musical composition.[33]

Mit stärkerer Bezugnahme auf die theologische und philosophische Tradition formuliert auch Robert M. Veatch:

There are good theological and philosophical reasons for holding that the human is essentially a thinking, feeling, social animal; that without some rudimentary capacity to percieve others, something very fundamental is missing. If so, an individual may really ‚die' the moment the capacity for these higher-brain functions is irreversibly lost.[34]

Noch konkreter bezieht Sass die weitestgehend reibungslose Etablierung der Hirntod-Definition (im westlichen Kulturkreis) auf ihre Kompatibilität mit der Vorstellung vom Menschen als *animal rationale* in der griechisch-römischen und als *imago dei* in der jüdisch-christlichen Tradition.[35] In beiden Traditionen ist der Sonderstatus des Menschen gegenüber dem Tier mit der Vernunftbegabung, d.h. mit Selbstreflexivität und kommunikativen Fähigkeiten des Menschen, begründet.

Die wichtigsten Traditionen waren sich der Bedeutung der kommunikativen und selbstkommunikativen Fähigkeiten des Menschen für sein Leben bewußt. Es bedurfte nur der Erinnerung an die latente Kraft dieser Identifizierung von kommunikativem und personalem Sein des Menschen.[36]

Die Erinnerung an diese Konzeption des Menschseins und gleichzeitig ihre interpretative Weiterentwicklung im Hinblick auf die modernen medizinischen Handlungsmöglichkeiten hat unter moralpragmatischen Gesichtspunkten nach der Ansicht von Sass bedeutende Vorteile mit sich gebracht:

Der Wechsel von der traditionellen Herz-Kreislauf-Definition zur Hirntoddefinition bringt bemerkenswerte *ethische und medizinische Vorzüge*: (1) Menschliches Leben, das nicht länger Schmerzen empfinden oder kommunikativ sich mitteilen kann, muß nicht länger verlängert werden; [...]. (2) Organe und Gewebe stehen für Mitmenschen zur Verfügung, [...]. (3) Ein einziges Kriterium, das biomedizinisch eindeutig diagnostizierbar und überprüfbar ist, ersetzt Entscheidungen im Einzelfall.[37]

---

[33] J.M. Goldenring, „The Brain-Life Theory", S. 199.
[34] R.M. Veatch, „Defining Death", S. 58.
[35] Siehe H.-M. Sass, „Hirntod und Hirnleben", S. 164.
[36] Ebd.
[37] Ebd., S. 167.

Von der Hirntod-Definition zur Definition des Hirnlebens:
Die Null-Linie des EEGs scheint in der Tat – dies läßt das Vorangegangene
vermuten – der digitalisierte Ausdruck eines tiefsitzenden Konsenses darüber zu
sein, was traditionell als das Schützenswerte am menschlichen Leben aufgefaßt
wird. Unter philosophisch-ethischen wie auch aus politisch-pragmatischen
Gesichtspunkten liegt mit dem Kriterium der Hirnfunktion offenbar eine plausible und technisch meßbare Manifestation der traditionellen und modernen
Auffassung vom Wert menschlichen Lebens vor. Auf der Grundlage des moralischen Einvernehmens über die Definition und das Feststellungskriterium des
Hirntodes und gleichzeitig auf der Grundlage der pragmatischen Vorteile der
neueren Todesdefinition ist von verschiedenen Autoren der Vorschlag formuliert worden, am Lebensbeginn das gleiche Kriterium anzuwenden, wenn es
darum geht, die Schutzwürdigkeit des Fötus festzustellen. Goldenring, der die
Hirntod-Definition eher als eine medizinische Arbeitsdefinition über das
Menschsein ansieht als eine moralische Unterscheidung von Mensch- und Personsein, kommt in bezug auf den Lebensbeginn zu dem Schluß, daß schon aus
Gründen der Konsistenz dieser Arbeitsdefinition der Beginn der Hirnfunktion
als der Zeitpunkt zu gelten hat, zu dem der Fötus – zumindest im Rahmen des
medizinischen Umgangs – wie ein geborener Mensch beurteilt werden muß.

> What is a matter of fact is that medically if a fetus is analysed in the
> same way as a born human, then at eight-weeks gestation with a func-
> tioning brain present, it is a living human being in the biological sense of
> that term. In fact I would argue that when a fetus has a functioning
> brain, one cannot advance any logical argument to show that that fetus
> is not a living human being, at least from the point of view of medi-
> cine.[38]

Die implizite Auffassung, daß der Fötus, bevor er ein funktionierendes Gehirn
entwickelt hat, gemäß der Hirnleben-Definition tot sei, ist unter Maßgabe des
von Goldenring betonten *biologischen* Verständnisses des Menschseins allerdings wenig plausibel. Die Hirntod-Definition zeichnet sich ja gerade dadurch
aus, einen partiellen Aspekt des Sterbeprozesses als Kriterium für den Tod
anzunehmen. Unbestreitbar „leben" andere Teile des Hirntoten auch nach voll-
ständigem Verlust der Hirnfunktion – zumindest für kurze Zeit – weiter. Eine
rein *biologische* Auffassung kann daher m. E. einen Tod schon bei Verlust der
Hirnfunktion nicht sinnvoll begründen. Weniger aus Gründen argumentativer
Logik, sondern eher aus konsens-pragmatischen Gründen kommt Sass allerdings zu einem ähnlichen Ergebnis wie Goldenring:

---

[38] J.M. GOLDENRING, „The Brain-Life Theory", S. 199; siehe auch S. 202 f.

Hirnlebendefinition und Hirntoddefinition [...] beide abgestützt in der ethischen und kulturellen Tradition, stellen den Rahmen dar, innerhalb dessen wir menschliches personales Leben ethisch würdigen und rechtlich schützen und es somit von biologischem menschlichen Leben, Organleben, Zell-Leben, Gewebeleben unterscheiden; Kriterien für Hirnleben und Hirntod sind vergleichbare ethische Parameter, mit denen biomedizinische Fakten ethisch, kulturell und rechtlich konsensfähig interpretiert werden.[39]

Noch expliziter benennt der Theologe Cornwell die pragmatischen Vorteile der Hirnleben-Definition als eine der Hirntod-Definition analoge Bestimmung des Beginns personalen Lebens:

The question of when life ends is in a strict sense as unanswerable as that of when life begins, but measuring the phenomenon by a standard of brain activity has gained a popular acceptance [...]. Utilizing a standard of brain activity for determining the beginning of life would provide consistency in an area of law which cannot appeal to the certainty of scientific measurement.[40]

Die praktische Umsetzung der Hirnleben-Definition würde bedeuten, daß menschlichen Föten etwa ab der 8. Entwicklungswoche[41] ein Lebensrecht zukommt. Abtreibungen wie auch die Tötung von Föten in anderen Handlungskontexten wären nach diesem Zeitpunkt moralisch nicht gerechtfertigt. Auf der anderen Seite wäre die Tötung menschlicher Embryonen und Föten *vor* diesem Zeitpunkt nicht mit der Begründung abzulehnen, es würde das Lebensrecht des Embryos bzw. Fötus verletzt. Im Rahmen der Statusdiskussion nimmt die Hirnleben-Position somit eine *pragmatische* Mittel-Position ein, die die fraglichen Handlungen an vorgeburtlichem menschlichen Leben einerseits – zumindest im Hinblick auf die Schutzpflichten gegenüber menschlichen Föten – moralisch rechtfertigt. Andererseits begrenzt sie diese Rechtfertigung allerdings auf die Frühphase pränatalen menschlichen Lebens und schafft somit eine moralisch eindeutige und technisch meßbare Grenze als Kriterium der moralischen Beurteilung von Handlungen an ungeborenem menschlichen Leben.

Der von den Autoren geäußerte Optimismus, daß mit der Hirnleben-Definition ein konsensfähiger Ansatz zur Klärung der Statusfrage vorliegt, fußt

---

[39] H.-M. Sass, „Hirntod und Hirnleben", S. 174.

[40] J.R. Cornwell, „The Concept of Brain Life", S. 475.

[41] Siehe dazu H.-M. Sass, „Hirntod und Hirnleben", S. 171f.; J.R. Cornwell, „The Concept of Brain Life", S. 477; J.M. Goldenring, „The Brain-Life Theory", S. 202. – Die Festlegung etwa auf die 8. Entwicklungswoche ist in der embryologischen Erkenntnis begründet, daß etwa zu diesem Zeitpunkt erste neuronale Vernetzungen der Hirnzellen entstehen und somit erste Hirnströme meßbar werden.

damit nicht allein auf der Annahme der Kompatibilität des Ansatzes mit mehrheitlichen und tradierten Wertvorstellungen. Hinzu kommt, daß mit der Hirnleben-Definition *verschiedenste Handlungsinteressen* durchgesetzt werden können: Verbrauchende Forschungen an menschlichen Embryonen und Föten können ebenso wie Abtreibungen bis zur 8. Entwicklungswoche durchgeführt werden.[42] Etwaige Forschungsbeschränkungen bedürfen einer ethischen Argumentation, die sich dann allerdings nicht auf Schutzpflichten gegenüber Embryonen oder Föten (in Entwicklungsstadien vor der 8. Woche) beziehen kann.

Was in diesem zweiten Aspekt implizit zum Ausdruck gebracht wird, ist die – m. E. durchaus berechtigte – Vorstellung, daß die Statusdiskussion eben nicht allein von einer Auseinandersetzung um ethische Begründungsansätze getragen ist, sondern, daß es letztlich auch um die Durchsetzung konkreter Handlungsinteressen, und zwar weitgehend unabhängig von ethisch-moralischen Konzepten, geht. Ob allerdings ein *philosophisch-ethischer* Problemlösungsansatz seinerseits so weit gehen sollte, das Maß der Befriedigung von Handlungsinteressen zum *Kriterium* des moralischen Ansatzes selbst zu erheben, ist m. E. fraglich. Zweifellos hat sich im Rahmen der Diskussion anderer Positionen gezeigt, daß es unerläßlich ist, die aus der Anwendung eines theoretischen Ansatzes sich ergebenden praktischen Konsequenzen zu bedenken. Dies entspricht auch der konzeptionellen methodischen Tendenz angewandter Ethik, im Grenzbereich zwischen Philosophie und Politik theoretisch entwickelte Normen hinsichtlich ihrer Durchsetzbarkeit und ihrer Anwendungsfolgen unter konkreten historischen, sozialen und technischen Bedingungen zu überprüfen.[43] In bezug auf diesen Anspruch angewandter Ethik wurde allerdings zugleich thematisiert, daß die in diesem Sinne anwendungsorientierten ethischen Ansätze in der Gefahr stehen, den für die Philosophie wesentlichen kritischen Anspruch aufzugeben.[44] Der Ansatz der Hirnleben-Definition ist dieser Gefahr teilweise erlegen. Der Grund dafür liegt jedoch nicht in der allgemeinen Hinwendung zur Ebene der konkreten Praxis im o. g. Sinne, sondern in der spezifischen Art der Berücksichtigung der Praxis innerhalb der Hirnleben-Definition: Anders als die tendenzielle Konzeption der angewandten Ethik es fordert, liefert die Hirnleben-Position nicht eine normative Begründung des Lebensrechtsbeginns, die auf ihre praktischen Konsequenzen hin überprüft wird, sondern sie entwickelt umgekehrt auf der Basis unterschiedlichster praktischer und pragmatischer Bedürfnisse bzw. Interessen ein Harmonisierungskonzept, das nicht mehr begründet, sondern allenfalls erläutert wird. Auf der Strecke bleibt dabei nicht nur eine kritische Distanz zu den betrachteten Interessen und Bedürfnissen, sondern

---

[42] Siehe H.-M. Sass, „Hirntod und Hirnleben", S. 173 f.
[43] Siehe Kap. 2.2 sowie Kap. 7.2.2 der vorliegenden Arbeit.
[44] Vgl. Kap. 2.2.

auch die kritische Haltung gegenüber den eigenen notwendigen Vorannahmen. Dies betrifft zum einen das Verständnis des Konsens-Begriffs, und zwar sowohl in bezug auf die Hirntod- als auch in bezug auf die Hirnleben-Definition, zum anderen aber auch die Analogisierung von Hirntod und Hirnleben.

Zur Begründbarkeit der Analogie von Hirntod und Hirnleben:
Wie die o. g. Zitate zeigen, beruht der Vorschlag der Hirnleben-Definition als Kriterium der Unterscheidung von personalem und nicht-personalem menschlichen Leben vor allem auf pragmatischen und konsens-strategischen Überlegungen. Weitgehend außer acht gelassen wird dabei, ob die Analogisierung des Verlusts der Hirnfunktion (Hirntod) mit dem Beginn der Hirnfunktion (Hirnleben) einer ebenso analogen Interpretation der Bedeutung der Hirnfunktion folgt. Es stellt sich m. a. W. die Frage, ob die Abwesenheit von Hirnfunktion am Beginn der Entwicklung eines menschlichen Individuums überhaupt die gleiche Bedeutung haben kann wie die Abwesenheit von Hirnfunktion am Lebensende. Die kritischen Stellungnahmen zur Hirnleben-Position beziehen sich vorwiegend auf diese Frage. Hauptkritikpunkt ist die Mißachtung des Aspekts der *Irreversibilität* des Verlustes der Hirntätigkeit bei der Hirntod-Definition gegenüber der *Potentialität* der Hirnfunktion beim Lebensbeginn. Dieser Aspekt ist nach Ansicht Müller-Hartburgs essentiell mit der Rechtfertigung der Todesdefinition verbunden und auf die Hirnleben-Definition nicht übertragbar, weil – eine positive Entwicklung vorausgesetzt – der hirnlose Zustand des Embryos reversibel ist:

> Ist nicht vielmehr das, was wir heute als Gehirntod bezeichnen, die Diagnose eines in bezug auf die mögliche Rückkehr personalen körperlich-geistig-seelischen Lebens auf dieser Erde irreversiblen Zustandes? Ist nicht hingegen die menschliche Zygote eben doch der Beginn eines Lebens aus dem bei nicht pathologischem Verlauf [...] nichts anderes resultieren kann als eine oder in Einzelfällen mehrere Persönlichkeiten?[45]

Dieses von Müller-Hartburg rhetorisch formulierte Todesverständnis ist allerdings – darauf verweist Jocelyn Downie[46] – nur eine von mindestens zwei verschiedenen Auslegungen der Bedeutung des Hirntodes: Nach einer ersten Auffassung entspricht der Hirntod dem Verlust der notwendigen Bedingung einer organismischen Ganzheit. Dieses Verständnis liegt dem Ansatz von Goldenring wie auch der Kritik Müller-Hartburgs zugrunde. Eine zweite Auffassung dagegen versteht den Verlust der Hirnfunktion als den Verlust der für die Natur des Organismus essentiellen Eigenschaft. Auf dieses Verständnis gehen

---

[45] W. MÜLLER-HARTBURG, „Diskussionsbemerkungen", S. 177.
[46] J. DOWNIE, „Brain Death and Brain Life", S. 217.

die Ansätze von Veatch und Sass zurück. Nach Downies Ansicht ist eine Symmetrie zwischen Hirnleben und Hirntod nur auf der Grundlage dieses zweiten Todesverständnisses zu begründen. Sofern der Hirntod entsprechend dem ersten Verständnis als der Verlust der zentralen Vitalfunktion des Organismus aufgefaßt wird und damit als das Ende der integrativen Bedingung einer organismischen Ganzheit, liegt der Begründungsschwerpunkt der Hirntod-Definition auf dem Begriff der Integration. Im Rahmen dieses Begründungsschwerpunktes ist nicht der Funktionsverlust des Großhirns die notwendige Bedingung des Todes, sondern der Verlust der Funktion des Stammhirns, das die Funktion aller weiteren Organe steuert. Die zu dieser Auffassung analoge Hirnleben-Definition bezieht sich auf den Zeitpunkt der ersten Funktion des Hirnstamms in den Phasen des Lebensbeginns. Daß diese Analogisierung jedoch in Frage gestellt werden kann, wird in den Ausführungen Downies, die sich mit der rhetorischen Kritik Müller-Hartburgs decken, deutlich:

> However, as has already been claimed, the definition of death here is the permanent cessation of functioning of the organism as a whole and brainstem death is only the criterion for this cessation. The corresponding definition of life is the commencement of functioning of the organism as a whole and it is possible that brain life is not the criterion for this commencement. If integration is the key to functioning of the organism as a whole, then it might be claimed that a human embryo is a living human being from some time earlier than the commencement of brain activity.[47]

Insbesondere im Rückblick auf die Kontinuitätsargumentation muß man Downie in dieser Vermutung zustimmen: Es liegt nahe, daß über den Schlüsselbegriff der Integration der organismischen Ganzheit am Lebensbeginn andere Kriterien, wie z.B. die Ausformung eines neuen Genoms, nicht nur benannt, sondern auch plausibler begründet werden können.

Anders verhält es sich allerdings unter der Bedingung des zweiten Verständnisses der Hirntod-Definition, die sich auf den Verlust der essentiell bedeutsamen Aspekte des Menschen bezieht. Als essentiell bedeutsam gelten dabei die in der Bezugnahme auf das ‚animal rationale‘ und die ‚imago dei‘ implizierten kognitiven und kommunikativen Fähigkeiten von Menschen. Nach diesem Verständnis ist nicht erst der Funktionsverlust des Stammhirns, sondern schon der Verlust der Großhirnfunktion als physischer Grundlage kognitiver und kommunikativer Fähigkeiten das Kriterium des Todes. Eine Analogisierung von Hirntod und Hirnleben ist in diesem Fall insofern plausibel, als die Definition sich jeweils auf die für moralisch hinreichend relevant erklärte physische Bedingung der Möglichkeit des Person-Seins stützt. Gleichzeitig kann sich die

---

[47] Ebd., S. 219.

Definition des Hirnlebens in diesem Zusammenhang konsequenterweise jedoch nicht auf die Funktion des Stammhirns (8. Woche) beziehen, sondern sie muß auf die Funktion des Großhirns zielen. Downie äußert in bezug auf ein solches Todes- und Lebensverständnis Skepsis:

> If death is understood to mean the loss of that which is essentially significant to the nature of the organism, connections can be drawn between brain death and brain life. However, since this understanding of death is flawed, any conclusions about brain life drawn from it should be viewed with suspicion.[48]

Der Kopf, das Gehirn und die Würde des Menschen:
„Wieviel Hirn muß tot sein für den Hirntod?"[49] – Mit dieser provokativen Frage verweist Sass auf die ethische Problematik, die sich im Zusammenhang mit der Hirntod-Definition in den letzten Jahren ergeben hat. Es ist eine Kontroverse entstanden, die sich im wesentlichen an den o. g. unterschiedlichen Verständnissen des Hirntodes festmachen läßt. Der vermeintliche Konsens über die Hirntod-Definition ist zerbrochen; von einer „störungsfreien" Anwendung der Hirntod-Regel kann nicht mehr die Rede sein. So hat beispielsweise der „Erlanger Fall" die Bedeutung des Hirntodes zu einem öffentlich kontrovers diskutierten Thema werden lassen. Hinzu kommt, daß sich in Kulturkreisen, die im Unterschied zum dualistischen Menschenbild der westlichen Kulturen traditionell ein holistisches Menschenbild vertreten, die Hirntod-Definition überhaupt nicht als konsensfähig erweist. Der auf der Grundlage eines Konsenses über den Hirntod entwickelten Position des Hirnlebens ist angesichts dieser Kontroverse der Boden entzogen. So folgert Sass:

> Ich habe die [...] Argumente einer bioethischen Symmetrie zwischen Hirntod und Hirnleben und deren gemeinsame Basis in der klassischen *Animationstheorie* seit knapp zehn Jahren vertreten. Dabei ist deutlich geworden, daß eine Hirnlebensformel weniger Chancen hätte konsensfähig zu werden als es die Hirntodformel geworden ist. Aus diesem Grunde schlage ich vor, in einer Situation, in welcher traditionelle Orientierungskonzepte sich nicht konsensfähig in die neue Zeit extrapolieren lassen und in welcher Politiker, Juristen, Theologen und Ethiker kontroversorientiert, nicht konsensorientiert diskutieren, auch für den Lebensanfang über die Öffnung einer Gewissensklausel nachzudenken [...].[50]

---

[48] Ebd., S. 225.

[49] H.-M. SASS, *Die Würde des Gewissens*, S. 8. (Sass zitiert hier den Titel eines Aufsatzes von J. L. BERNAT, „How much of the Brain must Die in Brain Death?", *Journal of Clinical Ethics*, Nr. 3, 1992, S. 21–26.)

[50] H.-M. SASS, *Die Würde des Gewissens*, S. 14.

Ob allerdings die Konsensfähigkeit der Hirntod- und Hirnleben-Definition im wesentlichen von der Konsens- bzw. Kompromiß*bereitschaft* der Diskutierenden abhängt, wie Sass impliziert, muß bezweifelt werden. Ebenso muß bezweifelt werden, ob es generell unmöglich ist, ‚traditionelle Orientierungskonzepte konsensfähig in die neue Zeit zu extrapolieren'. Näherliegend ist m. E. die Frage, ob nicht die kontroverse Diskussion der Hirntod-Definition zeigt, daß die Wertschätzung des Gehirns als Fehlinterpretation eines traditionellen Verständnisses vom Menschen angesehen werden muß. Die eingangs zitierte traditionelle Kopfsymbolik – als Summe des für unsere kulturelle Prägung relevanten Menschverständnisses – ist nicht auf das Gehirn reduzierbar. Der Kopf steht für mehr als nur das Gehirn: die notwendige Einheit von Physis und Ratio wird in der Kopfsymbolik betont und eine Vernachlässigung der Wahrnehmungsorgane ist in dieser Symbolik nicht erlaubt. Sinnlichkeit – hier im weitesten Sinne auch als die physische Wahrnehmungsfähigkeit verstanden – ist auf der Grundlage des traditionellen Verständnisses demnach weder definitorisch noch symbolisch vom Begriff des Menschen zu subtrahieren. Wenn auch der Mensch traditionell als durch seine Vernunftfähigkeit bestimmt angesehen wird, so läßt er sich offensichtlich dennoch nicht darauf reduzieren. Was die ‚auf die neuen Zeiten hin erfolgende Extrapolation' der Konzeptionen des ‚animal rationale' und der ‚imago dei' anbelangt, so muß man sich zum einen fragen, ob nicht auch sie die Reduktion personalen menschlichen Lebens auf die Funktionstüchtigkeit des Gehirns verneinen. Schließlich ist das vernünftige Tier nicht nur Vernunft, sondern auch Tier, und das Ebenbild Gottes ist abhängig von Gottesbildern, die möglicherweise mehr einschließen als die bloße Vernunft bzw. ihre organische Grundlage. Zum anderen stellt sich die Frage, ob nicht die ‚neuen Zeiten' Anlaß geben, die traditionelle Vernunftbetonung zu kritisieren, anstatt sie als unabdingbare kulturelle Gegebenheit zu perpetuieren. Durch jüngere Entwicklungen innerhalb der Philosophie, durch die Psychoanalyse und zunehmend auch durch die Medizin ist die Verwendung vernunftorientierter Subjektbegriffe immer fraglicher geworden. In bezug auf den Zusammenhang von Person und Gehirn sind es insbesondere die Erkenntnisse und Techniken der Neurophysiologie, die von der Philosophie generell und der Hirntod/Hirnleben-Position speziell nicht ignoriert werden dürfen. Die ‚neuen Zeiten' sind in diesem Bereich der medizinisch-physiologischen Forschung geprägt durch eine zunehmend partikularisierende Identifikation spezifischer kognitiver Leistungen mit entsprechenden Hirnabschnitten auf der Ebene der Physis. Hinzu kommt, daß gleichzeitig die Möglichkeiten invasiver Operationen am Gehirn zunehmen: Die Transplantation von Hirngewebe ist mittlerweile ebenso möglich wie beispielsweise die operative Trennung der beiden Gehirnhälften.[51] Für den Neurophysiologen ist

---

51 Siehe D. B. Linke, „Personalität ohne Gehirn?", S. 10 u. 12. (Siehe auch die ausführlichere Darstellung der medizinischen Möglichkeiten und der damit verbundenen philo-

damit das Gehirn längst nicht mehr ein unteilbares Ganzes; wenn es um die physische Bedingung spezifischer kognitiver Leistungen geht, ist der Neurophysiologe durchaus in der Lage, entsprechend spezifische Gehirn*teile* zu benennen.

> Es wäre gefährlich, sich auf eine Bestimmung der Personalität zurückzuziehen, die sich den Manipulationen an der Mannigfaltigkeit nicht stellt, sondern weiterhin eine Ganzheit behauptet, wo Medizin und Natur Destruktionen durchführen, die nicht mehr als blosse Verminderungen der Möglichkeit von Expression deklariert werden können. Es scheint mir kein Ausweg zu sein, jene Hirnstrukturen ausfindig machen zu wollen, die als Träger der Rationalität oder gar des ‚Überstiegsverhaltens‘ identifiziert werden könnten.[52]

Man muß sich angesichts der gegenwärtigen und denkbaren zukünftigen Möglichkeiten der Transplantation und Isolierung von Hirngeweben nur fragen, ob man tatsächlich so weit gehen will zu behaupten, die Würde des Menschen hinge an der Funktionstüchtigkeit seines Gehirns, um zu erkennen: „Das isolierte Gehirn ist nicht Träger der Personalität, sondern des Wahnsinns.“[53]

Ob die Isolierung des Gehirns als Trägerorgan der Personalität vom gleichsam apersonalen Körperrest auf der theoretisch-definitorischen Ebene des Mensch-Seins erfolgt oder auf der praktisch-medizinischen Ebene, erscheint mir dabei als weitgehend unerheblich: Es besteht nämlich zum einen der Anspruch, mit der Definition direkt in die Praxis zu wirken, und zum anderen – dies wird sowohl an der Hirntod-Definition als auch an der Hirnleben-Analogie besonders deutlich – nimmt auch die Praxis direkten Einfluß auf die Theoriebildung.

Die Theorie-Praxis-Ambivalenz der Hirnleben-Definition: ein Ausblick:
Alle philosophische Kritik an der Begründung der Hirntod-Definition kann allerdings nicht verleugnen, daß im Hinblick auf den klinischen Alltag kein anderes Kriterium zur Verfügung steht, das einen vergleichbar hohen sittlichen Standard beim Handeln am Übergang vom Sterben zum Tod sichert. Die Kritik an der Hirntod-Definition und an dem Versuch, den Beginn von Hirntätigkeit mit dem Beginn von Personalität bzw. mit dem Beginn moralisch bedeutsamen Mensch-Seins im Rahmen klinischer Praxis gleichzusetzen, muß sich daher letztlich auch an die gesamte inhaltliche Zielsetzung und organisatorische Struktur gegenwärtiger klinischer Praxis richten. Mit dieser Forderung wird allerdings ein grundlegendes Problem angewandter Ethik deutlich: Angewandte Ethik steht in der ambivalenten Situation, einerseits der Unmittelbarkeit einer konkreten ethisch problematischen Praxis verhaftet zu sein und andererseits der

---

sophisch-ethischen Problematik in D.B. Linke, *Hirnverpflanzung*.)
[52] Ebd., S. 12.
[53] Ebd.

Philosophie, die sie über die Verpflichtung zur grundsätzlichen Fragestellung zu immer weiteren Abstraktionen und damit zum Verlust der Möglichkeit unmittelbarer Einflußnahme zwingt. Die Frage, ob die angewandte Ethik nicht dem Unmittelbaren näher stehen soll als dem Anspruch der Philosophie, ist eben noch ungelöst. Es stellt sich daher die Frage, ob Sass nicht doch darin zuzustimmen ist, daß es an Konsensbereitschaft – ich möchte eher sagen: Kompromißbereitschaft – fehlt, wenn es um die Etablierung einer unmittelbar lösungskompetenten Norm geht. Das Ziel angewandter Ethik wäre dementsprechend die Auffindung einer mittleren Position, die ihre Begründung nicht aus konsistenten Herleitungen bezieht, sondern aus einer explizit pragmatisch orientierten Klugheitserwägung. Die Zustimmung zu einer solchen Position würde allerdings nicht aus der Überzeugung erfolgen, daß die Position „richtig" im Sinne logischer Folgerichtigkeit bzw. begründeter Prämissen ist. Ob sie statt dessen als Ausdruck von Resignation über die Durchsetzbarkeit der jeweils für „richtig" gehaltenen Position verstanden werden muß oder als Ausdruck der Anerkennung divergenter Ansichten bei gleichzeitigem Harmonisierungsbedürfnis, mag dahingestellt bleiben. In jedem Fall entspräche der so gefundene Kompromiß dem individuellen Zugeständnis an das geringere Übel. Wobei das „Übel" freilich gleichbedeutend ist mit den Handlungsverboten bzw. -erlaubnissen als Folge sogenannter Extrempositionen. In bezug auf diese Sichtweise muß nach meiner Ansicht diskutiert werden, ob nicht unabhängig davon, ob sich angewandte Ethik grundsätzlich eher politisch-pragmatisch oder eher philosophisch-theoretisch orientiert bzw. orientieren soll, gerade die Frage nach dem Geltungsbereich des menschlichen Lebensrechts jeglicher Kompromißbildung auf eine mittlere Position – auch wenn man diese im Sinne einer Klugheitsposition verstehen will – entzogen werden muß.[54]

---

[54] Im letzten Kapitel der vorliegenden Arbeit wird in diesem Zusammenhang diskutiert, ob nicht unter der Prämisse, daß die Geltung des Lebensrechts am Anfang menschlichen Lebens ungeklärt ist, ein kontextorientierter Ansatz ethischer Diskussion eine Lösung der Handlungsprobleme eher gewährleistet.

Teil II

6. Kritik der Statusdiskussion als Problemlösungsansatz

6.1 Problemstellung

Vor der Darstellung der Statusdiskussion wurde in Kapitel 2 ausgeführt, weshalb die Klärung der Statusfrage als ein Ansatz für die Lösung der Ausgangsproblematiken angesehen wird. In den Kapiteln 3 bis 5 wurden die wesentlichen Positionen, die innerhalb der Statusdiskussion vertreten werden, kritisch-analytisch dargestellt. In diesem Kapitel, das zugleich den zweiten Teil der Arbeit eröffnet, soll nun resümierend festgestellt werden, was die Statusdiskussion im Hinblick auf die Lösung der Ausgangsproblematiken leisten kann. Der Blick soll dabei nicht mehr auf die Ergebnisse einzelner Positionen gerichtet werden, sondern auf die Statusdiskussion als solche. Leitend ist im folgenden deshalb zum einen die Frage, welche *Ergebnisse aus der Statusdiskussion insgesamt* festzuhalten sind, und zum anderen die Frage, *welche Konsequenzen* sich daraus im Hinblick auf die Bewältigung der Ausgangsproblematiken konkret ergeben haben bzw. ergeben können.

Es ist nicht selbstverständlich, philosophische Positionen unter dem Gesichtspunkt ihrer Auswirkungen auf gesellschaftliche Praktiken zu betrachten, und gegenüber einer solchen Sichtweise können Bedenken unterschiedlicher Art formuliert werden. Man kann z. B., um an dieser Stelle nur einige mögliche Argumente aufzugreifen, Einwände dagegen erheben, ihre Auswirkungen auf gesellschaftliche Praxis zu einem Kriterium der Bewertung einer philosophischen Diskussion zu machen; und man kann etwa auch einwenden, die gesellschaftliche Wirkungsweise philosophischer Debatten sei zumindest unmittelbar gar nicht genau feststellbar. Die Berechtigung solcher und ähnlicher Argumente soll keinesfalls prinzipiell zurückgewiesen werden. Gleichwohl kann und muß möglichen Bedenken gegen diese Betrachtungsperspektive m. E. entgegengehalten werden, daß der Versuch der Klärung der Statusfrage innerhalb der angewandten Ethik als *Lösungsansatz* auftritt, d. h., er nimmt nicht nur in der gesellschaftlichen Praxis seinen Ausgangspunkt, sondern er hat auch das explizite Ziel, auf diese Praxis einzuwirken.[1] Daß die Art und Weise dieses Einwirkens unterschiedlich – nämlich von einzelnen Autoren je spezifisch – bestimmt wird, ändert nichts an der prinzipiellen praxisorientierten Zielrichtung aller Ansätze.

---

[1] Vgl. Kapitel 2.2.

Ob bzw. wie sich denn nun, nachdem die Statusdiskussion über mehrere Jahre international und interdisziplinär geführt wurde, die Praxis verändert hat oder ggf. nach Maßgabe der (normativen) Ergebnisse der Diskussion noch verändern soll, ist deshalb als Frage aus der Zielrichtung angewandter Ethik im allgemeinen und aus der Zielrichtung der Statusdiskussion im besonderen gerechtfertigt.

6.2 Möglichkeiten und Grenzen der Problemlösung durch die Statusdiskussion

Der aporetische Status quo der Statusdiskussion und seine Konsequenzen: Ungeborenes menschliches Leben ist kein Gemüse – soviel ist in der Diskussion um den moralischen Status menschlicher Embryonen und Föten deutlich geworden. Zumindest gebührt diesem Leben die engagierte Auseinandersetzung darüber, ob bzw. bis wann es moralisch erlaubt ist, es zu töten. Ebenso deutlich wurde im bisherigen aber auch, daß als Antwort auf die Frage nach der Schutzwürdigkeit vorgeburtlichen menschlichen Lebens unterschiedlichste, einander entgegenstehende und offensichtlich nicht zu vereinbarende Positionen vertreten werden. Wenn auch dem einzelnen Rezipienten der Statusdiskussion die eine Position näher kommen mag als die andere, so muß doch zugestanden werden – und dies gilt es als Ergebnis der Analyse der Statusdiskussion festzuhalten –, daß, obgleich es gute Gründe dafür gibt, einige der dargestellten Positionen als unannehmbar auszuweisen, keine der Positionen aus *zwingenden* Gründen allgemein anerkannt werden *muß*.

Aus der Perspektive der *Philosophie* ist dieses Ergebnis nicht überraschend, weil schon der Möglichkeit der inhaltlichen Bestimmung universell geltender moralischer Normen – aus guten Gründen – weitestgehende Skepsis entgegengebracht wird.[2] Unabhängig vom Letztbegründungsproblem bestand und besteht innerhalb der *angewandten Ethik* indes die Hoffnung, daß über ,bescheidenere' Ansprüche an die Normenbegründung ein materiales Reglementarium erarbeitet werden könne, das für Handlungen im Alltag eindeutige Orientierungshilfe zu bieten und ein allgemein gewolltes Maß an Sittlichkeit zu sichern vermag. Es wurde in diesem Zusammenhang schon auf Konzeptionen hingewiesen, die bei der Suche nach einem akzeptablen und akzeptanzfähigen Ausgangs-

---

[2] Ich beziehe mich hier auf das sogenannte ,Münchhausen-Trilemma', nach dem auch im Zusammenhang mit materialen Normenbegründungen ein begründungstheoretischer Regreß unvermeidbar ist, der letztlich abgebrochen werden muß. „Die Suche nach dem archimedischen Punkt der Erkenntnis scheint im Dogmatismus enden zu müssen. An irgendeiner Stelle nämlich muß das Begründungspostulat der klassischen Methodologie auf jeden Fall suspendiert werden." (H. ALBERT, „Die Unmöglichkeit einer philosophischen Letztbegründung", S. 266)

punkt für die ethische Debatte von der Benennung eines ethischen Prinzips absehen und an dessen Stelle das sog. „Unstrittige" setzen, das quasi-prinzipiell verwendet werden und als Orientierungsgrundlage dienen soll.[3] Zusätzlich wird verschiedentlich – wie im folgenden noch darzustellen ist – der Universalitätsanspruch auf den Anspruch der Plausibilität reduziert,[4] und in anderen Ansätzen wird an die Stelle der Zustimmung aus zwingenden Gründen die bloße Zustimmung gesetzt, deren Gründe persönlich sind und die nicht weiter interessieren.[5]

Für die Statusdiskussion als ein Thema der angewandten Ethik muß allerdings erkannt werden, daß nach wie vor kein – wie auch immer gearteter oder gesicherter – Konsens darüber besteht, ob bzw. ab wann das Leben menschlicher Embryonen und Föten generell geschützt werden soll oder nicht. Gleichzeitig wird angesichts der vielfältigen bereits vorliegenden Argumentationen und Begründungsversuche zum moralischen Status vorgeburtlichen menschlichen Lebens von der Produktion neuer Ansätze immer mehr abgesehen. Die Diskussion stagniert auf einem Status quo, der den einzelnen allenfalls dazu aufruft, die vorliegenden Argumente zu studieren und sich zu einer der Positionen zu bekennen. Die neueren Publikationen beinhalten entweder ein „Recycling" eines bereits vorgetragenen Arguments oder immer differenziertere Analysen des Fürund-Widers der jeweiligen Positionen. Symptomatisch ist die achselzuckende Feststellung desjenigen, der wissen will, was er nun tun soll, daß man am Ende nicht mehr weiß als zu Beginn:

---

[3] Siehe Kapitel 2.2.

[4] Siehe Kapitel 6.3. – So formuliert etwa Leist im Zusammenhang mit der Frage, welche Ethik für die Bewältigung der moralischen Probleme in der Medizin am ehesten geeignet ist: „Die interessenbezogene Bioethik scheint [sic!] mir den *Herausforderungen* am ehesten gewachsen, weil sie am besten in das liberale Setting von Autonomie und Minimalmoral paßt." (A. LEIST, „Herausforderungen der Bioethik", S. 41) Noch deutlicher und grundsätzlicher auf die Unhintergehbarkeit von Plausibilitätsforderungen abzielend, formuliert Birnbacher: „Während die Ethik *contra* also gelegentlich zwingend argumentieren kann, vermag sie *für* die Akzeptabilität einer moralischen Position stets nur Plausibilitätsargumente beizubringen, die nicht in derselben Weise über jeden Zweifel erhaben und gegen Dissens gefeit sind." (D. BIRNBACHER, „Welche Ethik ist als Bioethik tauglich?", S. 62)

[5] Die nur persönliche, d.h. allein subjektiv begründete Zustimmung oder Ablehnung ist allerdings nicht nur im Zusammenhang mit ‚Plausibilitätsargumentationen' zum Kriterium der Akzeptabilität von Positionen erwachsen, sondern auch im Konzept der ‚mittleren ethischen Prinzipien' bleiben die Gründe für deren Akzeptanz persönlich und subjektiv (siehe dazu bspw. O. HÖFFE, *Sittlich-politische Diskurse*; T.L. BEAUCHAMP u. J.F. CHILDRESS, *Principles of Biomedical Ethics*). Ein Unterschied besteht allerdings darin, daß die Plausibilitätsargumentation auf einen gemeinsamen ‚moral-point-of-view' zielt, während die Konzeption der ‚mittleren ethischen Prinzipien' von unterschiedlichen moralischen Standpunkten ausgeht und diese als Ausgangsbedingung akzeptiert.

> Die vermeintliche oder tatsächliche Unmöglichkeit der Bestimmung des
> moralischen Status' von Embryonen und Föten und die sich daraus
> ergebende Ungewißheit präjudizieren somit keine Folgerung für den
> moralischen Umgang mit Embryonen und Föten.[6]

Problematisch ist diese Feststellung allerdings insofern, als es sich bei der Frage
nach dem moralischen Status menschlicher Embryonen und Föten nicht um eine
Denksportaufgabe für Ethiker handelt, sondern um ein aus der – ebenso alltäglichen wie ethisch problematischen – Praxis motiviertes Thema, das für die
Bewertung der Praxis als zentral erachtet wurde und wird. Wenn innerhalb der
philosophischen Diskussion die Feststellung, daß sich aus der ethischen Statusdiskussion (bisher) keine Folgerung für den moralischen Umgang mit Embryonen und Föten präjudizieren läßt, auch als ein klares Ergebnis gelten kann, so ist
dies für die Öffentlichkeit außerhalb der Philosophie nicht nur wenig hilfreich,
sondern dieses Ergebnis kann m. E. sogar als Rechtfertigungsinstrument dort
verwendet werden, wo nicht die Rechtfertigung, sondern die kritische Auseinandersetzung mit einer Handlungspraxis notwendig ist. Der *keine eindeutige
Lösung bietende Status quo der philosophischen Diskussion* verhilft in der Klinik
und in der Politik dazu, ‚business as usual‘ zu betreiben, und zwar dort, wo
höchste ethische Güter auf dem Spiel stehen. Wenngleich einige der im Rahmen
der Statusdiskussion vorgetragenen Positionen mit sehr guten Gründen als
unannehmbar ausgewiesen werden können (dazu gehören m. E. insbesondere die
Positionen von Hare, Singer und Engelhardt), kann mit Hilfe der auch dann
noch verbleibenden Positionenvielfalt offensichtlich nahezu jedes (außermoralische) Interesse am Umgang mit vorgeburtlichem menschlichen Leben ethisch
gerechtfertigt werden. Man braucht sich nur zu der Position zu bekennen, die
das eigene Handlungsinteresse rechtfertigt, und weiß sich von vornherein dadurch abgesichert, daß die Gegenargumente nicht mehr Berechtigung haben als
die eigene Position. Die Referenz an eine ethische, von ‚Experten‘ hergeleitete
Argumentationsweise fungiert dabei als eine ‚weiße Weste‘, die denjenigen, der
sie sich überstreift, als ‚verantwortungsvoll‘ ausweist.

Im Jargon der Technik-Anwendungsdebatte wäre dieses Vorgehen m. E. als
Mißbrauch zu bezeichnen – und zwar Mißbrauch nicht von Techniken, sondern
von philosophischen Ergebnissen. Dieser liegt dann vor, wenn einer spezifischen
ethischen Argumentationslinie nicht aufgrund der entsprechenden Überzeugung
gefolgt wird, sondern aus rein strategischen Gründen, d. h. allein deshalb, weil
die entsprechende ethische Argumentation eine Handlungspraxis erlaubt, die
durch eine andere Argumentation ethisch verboten wäre bzw. umgekehrt. Dafür
ist die Philosophie selbst nicht verantwortlich zu machen, und man kann darüber hinaus in Frage stellen, ob es überhaupt ein Anliegen von Philosophie im

---

[6] J.S. Ach, „Embryonen, Marsmenschen und Löwen“, S. 132f.

allgemeinen und von angewandter Ethik im speziellen sein kann, diese Form der Benutzung ethischer Argumentationen zu verhindern. Im Gegenteil kann man ja durchaus auch vertreten, daß im Sinne einer von der philosophischen Debatte gelieferten *„option presentation"*,[7] d.h. einer *Darstellung* von Argumentations- bzw. Lösungsmöglichkeiten, der der Rechtfertigung dienende Rückgriff auf ihre Einzelergebnisse nicht nur zulässig, sondern – aus der Perspektive derjenigen, die den Zweck angewandter Ethik gerade in der Präsentation unterschiedlicher Argumentationslinien sehen – auch gewollt ist. Aus einer solchen Perspektive kann man den Standpunkt einnehmen, das Statusproblem sei aus philosophischer Sicht nun hinreichend diskutiert, weil die möglichen Optionen präsentiert wurden.

Dieser Auffassung ist jedoch nur eingeschränkt zuzustimmen: In der Tat ist – und diese These werde ich im folgenden begründen – nicht damit zu rechnen, daß eine weitere Position zum moralischen Status menschlicher Embryonen und Föten entwickelt werden könnte, die den philosophischen und politischen Ansprüchen an eine eindeutige (d.h. nur *eine* Option für zulässig erklärende) Lösung der praktischen Probleme genügen würde. Daraus ist m.E. allerdings nicht die Konsequenz zu ziehen, daß die Philosophie bzw. die angewandte Ethik ihr Scherflein zur Problemlösung beigetragen haben und das Feld nun zugunsten einer allein politisch orientierten Normsetzung räumen müssen und können. Ich bin ganz im Gegenteil der Auffassung, daß die nach wie vor ethisch fragwürdige Praxis auf der einen Seite und die aporetische Situation der philosophisch-ethischen Problemdiskussion auf der anderen Seite eine Fortsetzung der Auseinandersetzung erfordern. Selbst wenn man gegenüber dem philosophisch-*politischen* Anliegen angewandter Ethik eine grundsätzlich skeptische Haltung einnimmt und aus dem aporetischen Status quo der Diskussion den Schluß ziehen will, er belege die *grundsätzliche* Unmöglichkeit einer inhaltlichen Normbestimmung, bleibt gleichwohl das Problem bestehen, daß die Frage nach dem Geltungsbereich des Lebensrechts von so fundamentaler Bedeutung ist, daß sie nicht ohne weiteres – und nicht ohne erhebliche Konsequenzen – aus dem Gegenstandsbereich philosophischer Ethik ausgeklammert werden kann. Weil der medizinisch-technische Umgang mit ungeborenem menschlichen Leben diese fundamentale Frage berührt, ist auch er selbst ethisch äußerst bedeutungsvoll und kann deshalb nicht als ein zu konkretes, d.h. als allein politisch zu entscheidendes Thema aus der „abstrakten" philosophischen Fragestellung ausgeschlossen werden. Es darf nämlich nicht vergessen werden, daß die Praxis

---

[7] Unter dem Begriff der ‚option presentation' ist ein Modell zu verstehen, nach dem angewandte Ethik zum Ziel hat, durch präzise Argumentationen von verschiedenen Standpunkten aus eine entsprechende Bandbreite von Positionen als Optionen zur Verfügung zu stellen und ggf. den Vorteil der einen Option gegenüber der anderen hervorzuheben. – Siehe dazu z.B. A. Leist, „Herausforderungen der Bioethik", S. 49.

gleichzeitig die notwendigerweise langwierige philosophische Klärung der
implizierten Fragen unterläuft: Unabhängig davon, ob die problematisierten
Handlungspraktiken fortgesetzt oder – etwa per Moratorium – unterlassen
werden, wirft beides gleichermaßen bedeutungsvolle ethische Probleme auf.[8]

Hinzu kommt, daß die Statusdiskussion, wie viele andere Debatten innerhalb der angewandten Ethik auch, von tiefgreifenden *Ambivalenzen* geprägt ist.[9]
So wurde mit der Initiierung der Statusdiskussion in den klinisch-sozialen Situationen der Abtreibung, der Embryonenforschung und der Transplantation fötaler Gewebe und Organe zum einen das Problem des rechten Umgangs mit
Embryonen und Föten selbst behandelt; andererseits wurde dieses Problem aber
von vornherein in Zusammenhang mit Themen wie ‚Selbstbestimmungsrecht‘,
‚Forschungsfreiheit‘ und ‚medizinischer Fortschritt‘ gebracht. Insofern geht es
bei der gegenwärtigen Diskussion häufig nicht allein um die Frage, welches der
moralische Status menschlichen ungeborenen Lebens ist, sondern zugleich –
wenn auch nicht immer explizit – um die relationale Bewertung der Rechte und
Interessen, die dem jeweiligen Umgang mit dem ungeborenen Leben zugrunde-
liegen. Es wurde in diesem Zusammenhang z.B. die Frage erörtert, wann ‚hochrangige Forschungsinteressen‘ die Tötung von Embryonen rechtfertigen können.[10] In ähnlicher Weise hat auch Warnock ihre philosophischen Überlegungen

---

[8] Ich beziehe mich hier darauf, daß in der Öffentlichkeit – insbesondere im semi-poli-
tischen Rahmen – bisweilen der Vorschlag unterbreitet wurde, man solle solange, bis die
Frage nach dem moralischen Status menschlichen ungeborenen Lebens allgemeinverbindlich
geklärt worden ist, sämtliche Handlungsweisen, die den Tod menschlicher Embryonen oder
Föten in Kauf nehmen, per Moratorium verbieten. Diesem Vorschlag unterliegt offenbar die
Ansicht, das Unterlassen der Tötungshandlung sei prinzipiell moralisch unbedenklich. Unberücksichtigt bleibt bei diesem Vorschlag jedoch, daß das Unterlassen der zur Debatte
stehenden Handlungsweise zugleich auch Konsequenzen hat, die ihrerseits moralisch bedenklich sind. So hat z.B. ein Moratorium der Transplantation fötaler Gewebe und Organe
unmittelbare Konsequenzen bspw. für Menschen, die an Morbus Parkinson erkrankt sind
und deren Leben ggf. durch die Transplantation dieser Gewebe gerettet werden kann. Unmittelbar einsichtig sind auch die Konsequenzen für die Schwangeren, die durch ein solches
Moratorium zur Mutterschaft gezwungen würden. Das gleiche Problem wirft auch Sass auf,
wenn er die Frage formuliert: „Ist es angesichts von vielen unbehandelbaren und oft grau-
samen Krankheiten verantwortlich oder unverantwortlich, Forschungen an embryonalem
Gewebe zu treiben, deren Ergebnisse solche Krankheiten lindern oder beseitigen könnten?"
(H.-M. SASS, „Hirntod und Hirnleben", S. 161) Unter der Voraussetzung, daß die Hand-
lungszwecke, für die die Tötung menschlicher Embryonen und Föten ein Mittel darstellt,
ihrerseits in der Realisierung höchster ethischer Güter bestehen, kann zwar nicht das Tun,
allerdings auch keineswegs das Unterlassen von vornherein als moralisch unbedenklich gelten. Eine ethische Untersuchung, die diesen Aspekt außer acht läßt, impliziert die zynische
Einstellung, daß derjenige, der von einem Moratorium betroffen ist, eben „Pech" gehabt
habe.

[9] Siehe hierzu genauer Kapitel 7.4.1.

[10] Siehe E. BUCHBORN, „Hochrangige Forschung".

zum moralischen Status menschlicher Embryonen und Föten von vornherein im Zusammenhang mit entsprechenden Forschungsinteressen formuliert.[11] Die in der Ausgangsproblematik liegende Ambivalenz hat die Statusdiskussion insofern nicht bloß initiiert, sondern auch vorstrukturiert.

Man kann in diesem Zusammenhang m.E. feststellen, daß die Statusdiskussion bei dem Versuch bzw. dem Anliegen, die ambivalente klinisch-soziale Situation durch eine eindeutige normative Grundlage in Eindeutigkeit zu überführen, der Ambivalenz selbst erlegen ist. Dies gilt insofern, als die *Zielsetzung der Statusdiskussion ihrerseits nicht mehr eindeutig* bestimmbar ist. Einerseits zielt sie darauf, grundsätzlich – d. h. von spezifischen Kontexten losgelöst – die Frage zu klären, welchen moralischen Status ungeborenes menschliches Leben hat. Diese Fragestellung ist selbst noch nicht ‚praktisch', d. h., sie führt noch nicht zu Ergebnissen, die unmittelbar auf klinische Situationen angewendet werden können. Vielmehr bilden die entsprechenden Ergebnisse die Grundlage für eine Güterabwägung der in der spezifischen klinischen Situation konkurrierenden Werte. Andererseits hat sich aber die Statusdiskussion von der Erforschung dieser Grundlagen – wenigstens teilweise – entfernt, indem im gleichen Argumentationsschritt bereits eine Vermittlung von Theorie und Praxis (implizit) intendiert wurde. Die Ambivalenz der Statusdiskussion resultiert in dieser zweiten Hinsicht also daraus, daß sie einerseits der *Grundlagenforschung* zuzurechnen ist, andererseits aber auch anstrebt, unmittelbar *anwendbar* zu sein. Neben der Konsequenz methodischer Schwierigkeiten, die aus dieser ambivalenten Zielsetzung folgen, *büßt die Statusdiskussion dabei auch selbst an Eindeutigkeit ein.*[12] In der Öffentlichkeit gerät die so entstandene Mehrdeutigkeit der Statusdiskussion zusehends in den Verdacht, „eindeutig" dem Ziel zuzustreben, einem Denken die Legitimation abzusprechen, das „eine Vorstellung vom Menschen, die sich nicht an dessen Leistungsfähigkeit und an Äußerlichkeiten orientiert",[13] zugrundelegt.

---

[11] Siehe M. WARNOCK, „Haben menschliche Zellen Rechte?", S. 222f.

[12] Siehe dazu Kapitel 7.4.1.

[13] O. TOLMEIN, *Wann ist der Mensch ein Mensch?*, S. 20. – Wenn hier der Journalist Tolmein zitiert wird, dann deshalb, weil er als pars pro toto einer Bevölkerungsgruppe gelten kann, die sich vehement kritisch *gegen* verschiedene Diskussionen innerhalb der Medizin-Ethik, besonders aber gegen die Statusdiskussion als solche wendet. Innerhalb der Kritik wird der Vorwurf erhoben, die an der Statusdiskussion beteiligten Autoren agierten im Dienste (amoralischer oder sogar unmoralischer) wirtschaftlicher Interessen, die nach Ansicht der Kritiker im Zusammenhang der hier behandelten Problematiken vor allem darin bestehen, potentiell finanziellen Gewinn erbringende Forschungen zu ermöglichen und die potentiell finanzielle Kosten verursachende Betreuung von Menschen mit Behinderungen zu vermeiden. Anläßlich eines Workshops zum Thema „Die Begriffe ‚Menschenwürde' und ‚Heiligkeit des Lebens' und ihre Tragweite für ethische Konfliktlagen in der modernen Medizin", der vom 1.–3. Oktober 1992 am Zentrum für interdisziplinäre Forschung in Bielefeld

Unabhängig davon, ob diese Richtung der öffentlichen Rezeption der Statusdiskussion angemessen ist oder nicht, stellt sie doch die Vorgehensweise und
Zielsetzung der Statusdiskussion zumindest teilweise infrage: Offenbar ist es der
Statusdiskussion eben *weder* gelungen, im Sinne einer ‚option presentation‘ die
Grundlagen für je individuelle Güterabwägungen zu liefern, *noch* hat sie eine
öffentlich akzeptable Vermittlung der in den zur Debatte stehenden Handlungsweisen konkurrierenden Werte hervorgebracht. Auch hierdurch ist die Frage
aufgeworfen, ob der Ansatz der Statusdiskussion *überhaupt* zu einer allgemein
befriedigenden *Lösung* der entsprechenden Praxisprobleme beitragen kann.

Vorannahmen der Statusdiskussion:
Die Statusdiskussion beruht auf der doppelten Vorannahme, daß allen eingangs
dargestellten ethisch problematischen Praktiken ein Kernproblem gemeinsam ist
und daß dieses in der ungeklärten Frage besteht, ob bzw. ab wann man mit
menschlichen Embryonen und Föten (insbesondere im Hinblick auf den Lebensschutz) so umgehen soll wie mit geborenen Menschen. Diese Vorannahme
wird innerhalb der Statusdiskussion selbst nicht mehr thematisiert und kritisch
überprüft.

So kritisiert bspw. Hare in seinem Aufsatz „Abtreibung und die Goldene
Regel"[14] den Ansatz von Judith Thomson und in diesem Zusammenhang über-
haupt Ansätze, die sich mit der Frage beschäftigen, ob es sich bei Föten um
Personen handelt. Gleichzeitig problematisiert er aber keineswegs, ob die Sta-

---

stattfand, hatten die aufgebrachten Demonstranten den Spruch „Hinter euch Faschisten
steht das Kapital" an die Wände gesprüht. Es wurde damit der Sichtweise Ausdruck verliehen, daß die Benennung von Kriterien des Mensch- bzw. Personseins und die Identifikation
dieser Kriterien mit spezifischen kognitiven Fähigkeiten den genannten wirtschaftlichen
Interessen insofern Vorschub leistet, als damit impliziert sei, daß Wesen (und zwar gerade
solche der Gattung Mensch), die diese kognitiven Leistungen nicht oder noch nicht erbringen, als Forschungsmaterial zu Verfügung stehen bzw. getötet werden dürfen. Es reicht m.E.
keineswegs aus, diese Kritik als ‚Mißverständnis‘ der philosophischen Debatte abzutun und
darauf zu verweisen, daß innerhalb der philosophischen Argumentation die jeweils genannten Kriterien begründet und die Autoren darüber hinaus keineswegs mit entsprechenden
Interessengruppen verbunden sind. Gleichzeitig ist auch zu berücksichtigen, daß es im Vollzug der Statusdiskussion nicht gelungen ist, den Stellenwert ihrer Einzelergebnisse für die
klinische Praxis darzustellen. D.h., die Statusdiskussion war und ist in bezug darauf, ob sie
eine Grundlagenfrage *oder* eine Anwendungsfrage behandelt, nicht eindeutig einzuordnen.
Als Grundlagendiskussion müßte in der Statusdiskussion m.E. deutlicher betont werden,
daß und in welcher Hinsicht die praktischen Probleme des Umgangs mit ungeborenem
menschlichen Leben durch die Bestimmung seines moralischen Status nicht bereits gelöst
bzw. ethisch bewertet sind. Versteht man die Statusdiskussion dagegen als Anwendungsfrage, so müßten m.E. die konkreten praktischen Konsequenzen der jeweiligen Positionen
deutlicher, als es geschehen ist, dargestellt und ggf. auch eigens gerechtfertigt werden.

[14] R.M. Hare, „Abtreibung und die Goldene Regel", bes. S. 133.

tusfrage (im Sinne der Frage nach dem rechten Umgang mit Embryonen und Föten) möglicherweise grundsätzlich nicht das Kernproblem der Abtreibung bezeichnet. Ähnlich verfährt auch Tooley, wenn er allein durch die Referenz auf den „traditionell vorgebrachten ethischen Einwand" gegen Abtreibung und Kindstötung feststellt, daß als „wichtigste Frage" diskutiert werden müsse, „welche Eigenschaften ein Gegenstand besitzen muß, damit er ein ins Gewicht fallendes Lebensrecht hat".[15] Und obgleich etwa Foot sieht, daß die Statusfrage nur *ein intuitiver* Grund dafür ist, daß „sich die meisten von uns gegenüber dem Abtreibungsproblem verwirrt fühlen", stellt sie nicht in Frage, daß die Statusfrage das Kernproblem der Abtreibungsproblematik darstellt, sondern geht davon aus:

> Es ist allerdings nicht einfach, die Prinzipien zu erkennen, die hier im Spiel sind; und eine Methode, Licht auf die Abtreibungsproblematik zu werfen, wird darin bestehen, Parallelen herauszufinden, die Erwachsene und geborene Kinder betreffen.[16]

Erheblich grundsätzlicher formuliert Leist sogar folgendermaßen:

> Die zentralen medizinethischen Probleme sind solche, bei denen unklar ist, ob und wie ein Mensch in einem bestimmten Zustand oder ein Wesen mit unklarem menschlichen Status von unserem üblichen System moralischen Urteilens erfaßt wird.[17]

Diese Art der Formulierung von *Problemstellungen* präjudiziert bereits den Rahmen von *Problemlösungen*. Denkbar wären demgegenüber auch grundsätzlich andere Fragestellungen, die entsprechend andere philosophisch-ethische Debatten zur Folge hätten. Den an der Diskussion Beteiligten scheint die als Ausgangspunkt fungierende Vorannahme der Statusdiskussion allerdings ausgehend von der unhintergehbaren Auffassung, das menschliche Leben als vitale Voraussetzung aller anderen Rechte stelle den höchsten ethischen Wert dar, hinreichend gerechtfertigt: Vor allen anderen wichtigen ethischen Fragen, die in den zur Debatte stehenden Handlungspraktiken aufgeworfen sind, ist ihres Erachtens zu klären, ob möglicherweise das Tötungsverbot verletzt wird. Ist dies nämlich der Fall, unterliegt die Durchsetzung entsprechender Handlungsinteressen einer besonderen Rechtfertigungsnotwendigkeit. Eine Handlung, die auf

---

[15] M. Tooley, „Abtreibung und Kindstötung", S. 157.

[16] Ph. Foot, „Das Abtreibungsproblem und die Doktrin der Doppelwirkung", S. 196.

[17] A. Leist, „Diskussionen um Leben und Tod", S. 11. In Affirmation der These Leists argumentiert ähnlich auch Hastedt (H. Hastedt, *Aufklärung und Technik*, S. 99), und zwar obwohl er vorher feststellt: „Die eigentlichen ethischen Probleme der neuen Biotechnologien im Gesundheitsbereich betreffen [...] insbesondere die kulturellen Auswirkungen und Voraussetzungen solcher möglichen Veränderungen im Gesundheitsbereich." (S. 95)

die Tötung menschlicher Embryonen und Föten zielt oder den Tod dieses
Lebens zur Folge hat, könnte dann allenfalls durch Notwehrrechte, Kriegssitua-
tionen oder andere, in den Gesetzen klar definierte Ausnahmen vom Tötungsverbot gerechtfertigt werden, und zwar entsprechend der Ausnahmen, die auch
für Erwachsene gelten.[18]

Ihrem eigenen Selbstverständnis nach behandelt die Statusdiskussion also das
Kernproblem der verschiedenen Praktiken und stellt zugleich seine Lösung in
Aussicht:

> Wenn wir also wüßten, auf welcher Stufe der Embryo zu einem mensch-
> lichen Wesen oder einer Person wird, so wüßten wir auch, daß nach
> diesem Einschnitt die in Aussicht genommene Forschung auf jeden Fall
> moralisch unzulässig ist.[19]

Entsprechend dieser Vorannahme über die Kernproblematik und der mit ihr
verbundenen These, über die Klärung der Statusfrage seien die Probleme der
Praxis gelöst oder könnten einer Lösung zugeführt werden, besteht das ideale
Ziel der Statusdiskussion (d.h. der Diskussion *insgesamt*, unabhängig von den
unterschiedlichen Ergebnissen der Einzelpositionen und ihrer jeweiligen Vorstellung von deren (Allgemein-)Gültigkeit) in der Erarbeitung einer (zumindest)
konsensfähigen und (zumindest) in diesem Sinne allgemeingültigen, d.h. zumindest zeitweise intersubjektive Geltung beanspruchenden bzw. verallgemeinerungsfähigen moralischen Regel über den Geltungsbereich des Lebensrechts
bzw. des Tötungsverbots. Es hat sich jedoch gezeigt, daß eben dieses Ziel bisher
nicht erreicht werden konnte: *Das Ergebnis der weitreichend geführten Statusdiskussion ist* – wie dargelegt wurde – *keine Lösung, sondern eine aporetische
Situation, in der verschiedene Positionen nebeneinanderstehen.*

Argumentationsstruktur und methodischer Ansatz der Statusdiskussion:
Dieses Ergebnis der Statusdiskussion ist m.E. zum einen in den beiden skizzierten Ambivalenzen und im genannten Ausgangspunkt der Debatte begründet,
darüber hinaus aber ganz wesentlich in dem allen unterschiedlichen Positionen
gemeinsamen methodischen Ansatz. Dieser kann – obgleich er von den Autoren
nicht immer expliziert wird bzw. in unterschiedlichen Formen modifiziert auftritt – als *ein an je spezifischen, theorieabhängigen Leitbegriffen orientiertes deduktives Begründungsmodell* gekennzeichnet werden.

---

[18] Ich beziehe mich hier auf den Umstand, daß auch in Fällen, in denen das Lebensrecht
bzw. Tötungsverbot unstrittig gilt, wie beispielsweise für erwachsene Menschen, dieses
Recht durchaus keine *absolute* Geltung hat, sondern unter bestimmten Bedingungen – etwa
in Kriegs- oder Notwehrsituationen – nur bedingte Geltung hat (siehe dazu bereits Kapitel
2.4).

[19] M. Lockwood, „Der Warnock-Bericht", S. 237.

Das von Leitbegriffen (z.B. dem Interessenbegriff) ausgehende, durch eine deduktive Argumentationsweise gekennzeichnete Vorgehen ist dabei *teilweise Folge des Ansatzes*, d.h. Folge der Annahme, die Statusfrage stelle das Kernproblem dar. Das erhoffte Ergebnis dieser Fragestellung, nämlich die Bestimmung des Status von menschlichen Embryonen bzw. Föten, soll bei der Bewertung der zur Debatte stehenden Handlungsweisen selbst als Teil einer deduktiven Schlußfolgerung dienen. Unabhängig davon, ob es sich bei diesen Leitbegriffen um scheinbar unstrittige Prämissen im Sinne von Quasi-Prinzipien handelt oder aber um Begriffe, die lediglich innerhalb einer spezifischen ethischen Theorie eine leitende Funktion einnehmen, ist mit diesem Vorgehen das Problem verbunden, daß die Leitbegriffe bzw. Prämissen innerhalb des Begründungsverfahrens selbst nicht fraglich gemacht werden können. Denn bei diesem Ableitungsverfahren ist – im Unterschied zu empirischen Verfahren – die Rückübertragung der möglichen Falschheit der Konklusion auf die Prämissen (etwa im Sinne des hypothetisch-deduktiven Verfahrens des kritischen Rationalismus) nicht möglich. Oder anders formuliert: Es werden bestimmte ethische Leitbegriffe (bzw. eine bestimmte ethische Position) vorausgesetzt, die ihrerseits nicht Gegenstand der Diskussion sein können, und die konkrete Lösung der Statusfrage wird begriffen als *Anwendung dieser je spezifischen ethischen Leitbegriffe auf das Problem des Geltungsbereichs menschlichen Lebensrechts*. Die Anwendung selbst wird dabei konzipiert als den Regeln der deduktiven Logik folgende Ableitung.

Vereinzelt finden sich bei an der Statusdiskussion beteiligten Autoren Überlegungen, die dieser generellen Charakterisierung zunächst entgegenzustehen scheinen. So vertritt etwa Leist im Unterschied zu dieser Kennzeichnung des methodischen Verfahrens der Statusdiskussion, d.h. der These, daß sie von selbst nicht diskutierten Leitbegriffen *ausgehend* verläuft, die Auffassung, daß „schwierige Entscheidungen" darüber, was „ein Mensch oder eine Person ist", die „philosophischen Theorien über Personen, Bewußtsein, Interessen, Erkennen, Willensfreiheit, usw." erhellen.[20] Leist hält es also für möglich (zumindest sind seine Äußerungen an dieser Stelle so interpretierbar), daß ethische Leitbegriffe aufgrund von konkreten Entscheidungs*erfahrungen*, die neben empirischen Daten auch z.B. Intuitionen, spezifische Wahrnehmungen und Empfindungen enthalten, in Frage gestellt bzw. verändert werden können. Die Möglichkeit einer Erhellung grundlegender philosophischer Begriffe und Theorien – im Sinne ihrer Differenzierung, Konkretisierung, ggf. auch Modifizierung – ausgehend von praxisbezogenen Fragestellungen und Erfahrungen ist m.E. nicht auszuschließen. Fraglich ist allerdings, wie diese Art des Erweises der Falschheit oder Unangemessenheit von spezifischen Leitbegriffen *innerhalb der Statusdiskussion* möglich sein soll, die eben durch ihre Orientierung an rein

---

[20] A. Leist, „Diskussionen um Leben und Tod", S. 11.

rationalen und deduktiven Verfahren gekennzeichnet ist und von daher intuitive
Bewertungen u.ä. gar nicht zulassen kann. Die von Leist aufgeführten Theoreme
sind im Gegenteil – dies zeigt die Analyse der Statusdiskussion – exponierte
Beispiele dafür, daß innerhalb der Statusdiskussion eine Erhellung im Sinne der
zunehmenden Klärung und sogar Veränderung der Begriffsbedeutungen keineswegs erfolgt. Vielmehr *resultieren* – wie im folgenden noch auszuführen ist – die
jeweiligen Positionen zur Statusfrage aus jeweils spezifischen *theorieabhängigen
Definitionen* dieser Begriffe.

Außerdem entspricht Leists These nicht der Vorgehensweise, die er selbst
ansonsten propagiert. So sind nämlich nach seiner Ansicht möglicherweise

> auch unsere stärksten moralischen Ansichten, werden sie in einen ko-
> härenten Zusammenhang gebracht, untereinander nicht vereinbar. Eini-
> ge von ihnen müssen dann aufgegeben werden – oder aber das Ideal der
> Kohärenz. In der Moralphilosophie manifestieren sich solche Grenzen
> einer reinen Konsistenzmethode vor allem anhand des Gegensatzes zwi-
> schen *deontologischen* und *konsequentialistischen* (oder *teleologischen*)
> Intuitionen und Theorien.[21]

Obgleich Leist mit dem vorhin Zitierten zumindest impliziert, daß die Vorgehensweise der angewandten Ethik keineswegs im ‚reinen Anwendungsmodell‘
im Sinne deduktiver Schlußfolgerungen verbleiben kann, so wird in seinem Ansatz insgesamt doch deutlich, daß er die Argumentationsweise angewandter
Ethik an jeweils spezifischen ethischen Theorien und den ihnen entsprechenden
Leitbegriffen und Prämissen orientieren und diese den in diesem Sinne inkohä-
renten, nicht in den Kanon einer spezifischen ethischen Theorie integrierbaren
Ansichten überordnen will.

Bei diesem Verfahren hat die erste, an spezifischen Leitbegriffen orientierte
Prämisse des deduktiven Argumentationsganges Prinzipiencharakter. Die jeweils zugrundegelegten Prämissen, dies hat die Darstellung der Statusdiskussion
gezeigt, können dabei sehr unterschiedlich sein, und sie sind selbst – zumindest
auf der Ebene der Statusdiskussion – nicht anfechtbar bzw. als „falsch" abweis-
bar. So kann die ethische Grundannahme, von der aus die Statusfrage behandelt
wird, deontologisch geprägt sein, wie etwa bei Engelhardt;[22] sie kann utilitaristisch fundiert sein, wie etwa bei Birnbacher;[23] oder sie kann auf einer spezifischen Auslegung der Goldenen Regel beruhen, wie bei Hare[24] usf.

Diese Unterschiedlichkeit der Ausgangspunkte muß für sich genommen
allerdings nicht unbedingt der Grund für das Scheitern der Statusdiskussion

---

[21] Ebd., S. 11f.
[22] Siehe dazu Kapitel 5.2.
[23] Siehe dazu Kapitel 4.3.
[24] Siehe dazu Kapitel 4.2.

sein. Denn es scheint zumindest theoretisch die Möglichkeit zu geben, daß trotz unterschiedlicher Leitbegriffe und Prämissen bzw. der Argumentation von unterschiedlichen philosophischen Standpunkten aus ein gleiches Ergebnis erzielbar ist, d.h., daß trotz divergenter ethischer Theorien die in der Folge unterschiedlich verlaufenden Ableitungen in bezug auf den Geltungsbereich des Lebensrechts zu einem gleichen Schluß oder zumindest zu einer konsensfähigen Position kommen. Gerade diese theoretische Hoffnung wurde jedoch nicht erfüllt. Weder ist es gelungen, im Sinne Höffes „oberste Prinzipien der allgemeinen Ethik auf die besondere Situation biomedizinischer Probleme anzuwenden, um mittlere Prinzipien, um spezifische Grundsätze der biomedizinischen Ethik zu gewinnen",[25] noch war der Versuch, von vornherein von (vermeintlich) konsensfähigen mittleren ethischen Prinzipien ausgehend eine konsensfähige Position zu erarbeiten, erfolgreich. Beauchamp und Childress, die exponiertesten Vertreter des Ansatzes der ‚mittleren ethischen Prinzipien‘, stellen selbst die Unzulänglichkeit ihres Ansatzes für die Statusbestimmung explizit fest:

> If we are certain that a particular being is a person, then we can usually
> be confident that the full complement of moral principles applies. [...]
> This controversy about human life and personhood is impossible to
> decide on the basis of the moral principles that form the core principles
> in this book.[26]

Zugleich zeigt das Scheitern dieser Bemühungen neben dem Ausbleiben eines konsensfähigen Ergebnisses auch, daß das Problem der ‚Anwendung‘ eines Allgemeinen auf eine besondere Situation durch den Wechsel von der Ebene der ‚obersten‘ zu der der ‚mittleren‘ Prinzipien nur verschoben, nicht aber gelöst wird.

In der neuesten Literatur wird das Konzept der *Normenableitung* aus höheren Prinzipien bzw. den durch sie ausgewiesenen Leitbegriffen als Vorgehensweise angewandter Ethik zunehmend – und zwar aus unterschiedlichen Perspektiven – in Frage gestellt. Heiner Hastedt kritisiert in diesem Zusammenhang schon den Begriff ‚Angewandte Ethik‘, und zwar deshalb, weil er nach seiner Meinung das Mißverständnis hervorruft,

> daß die eigentliche Ethik in der Angewandten Ethik eben nur angewendet werden muß. Eine solche Auffassung hat Nachteile gegenüber der
> [...] anwendungsorientierten Ethik, weil eine starre Anwendung einer
> feststehenden Grundsatznorm weder den praktischen Handlungsfeldern

---

[25] O. Höffe, *Sittlich-politische Diskurse*, S. 184.

[26] T.L. Beauchamp u. J.F. Childress, *Principles of Biomedical Ethics*, S. 162. Gemeint sind die von Beauchamp und Childress formulierten mittleren medizin-ethischen Prinzipien: 1. Autonomie, 2. Nicht-Schaden, 3. Wohlwollen, 4. Gerechtigkeit.

in der Vielfältigkeit ihrer Probleme noch den Reflexionsansprüchen einer philosophischen Ethik gerecht wird [...].[27]

In ähnlicher Perspektive kritisiert auch Rohbeck die prinzipiengeleitete Vorgehensweise:

> Gegen die Bedrohung durch den technischen Fortschritt wird sozusagen die ethische Zwecksetzungskompetenz der Gattung aufgeboten. Daraus folgt, daß die normativen Setzungen ihrem Gegenstand äußerlich bleiben und ihre beabsichtigte Wirkung verfehlen. In jüngster Zeit sind berechtigte Zweifel an einer derart prinzipiengeleiteten Ethik angemeldet worden. Man wirft ihr einen allzu wirklichkeitsfernen und damit ineffizienten Anspruch vor.[28]

Auch wenn man nicht davon ausgehen kann, daß sich alle an der Statusdiskussion beteiligten Autoren auf ein ‚reines Anwendungsmodell‘ beschränken,[29] wie es in der Kritik von Hastedt und Rohbeck impliziert wird, können ihre Thesen m. E. auf die Statusdiskussion gewendet werden: Die Auswahl und inhaltliche Fassung der *Kriterien* der Statusbestimmung sind nämlich von den jeweiligen ethischen Grundannahmen *abhängig*. Begriffe und Konzeptionen von „Mensch", „Person", „Interesse", „Leben" und „Tod" sind durch ethische Grundhaltungen bedingt und lassen sich offensichtlich nicht auf einen theorieunabhängigen Konsens zurückführen. Die Folge davon ist beispielsweise, daß die innerhalb der Statusdiskussion in verschiedenen Ansätzen erfolgten Definitionen des Personbegriffs nicht weniger divergent sind als die philosophisch-theoretische Begriffsfassung. Je nach Ansatz gilt als Person jedes beseelte Indivi-

---

[27] H. HASTEDT, *Aufklärung und Technik*, S. 61.

[28] J. ROHBECK, *Technologische Urteilskraft*, S. 261.

[29] Eine Problematik des ‚reinen Anwendungsmodells‘ wurde bereits in Kapitel 2.2 erörtert. In dem dortigen Zusammenhang ging es vorrangig darum, das für die angewandte Ethik notwendige ‚Maß‘ an prinzipienorientierter Abstraktheit bzw. Distanz zur gesellschaftlichen Praxis und an lebensweltlicher Konkretheit bzw. Orientierung an Gegebenheiten zu problematisieren. Im Unterschied dazu bezieht sich die Kritik nun sehr viel grundsätzlicher auf eine an Prinzipien bzw. an Leitbegriffen orientierte und zugleich der deduktiven (d.h. einer streng auf Kohärenz und Konsistenz zielenden) Logik folgende Vorgehensweise überhaupt. Es ist dabei unerheblich, ob einzelne Autoren (in der Statusdiskussion) bei der Begründung ihrer Position (teilweise) von der strengen Kohärenz- und Konsistenzforderung abweichen, z.B. indem sie explizit auf intuitive Setzungen verweisen. Zu betrachten sind an dieser Stelle nämlich nicht mehr Einzelpositionen, sondern die Gesamtheit der Statusdiskussion, d.h. das Zusammenwirken der vielfältigen Positionen. Dabei zeigt sich, daß jede Argumentation, die *nicht* der strengen Kohärenz- bzw. Konsistenzforderung folgt, unmittelbar gerade deshalb der Kritik ausgesetzt ist und kaum weitere Beachtung erfährt. Es ist daher ganz unabhängig von gegenteiligen Einzelbemühungen festzustellen, daß die Statusdiskussion insgesamt dem ‚reinen Anwendungsmodell‘ angewandter Ethik folgt.

duum der Gattung Mensch oder jedes Individuum der Gattung Mensch, das entwicklungsfähig ist. Oder es gelten als Person empfindungsfähige Wesen, die Wünsche und Interessen haben, oder solche, die moralische Agenten sind, oder schließlich solche, die ein funktionstüchtiges menschliches Gehirn haben. Anfechtbar sind diese Bestimmungen letztlich nur im Rahmen der bzw. mit Bezug auf die jeweils zugrundegelegte ethische Theorie bzw. deren Leitbegriffe. Ob die jeweilige Definition des Bestimmungskriteriums und die aus ihm entwickelten Konsequenzen angemessen und zulässig sind, kann dann nur in einer Konsistenz- und Kohärenzprüfung ermittelt werden, die ihrerseits an die ethischen Theorien, unter denen die Interpretationen und Definitionen stattgefunden haben, gebunden bleibt. D.h., beurteilbar ist eine Position nur im Hinblick darauf, ob sie ihre Kriterien für die Statusbestimmung konsistent aus dem zugrundegelegten Leitbegriff (d.h. der ersten Prämisse) entwickelt – diese selbst kann aber nicht hintergangen werden; ihr kann lediglich eine andere, auf der Grundlage einer anderen ethischen Theorie und deren Leitbegriffen formulierte Prämisse entgegengehalten werden. Es sind allerdings nicht allein die divergenten Begriffe selbst, sondern auch die aus ihnen folgenden divergenten *Kriterien*, die die Hoffnung auf einen inhaltlich gleichlautenden Schluß enttäuschen. Dies ist insofern bedeutsam, als sich die unterschiedlichen Grundauffassungen eben nicht auf einer „mittleren" Ebene nivellieren. Im Gegenteil wird eine intertheoretische Verständigung über relevante Aspekte nahezu unmöglich, weil die Begriffe, die die relevanten Aspekte tragen, jeweils unterschiedlich und jeweils spezifisch gefaßt werden. Somit stellen sich die vorliegenden Einzelpositionen als unvereinbar und darüber hinaus sogar unvergleichbar dar.

Hinzu kommt, daß es für die zweite Prämisse innerhalb des an Leitbegriffen orientierten Ansatzes der Statusdiskussion notwendig ist, die jeweils für moralisch relevant erachteten Eigenschaften und Fähigkeiten mit biologischen Entwicklungsphasen, *als organische Voraussetzungen des Personseins*, zu identifizieren. Es ist nämlich keineswegs hinreichend festzustellen, das Lebensrecht bzw. Tötungsverbot gelte für beseelte Menschen oder für moralische Agenten etc. Die Statusfrage erfordert für das Gelingen der Deduktion als zweite Prämisse zusätzlich die Klärung, *ab wann* ein Mensch beseelt ist bzw. als moralischer Agent gilt etc. Hier ergibt sich ein weiteres, bisher ungelöstes Problem der Statusdiskussion: Wenn auch die umfassenden Erkenntnisse der Embryologie Aussagen über den Beginn der Empfindungsfähigkeit, der Hirnentwicklung etc. zulassen, so ist eine *Interpretation* dieser Aussagen mit Blick auf deren *moralisch relevante Aspekte* dennoch unerläßlich. Dies hat sich in besonderer Weise im Zusammenhang mit der Hirnleben-Definition gezeigt. Nicht nur, daß die für moralisch relevant angesehenen kognitiven Fähigkeiten des Menschen überhaupt mit dessen Hirntätigkeit identifiziert wurden, ist hierbei wesentlich, sondern daß es zusätzlich letztlich um die Frage geht, *wieviel Funktion* gegeben sein muß, damit das moralisch relevante Maß erreicht ist.[30] Die Problematik besteht in zweierlei: Zum einen schließt die *Interpretation biologischer Erkenntnisse* erneut die Möglichkeit ein, zu unterschiedlichen Ergebnissen zu gelangen, und zwar selbst dann, wenn man hinsichtlich der moralisch relevanten Aspekte prinzipiell gleicher Ansicht ist. Zum anderen ist der Philosoph oder Ethiker auf empirische Untersuchungen angewiesen, die selbst häufig theoretischen bzw. *hypothetischen Charakter* insofern haben, als sie in ihrer Disziplin noch bezweifelt werden. Dies gilt z. B. für die Frage, inwiefern das bei der Befruchtung entstehende menschliche Genom als das „Programm" des entstehenden Menschen gelten kann. So hat Thomas J. Bole in seinem Aufsatz „Metaphysical Accounts of the Zygote as a Person and the Veto Power of Facts" über Forschungsergebnisse von Bedate und Cefalo berichtet, denen zufolge das bei der Befruchtung entstehende Genom nicht bzw. nicht allein die Entwicklung eines Individuums (bzw. mehrerer Individuen) kodiert, sondern andere oder zusätzliche, nicht unmittelbar mit der Entwicklung bzw. Ausformung des Individuums verbundene genetische Informationen enthält. Bole hat auf der Grundlage dieser Forschungsergebnisse Potentialitätsargumentationen zu widerlegen versucht. Allerdings wurde er 1990 von Antoine Suarez[31] kritisiert, der sich unter Bezugnahme auf andere Biologen vor allem darauf berief, daß die Forschungsergebnisse von Bedate und Cefalo innerhalb der Biologie anzuzweifeln seien.

Grenzen der praktischen Zielsetzung der Statusdiskussion:
Angesichts dieser Vielzahl von Differenzmöglichkeiten, und zwar auf allen Ebenen des an Leitbegriffen orientierten Begründungsverfahrens, stellt sich die grundsätzliche Frage, ob das Ziel der Statusdiskussion überhaupt prinzipiell erreicht werden kann. Nicht dieses spezifische Begründungsverfahren für sich genommen bedingt dabei allerdings die Problematik der Statusdiskussion, sondern seine Verwendung unter der unausweichlich konkreten und unmittelbar praktischen Zielsetzung[32] bzw. Relevanz der Frage nach dem moralischen Status menschlicher Embryonen und Föten. Als Verfahren der Positionsfindung im Sinne einer Ableitung aus einer bestimmten ethischen Theorie ist die Begründungsweise der Statusdiskussion philosophisch geläufig, und sie scheint über

---

[30] Siehe Kapitel 5.3, insbes. den Abschnitt „Der Kopf, das Gehirn und die Würde des Menschen".

[31] A. SUAREZ, „Hydiatidiform Moles".

[32] Positionen zur Statusfrage werden zu einem Zeitpunkt behandelt, zu dem politische Entscheidungen anstehen, die die Statusfrage berühren. Das unmittelbare öffentliche Interesse an der philosophischen Diskussion und damit die praktische Ausrichtung der Positionen sind somit unhintergehbar. Selbst wenn man also explizit von einer ‚praktischen Zielsetzung' einer Positionsbegründung absehen wollte, wäre die praktische Relevanz der Begründung nicht aufzuheben.

Konsistenz- und Kohärenzprüfungen, gefolgt von entsprechenden Korrekturen und Präzisierungen, *inner*theoretisch zu durchaus validen Ergebnissen kommen zu können. Letztlich brauchen hier die Begriffe nur eindeutig genug definiert zu werden, um ebenso eindeutige Wenn-Dann-Beziehungen zu erzeugen. Zum Problem wird der Ansatz der Statusdiskussion allerdings dort, wo sie dem Ziel zustrebt und den Anspruch vertritt, wenn schon nicht eine verallgemeinerbare, so doch zumindest eine *allgemein akzeptierbare Lösung* der konkreten praktischen Probleme hervorzubringen oder zu ermöglichen. Da sie ihrem eigenen Selbstverständnis nach als Diskussion im Bereich der *angewandten* Ethik auftritt, kann Bezugspunkt für ihre Bewertung nicht allein philosophische Konsistenz sein, sondern vor allem ihr konkreter Einfluß auf bzw. ihre Lösungskompetenz für die reale Problemlage.[33]

Als Ergebnis der kritischen Analyse der Statusdiskussion ist folglich festzuhalten, daß unter der Voraussetzung des Ausgangs von je spezifischen Leitbegriffen einerseits und unter Voraussetzung divergenter Auslegungen von Kriterien der Statusbestimmung andererseits keine allgemein akzeptierbare und schon gar keine allgemeingültige Position formulierbar ist.[34]

Relativismus als Konsequenz der Statusdiskussion:
Ein sehr wesentliches Motiv dafür, zur Lösung der genannten Ausgangsproblematiken eine Statusdebatte in der dargestellten Weise zu führen, besteht m. E. darin, daß sie – im Unterschied zu alternativen Problemlösungsansätzen – eine nicht-relativistische Bestimmung des Geltungsbereichs menschlichen Lebensrechts zu gewährleisten scheint. Dieses Motiv folgt der Auffassung, daß in alternativen Ansätzen, wie etwa den unabhängig von der Statusfrage *kontextorientiert* verfahrenden Bewertungen der einzelnen Handlungsgeschehen (Abtreibung, Embryonenforschung usf.), der Geltungsbereich des menschlichen Lebensrechts letztlich implizit relativistisch gefaßt werde, weil je nach Bewertung der einzelnen Handlungsgeschehen die Tötung eines menschlichen Fötus einmal erlaubt wäre (z. B. im Kontext der Abtreibung) und einmal nicht (z. B. im Kontext der Forschung an Föten).[35] Die Statusdiskussion tritt deshalb insbeson-

---

[33] Siehe dazu genauer Kapitel 7.2.2.

[34] In Kapitel 2.3 wurden Ansätze dargestellt, die eine Bewertung der Ausgangsproblematiken (Abtreibung, Embryonenforschung, IVF, Transplantation fötaler Organe und Gewebe) anstrebten, *ohne* die Statusfrage zu behandeln. Bei der Analyse dieser Ansätze wurde festgestellt, daß sie nur unter der Bedingung gerechtfertigt sind, daß die Statusfrage nicht allgemeingültig bzw. konsensfähig gelöst werden kann. Da sich nun herausgestellt hat, daß genau dies der Fall ist, sind die dargestellten alternativen Ansätze bzw. Argumentationsweisen erneut als Lösungsansätze in Betracht zu ziehen. Siehe dazu auch Kapitel 9.

[35] Ob in den angesprochenen Ansätzen der moralische Status menschlicher Embryonen und Föten *tatsächlich* relativistisch gefaßt wird, ist m. E. allerdings fraglich. So ist es innerhalb solcher Ansätze möglich, daß entweder der Lebensrechtsbeginn implizit zu einem sehr

dere mit dem Anspruch auf, jede relativistische Bewertung des Geltungsbereichs des menschlichen Lebensrechts auszuschließen, indem sie den moralischen Status vorgeburtlichen menschlichen Lebens *grundsätzlich* bestimmt. Neben dem Scheitern der Statusdiskussion im oben dargestellten Sinne muß an dieser Stelle nun zusätzlich festgestellt werden, daß sie *auch im Hinblick auf dieses zentrale Motiv gescheitert ist*, d. h., daß sie entgegen ihrer eigenen Zielsetzung sowohl auf der theoretischen Ebene (im Sinne der Diskussionsbedingungen) als auch auf der praktischen Ebene (im Sinne der Diskussionskonsequenzen) eine *gewisse Form des Relativismus wenn nicht erzeugt, so doch hinnimmt.*

Auf der *Theorieebene* liegt m. E. eine Form des normativ-ethischen Relativismus insofern vor, als der moralische Status ungeborenen menschlichen Lebens jeweils relativ zu einer ethischen Theorie bestimmt wird. Indem aber für die jeweils zugrundegelegte ethische Theorie nicht mehr der Anspruch erhoben wird, daß sie ‚wahr‘ sei, sondern allenfalls der Anspruch, daß sie aus ‚plausiblen Gründen‘ ‚angemessen‘ sei, kann auch für die jeweiligen Ergebnisse der Diskussion allenfalls ein *Plausibilitätsanspruch* erhoben werden. Die normativ-ethische Forderung, die in der jeweiligen Bestimmung des Status menschlicher Embryonen und Föten impliziert ist, ist insofern nicht nur *abhängig* von jeweils spezifischen ethischen Theorien und ihren Leitbegriffen, sondern ihre ‚Richtigkeit‘ in einem Ansatz ist zugleich auch relativ zu der ‚Richtigkeit‘ der Statusbestimmung beim Ausgang von einer anderen ethischen Theorie und deren Leitbegriffen.* So kann ein Utilitarist in Abhängigkeit von der utilitaristischen Ethik begründen, die Fähigkeit, Interessen zu haben, sei ein hinreichendes Kriterium dafür, daß für den Organismus, der diese Fähigkeit besitzt, ein Tötungsverbot gilt. Ein Deontologe kann dagegen begründen, daß nicht die Fähigkeit, Interessen zu haben, sondern ein spezifischer Grad an Vernunftleistung oder ggf. die Zugehörigkeit zu einer entsprechenden Gattung das hinreichende Kriterium für ein Lebensrecht und damit das Tötungsverbot darstellen. Wie unterschiedlich die normativ-ethischen Aussagen infolge dieser unterschiedlichen Kriterien sein können, hat die Darstellung der Diskussion gezeigt. Konsequenz dieser Tatsache ist aber, daß die Statusdiskussion – unabhängig davon, ob ihre Vertreter prinzipiell einem ethischen Relativismus zustimmen oder nicht, und unabhängig

---

späten Entwicklungszeitpunkt angenommen wird, oder daß die Bewertungen als intersubjektiv verbindliche Bewertungen *unabhängig* von der Statusfrage erfolgen. Im letzten Fall wäre es ggf. notwendig, zusätzlich zu der intersubjektiv verbindlichen Bewertung eine persönliche Einstellung zur Statusfrage (im Sinne einer Gewissensentscheidung) zur Grundlage einer Handlungsentscheidung zu erheben. Dieser letztere Fall ist im Zusammenhang mit der legislativen Bewertung bestimmter Szenarien der Abtreibung bereits üblich: Obgleich es Ärzten und Ärztinnen nach § 218 StGB unter klar beschriebenen Voraussetzungen erlaubt ist, Abtreibungen durchzuführen, steht es ihnen zu, aufgrund einer persönlichen Gewissensentscheidung die Durchführung zu verweigern.

zunächst auch davon, wie man diese Konsequenz bewerten will – unausweichlich zu einem *normativ-ethischen Relativismus führt*. So kann z. B. der Deontologe die Verschiedenheit des Urteils des Utilitaristen eben nicht bloß als de facto gegeben ansehen, sondern er muß sie sozusagen – und zwar als Folge des ungelösten Letztbegründungsproblems – als *de jure*, d. h. mit gleicher Berechtigung gegeben, ansehen.

Mit diesen Aussagen soll allerdings weder den an der Statusdiskussion beteiligten Autoren unterstellt werden, sie seien Relativisten, noch die These vertreten werden, der moralische Status menschlicher Embryonen und Föten sei prinzipiell nur relativistisch zu bestimmen. Ganz unabhängig von einer eigenen Untersuchung der Möglichkeiten und Grenzen bzw. der ethischen Bewertung von Relativismus, die hier nicht Thema sein kann, gilt es vielmehr festzustellen, daß die Statusdiskussion insgesamt – d. h. die Summe ihrer Beiträge, nicht die jeweiligen in ihr vertretenen Positionen – relativistisch verläuft bzw. relativistische Folgen hat. Wenn es auch das *Anliegen* der Statusdiskussion ist, über den von Leitbegriffen ausgehenden deduktiven Ansatz gerade eine nicht-relativistische Bestimmung des moralischen Status ungeborenen menschlichen Lebens zu erarbeiten, so wird m. E. doch deutlich, daß ihre *Konsequenzen ihrem Anliegen widersprechen*.

> Dann freilich bleibt dem ,Anwender' von Ethik nur eine pseudoliberal-relativistische Einstellung übrig. Angesichts konkreter Problemfälle kann er dann nämlich immer nur erklären, wie man z. B. als Deontologe handeln sollte, wie als Utilitarist, wie als Kontraktualist, wie als Diskursethiker, etc., *wenn* die Deontologie, *wenn* der Utilitarismus, *wenn* der Kontraktualismus, *wenn* die Diskursethik etc. recht hätten. Das aber ist eine *zynische* Haltung, da sie weder den Anforderungen der Moralpädagogik gerecht werden, noch überzeugende Beiträge zur Willensbildung bei konkreten Problemen liefern kann.[36]

Der Ansatz der Statusdiskussion ist daher alternativen Problemlösungsansätzen innerhalb der angewandten Ethik nicht schon deshalb überlegen, weil er mit Hilfe einer deduktiven, auf allgemeine Geltung zielenden Vorgehensweise dem eigenen Anspruch nach ein nicht-relativistisches und allgemeingültiges Ergebnis zu erzielen *beabsichtigt*. Darüber hinaus ist m. E. der letztlich unvermeidbare Relativismus der Statusdiskussion ein starker Grund dafür, entweder gegenüber der Statusfrage als Thema der angewandten Ethik oder gegenüber der von Leitbegriffen ausgehenden deduktiven Argumentation Skepsis zu formulieren.

---

[36] M. KETTNER, „Einleitung", S. 19.

6.3 Plausibilitäten: Vom Aufklären zum Einleuchten? – Versuche zu einer Überwindung der aporetischen Situation

Im Zusammenhang mit der Kritik am Anwendungsmodell als einem aus Leitbegriffen ableitenden Begründungsverfahren haben bereits verschiedentlich Autoren nach Wegen gesucht, das Problem der intertheoretisch konsensfähigen Begriffs- und Kriteriendefinition und im Zusammenhang damit das der strengen Ansprüche an Normenakzeptanzgründe zu überwinden. Wie bereits erwähnt wurde, wird zunehmend gefordert, die *Akzeptierbarkeit einer Position* nicht durch ihre logisch zwingende Struktur zu erwirken, sondern durch ihre *Plausibilität*.

‚Plausibilität‘ wird dabei teilweise als Synonym für ‚intuitive Richtigkeit‘ verwendet. Dies ist etwa bei Kuhse der Fall, wenn sie in der Analyse des Prinzips der Heiligkeit des Lebens zu dem Schluß kommt, dieses Prinzip führe dazu, daß „jeder Lebensfunke [...] erhalten werden" müsse, um dann festzustellen: „Eine solche Position ist jedoch nicht nur intuitiv unplausibel [sic!], sie ist auch letztlich unverständlich."[37] Wo der Begriff in diesem Sinne verwendet wird, hat er allerdings kaum systematischen Charakter, denn Verwendungen dieser Art zielen nicht auf die Analyse der Möglichkeit, Plausibilität von Aussagen zu erreichen, sondern sie stellen lediglich das Vorhandensein von so etwas wie ‚Plausibilität‘ fest.

Im Unterschied dazu verwendet Birnbacher den Begriff Plausibilität systematisch, wenn er im Zusammenhang mit der Letztbegründungsproblematik betont, daß zwar keine *zwingenden*, wohl aber *Plausibilitätsgründe* für die Angemessenheit einer bestimmten ethischen Theorie angeführt werden können.[38] Birnbacher geht allerdings nicht davon aus, diese Plausibilitätsgründe seien von vornherein „intuitiv richtig" und damit keiner weiteren Begründung bedürftig, sondern sie unterliegen für ihn, obwohl sie letztlich nicht abzusichern sind und obwohl sie ein „irreduzibles Moment von Subjektivität" enthalten, dem Bemühen um argumentative Überzeugung:

> Im Gegensatz zu zwingenden Gründen lassen sich Plausibilitätsgründe letztlich nicht absichern. Aber das entbindet nicht von der Aufgabe, diese Gründe soweit wie möglich von der eigenen Subjektivität abzulösen und in einer Form zu präsentieren, in der sie eine Chance haben, von anderen übernommen zu werden.[39]

---

[37] H. KUHSE, „Heiligkeit des Lebens", S. 101.

[38] Siehe D. BIRNBACHER, „Welche Ethik ist als Bioethik tauglich?", S. 60ff.

[39] Ebd., S. 62f. – Es sei an dieser Stelle schon auf die Diskussion des ‚Story Telling‘-Ansatzes (siehe Kap. 9) verwiesen, der den Versuch, subjektive, d.h. logisch nicht abzusichernde Gründe für ethische Urteile intersubjektiv überzeugend darzustellen, radikalisiert.

Das Anliegen Birnbachers ist deutlich: Er will die Möglichkeit eröffnen, die Pluralität von ethischen Theorien und damit die Pluralität von Leitbegriffen, Orientierungsmustern und Einzelergebnissen zugunsten einer Einigung auf *eine* ethische Theorie zu überwinden. Konkretes Ziel ist es, diejenigen, die von einer anderen ethischen Theorie bzw. von einem anderen ‚moral point of view‘ ausgehen, dazu zu bewegen, den ‚moral point of view‘ desjenigen, der entsprechende Plausibilitätsgründe angibt, nicht nur zu tolerieren, sondern zu akzeptieren und damit einzunehmen. Im Ansatz Birnbachers geht es folglich nicht mehr darum, Konsense auf der Ebene von mittleren Prinzipien oder Einzelergebnissen zu erzielen, sondern darum – wohl nicht zuletzt im Bewußtsein der Stagnation verschiedenster Problemdiskussionen –, einen Konsens auf der Grundlagenebene zu erreichen.

Entsprechende Versuche, die sich auch bei anderen Autoren finden, sind allerdings m. E. dann Kennzeichen von Hilflosigkeit, wenn die Plausibilitätsargumentation darauf hinausläuft, die Schwierigkeiten des „gegnerischen" moral point of view zu betonen und die Schwierigkeiten des eigenen moral point of view wenn schon nicht zu verschweigen, so doch als geringfügiger darzustellen. Ein Beispiel dafür ist Leists Argumentation im Zusammenhang mit seinem Eintreten für interessenfundierte Ethiken gegenüber Wertethiken, die folgendermaßen verläuft: Die implizite Bewertung einer Grundschwierigkeit interessenfundierter Ethiken, nämlich die Klärung und Definition des Interessen-Begriffs, fällt in seiner Argumentation eher optimistisch aus. Der Rezipient kann den Eindruck gewinnen, daß eine Klärung bevorsteht und daß, selbst wenn dies nicht der Fall sein sollte, die Ableitungsergebnisse nur geringfügig, d. h. nicht in relevanter Weise, divergieren:

> Die verschiedenen Verteidiger der Interessenposition haben bisher auch keinen Konsens erzielt, wann genau man von Interessen sprechen kann, und kommen deshalb konkret zu etwas unterschiedlichen Antworten.[40]

Seine Kritik der Schwierigkeiten von Wertethiken erfolgt dagegen, wenngleich explizit als subjektiv ausgewiesen, weitaus vehementer und grundsätzlicher. Augenfällig ist besonders die unterschiedliche Bewertung von *bisher* ungelösten Fragen. Steht im Zusammenhang mit interessenfundierten Ansätzen eine Klärung nur noch aus, bestätigt im Fall der Wertethiken der bislang ungeklärte Aspekt die Unzulänglichkeit des ganzen Ansatzes:

> Meine Vermutung ist, daß Wertethiken überhaupt nicht als systematische Alternative verstanden werden können, weil ihre Grundidee inkohärent ist. Daß Kants transzendentaler Begründungsversuch und seine eigene Zwei-Welten-Konzeption von Personen bis heute keine auch nur

---

[40] A. LEIST, „Herausforderungen der Bioethik", S. 32.

annähernd plausible Explikation gefunden haben, bestätigt meines Erachtens dieses Fazit.[41]

Unabhängig davon, wie vertretbar oder kritikbedürftig verschiedene Plausibilitätsargumentationen dem einzelnen Rezipienten erscheinen mögen, stellt sich – neben dem o.g. Einwand – als generelles Problem eines Rekurses auf ‚Plausibilität‘ dar, daß er nur sinnvoll ist, wenn die jeweiligen Positionen nach dem Grad ihrer *Plausibilität beurteilt* und miteinander verglichen werden können. Dies ist aber nicht möglich, da für die Zuschreibung des Attributs ‚plausibel‘ und erst recht für die Bemessung von Plausibilitäts*graden* keine verbindlichen Kriterien zur Verfügung stehen und gestellt werden können, die über subjektiv-individuelle Begründungen, warum eine Position, eine ethische Forderung u.ä. jemandem als plausibel (d.h. ‚einleuchtend‘, ‚intuitiv zutreffend‘, ‚unmittelbar verbindlich‘ usw.) erscheint, hinausgehen – es sei denn, man würde ‚Plausibilität‘ wiederum an die Kriterien der Kohärenz und Konsistenz im Sinne eines rational-folgerichtigen Zusammenhangs von allgemeinen Prinzipien oder Voraussetzungen und Konkretisierungen für besondere Problemfälle binden wollen. Zu einem solchen Ansatz soll der Rückgriff auf ‚Plausibilität‘ aber gerade eine Alternative bilden. Soll das Plausibilitätsargument aber, wie etwa bei Birnbacher, systematisch für den Prozeß *argumentativer* Überzeugung fruchtbar gemacht werden, müssen für ‚Plausibilität‘ zumindest in gewissem Umfang verallgemeinerungsfähige Kriterien entwickelt werden können. Sind solche Kriterien nicht angebbar, stellt sich das Plausibilitäts-Konzept nicht als tragfähige Alternative dar, sondern muß sich auf die Feststellung beschränken, daß eine Argumentation für die Individuen A, B, C plausibel ist, für die Individuen X, Y, Z dagegen nicht.

Insgesamt werden in den genannten Ansätzen nicht nur entsprechende Kriterien nicht angegeben, sondern es fehlt bereits eine systematische Explikation des Begriffs der Plausibilität. Man gewinnt vielmehr den Eindruck, als bezöge sich dieser Begriff allenfalls auf den Grad der Nachvollziehbarkeit einer teilweise lückenhaften (d.h. nicht alle verwendeten Begriffe genau explizierenden und nicht alle Folgerungen logisch streng ableitenden) Argumentation. Zudem wird nicht begründet, ob bzw. inwiefern die Nachvollziehbarkeit dazu verpflichten soll, sich selbst der Argumentation auch anzuschließen.[42] So kann man eine Argumentation, die von einer bestimmten Prämisse ausgeht, für plausibel

---

[41] Ebd., S. 40f.

[42] Zusätzlich muß betont werden, daß die Zuschreibung von ‚Plausibilität‘ nicht nur davon abhängt, *ob eine Position* plausibel *ist*, sondern wesentlich auch davon, *für wen* sie plausibel *erscheint*. Daß jemand eine Position, eine ethische Forderung etc. für plausibel hält oder nicht, ist aber offenbar nicht allein in deren ‚objektiver‘, d.h. unabhängig vom Betrachter vorhandenen, Plausibilität begründet, sondern auch subjektiv in den Einstellungen, Erfahrungen, Vorurteilen, Vorlieben usw. dessen, für den sie plausibel ist.

halten, ohne ihre Konsequenzen annehmen zu müssen, weil man selbst eben von einer anderen Prämisse ausgeht und das Anerkennen der ‚Plausibilität' der anderen Position nicht notwendig zur Infragestellung der eigenen Prämissen führen muß.

Daß sich das Plausibilitätsargument insbesondere von Birnbacher nicht nur auf die Konsequenzen einer Position, sondern auf die Akzeptanz fundamentaler Prämissen selbst richtet, ändert an dieser Problemlage m. E. nichts, sondern verschärft sie eher noch. Denn auch für die Plausibilität bzw. Akzeptanzfähigkeit von Basisprinzipien einer ethischen Argumentation gelten die o. g. Schwierigkeiten. Zudem wird im Ansatz Birnbachers deutlich, daß er selbst für die Begründung der Plausibilität leitender ethischer Prinzipien wiederum allgemeine Voraussetzungen heranzieht, die aber ihrerseits – mit entsprechenden Konsequenzen für deren Plausibilität bzw. die Plausibilität der mit diesen Voraussetzungen begründeten ethischen Prinzipien – nicht ohne weiteres als allgemeingültig bzw. allgemein akzeptiert gelten können. Wenn Birnbacher etwa bei seiner Verteidigung eines spezifischen utilitaristischen Ansatzes mit „metaethischen Anforderungen an den spezifischen ‚moralischen Standpunkt'"[43] (diese sind logische Universalität, Allgemeingültigkeit, Unparteilichkeit) argumentiert, rekurriert er auf Voraussetzungen bzw. Forderungen, die zwar weitgehend, keineswegs aber allgemein geteilt werden. Dies betrifft insbesondere die Forderung nach Unparteilichkeit, die z. B. innerhalb der Ansätze einer ‚Ethics of Care' und auch im Jonasschen „Prinzip Verantwortung" in Frage gestellt wird.[44]

Der Bezug auf ‚Plausibilität' im Unterschied zum Bezug auf logische Folgerichtigkeit und damit verallgemeinerbare Verbindlichkeit erleichtert somit nicht die Akzeptierbarkeit einer Position, sondern höchstens deren Produktion. Die Plausibilitätsforderung kann daher allenfalls im Hinblick auf die Öffentlichkeit formuliert werden, die die philosophischen Positionen rezipiert, ohne sich selbst an ihrer Erarbeitung zu beteiligen, bzw. die ggf. gar nicht die Gelegenheit oder genügende Fachkompetenz hat, den innerphilosophischen Argumentationen genau zu folgen. Plausibilität ist dann allerdings bloß noch ein Argument im Hinblick auf die politisch-strategischen Durchsetzungsaussichten einer Position. Diese sind zwar insbesondere für die angewandte Ethik – sofern sie tatsächlich das Ziel verfolgt, auf konkrete Praktiken Einfluß zu nehmen – nicht unerheb-

---

[43] D. Birnbacher, „Welche Ethik ist als Bioethik tauglich?", S. 63.

[44] N. Noddings als exponierte Vertreterin der „Care Ethics" und H. Jonas mit seinem „Prinzip Verantwortung" wenden sich mit ihren Ansätzen in gewisser Weise gegen die ethische Unparteilichkeitsforderung. Ihre Ablehnung dieser Forderung basiert auf der Betonung von Abhängigkeitsstrukturen innerhalb ethisch relevanter Handlungsweisen. Gegebene ethische Normen zielen nach dem Verständnis von Noddings und Jonas nicht auf das Handeln zwischen gleich positionierten Akteuren, sondern vielmehr auf das Handeln des Mächtigen gegenüber dem Abhängigen. (Siehe dazu auch Kapitel 8.2.3.)

lich. Sobald aber versucht wird, die Durchsetzbarkeit einer Position zum Krite-rium ihrer Begründetheit werden zu lassen, taucht erneut das bisher ungelöste Problem des rechten Maßes von kritischer Distanz einerseits und praktischer Lösungskompetenz andererseits auf.[45]

Zusammenfassend kann also festgestellt werden, daß die Statusdiskussion auch mit Hilfe von Plausibilitätsargumentationen nicht aus der aufgezeigten aporetischen Situation herausgeführt werden kann.

Es muß somit deutlich eingestanden werden, daß *die Statusdiskussion als Ansatz zur Lösung der ethischen Probleme des Schwangerschaftsabbruchs, der Embryonen-Forschung, der In-vitro-Fertilisation und der Nutzung fötaler Gewebe und Organe gescheitert ist.* Viele unterschiedliche Positionen zum moralischen Status ungeborenen menschlichen Lebens wurden erarbeitet, aber keine kann – aus den genannten prinzipiellen Gründen – auf allgemeine Akzep-tanz hoffen, und aus denselben Gründen kann auch zukünftig nicht mit einer Position gerechnet werden, die das Statusproblem allgemein akzeptierbar löst. Konsense oder Kompromisse sind allenfalls auf politischer Ebene durch Mehr-heitsvoten erzielbar, erweisen sich aus ethischer Perspektive aber als höchst problematisch, und Plausibilitätsüberlegungen als Brücke zwischen philosophi-scher Theorie und politischer Praxis sind vom Standpunkt der Statusdiskussion aus den genannten Günden gar nicht behandelbar.

Gleichzeitig kann aber gerade an dem in jüngster Zeit häufiger zu beobach-tenden Verweis auf ‚Plausibilität‘ die Tendenz oder das Bedürfnis – wenn nicht sogar die Notwendigkeit – abgelesen werden, Argumente auch dann anzuerken-nen, wenn sie nicht im Sinne einer an Leitbegriffen orientierten Herleitung und dem ihr entsprechenden Rationalitätskonzept abgesichert sind. *Plausibilitäts-argumentationen sind insofern Indizien für das inakzeptable Ende einer Diskus-sion*, die eben über das Konzept der ‚Plausibilität‘ wieder eröffnet werden soll. So ist die Statusdiskussion unter dem bisherigen Paradigma nicht nur selbst in eine aporetische Situation gelangt, sondern sie setzt damit zugleich das Ver-fahren und die Argumentationsstruktur, die für sie bisher leitend waren, einer massiven Kritik aus.

Ob man so weit gehen kann zu behaupten, die neueren Entwicklungen innerhalb der Ethik führten zu einer zunehmenden Absage an den „Programm-begriff der Aufklärung",[46] möchte ich bezweifeln. Es kann m.E. aber nicht über-sehen werden, daß selbst im Rahmen von Ansätzen, die dem „Aufklärungs-programm" insofern prinzipiell folgen, als sie (weitestgehend) allein rationale Begründungen und entsprechend überprüfbare Vorgehensweisen als zulässig akzeptieren, zunehmend – zumindest punktuell – auch auf alternative (ggf.

---

[45] Siehe Kapitel 2.2.

[46] Siehe dazu H. HASTEDT, *Aufklärung und Technik*, S. 13.

außer- bzw. nicht-rationale) Erkenntnisweisen Bezug genommen wird. Die Übersetzung von ‚Plausibilität' mit ‚intuitiv richtig', ‚unmittelbar verständlich' und ‚einleuchtend' ist m.E. in diesem Zusammenhang erhellend, denn jede dieser Übersetzungen verweist auf Erkenntnisweisen, die eben *nicht* den Anforderungen an das Rationalitätskonzept entsprechen, das – grob gesprochen – dem Aufklärungsbegriff zugrunde liegt. Unter ‚Rationalität' verstehe ich in diesem Zusammenhang ganz allgemein ein vernunftgemäßes, auf ‚Richtigkeit' und ‚Wahrheit' zielendes Vorgehen im Erkennen und Handeln, mit der Zielvorstellung von ‚Wahrheit' und ‚Richtigkeit'. Begriffe wie ‚Intuition' und – systematischer noch – ‚Verstehen' stehen diesem in der Idee der Aufklärung fundierten Rationalitätsbegriff wesentlich entgegen und setzen – auch (philosophie-)historisch gesehen – geradezu ein als Gegenbewegung zum Rationalitätskonzept der Aufklärung, dessen kognitivistischer Verkürzung sie das Konzept des ‚ganzen Menschen' und entsprechender Erkenntnisweisen entgegenhalten. Gerade das zunehmende Offenbarwerden der Defizite des Rationalitätskonzeptes sind m.E. Grund und Anlaß für die Verwendung z.B. des Begriffs der Plausibilität.[47] Sollte sich die Vermutung bestätigen, daß Erkenntnisweisen, die *nicht* mit einem Wissensbegriff im Sinne „wahrer Überzeugung"[48] korrespondieren, innerhalb der (angewandten) Ethik zunehmend an Bedeutung gewinnen, so ist m.E. die Frage gerechtfertigt, ob ggf. das Modell der „Aufklärung" zum Modell des „Einleuchtens" modifiziert werden muß.

Ob ein solches Modell entwickelt werden und sich durchsetzen wird, kann m.E. nicht einmal thesenförmig abgeschätzt werden. Darüber hinaus ist offen, wie – und vor allem nach welchen Kriterien – konkrete Ausformulierungen eines solchen Modells zu bewerten wären. Es kann und soll hier auch gar nicht darum gehen, Hypothesen über den Fortgang der philosophischen bzw. ethischen Ideengeschichte zu entwickeln. Festgestellt werden soll aber, daß die Diskussion von Themen angewandter Ethik, für die die Statusdiskussion ein besonders wichtiges Beispiel ist, offensichtlich eine Annäherung an intuitive und erfahrungsgeleitete Erkenntnisweisen zur Konsequenz hat. Ein Verfahren wie die von Leitbegriffen ausgehende deduktive Vorgehensweise der Statusdiskussion, das unter den genannten Bedingungen prinzipiell nicht zu allgemein akzeptierten praktisch umsetzbaren Lösungen kommt, kann m.E. – dies werde ich im folgenden noch näher begründen – nicht als Verfahren einer *angewandten Ethik, die eben diese Lösungen zum Ziel hat*, gerechtfertigt werden. Da aber auch, wie dargestellt wurde, die bloße Präsentation verschiedener normativer

---

[47] Gleiches gilt – wie in Kapitel 8 noch zu zeigen sein wird – für den Begriff Verantwortung, der innerhalb von Positionen, die abstrakten und deduktiven Begründungsmodellen prinzipiell folgen wollen, zunehmend an Bedeutung gewinnt.

[48] Siehe E.-M. ENGELS, *Erkenntnis als Anpassung?*, S. 160f.

Optionen begründeter Kritik ausgesetzt ist, stellt sich die Frage, was angesichts dieses Ergebnisses der Analyse der Statusdiskussion zu tun ist. – Der Erörterung dieser Frage ist das folgende Kapitel gewidmet.

7. Die Problemlage nach dem Scheitern der Statusdiskussion

7.1 Problemstellung

Im Zusammenhang mit der am Schluß des vorigen Kapitels formulierten Frage, was denn nun – nach dem Scheitern der Statusdiskussion – im Hinblick auf die Lösung der Ausgangsproblematiken zu tun sei, ist erneut eine Reflexion über die *möglichen Aufgaben und Ziele angewandter Ethik* geboten. Es wurde bereits an früherer Stelle[1] ausgeführt, daß Überlegungen zur Konzeptionierung angewandter Ethik zum gegenwärtigen Zeitpunkt nur tendentiell und relativ zu vorliegenden Ansätzen erfolgen können. Dieser Umstand erschwert zwar den Problemzugang, macht ihn aber andererseits nicht unmöglich. Wie an gleicher Stelle ebenfalls dargestellt wurde, lassen sich nämlich nicht nur trotz aller Unterschiede der vorliegenden Ansätze deren bereits genannte konstitutive Gemeinsamkeiten aufzeigen, sondern es können darüber hinaus aus der *Rolle* angewandter Ethik Rückschlüsse auf deren Konzeption gezogen werden.

Ich werde im folgenden an die ausgewiesenen Gemeinsamkeiten gegebener Konzeptionen von angewandter Ethik anschließen, gleichzeitig aber darüber hinaus Thesen über Aufgaben und Ziele angewandter Ethik entwickeln, die sich m. E. aus den Entstehungsbedingungen und dem Vollzug von Debatten im Rahmen der angewandten Ethik folgern lassen.

Grundlage dieser Thesen bildet die Beschreibung von Selbstverständnissen der *Medizin-Ethik*, die nicht nur als ein Teilbereich von mehreren der angewandten Ethik angesehen werden kann, sondern in verschiedener Hinsicht als geradezu paradigmatisch für die angewandte Ethik gelten muß.[2] Wesentlich für diese Beschreibung ist, daß sie sich nicht auf philosophische Verständnisse von Medizin-Ethik beschränkt, sondern den *Vollzug* und die *Rezeption* von Medizin-Ethik berücksichtigt. Auf diesem Wege kann verdeutlicht werden, inwieweit Erwartungen an die Funktion bzw. die Rolle der Medizin-Ethik bzw. der angewandten Ethik überhaupt von außerhalb der Philosophie und teilweise auch unabhängig von philosophischen Erwägungen formuliert werden. Meine These ist, daß sich gerade aus diesen außerphilosophischen Erwartungen Rückschlüsse

---

[1] Siehe Kapitel 2.2.

[2] Als geradezu paradigmatisch für die angewandte Ethik der Gegenwart kann die Medizin-Ethik deshalb gelten, weil sie weiteren Themenbereichen angewandter Ethik zeitlich vorausging und ihre Institutionalisierung sowie ihr Gegenstandsbereich vergleichsweise klarer definiert sind. Siehe hierzu auch E. R. WINKLER u. J. R. COOMBS, „Introduction", in: DIES. (Hg.), *Applied Ethics*, S. 1f.

auf die mögliche weitere Beschäftigung mit den Ausgangsproblematiken (Abtreibung, Embryonenforschung etc.) ergeben. Es geht m.a.W. darum, herauszufinden, ob sich aus den Konstituenten und aus der Rolle von Medizin-Ethik (und damit auch von angewandter Ethik überhaupt) bestimmen läßt, ob und ggf. wie die Statusdiskussion fortzusetzen ist.

7.2 Einsatzpunkt, Aufgaben und Ziele von Medizin-Ethik als Teilbereich der angewandten Ethik

7.2.1 Medizin-Ethik als wissenschaftliche Disziplin

Seit etwa zehn Jahren entwickelt sich in Deutschland ein Fachbereich, der üblicherweise Medizin-Ethik genannt wird.[3] Die Medizin-Ethik beschäftigt sich mit Wertfragen, die sich im Zusammenhang mit der Organisation und Durchführung der Gesundheitsversorgung und der Heilung und Betreuung von Kranken ergeben. Wenn im folgenden von „der Medizin-Ethik" die Rede ist, so ist folglich keineswegs eine spezifische Ethik im Sinne eines spezifischen Begründungssystems[4] bezeichnet, sondern die ethische Reflexion auf bestimmte Themen, und zwar Themen im Zusammenhang mit dem Gesundheitswesen. An exponierter Stelle, nämlich im „Lexikon Medizin, Ethik, Recht",[5] beschreibt Sporken das Verhältnis von „Medizin-Ethik" und „Ethik" folgendermaßen:

> Die Medizinische Ethik unterscheidet sich nur dadurch von der allgemeinen Ethik, daß sie sich auf die ethischen Probleme im Bereich der Gesundheit und Gesundheitssorge beschränkt.[6]

Nach dieser Charakterisierung unterscheiden sich zwar die Themen, nicht aber die allgemeinen Aufgaben und Ziele der Medizin-Ethik von denen der allgemeinen Ethik. Ihre Aufgaben und Ziele scheinen demnach den vielfältigen Aufgaben

---

[3] In den letzten Jahren wurde vorgeschlagen, den Begriff „Medizin-Ethik" durch den Begriff „Ethik im Gesundheitswesen" zu ersetzen. Es soll damit verdeutlicht werden, daß man sich in diesem Fachbereich nicht einseitig mit der ärztlichen Perspektive auf Wertfragen im medizinischen Handeln beschäftigt. Im angloamerikanischen Raum hat sich die Bezeichnung „biomedical ethics" weitgehend für den Gegenstandsbereich durchgesetzt, der über die Wertfragen im klinischen Bereich hinausgeht, für die der Begriff „clinical ethics" steht.

[4] Allen Bindestrich-Ethiken ist gemeinsam, daß sie sich explizit mit konkreten und aktuellen, d.h. politischen Einzelfragen beschäftigen. Bindestrich-Ethiken – und somit auch die Medizin-Ethik – sind insofern keine spezifischen Ethiken im begründungstheoretischen Sinne.

[5] Hrsg. v. A. ESER, M. VON LUTEROTTI, P. SPORKEN.

[6] P. SPORKEN, „Medizinische Ethik", Sp. 714.

und Zielen, die in der Ethik überhaupt formuliert werden können, zu entsprechen.

Die zunehmende Ausbildung der Disziplin „Medizin-Ethik" in Deutschland geht – diese Feststellung ist banal, aber wichtig – mit der Bildung einer scientific community einher. Wenn im folgenden *die Medizin-Ethik* auf der einen Seite *der Öffentlichkeit* auf der anderen Seite gegenüber gestellt wird, dann wird unter „der Medizin-Ethik" die scientific community verstanden, in der man sich professionell mit ethischen Fragen im Gesundheitswesen beschäftigt. Die scientific communities der jeweiligen Bindestrich-Ethiken sind multidisziplinär besetzt. Dies ist auch in der Medizin-Ethik der Fall,[7] so daß schon aus diesem Grunde für ihre Debatten weder von einer gemeinsamen *theoretischen Grundlage* noch von einer gemeinsamen *Perspektive* auf die Themen der Medizin-Ethik ausgegangen werden kann. Eine Theorie der Medizin-Ethik, im Sinne einer spezifischen, innerhalb der scientific community explizit anerkannten Definition von Aufgaben, theoretischen Grundlagen, Methoden und Zielen, gibt es (noch) nicht. Das Verbindungsglied und die Arbeitsweise der scientific community bestehen bislang vielmehr darin, daß Personen aus unterschiedlichen Disziplinen auf der Grundlage unterschiedlicher, jeweils zunächst nur persönlich bzw. für die jeweilige Disziplin anerkannter Theorien über die gleichen Fragen reflektieren. Während der Gegenstandsbereich der Medizin-Ethik durch die gemeinsame Ausrichtung auf ethische Probleme im Gesundheitswesen und die besonderen Themenstellungen durch die faktische Zusammensetzung der scientific community und ihre multidisziplinäre Reflexion angegeben werden, *herrschen im Hinblick auf die Aufgaben und Ziele dieser medizinethischen Reflexion allerdings Uneinigkeit und Unklarheit.*

Während dieser für den Prozeß der Herausbildung einer scientific comunitiy und einer neuen Disziplin zunächst normale Umstand zu Beginn der medizinethischen Debatte noch weitgehend unerheblich war, erweist er sich inzwischen zunehmend als problematisch. Die Beschränkung auf die Definition des Gegenstandsbereichs bei fehlender einheitlicher Explikation der Aufgaben und Ziele der Medizin-Ethik und zudem die Eingrenzung ihres Gegenstands auf ‚Gesundheit und Gesundheitsversorgung' übersieht nämlich den konstitutiven Zusammenhang dieser Disziplin und ihres Gegenstandsbereichs mit der historisch-gesellschaftlichen Situation, innerhalb derer sie auftritt. Der *Bezugsrahmen*

---

[7] Die Akademie für Ethik in der Medizin e.V. in Göttingen, die größte Institution für Medizin-Ethik in Deutschland, hat derzeitig (Stand: Januar 1995) 190 Mitglieder, im November 1992 waren es erst 110 Mitglieder, von denen nur 15 Berufsphilosophen waren; 12 waren Theologen, 11 Juristen, und der größte Teil der Mitgliederschaft, nämlich 66 Personen, waren Mediziner. Hinzu gekommen sind nun auch Personen, vorwiegend aus dem Bereich der Krankenpflege, die keine akademische Ausbildung haben. Von den 190 Mitgliedern sind 29 Frauen.

der Medizin-Ethik ist nicht allein durch eine bestimmte Themenauswahl definiert, sondern durch eine *historisch und geographisch spezifische Gesellschaft,* deren kulturelle Tradition, institutionelle Organisationsform sowie herrschende Lebensformen. Zudem hängen alle *Themen* der Medizin-Ethik direkt mit *konkreten und aktuellen, d. h. politischen Fragen* zusammen bzw. sind teilweise mit diesen identisch.

Zum einen weil ihre Themen politisch und damit öffentlich sind, zum anderen, weil ihr Bezugsrahmen der des konkreten öffentlichen Lebens ist, hat das Thema „Öffentlichkeit" im Rahmen der entstehenden Fachdebatte stets eine Rolle gespielt, aber in einem eher eingeschränkten Sinne, insofern „Öffentlichkeit" nur im Zusammenhang mit der Frage, ob bzw. welche *Entscheidungshilfen von der Medizin-Ethik für die Gesellschaft bzw. ihre Organe* bereitgestellt werden könnten, in den Blick rückte. Sehr optimistisch in Bezug auf die Leistungsfähigkeit der Medizin-Ethik formuliert z. B. Sporken:

> Eine medizinische Ethik [...] ist noch [sic!] nicht geeignet, alle ethischen Probleme bezüglich der Gesundheitsfürsorge zu bewältigen. Dies gilt besonders für die Problembereiche, für die die Gesellschaft bzw. staatliche Organe verantwortlich sind.[8]

Im Zusammenhang mit der Konkretheit und Aktualität ihrer Gegenstände steht dieses Zitat für die (mehr oder weniger explizite) Erwartung an die Medizin-Ethik bzw. ihrer Vertreter selbst, Klarheit über die notwendig zu entscheidenden ethischen Fragen zu erlangen, unter Umständen sogar Lösungen zu erarbeiten, zumindest aber Entscheidungshilfen zu gewähren. Trotz dieser Ausrichtung auf Öffentlichkeit in dem o. g. Sinne wurde die Debatte der Medizin-Ethik allerdings bisher weitgehend innerfachlich, übrigens dominiert von philosophischen Positionen, und weitgehend ohne öffentliche Beteiligung geführt. Dies wird in der folgenden Darstellung besonders deutlich:

> Im Vordergrund der Überlegungen stehen also konkret-praktische Fragen; Begründungsfragen spielen nur eine untergeordnete Rolle insofern, als die praktische Ethik probiert, wie weit man mit bestimmten ethischen Fragen in der Praxis kommt. Eine wichtige Beobachtung, die Moralphilosophinnen und -philosophen dabei machen konnten, war, daß nicht nur die Diskussion von Anwendungsfragen auch dann schon möglich und sinnvoll ist, wenn noch nicht alle prinzipiellen Fragen der Theorie gelöst sind, sondern auch, daß die Diskussion konkreter Probleme das Gespräch zwischen Vertreterinnen und Vertretern von unterschiedlicher philosophischer Herkunft mindestens erleichtert, wenn nicht gar erst (wieder) möglich gemacht hat. Dies ist sicher auch darauf zurückzuführen, daß bei Anwendungen völlig verschiedener ethischer

---

[8] P. Sporken, „Medizinische Ethik", Sp. 717.

Theorien auf praktische Fragen gleiche oder ähnliche Antworten gefunden werden können.[9]

Gleichzeitig wird in dieser Einschätzung der *Stellenwert von Konsens und Kompromiß* für die Aufgabe der Medizin-Ethik verdeutlicht. Als paradigmatisch für eine entsprechende Einstellung kann der bereits erwähnte Ansatz von Beauchamp und Childress gelten,[10] nach dem mit Hilfe von „mittleren" ethischen Prinzipien – dies war die Hoffnung – ethische Probleme im Bereich der Medizin einer konsensfähigen Lösung zugeführt werden sollten.[11] Entgegen der damit verbundenen Implikation, daß auf diese Weise gleiche oder ähnliche Antworten auch bei divergierenden Ausgangspositionen gefunden und so ein Konsens erzielt werden könnte, hat die Analyse der Statusdiskussion belegt, daß die Hoffnung auf Konsens und Kompromiß bei zentralen Fragestellungen allerdings enttäuscht wurde.

Insbesondere von seiten der Philosophie wurde daher neuerlich die Frage nach dem *Verhältnis von medizinethischen Praxisfragen und Theoriegebundenheit der normativen Urteile* aufgeworfen. Unter dem Motto der „option presentation" wurde Medizin-Ethik nun stärker als vorher als ein Beschäftigungsfeld angesehen, in dem man die Leistungsfähigkeit und Konsequenzen vielfältiger Theorien auf konkrete Einzelfragen überprüfen könne. In bezug auf die Öffentlichkeit wurde der Nutzen, die Notwendigkeit und die Berechtigung der medizinethischen Reflexion nun vor allem in der *Analyse von ethischen Problemen und der Sensibilisierung für diese Probleme* gesehen. Der Medizin-Ethik wurde jetzt *weniger eine konkrete Lösungskompetenz*, sondern eher eine edukative Funktion zugeschrieben, die insbesondere den Blick des Klinikers für die ethischen Fragen seines Tuns schärfen sollte.[12]

---

[9] J. S. Ach u. A. Gaidt, „Bioethik als Angewandte Ethik", S. 9 f.

[10] T. L. Beauchamp u. J. F. Childress, *Principles of Biomedical Ethics*. Der Ansatz besteht in der Benennung eines Sets von mittleren ethischen Prinzipien, die nach Ansicht der Autoren von jeder bekannten ethischen Theorie oder moralischen Einstellung gleichermaßen getragen werden und gleichzeitig für die Medizin höchst relevant sind. Es handelt sich bei den Prinzipien um das Prinzip Respekt vor der Autonomie des Einzelnen, das Prinzip des Nicht-Schadens, das Prinzip des Wohlwollens und das Prinzip der Gerechtigkeit. Siehe auch Kapitel 2.2 u. 6.2.

[11] Siehe ebd., S. 3 und S. 21.

[12] So formuliert beispielsweise die Akademie für Ethik in der Medizin in ihrer Selbstdarstellung 1992 folgendermaßen: „Die Akademie versteht sich nicht als moralische Instanz [...]. Die AEM hat vielmehr [...] durch Darstellung unterschiedlicher Denkmodelle und Argumentationen dazu beigetragen, ethische Probleme in der Medizin wahrzunehmen, begrifflich zu klären und einer sachgerechten Diskussion näherzubringen. Die Arbeit der Akademie hilft dadurch sowohl bei der begrifflichen Klärung medizin-ethischer Fragestellungen, als auch bei der Förderung der Fähigkeit zu praktischem Entscheidungsverhalten im medizinischen Alltag."

7.2.2 Öffentlichkeit und Medizin-Ethik

Das Verhältnis von Öffentlichkeit und Medizin-Ethik kann und darf m. E. *nicht* – wie in dem bereits genannten eingeschränkten Sinne und z. B. bei Sass[13] – als „Dienstleistung" der Philosophie an die Gesellschaft (bzw. verschiedene Gesellschaften) verstanden werden. Dies würde nämlich implizieren, daß Medizin-Ethik und angewandte Ethik überhaupt dem öffentlichen Leben gegenüber stehen. *Angewandte Ethik* bzw. Medizin-Ethik sind aber *selbst öffentlich*, d. h., sie stellen selbst öffentliches Handeln im Bereich der Problemgegenstände dar. Selbst wenn man „Öffentlichkeit" als Personenkreis verstehen will, der der scientific community nicht angehört und ihr insofern äußerlich ist, gibt es Zusammenhänge zwischen beiden, die ein konzeptionelles Verständnis angewandter Ethik als der Öffentlichkeit äußerlich oder gegenüberstehend radikal in Frage stellen. Auch die Öffentlichkeit (im Sinne der Bevölkerung), obwohl sie an den Debatten der scientific community kaum partizipieren kann, kennt die *Gegenstände* der Medizin-Ethik insofern, als es sich bei ihnen um drängende aktuelle, konkrete und politische Fragestellungen handelt. Die *Öffentlichkeit* ist zudem in ihrem einzelnen Individuum, aber auch als Gesamtheit, von vielen Problematiken unmittelbar – und zwar existentiell – *betroffen*; andere Problematiken betreffen die Gesamtheit der Bevölkerung bzw. jeden einzelnen mittelbar. Des weiteren ist die Öffentlichkeit – nun verstanden als politische Kraft – gefordert, die offenen ethischen Fragen, die eben den Gegenstandsbereich der Medizin-Ethik ausmachen, im demokratischen Prozeß zu entscheiden (z. B. durch gesetzliche Regelungen zur Abtreibung, Organspende, Mittelverteilung im Gesundheitswesen etc.).

Im Unterschied zu den meisten anderen Wissenschaften und auch anderen Teilbereichen der Philosophie gibt es in bezug auf medizinethische Problemstellungen somit eine *gleichzeitige Debatte und eine unmittelbare inhaltliche Verbindung der Themen innerhalb und außerhalb der scientific community*. Aus diesem Grunde nimmt die Medizin-Ethik unhintergehbar eine genuin öffentliche Rolle ein. Sie kann sich aufgrund des öffentlichen Interesses an ihren Gegenständen ihrer *politischen Relevanz* nicht entziehen. Selbst wenn man anstreben würde, angewandte bzw. Medizin-Ethik als einen Forschungsbereich zu konzipieren, der vollständig außerhalb des gesellschafts-politischen Geschehens läge und sich gleichsam losgelöst und unabhängig von den real stattfindenden gesellschafts-politischen Entscheidungsprozessen vollzöge, so würden die jeweiligen Forschungsergebnisse aufgrund des öffentlichen Interesses dennoch unter politischen Gesichtspunkten rezipiert und damit in gewisser Weise wirksam.[14] Man

---

13 H.-M. SASS, „Medizin, Krankheit und Gesundheit", S. 212.

14 Darüber hinaus ist m. E. fraglich, ob es dem einzelnen Forscher überhaupt möglich sein kann oder ob es wünschbar ist, sich von den aktuell politischen Fragestellungen vollständig

muß daher anerkennen, daß jede *Konzeption von angewandter bzw. Medizin-Ethik insofern politisch ist*, als sie über die Ansätze und die Ergebnisse, die sie hervorbringt, zum realen politischen Geschehen nicht nur Stellung bezieht, sondern darauf auch einwirkt – und zwar, dies ist hinzuzufügen, nicht immer in der beabsichtigten Weise.

Kritik der Öffentlichkeit an Medizin-Ethik:
Die öffentliche Auseinandersetzung[15] mit der Medizin-Ethik wurde nicht durch ein öffentliches Engagement der scientific community selbst initiiert, sondern vorwiegend durch die öffentliche Entrüstung über die Position Peter Singers.[16] Die öffentliche Reaktion auf diese Position wird von Oliver Tolmein, der selbst an entsprechenden Protestaktionen teilgenommen hat, wie folgt beschrieben:

> Die Auseinandersetzung um die Ideen eines an sich wenig originellen Denkers haben exemplarischen Charakter bekommen, weil sich dabei, wie in einem Brennglas, ganz unterschiedliche Interessen und Gefühle konzentrieren lassen: das Interesse an der Umwertung der national-sozialistischen Vergangenheit, die Intensivierung der Kostensenkungsdebatte im Gesundheitswesen, das kontinuierliche Ressentiment gegen Behinderte und die angesichts der zunehmenden technischen Möglichkeiten der Medizin wachsende Angst vor dem eigenen Tod. Gruppen vor allem aus der Behindertenbewegung versuchten (oft erfolgreich) Vorträge von Singer und vereinzelt auch Seminare zu verhindern, in denen seine Arbeiten Grundlage für die „Euthanasie"-Diskussion sein sollten.[17]

---

zu lösen. Gerade für die angewandte Ethik sollte in besonderem Maße die Aufforderung gelten, die in den letzten beiden Jahrzehnten in vielfältigen Debatten um die Frage „Wozu (noch) Philosophie?" an die Philosophie insgesamt, und zwar von Philosophen unterschiedlicher Provinienz, gerichtet wird, die Aufforderung nämlich, Philosophie überhaupt solle praxisnah die konkreten und aktuellen Fragen der gesellschaftlichen, sozialen und politischen Praxis zu ihrem Thema machen bzw. könne und dürfe ihre eigenen Fragestellungen nicht losgelöst von diesen konkreten Praktiken entwickeln (siehe dazu z.B. den Sammelband H. LÜBBE (Hg.), *Wozu Philosophie?*; siehe z.B. auch H. LENK, „Perspektiven pragmatischen Philosophierens"). Damit verliert Philosophie keineswegs ihre Autonomie; im Gegenteil läßt sich die These vertreten, daß sie damit vielmehr Zwecken dient, die für sie selbst konstitutiv sind (z.B. H.M. BAUMGARTNER u. O. HÖFFE, „Zur Funktion der Philosophie", S. 311f.).

[15] Die Öffentlichkeit – verstanden als noch genauer zu bestimmende Personenkreise – hat die medizinethische Debatte in den Anfangsjahren kaum rezipieren können. Dies ist zum einen darauf zurückzuführen, daß die scientific community selbst erst langsam in wahrnehmbarem Maße tätig wurde, zum anderen aber auch darauf, daß der Begriff „Medizin-Ethik" vergleichsweise unbekannt war und ist. Besonders der Begriff „Ethik" ist in der breiten Öffentlichkeit unklar und wird häufig als Synonym für den Begriff „Moral" verstanden.

[16] Siehe Kapitel 4.3.

[17] O. TOLMEIN, *Wann ist der Mensch ein Mensch?*, S. 59.

Ganz unabhängig von einer Bewertung der Protestformen und auch ganz unabhängig von einer Bewertung der Position Singers verdeutlicht dieses Zitat, daß in der öffentlichen Rezeption Aspekte in einen Zusammenhang gebracht werden, der innerhalb der Fachdebatte – und zwar insbesondere der philosophischen – nicht nur außer acht gelassen wird, sondern entsprechend der bisherigen, auf Allgemeingültigkeit zielenden deduktiven Vorgehensweisen unberücksichtigt bleiben *muß*. Sofern nämlich beispielsweise im Rahmen der Statusdiskussion dem Ideal einer universell gültigen Statusbestimmung zugestrebt wird, können und *dürfen* situations- bzw. historisch spezifische Aspekte gar keine Rolle spielen. Die in der von Leitbegriffen ausgehenden, deduktiven Vorgehensweise (die, wie gezeigt wurde, trotz vielfältiger Modifikationen für die angewandte Ethik (noch) paradigmatisch ist) begründete Abstraktion führt zudem schließlich dazu, daß aktuelle historisch und gesellschaftlich spezifische Fragestellungen zwar aufgegriffen und behandelt werden, daß diese Fragestellungen aber *unabhängig voneinander* diskutiert werden und ein Zusammenhang dieser Aspekte gar nicht in den Blick genommen wird. Die Statusfrage, die Allokation von Mitteln im Gesundheitswesen, Fragen der Sterbehilfe etc. sind durchaus viel und weitreichend diskutierte Themen der Medizin-Ethik, aber diese Themen werden je für sich, d.h. unverbunden behandelt. Demgegenüber läßt sich kaum bestreiten, daß diese Themen in der realen politischen Situation durchaus mehr oder weniger stark miteinander verbunden sind bzw. im wechselseitigen Zusammenhang stehen. Gerade aus diesem Zusammenhang können sich aber ethisch relevante und aufschlußreiche Fragestellungen ergeben, die aufgrund der abstrahierenden Diskussions- bzw. Argumentationsweise in der angewandten Ethik im allgemeinen und der Medizin-Ethik im besonderen nicht berücksichtigt und behandelt werden können.[18]

Damit ist erneut die für die Philosophie sehr wesentliche Frage aufgeworfen, *ob oder inwieweit ethische Probleme in Abhängigkeit von historisch spezifischen Bedingungen diskutiert und bewertet werden können und dürfen.* Gemeint ist an dieser Stelle nicht allein die schon angesprochene Frage, ob Philosophie ihre Problemstellungen losgelöst von der lebensweltlichen Praxis behandeln kann oder soll, bzw. wie weitgehend für die philosophisch-ethische Bewertung von Handlungspraktiken deren historisch spezifische Bedingtheit als Gegebenes (unhinterfragt) zugrunde gelegt werden kann und muß. Es geht hier auch nicht nur um die Frage, wie weit der Aspekt der Durchsetzungsaussichten bei der

---

18 Siehe in diesem Zusammenhang explizit auch H. HASTEDT, *Aufklärung und Technik*, S. 83 ff., bes. S. 95: Hastedt problematisiert hier mit Bezug auf Biotechnologien die bisherige ethische Diskussion folgendermaßen: „Die *eigentlichen* ethischen Probleme der neuen Biotechnologien betreffen deshalb gerade nicht eine potentielle Gefährdung der Gesundheit des Menschen, sondern insbesondere die kulturellen *Auswirkungen* und Voraussetzungen solcher möglichen Veränderungen im Gesundheitsbereich." (Hervorhebungen C.K.)

Erarbeitung von ‚Lösungsvorschlägen' berücksichtigt werden kann und muß.
Vielmehr ist ein weiterer Aspekt der *Theorie-Praxis-Problematik angewandter
Ethik* angesprochen, der die Diskrepanz von innerfachlicher und öffentlicher
Definition der Problem*gegenstände* betrifft.

Man kann z. B. Hastedt zustimmen, wenn er feststellt: „Die Philosophie hat
es bisher – mit wenigen persönlich benennbaren Ausnahmen – versäumt, ihren
Platz in der öffentlichen Ethik-Diskussion einzunehmen."[19] Allerdings verbleibt
auch Hastedt im Konzept einer Dienstleistungsethik, wenn er folgendermaßen
fortfährt: „Zwischen dem philosophischen Theorieangebot und der öffentlichen
Antwortnachfrage besteht also ein deutliches Mißverhältnis."[20] Man kann aber
m. E. keineswegs davon ausgehen, daß – wie es Hastedt, der in dieser Hinsicht
stellvertretend für breite Strömungen innerhalb der angewandten Ethik angeführt werden kann, impliziert – überhaupt eine (und schon gar keine vorausset-
zungslose) ‚Antwortnachfrage' an die Philosophie bzw. an die bisherige angewandte Ethik besteht.[21] Aber in der o. g. Haltung zeigt sich gleichwohl ein
wesentliches Mißverständnis von Seiten der angewandten Ethik, zumindest der
Medizin-Ethik, über die Problemverständnisse in der Öffentlichkeit und deren
Bedürfnis nach philosophischen Antworten bzw. bereits deren Vorstellung von
‚Antworten' – im Sinne möglicher Lösungen.

So wurde z. B. die Entrüstung und Skepsis der Öffentlichkeit gegenüber einzelnen Positionen, aber auch gegenüber dem gesamten Arbeitsfeld Medizin-
Ethik, von der scientific community teilweise dem Unwissen der Öffentlichkeit
über die Arbeitsweise der Moralphilosophie zugeschrieben:

> Auslöser der Anfeindungen und Verdächtigungen, denen die moralische
> Aufklärung ausgesetzt ist, ist zumeist deren kritisch-distanziertes Ver-
> hältnis zu den Selbstverständlichkeiten des moralischen Weltbildes. *Für
> die moralische Aufklärung bzw. eine Moralphilosophie, die sich ihr
> verpflichtet fühlt, ist charakteristisch, auch hinsichtlich dessen, was die
> allermeisten für unbezweifelbar und evident halten mögen, Fragen auf-
> zuwerfen.*[22]

---

[19] Ebd., S. 62.

[20] Ebd.

[21] Damit soll nicht gesagt sein, es gebe kein von außen an die Philosophie als Fach her-
angetragenes philosophisches Interesse. Gerade in Zeiten der Orientierungs- und Legitima-
tionskrisen (siehe H. LÜBBE, „Wissenschaftspolitische Aspekte der Philosophie") besteht,
wie explizit auch immer, schon deshalb ein Bedürfnis nach Philosophie, weil die in diesen
Krisen sich stellenden Probleme *„normative* Gesichtspunkte enthalten und letztlich auf
philosophischen Grundüberzeugungen beruhen oder zumindest mitberuhen". (H. LENK,
„Perspektiven pragmatischen Philosophierens", S. 315)

[22] R. HEGSELMANN, „Moralische Aufklärung", S. 201.

Auch wenn man dieser Charakterisierung von Moralphilosophie grundsätzlich
zustimmen kann und zugibt, daß ihre Aufgabe gerade auch die Destruktion von
‚Selbstverständlichkeiten‘ und ‚Evidenzen‘ ist, wird in einer solchen Begründung
etwas Wesentliches übersehen, nämlich, daß ein *Unterschied besteht zwischen
den philosophischen Anforderungen an die Moralphilosophie und den öffentlichen Anforderungen an angewandte Ethik*: Für die öffentliche Perspektive
scheint es kennzeichnend zu sein, daß gerade die *Zusammenhänge der Einzelthemen* als ethisch problematisch angesehen werden und daß deshalb nicht ein
kritisch-distanziertes, sondern ein kritisch-konkretistisches Verhältnis zu den
Gegenständen gefordert wird. Die Tatsache, daß die ethische Debatte zwar die
Einzelthemen, nicht aber deren Zusammenhänge behandelt, führt in der
Öffentlichkeit offensichtlich nicht nur zu einer Skepsis gegenüber *einzelnen*
Fragestellungen und Positionen der Fachdiskussion, sondern gegenüber den
übergreifenden Anliegen und Konsequenzen von Medizin-Ethik bzw. angewandter Ethik *überhaupt*[23] – wobei es dann eher zusätzlich eine Rolle für die
skeptischen Reaktionen spielt, wenn Selbstverständlichkeiten des Weltbildes in
Frage gestellt werden. Die Theorie-Praxis-Problematik avanciert auf diese Weise
von einem internen Begründungs- und Vermittlungsproblem zu einer extern
formulierten Kritik am derzeitigen Gesamtvollzug von angewandter Ethik.

> Es entbehrt im übrigen nicht einer gewissen Komik, daß derzeit der
> Zusammenhang zwischen grundsätzlicher Reflexion und praktischen
> Folgen gerade anhand der Philosophie problematisiert wird. Die Ver-
> treterInnen dieses Fachs bieten sich als Opfer nämlich deswegen an,
> weil sie diese Rolle nicht ganz unwillig spielen und sie sogar ein Stück
> weit genießen. Denn die Angriffe verleihen ihnen das Gefühl, daß die
> Philosophie in der Tat eine einflußreiche gesellschaftliche Kraft ist; für
> so wichtig hat man uns selten gehalten.[24]

Mit dieser (zynischen) Einschätzung von Wolf ist allerdings nicht schon belegt,
daß die Öffentlichkeit bei ihrer Kritik den Stellenwert der im weitesten Sinne
politischen Konsequenzen philosophischer Positionen innerhalb der Medizin-
Ethik überschätzt, oder daß sie überhaupt gering einzuschätzen sind. Zwar ist
nicht davon auszugehen, daß eine einzelne philosophische Position (wie etwa
die von Peter Singer) unmittelbaren Einfluß auf gesellschaftliches Denken und
Handeln hat, aber für die Art und Weise des allgemeinen *Problemzugangs* der
angewandten Ethik ist ein solcher Einfluß nicht auszuschließen. Insofern muß
m. E. der Protest nicht nur als Kritik am gegenwärtigen Vollzug angewandter
Ethik, sondern zugleich als eine Aufforderung an die gesellschaftskritischen

---

[23] Die Ethik-Debatte wird aus dieser skeptischen Haltung heraus selbst als Bestandteil des
ethisch problematischen Zusammenhangs angesehen (siehe dazu Kapitel 7.3.1).
[24] U. Wolf, „Philosophie und Öffentlichkeit", S. 184.

Potentiale philosophischer Reflexion verstanden werden. Was Ludwig Siep für die gentechnologische Forschung formuliert hat, muß insofern auch für die angewandte bzw. Medizin-Ethik an Geltung gewinnen: „Forschung dieser Art muß sich vor der Öffentlichkeit rechtfertigen und muß die Widerstände ernstnehmen."[25]

Wenn man die *Relevanz der Öffentlichkeit medizinethischer Reflexion* anerkannt hat, ist im weiteren die Frage nach dem *Verhältnis der Medizin-Ethik zu philosophischer Theorie auf der einen Seite und politischer Praxis auf der anderen Seite* erneut, und zwar radikal, zu stellen. Zu untersuchen ist zum einen, inwieweit die Medizin-Ethik die Möglichkeit oder sogar die Aufgabe hat, konkret gegebene gesellschaftliche Bedingungen, die den Ausgangspunkt für medizinethische Fragen darstellen, kritisch zu hinterfragen und ggf. deren Veränderung anzustoßen, und zum anderen, inwieweit die Medizin-Ethik die Möglichkeit bzw. die Aufgabe hat, umsetzbare Lösungsmöglichkeiten ethischer Probleme *vor* der konkreten politischen Entscheidung bereitzustellen.

Bevor diese Fragen Beantwortung finden, kann m.E. schon folgendes festgestellt werden: Es geht nicht um die Frage, *ob* die Medizin-Ethik diese Möglichkeiten bzw. Aufgaben hat, sondern es geht in der Tat darum, *inwieweit* sie sie auszufüllen vermag.

Für die Beantwortung dieser Frage muß aber das *Verhältnis der Medizin-Ethik zur Politik*, d.h. Praxis, auf der einen Seite *und zur Philosophie*, d.h. Theorie, auf der anderen Seite geklärt werden.

Betrachtet man zunächst das erste Verhältnis, ist folgendes festzustellen: Während in der Anfangsphase der Medizin-Ethik die Diskussionen eher darauf gerichtet waren, welchen *Nutzen* (durchaus auch im Sinne von Aufklärung bzw. Erkenntniszuwachs) die medizin-ethische Reflexion für das praktische Handeln habe bzw. haben könne, so steht inzwischen die Überlegung im Vordergrund, welche *Verwendung* medizin-ethische Positionen im öffentlichen Leben finden. Gleichwohl rückt, was die öffentliche Rolle der Philosophie betrifft, derzeit ein weiterer Aspekt in den Blick:

> Öffentliche Debatten stehen immer in mehr oder weniger direktem Bezug zu späteren politischen oder rechtlichen Regelungen. Solche Regelungen können in Fragen, in denen verschiedene gesellschaftliche Gruppen grundlegend verschiedene Sichtweisen haben [...], nur Kompromisse sein. Dann ist es weniger hilfreich, wenn man in der öffentlichen Diskussion einfach die eigene philosophische Position zugrundelegt. Vielmehr müßte man versuchen, die verschiedenen Standpunkte zu

---

[25] L. SIEP, „Ethische Probleme der Gentechnologie", S. 155. – In ähnlichem Sinne spricht Bayertz von „moralischer Metaverantwortung", unter der er die Verantwortung des Ethikers für Konsequenzen normativer Reflexionen versteht. (K. BAYERTZ, „Praktische Philosophie als angewandte Ethik", S. 43)

verstehen, ihre jeweiligen Prämissen und Implikationen herauszuarbeiten, die jeweils kritisierbaren Punkte zu benennen und zu überlegen,
wie am Ende eine sinnvolle Lösung trotz der verbleibenden Differenzen
aussehen könnte.[26]

Zwar kann die Position Wolfs nicht als programmatisch für die Grundlegung
der Medizin-Ethik gelten, aber sie gibt doch eine Tendenz wieder, die sich derzeit abzeichnet: Man kann eine Akzentverschiebung dahingehend beobachten,
nicht im Sinne des Modells der „option presentation"[27] Argumentationsmög-
lichkeiten lediglich aufzuweisen und anzubieten, sondern die unterschiedlichen,
in der Öffentlichkeit faktisch vertretenen Meinungen analytisch-kritisch im
Hinblick auf eine *Vermittlung von moralphilosophischer Grundsatzreflexion
und Situationserfahrung* zu bearbeiten. Hastedt hat in diesem Zusammenhang
seinen Ansatz einer sog. „anwendungsorientierten Ethik" entwickelt, die er folgendermaßen charakterisiert:

> Anwendungsorientierte Ethik versucht, die philosophische Grundsatz-
> reflexion und die öffentlich diskutierten Problemstellungen in Bezie-
> hung zueinander zu bringen. [...] In der anwendungsorientierten Ethik
> soll allerdings das Erbe der philosophischen Ethik keineswegs zugun-
> sten einer unreflektierten Kasuistik aufgegeben werden. [...] Die von
> mir befürwortete anwendungs*orientierte* Ethik betont deshalb bei ihrer
> *Gratwanderung zwischen Grundsatzreflexion und Anwendung* im
> Zweifelsfall die Seite einer philosophischen Grundsatzreflexion [...].[28]

Obgleich Hastedt m.E. noch immer „ethische Reflexion" und „öffentlich
diskutierte Problemstellung" als einander gegenüberstehende Perspektiven versteht, eröffnet seine Konzeption Wege in Richtung einer Debatte, die sich selbst
als öffentlich versteht. Ob man diesen Diskurs als „angewandte Ethik" oder
„anwendungsorientierte" Ethik bezeichnet oder mit einem ganz anderen Begriff
belegt, ist hier nicht entscheidend. Wichtig ist vielmehr zu erkennen, daß diese
Debatte ursprünglich und unhintergehbar selbst öffentlich ist, daß sie deshalb
nicht einer öffentlichen Perspektive gegenübersteht, ihr übergeordnet oder
sonstwie äußerlich ist, sondern selbst eine (und zwar einflußreiche) öffentliche
Perspektive darstellt. Angewandte Ethik muß sich selbst als öffentliche Perspektive in dem Sinne verstehen, daß sie öffentliche, d.h. aktuelle, in einem spezifischen gesellschaftlichen Zusammenhang aufkommende Probleme wahrnimmt
und aufgreift und damit ihre eigenen Themen als real gegebene und dringend zu
bewertende bzw. zu lösende Fragestellungen versteht, darüber hinaus in dem

---

[26] U. WOLF, „Philosophie und Öffentlichkeit", S. 186f.

[27] Siehe Kapitel 6.2.

[28] H. HASTEDT, *Aufklärung und Ethik*, S. 63.

Sinne, daß sie sich selbst als öffentliche, politisch relevante und entsprechend wirksame Debatte begreift. Damit verbunden muß angewandte Ethik die Einsicht entwickeln, daß ihre professionellen Protagonisten Verantwortung für die konkrete politische Normenbildung insofern tragen, als sie (unabhängig von je persönlichen Absichten) darauf einwirken.

Für eine angewandte Ethik, die in diesem emphatischen Sinne als öffentlich zu verstehen ist, ergeben sich m. E. andere – keinesfalls aber weniger philosophische – Fragestellungen und Vorgehensweisen als für eine angewandte Ethik, die sich, wenn nicht als Dienstleistungsunternehmen, so doch zumindest als der Problemlage äußerlich versteht. Ich werde hierauf an späterer Stelle[29] zurückkommen; an dieser Stelle beschränke ich mich auf den Hinweis, daß eine öffentliche angewandte Ethik nicht im philosophischen Sinne abstrahierend verfahren kann, sondern zur Konkretheit, d. h. zur Bezugnahme auf konkrete Gegebenheiten, zur konkreten Auseinandersetzung mit diesen Gegebenheiten und zur konkreten Stellungnahme gezwungen ist. Dies bedeutet – wie noch zu zeigen sein wird – allerdings keineswegs, daß eine solche angewandte Ethik unkritisch, dem Bestehenden gegenüber affirmativ sein muß. Im Gegenteil wird sich belegen lassen, daß gerade aus dem Verständnis einer im emphatischen Sinne öffentlichen angewandten Ethik kritische und zugleich konkrete und begründete Ergebnisse erzielt werden können.

Der durch diese Thesen aufgeworfenen Frage nach dem Verhältnis von angewandter Ethik und (Moral-)Philosophie gehe ich im folgenden nach.

7.2.3 *Notwendigkeit lebensweltlicher Konkretheit der angewandten Ethik*

Wenn angewandte Ethik im dargestellten Sinne als öffentlich verstanden wird, hat dies konzeptionelle Konsequenzen, die sich schon jetzt – sozusagen „prä-konzeptionell" – am faktischen Vollzug angewandter Ethik *deskriptiv* nachvollziehen lassen: Angewandte Ethik ist danach als ein Tätigkeitsbereich anzusehen, der – als Ethik – in der Philosophie zwar *fundiert* ist, der aber nicht, im Sinne eines lediglich speziellen Gegenstands- und Anwendungsbereichs der Moralphilosophie, vollkommen in der Philosophie angesiedelt ist.

Dies ist z. B. schon durch die interdisziplinäre Zusammensetzung der scientific community belegt, aber auch durch entsprechende Formen der Institutionalisierung angewandter Ethik. So wird Medizin-Ethik nicht nur im Fach Philosophie, sondern auch im Fach Theologie und in der Medizin wissenschaftlich betrieben. Zudem resultiert aus der Öffentlichkeit der Problemgegenstände, aus deren Bearbeitung in den Debatten angewandter Ethik und aus deren

---

[29] Siehe Kapitel 9.

Folgen bzw. Wirkungen zusätzlich zur notwendigen Interdisziplinarität die Forderung nach einem Maß an Konkretheit, das m. E. von der Moralphilosophie weder erreicht werden kann noch erreicht werden soll.

Durch die *Differenz des Bezugsrahmens von angewandter Ethik und Moralphilosophie* kann dies verdeutlicht werden: Im vorangegangenen wurde angedeutet, daß sich aus dem Zusammenspiel, d. h. aus der Gleichzeitigkeit verschiedener ethisch problematischer Handlungsweisen, eigene ethische Problematiken ergeben können.[30] Sowohl die Gleichzeitigkeit und Vernetzung ethisch problematischer Handlungsweisen als auch die aus ihnen sich möglicherweise ergebenden Fragestellungen sind aber gesellschaftsspezifisch, d. h., sie entstehen aufgrund historisch und national spezifischer Bedingungen.[31] Um diese Bedingungen – und damit die ethischen Probleme, die sich aus ihnen im Hinblick auf die ethischen Einzelfragen ergeben – überhaupt wahrnehmen und behandeln zu können, muß die *angewandte Ethik* ihr Augenmerk auf die Realbedingungen derjenigen Gesellschaft richten, in der sie vollzogen wird und deren Teil sie ist. Die *Moralphilosophie* – die ich als Metaebene der angewandten Ethik verstehen möchte – hat demgegenüber einen anderen Bezugsrahmen, nämlich den der Menschheit.[32] Eine moralphilosophische Reflexion von aktuellen ethischen Themen im Bezugsrahmen der Menschheit ist m. E. nicht angewandte Ethik, weil sie die für diese geforderte und notwendige Konkretheit der Problemdiskussion weder erfüllen kann noch erfüllen soll.

---

[30] Siehe Kapitel 2.2 sowie Kapitel 9. – Zur Verdeutlichung kann folgendes Beispiel dienen: Im Rahmen der Medizin-Ethik ist aufgrund der Kostenexplosion im Gesundheitswesen eine weitreichende Diskussion über Verteilungsgerechtigkeit entstanden. Gleichzeitig wird aufgrund der zunehmenden intensiv-medizinischen Möglichkeiten am Lebensende diskutiert, ob bzw. wie es individuell (durch Patienten) und generell (durch allgemeine Gesetzgebung) erreicht werden kann, die Anwendung der Möglichkeiten auf das erwünschte Maß zu beschränken. Wenngleich diese Themen unabhängig voneinander diskutiert werden, ist zu beachten, daß sich aus der Gleichzeitigkeit der Kostendebatte einerseits und der Diskussion des ‚erwünschten Maßes‘ von (extrem kostspieligen!) Technikanwendungen andererseits eine Verbindung ergibt, die zu ethischen Fragestellungen führt, die weder in der einen noch in der anderen Diskussion selbst Gegenstand werden. So könnten etwa die finanziellen Kosten der Technikanwendung über das (generell, aber auch individuell-persönlich) erwünschte Maß ihrer Anwendung entscheiden, ohne daß das Kriterium der finanziellen Kosten in der Debatte um die Begrenzung der Technikanwendung bzw. ohne daß das Kriterium der ‚Sterbehilfe‘ in der Kostendebatte eine Rolle gespielt hätten. – In diesem Sinne ist auch Bayertz zu verstehen, wenn er in bezug auf die Hirntod-Definition feststellt: „Die moralische Zulässigkeit einer Handlung hängt also nur von einer Definition ab; und da wir es sind, die solche Definitionen ‚machen‘, liegt die Befürchtung nahe, daß auf diese Weise die Schleusen für eine Entwicklung geöffnet werden können, die am Ende jegliche Moral hinwegspült." (K. BAYERTZ, „Praktische Philosophie als angewandte Ethik", S. 42)

[31] Siehe hierzu Kapitel 2.2.

[32] Siehe genauer Kapitel 9.

Das *Verhältnis von Moralphilosophie und angewandter Ethik* stellt sich demnach als eine *Zwei-Ebenen-Relation* dar,[33] bei der die Moralphilosophie im Hinblick auf die grundsätzlichen Fragen, die sich innerhalb der Themendiskussionen der angewandten Ethik stellen im Sinne einer *metatheoretischen Tätigkeit*, als normative Disziplin zweiter Stufe fungiert. Die prinzipiellen Fragestellungen der Moralphilosophie können zwar von aktuellen Problematiken ausgehen oder sie als Beispiele behandeln, sie zielen aber auf eine kritische Auseinandersetzung, die *unabhängig von situativen Gegebenheiten* erfolgen muß. Sobald nämlich die moralphilosophische, d.h. metatheoretische Beschäftigung mit den Themen angewandter Ethik situative Bedingungen (etwa die Struktur und Charakteristika einer bestimmten gegebenen Gesellschaft) als nicht zu überschreitende Voraussetzung akzeptiert, büßt sie nicht nur an kritischer Kompetenz ein, sondern stellt auch ihre eigene Zielsetzung in Frage.[34] Die *angewandte Ethik* ist dagegen eine *vermittelnde Tätigkeit*[35] und fungiert somit als normative Disziplin erster Stufe, d.h. als Disziplin, die dem Ziel nach *präskriptiv* im Sinne der Erarbeitung von *Vorschlägen zur Problemlösung* ist. Ihr Anliegen ist es, die Fragen der aktuellen Praxis in einer angemessenen, d.h. für die aktuelle Praxis umsetzbaren, verantwortungsethischen[36] Weise zu beantworten, und zwar unter *expliziter Berücksichtigung der situativen Bedingungen*, in die die betrachtete Praxis eingebettet ist. ,Berücksichtigung' muß dabei nicht heißen, diese Bedingungen lediglich im affirmativen Sinne als gegeben hinzunehmen und nicht selber einer kritischen Analyse zu unterziehen bzw. kritische Forderungen im Hinblick auf sie formulieren zu können; es muß aber heißen, in einem konstitutiven Sinne nicht von diesen Bedingungen abstrahieren zu können.

Wenn in diesem Sinne die moralphilosophische Auseinandersetzung mit Themen der angewandten Ethik von der eigentlichen angewandten Ethik unterschieden werden kann, bleibt allerdings das Problem bestehen, auf welche Weise die Ergebnisse der moralphilosophischen Reflexion in die vermittelnde Tätigkeit der angewandten Ethik einzubeziehen sind. Die dieses Problem thematisierende Diskussion um das Verhältnis von Grundsatzreflexion einerseits und Orientierung an der Empirie andererseits nimmt mittlerweile zentralen Stellenwert im

---

[33] Ich lehne mich mit dieser Auffassung an Ausführungen von Engels zur Wissenschaftsethik an. Engels bezeichnet Wissenschaftsethik als „normative Disziplin zweiter Stufe" und weist ihr damit den Status einer metatheoretischen Tätigkeit zu, die – im Unterschied zu normativen Disziplinen erster Stufe – keiner präskriptiven Zielsetzung folgt, sondern deren Ziel es ist, „das Phänomen Wissenschaft in seinen vielfältigen Voraussetzungen und Konsequenzen transparent zu machen, um einen verantwortungsbewußten Umgang damit zu ermöglichen". (E.-M. ENGELS, *Wissenschaftsethik*)

[34] Siehe auch Kapitel 2.2.

[35] Siehe hierzu auch Kapitel 2.2, 8.2.1 und Kapitel 9.

[36] Zum Begriff „Verantwortung" siehe Kapitel 8.

Zusammenhang mit konzeptionellen Grundlegungen angewandter Ethik (die zumeist noch als Teilbereich der Moralphilosophie verstanden wird) ein.[37] Es wird zunehmend deutlich, daß entgegen der ursprünglichen Auffassung *angewandte Ethik eben kein je als Bindestrich-Ethik thematisch definierter Teil- oder Anwendungsbereich der Moralphilosophie* ist. Daß angewandte Ethik insofern nicht als Teilbereich der Moralphilosophie verstanden werden darf, andererseits aber die moralphilosophische Reflexion enthalten muß, hat auch Bayertz explizit dargestellt:

> Keines der Probleme, mit denen die angewandte Ethik konfrontiert ist, kann durch die Philosophie allein gelöst werden: Zum einen, weil alle diese Probleme komplex sind und interdisziplinärer Anstrengungen bedürfen; zum andern, weil sie ihrem Wesen nach politische Probleme sind und daher nur in einem demokratischen, öffentlichen Diskurs entschieden werden können. [...] Die Philosophen sind Teilnehmer dieses Diskurses, ihre Kompetenz ist für die adäquate Lösung notwendig, aber nicht hinreichend.[38]

Bayertz impliziert allerdings in gewisser Weise umgekehrt, die Moralphilosophie sei lediglich einer von mehreren Teilbereichen des interdisziplinären Vollzugs angewandter Ethik. Im Unterschied dazu bin ich der Ansicht, daß „angewandte Ethik" sich nicht lediglich, gleichsam bei Bedarf, der moralphilosophischen Ergebnisse bedient, wie sie als interdisziplinärer Diskurs auch auf die Ergebnisse verschiedener anderer Disziplinen zurückgreift, sondern daß sie als *Ethik* in der Moralphilosophie fundiert sein muß, und zwar in dem Sinne, daß die Konzeption von angewandter Ethik, d.h. die Formulierung ihrer grundsätzlichen Ziele, Aufgaben und Methoden, der Moralphilosophie obliegt, womit die angewandte Ethik aber nicht wiederum zum Teilbereich der Moralphilosophie erklärt werden soll.

In dieser noch ungeklärten Situation steht für die angewandte Ethik m.E. die Grundlegung eines eigenen Ansatzes an. Dieser hat zwar die inter- bzw. multidisziplinäre Auseinandersetzung mit aktuellen ethischen Problemen einzuschließen, kann aber andererseits dadurch nicht zureichend bestimmt werden. Angewandte Ethik muß und kann m.E. vielmehr als eigene Disziplin (mit einem eigenen Gegenstandsbereich, eigenen Aufgaben, Zielsetzungen und entsprechend auch mit eigenen Vorgehensweisen) gedacht werden, die weder Philosophie noch Politik ist, sondern als die Vermittlung von beidem zu gelten hat. Entsprechend dieses Verständnisses hätte angewandte Ethik die Vermittlung

---

[37] Siehe dazu etwa H. HASTEDT, *Aufklärung und Technik*, S. 105ff.; K. BAYERTZ, „Praktische Philosophie als angewandte Ethik", S. 29ff.; J. ROHBECK, *Technologische Urteilskraft*, S. 261ff.; M. KETTNER, „Einleitung", S. 18ff.; u.a.

[38] K. BAYERTZ, „Praktische Philosophie als angewandte Ethik", S. 43.

von moralphilosophischer Grundsatzreflexion und konkreter politischer Norm-
bildung nicht zur Aufgabe, sondern sie stellte diese Vermittlung selbst dar.

Welche Implikate sich aus diesem Verständnis von angewandter Ethik in
bezug auf ihre Aufgaben, Zielsetzungen und Vorgehensweisen ergeben, wird im
weiteren Verlauf der Arbeit noch zu explizieren sein. Im Hinblick auf die für
dieses Kapitel leitende Fragestellung, wie nach dem Scheitern der Statusdiskussion nun in bezug auf die ethischen Problematiken der Abtreibung, Embryonenforschung etc. zu verfahren ist, kann allerdings folgendes thesenförmig
schon an dieser Stelle festgehalten werden: 1. Angewandte Ethik hat auf die
konkrete Situation, in der sie vollzogen wird, direkt Bezug zu nehmen. Sie muß
unabhängig von einzelnen Themen und deren Behandlung zumindest wahrnehmen, daß sie von konkreten Situationen ausgeht und auf diese auch zurückwirkt. 2. Angewandte Ethik muß selbst-reflexiv verfahren, d.h., sie muß sich
ihrer öffentlichen Wirkung bewußt sein und ist als Ethik besonders darauf verpflichtet, Werte, die sie selbst als höchstrangig ansieht, nicht zu gefährden.

7.3 Sicherung oder Gefährdung des menschlichen Lebensrechts durch die Statusdiskussion?

7.3.1 Darf und soll die Statusdiskussion als Problemlösungsansatz fortgeführt werden?

Im Vorwort des Buches „Tödliche Ethik",[39] in dem sich die beteiligten Autor-
Innen vorwiegend gegen die medizinethische Diskussion über Lebensanfang
und Lebensende wenden, heißt es in bezug auf die Lebensrechtsdiskussion:

> Der Schritt zur allgemeinen Akzeptanz der Behauptung, es gäbe unter-
> schiedliche (Minder-)Wertigkeiten, wird derweil vor allem in Kreisen
> der Wissenschaft auf der Ebene der [...] ‚Ethik'-Debatte vollzogen.[40]

Mit Bezug auf die Inhalte der Ethik-Debatten – hier ist besonders an Themen-
komplexe wie die pränatale Diagnostik, die Gentherapie, die Hirntod-Definition
etc. zu denken – stellen die AutorInnen dar, in welcher Hinsicht (nach ihrer
Meinung) die ethische Auseinandersetzung ihr (gesellschafts-)kritisches Potential nicht ausschöpft, sondern sich statt dessen an einer Diskussion beteiligt, die
von außer-ethischen Interessen initiiert und geprägt ist:

---

[39] TH. BRUNS, U. PENSELIN, U. SIERCK (Hg.), *Tödliche Ethik.*
[40] Ebd., S. 9.

In die tödliche Dialektik von Heilen und Vernichten, Therapie und ‚Ausmerze' sind die modernen Humanwissenschaften zutiefst verstrickt.[41]

Im Zusammenhang mit der Frage, ob die Statusdiskussion fortgesetzt werden darf bzw. muß,[42] hat der Nachweis solcher Einschätzungen eine doppelte Funktion: Zum einen verdeutlichen sie, daß die philosophische Auseinandersetzung um den Status menschlicher Embryonen und Föten in einem anderen *Kontext* steht als etwa die philosophische Auseinandersetzung um die Frage, ob es für Geltungsansprüche eine – z.B. transzendentalpragmatische, utilitaristische, an Kant orientierte oder sonstige – Letztbegründung gibt bzw. geben kann oder nicht. Der Unterschied liegt vor allem in der *Öffentlichkeit* des Themas der Statusdiskussion, wobei ‚Öffentlichkeit' hier nicht allein im Sinne einer größeren Rezeptionsquantität zu verstehen ist. Die ‚Öffentlichkeit' der Statusdiskussion besteht vielmehr in ihrem unmittelbaren Zusammenhang zum einen mit Handlungspraktiken, die ungeachtet ihrer ethischen Problematik tagtäglich stattfinden, und zum anderen mit sozial-politischen Positionen, die ihrerseits mit politischer Kritik belegt sind. Aus dieser Vernetzung von weiterführenden öffentlichen Problemen ergibt sich die zweite Funktion der Zitate: Sie verdeutlichen, daß der ethischen Argumentationsweise Mißtrauen entgegengebracht wird, und zwar ein Mißtrauen, das sich zum einen konkret auf bestimmte Autoren (besonders Peter Singer) richtet, zum anderen aber auch auf die Wirkung der philosophischen Status-Debatte überhaupt. Die Statusdiskussion ist damit ein Beispiel für eine Diskussion, die der Öffentlichkeit des Themas insofern nicht entspricht, als sie der Öffentlichkeit (als Personenkreis) außerhalb der scientific community als unangemessen erscheint. Dies ist allerdings aus den im vorangegangenen Abschnitt dargestellten Gründen nicht hinnehmbar.[43]

Wenn nun die Frage formuliert wird, ob die Statusdiskussion fortgeführt werden darf oder muß, ist sie mit Bezug auf die Öffentlichkeit der Thematik formuliert. Hieraus ergibt sich m.E. überhaupt erst die Notwendigkeit, problematisieren zu müssen, welche Konsequenzen ein Abbruch oder eine Fortsetzung der Statusdiskussion hat. Denn zumindest muß ergründet werden, ob die Kritik an der Statusdiskussion zutreffend ist oder nicht. Ob die Kritik zutrifft oder nicht, ist dabei nicht an den *Absichten* der Statusdiskussion zu messen,

---

[41] Ebd., S. 11. – Siehe dazu auch H. Hastedt, *Aufklärung und Technik*, S. 98–102. Hastedt liefert hier Beispiele für die Unterminierung von Bewertungskriterien durch gesellschaftliche – insbesondere technische – Entwicklungen und propagiert in diesem Zusammenhang einen Problemzugang, der die Frage, „in welcher Welt mit welchen Technologien wir leben wollen", als kulturelle und kultur-kritische Frage behandelt.

[42] Diese Frage zielt in eine andere Richtung als die in Kapitel 6.2 formulierte These, daß angesichts der Gründe für das Scheitern der Statusdiskussion nicht mit der Entwicklung einer neuen, alternativen, die Frage lösenden Position zur Statusfrage zu rechnen ist.

[43] Siehe Kapitel 7.2.3.

sondern an ihrer konkreten *Wirkung* und Einflußnahme auf gesellschaftliches Handeln. Wenn man so will, geht es um die Verantwortung des Ethikers bzw. des Philosophen für seine eigene Tätigkeit und deren Konsequenzen.

Einer Problematisierung der Fortsetzung der Statusdiskussion kann man entgegenhalten, daß die Frage nach dem Geltungsbereich des menschlichen Lebensrechts uneingeschränkt in den Bereich der Philosophie fällt. Sie berührt zentrale anthropologische, ethische, rechtsphilosophische und andere genuin philosophische Fragestellungen, die in anderen Einzelwissenschaften nicht Gegenstand und nicht zureichend beantwortbar sind, deren Behandlung jedoch von *existentieller Bedeutung in theoretischer und praktischer Hinsicht* ist. Von daher und besonders auch, weil die Lebensrechtsfrage gerade angesichts moderner technischer Möglichkeiten im praktischen Leben so virulent wird, ist eine fortgesetzte Beschäftigung mit dem Thema *seitens der (Moral-)Philosophie* dringend angezeigt.[44]

Gleichzeitig muß man allerdings die Frage zulassen, ob nicht andererseits die Fortsetzung der Statusdiskussion im Rahmen speziell der *angewandten* Ethik eine besondere Gefahr in sich birgt: Die Diskussion hat unter dem deduktiven, an je spezifischen Leitbegriffen orientierten Paradigma die Tendenz, sich immer weiter von der Spezifik der konkreten Problemlage, die den Ausgangspunkt bildete, zu entfernen. Dies hat beispielsweise dazu geführt, daß im Zusammenhang mit der Frage, ob es hinsichtlich eines möglichen Lebensrechts von Föten ethisch erlaubt sein kann, z.B. einen Schwangerschaftsabbruch vorzunehmen, schließlich das Lebensrecht von Säuglingen und Kleinkindern in Frage gestellt wurde.[45] Unter Maßgabe der ursprünglichen Fragestellung stand dies aber gar nicht zur Debatte, sondern galt in der lebensweltlichen Praxis und damit in der Öffentlichkeit als unbestritten.[46] Unter der Voraussetzung, daß Argumentatio-

---

[44] Das Ziel einer fortgesetzten Beschäftigung mit der Lebensrechtsfrage von moralphilosophischer Seite sehe ich allerdings, wie gesagt, nicht in der Lösung oder Bewältigung konkreter moralisch-ethischer Praxisprobleme, sondern vielmehr, entsprechend ihrer Funktion als „normative Disziplin zweiter Stufe" (siehe oben Fußnote 33), in der Wahrnehmung, Aufdeckung und Bewußtmachung von Gefährdungen des Lebensrechts durch technische und andere gesellschaftliche Entwicklungen, einschließlich moralischer Diskurse bzw. Entscheidungen.

[45] Siehe dazu die Darstellung der Positionen von Hare (Kap. 4.2), Singer (Kap. 4.3) und Engelhardt (Kap. 5.2) in dieser Arbeit.

[46] Daß im Zusammenhang mit den technischen Möglichkeiten der Perinatal-Medizin das Problem aufkommt, ob man schwerstgeschädigte Früh- und Neugeborene sterben lassen darf, wirft m.E. eben *nicht* die *Statusfrage* auf, sondern erfordert eine Auseinandersetzung mit dem Thema *Sterbehilfe*. Gleichwohl habe ich den Eindruck, daß gelegentlich versucht wird, mit Hilfe der Statusdiskussion bzw. mit Hilfe spezifischer darin vorgebrachter Positionen (vgl. die Positionen von Hare, Singer und Engelhardt) die ethische Problematik der Perinatal-Medizin gleichsam „in einem Zuge" zu lösen.

nen innerhalb der angewandten Ethik sich explizit auf *Problemlösungen im Hier und Jetzt* beziehen und entsprechend auch auf ihre Rezeption und Verwendung außerhalb der Philosophie zielen, ist eine solche thematische Ausweitung nicht unproblematisch. Ist aus der Perspektive der Philosophie der Begründungsvorgang, der zu solchen Ergebnissen führt, durchaus nachvollziehbar und insofern unproblematisch, als er unter entsprechender Fachkenntnis auch kritisiert werden kann, so muß er aus der Perspektive der Öffentlichkeit, die sich den Diskussionsergebnissen, nicht aber dem Diskussionsverlauf gegenübersieht, als gefährlicher Weg zur Problemlösung erscheinen. In diesem Zusammenhang sind die Forderungen nach einem Diskussionstabu im Rahmen der „Singer-Affäre" zu sehen.[47] Im Nachgang zu den vehementen Versuchen, die Fortsetzung der Diskussion zu verhindern, haben sich viele Philosophen und Philosophinnen – wie ich meine, mit Fug und Recht – gegen eine Tabuisierung der entsprechenden Themen ausgesprochen.

Zwei Argumente wurden in diesem Zusammenhang immer wieder angeführt: Erstens das Argument der Redefreiheit, das sich eher gegen die formale Tabuisierung von einzelnen Positionen richtet, deren Diskutabilität im Sinne eines akademischen Anliegens aber noch nicht betrifft. Daß dieses Argument gilt, bedarf m.E. keiner weiteren Diskussion. Zweitens wurde aber das Argument vorgebracht, daß die Statusdiskussion als Diskussion im größeren Zusammenhang der Fragen um Leben und Tod eines Menschen unverzichtbar sei. In der „Erklärung deutscher Philosophen zur sog. ‚Singer-Affäre'" heißt es dazu:

> Zu den wichtigsten Fragen der Praktischen Ethik gehören zweifellos jene, bei denen es um Leben und Tod eines Menschen geht. [...] Eine rationale Diskussion dieses ganzen Bereichs ist unverzichtbar. Diese Diskussion erfordert neben bestem medizinischem Sachverstand auch größtmögliche Klarheit über die moralische Tragweite der jeweiligen Entscheidungsalternativen.[48]

Es sind in diesem Teil der Erklärung drei Aspekte unerläutert vorausgesetzt, die, wenn man sie in direkte Beziehung zur Statusdiskussion setzt, m.E. hinterfragt werden müssen. Es handelt sich um die Annahmen, (1) daß Leben und Tod

---

[47] Im Zusammenhang mit der Singer-Affäre kam es nicht nur zu der Forderung, die Diskussion von Singers Position zu tabuisieren, sondern die gesamte Debatte um Lebensbeginn (Statusdiskussion) und Lebensende (Sterbehilfe- und Hirntod-Diskussion) zu unterlassen. Der Forderung wurde durch entsprechende ‚Verhinderungsaktionen', bei denen Seminare und Tagungen massiv gestört wurden, Nachdruck verliehen.

[48] „Erklärung deutscher Philosophen zur sog. ‚Singer Affäre'", in: R. HEGSELMANN u. R. MERKEL (Hg.), *Zur Debatte über Euthanasie*, S. 327–330, S. 337. Die Erklärung wurde am 29.9.89 auf der Wissenschaftlichen Tagung der Allgemeinen Gesellschaft für Philosophie in Deutschland in Mainz entworfen und von nahezu 180 Philosophen und Philosophinnen aus Deutschland unterzeichnet.

eines Menschen wichtigste Fragen der Praktischen Ethik aufwerfen, (2) daß diese Fragen rational diskutiert werden müssen und (3) daß Klarheit über die moralische Tragweite von Entscheidungsalternativen erlangt werden muß.

Es ist in der Tat nicht zu bezweifeln, daß Leben und Tod eines Menschen wichtigste Fragen der Praktischen Philosophie aufwerfen. Allerdings ist mit dieser Feststellung die *Angemessenheit* oder sogar *Unausweichlichkeit* der *Statusdiskussion* im Rahmen der angewandten Ethik weder belegt, noch gerechtfertigt oder begründet. Mit dieser Feststellung ist die Rechtfertigung der Statusdiskussion noch nicht einmal berührt, weil keineswegs geklärt ist, *welche* Fragen sich hier für die Praktische Philosophie ergeben. Es scheint mir in diesem Zusammenhang nicht unerheblich festzustellen, daß die Praktische Philosophie gerade durch die Statusdiskussion auf grundlegendere Fragen zurückgeworfen worden ist, und zwar auf Fragen, die den zweiten genannten Aspekt betreffen: Es hat sich – nicht zuletzt im Zusammenhang mit den Plausibilitätsargumentationen[49] – gezeigt, daß die Anerkennung eines rationalen Diskurses keineswegs mit einer eindeutigen, auf logische Folgerichtigkeit zielenden Verfahrensweise identifiziert werden kann. Die Emphase für den ‚rationalen Diskurs‘ scheint daher bloß dem Appell zu entsprechen, nicht polemisch, sondern ‚an der Sache orientiert‘ zu argumentieren. Allerdings gibt es auch schon philosophische Positionen, die die Grenze zwischen Polemik und Sachorientierung aufweichen, indem sie für die Offenheit gegenüber Diskursen plädieren, die bisher als gänzlich ‚unphilosophisch‘ galten.[50]

Der letzte der drei genannten Aspekte betrifft das im vorangegangenen schon behandelte Thema der *Zielsetzung* der Statusdiskussion. In der Erklärung wird impliziert, die Statusdiskussion habe eine *Aufklärungsfunktion*. Es ist diese nicht in der angewandten Ethik, sondern in der allgemeinen Philosophie fundierte Sichtweise, die es ermöglicht, m. E. sogar erfordert, sich gegen eine Tabuisierung der Statusdiskussion auszusprechen, und zwar aus den Gründen, die ich oben angeführt habe, und aus dem Grund, der in der Erklärung der PhilosophInnen genannt ist. Andererseits – und dies ist m. E. für die Bewertung der Problematisierung der Tabu-Forderung wesentlich – findet aber die Statusdiskussion zumindest bisher im Rahmen der angewandten Ethik, d. h. mit unmittel-

---

[49] Siehe Kapitel 6.3.

[50] Siehe dazu W. WELSCH, *Postmoderne – Pluralität*, S. 47. – Welsch berichtet hier über ein Kolloquium zum Thema Gentechnik, bei dem eine Gruppe von Frauen vor dem Podium ein Häufchen Erde ausschüttete und damit symbolisch zum Ausdruck bringen wollte, daß ‚Mutter Erde‘ in unserer Kultur kein Eigenrecht eingeräumt werde. Welsch ist der Ansicht, diese Diskursform dürfe nicht von vornherein mit einem Bann belegt werden, vielmehr müsse anerkannt werden, daß die Entscheidung für eine ‚andere‘ Diskursform eine „Entscheidung zu bestimmten Gehalten und den Ausschluß anderer" (S. 48) bedeutet, die als solche auch anerkannt und behandelt werden müsse.

barem Öffentlichkeits- und Praxisbezug, statt und kann deshalb nicht auf der gleichen Ebene verortet werden wie etwa die Frage nach einer philosophischen Letztbegründung. Insofern geht die Erklärung an den Protesten, die sie initiiert haben, vorbei. Sie behandelt die Frage, ob die Statusdiskussion *im Rahmen der angewandten Ethik* fortgesetzt werden darf oder muß, letztlich nicht, und zwar deshalb nicht, weil sie es unterläßt, die Rolle der Statusdiskussion und auch die Rolle der angewandten Ethik im konkreten öffentlichen Leben zu thematisieren und zu problematisieren.

Im Unterschied dazu liefert Helga Kuhse ein Argument gegen die Tabuisierung der Statusdiskussion, das in der lebensweltlichen Situation ansetzt: Nach einer Auflistung von Fragen des Tötens und Sterbenlassens, die in alltäglichen klinischen Situationen nicht nur aufgeworfen sind, sondern auch entschieden werden müssen, argumentiert sie:

> Auch in Deutschland werden Entscheidungen über das Leben und Sterben von Patienten gefällt. Die Abwesenheit öffentlicher Diskussion bedeutet lediglich, daß diese Entscheidungen implizit und auf der Basis von moralisch ungerechtfertigten (und vielleicht nicht zu rechtfertigenden) Kriterien gefällt werden.[51]

Dieses Argument ist im Rahmen der angewandten Ethik gewichtiger als die grundsätzliche und abstrakte Begründung in der vorher zitierten Erklärung, weil nicht nur betont wird, daß es sich bei Entscheidungen um Leben und Tod per se um moralische Fragen handelt, die als solche den Bereich der Praktischen Philosophie betreffen, sondern weil zudem die praktische Notwendigkeit und das praktische Ziel der Diskussion in Verhältnis zu einer Praxis *ohne* eine solche Diskussion gesetzt werden. M.a.W.: Kuhse begründet die Notwendigkeit der Statusdiskussion nicht allein mit einem (akademischen) Interesse an Aufklärung, sondern zusätzlich damit, daß bereits stattfindende, ethisch problematische und moralisch bislang nicht gerechtfertigte Handlungspraktiken die Statusdiskussion erzwingen. Impliziert wird dabei, daß die Statusdiskussion den Zweck hat, zu überprüfen bzw. auszuweisen, welche Handlungspraktiken moralisch zu rechtfertigen sind und welche nicht. Es ist im übrigen zu bemerken, daß Kuhse die Enttabuisierung der Diskussion um Tötungsverbot und Lebensrecht nicht auf eine innerphilosophische oder innerakademische Diskussion beschränkt, sondern eine *öffentliche* Debatte für notwendig hält. Die *Notwendigkeit einer Verschränkung von öffentlicher und fachlicher Debatte* entspricht m.E. nicht nur den Gegenständen und dem Anliegen der angewandten Ethik, sondern muß – wie bereits dargestellt wurde – konzeptionell in die angewandte Ethik aufgenommen werden. Es ist Kuhse deshalb darin zuzustimmen, daß durch die

---

[51] H. KUHSE, „Warum Fragen der aktiven und passiven Euthanasie auch in Deutschland unvermeidlich sind", S. 67.

bereits stattfindenden ethisch problematischen Handlungspraktiken in der Klinik die Frage aufgeworfen ist, ob bzw. unter welchen Bedingungen es ethisch erlaubt sein kann, menschliches Leben bzw. einen Menschen zu töten. Eine Tabuisierung der *Diskussion* dieser Fragen ist deshalb keineswegs erstrebenswert. Hinzu kommt die ebenso profane wie schlagkräftige Feststellung, daß der Diskurs über den Geltungsbereich des Lebensrechts bereits stattfindet:

> Und es ist in der Tat ein ebenso lächerlicher wie gefährlicher Provinzialismus, im Zeitalter der Information zu meinen, daß wir an dieser international bereits etablierten Diskussion vorbeikönnen.[52]

Insofern hat die Frage, ob die Statusdiskussion fortgesetzt werden darf oder muß, bloß theoretischen Charakter. Eine Tabuisierung von Fragen nach dem Geltungsbereich des Lebensrechts und der Sterbehilfe ist darüber hinaus aus den genannten Gründen weder möglich noch erstrebenswert.

Allerdings ist durch das Scheitern der Statusdiskussion in Frage gestellt, ob diese Fragen überhaupt mit entsprechender Verbindlichkeit beantwortet bzw. ob die praktischen Probleme durch eine Beantwortung *dieser* Fragen überhaupt gelöst werden können. Denkbar ist es, daß sich unter einer veränderten Problemperspektive andere Fragestellungen ergeben, deren Bearbeitung eine praktische Problemlösung eher in Aussicht stellt.[53] Sollte sich dieser Gedanke als zutreffend erweisen, so ist dies m. E. in der Tat ein guter Grund davon abzusehen, die Statusdiskussion als Thema der *angewandten* Ethik – da diese auf praktische Problemlösungen zielt[54] – fortzusetzen. Für die *Moralphilosophie* bleibt sie dagegen aus den im vorangegangenen genannten Gründen[55] als Thema bestehen.

7.3.2 *Muß man nach Alternativen zur Statusdiskussion suchen?*

Das offensichtliche Scheitern der Statusdiskussion als praktischer Problemlösungsansatz ist Anlaß, nach alternativen Lösungsansätzen zu suchen. Solange der Anspruch der Statusdiskussion, eine allgemeine Akzeptanz findende Definition des Beginns individuellen Lebensrechts vorzulegen, nicht eingelöst werden kann, bleibt der Verweis auf die Vorrangigkeit der Statusfrage als Kernproblematik der zur Debatte stehenden Handlungspraktiken eine Leerformel. Mit der aporetischen Situation der Statusdiskussion ist eine Lage bezeichnet, die allerdings nicht nur für die Statusdiskussion gilt:

---

[52] U. Wolf, „Philosophie und Öffentlichkeit", S. 194.

[53] Dies wird im 9. Kapitel noch einmal genauer behandelt.

[54] Vgl. Kap. 7.2.3.

[55] Siehe Kap. 7.2.3.

> Durch die gesellschaftliche und technische Entwicklung der Moderne ist
> seit langem eine Situation entstanden, wo es auf jede Frage mehrere
> gleichberechtigte Antworten gibt – und das nicht aus Permissivität oder
> Beliebigkeit, sondern aus einsehbaren Gründen.[56]

Wenn es tatsächlich darum geht, aus philosophischer Perspektive bzw. aus der
Perspektive angewandter Ethik einen Beitrag zur Lösung praktischer Probleme
im Hier und Jetzt zu liefern, ist eine Auseinandersetzung mit dieser Situation
offensichtlich unerläßlich. Diese Auseinandersetzung bedarf erstens der Einsicht, daß die fortgesetzte Gegenüberstellung ethischer Prinzipien bzw. Leitbegriffe sich als unfruchtbar erweist, und zweitens bedarf sie der Hinwendung
zu bzw. Offenheit gegenüber alternativen Möglichkeiten:

> Pitting contrary ethical principles against one another quickly becomes
> fruitless, so we must look elsewhere for arguments that show more
> promise of providing a way out.[57]

Die Suche nach anderen Argumenten und die Suche nach einem Ausweg – d.h.
im vorliegenden Zusammenhang: nach einer Verfahrensweise, die es ermöglicht,
trotz der grundlegenden offenen Probleme der Moralphilosophie im Rahmen
der angewandten Ethik zu allgemein Akzeptanz findenden normativen Aussagen zu gelangen – ist allerdings um so aussichtsreicher, je deutlicher eine
Richtung angegeben werden kann, in der man suchen soll. Deshalb muß der
Ansatzpunkt markiert werden, von dem aus die *Richtung* der Suche bestimmt
werden kann. Dieser kann im Hinblick auf die Statusdiskussion und auf mögliche Alternativen zu ihr m.E. durch die Analyse der Aspekte gewonnen werden,
die zum Scheitern der Statusdiskussion – und zwar ausschließlich verstanden als
eine auf praktische Problemlösung zielende Diskussion innerhalb der angewandten Ethik – geführt haben.

Das Hauptproblem für die Statusdiskussion, dies kann nach der bisherigen
Untersuchung festgestellt werden, bildet die gegebene *Pluralität ethischer
Orientierungsweisen*, und zwar nicht nur auf der Ebene der ethischen Theorie,
sondern auch auf der Ebene allgemeiner gesellschaftlicher Lebensbedingungen.

> Mit der quantitativen Zunahme von Pluralität hat sich auch deren Qua-
> lität verändert; die Extensivierung ist mit einer Intensivierung verbun-
> den. Die Orientierungsunsicherheit nimmt mit der Vielzahl der Regel-
> und Sinnsysteme zu. Fortan gilt nichts mehr als selbstverständlich,
> sondern kann aus unterschiedlichen Perspektiven verschieden beurteilt
> werden.[58]

---

[56] W. WELSCH, *Postmoderne – Pluralität*, S. 27f.

[57] A.R. JONSEN u. S. TOULMIN, *The Abuse of Casuistry*, S. 4f.

[58] W. WELSCH, *Postmoderne – Pluralität*, S. 27.

Daß diese allgemeine Feststellung von Welsch zutrifft, hat die Statusdiskussion deutlich bestätigt. Gleichzeitig führt aber gerade die Statusdiskussion vor Augen, wie unerträglich der Zustand ist, daß ,fortan nichts mehr selbstverständlich ist'. Es hat den Anschein, als würde, wenn man der Feststellung von Welsch beipflichtete, nicht nur einem weitreichenden ethischen Relativismus, sondern sogar einer völligen Beliebigkeit Tür und Tor geöffnet, die letztlich die Vision einer totalen Indifferenz gegenüber ethischen Fragestellungen heraufbeschwören könnte. Daß eine solche panische Reaktion auf die Feststellung und Akzeptanz pluraler Lebensformen und Orientierungsweisen allerdings nicht nur unbegründet, sondern auch bedenklich ist, wird deutlich, wenn man sich vergegenwärtigt, daß der Versuch, *trotz* der pluralistischen Bedingungen eine allgemeingültige Lösung oder zumindest einen zeitweiligen Konsens zu erzielen, nicht nur erfolglos war, sondern darüber hinaus in eben der indifferenten Haltung verbleiben mußte, gegen die er ursprünglich auftrat.[59] Das Ignorieren der pluralistischen Bedingungen und damit einhergehend das Festhalten an Vorgehensweisen, die von allgemein anerkannten Prinzipien ausgehen und auf Einheit zielen, sind nicht geeignet, die aus den pluralistischen Bedingungen entstehenden Probleme zu lösen. Insofern belegt nicht zuletzt die Analyse der Statusdiskussion, daß die radikale Anerkennung von Pluralität nicht leichtfertig, sondern zwangsläufig ist:

> Die [...] Zuwendung zur Pluralität erfolgt nicht aus Willkür, sondern aufgrund von Erfahrungen und Einsichten. Zugrunde liegen vor allem negative Erfahrungen mit Einheitswünschen der Moderne und die Einsicht in deren strukturelle Verbindung mit Unterdrückung und Zwang.[60]

Allerdings ist der mit dieser These formulierte Abschied von jeglichem Universalitätsanspruch durch die benannten Erfahrungen noch keineswegs gerechtfertigt. Deshalb ist der Einwand, wie er insbesondere von Apel gegen den ,Zeitgeist' vorgetragen wird, ernstzunehmen:

> Die Überwindung des *Historismus-Relativismus* des 19. Jahrhunderts, die von Heidegger und Gadamer suggeriert wird, ist in Wahrheit keine Überwindung, sondern eine Fortsetzung und Übersteigerung, die sich durch einen Gewaltstreich – nämlich durch die Verweigerung der Reflexion auf die eigenen universalen Geltungsansprüche – von allen Prinzipien-Skrupeln befreit hat. Es handelt sich um den ,Holzweg' der *Logos-Vergessenheit*. [...] Der *Historismus-Relativismus*, der bei uns in der Zeit Diltheys zusammen mit dem positiven ,historischen Sinn' ent-

---

[59] Siehe Kap. 6.2, insbes. den Abschnitt „Relativismus als Konsequenz der Statusdiskussion".

[60] W. WELSCH, *Postmoderne – Pluralität*, S. 39.

wickelt wurde und der sich bei Heidegger und im Postmodernismus in
gesteigerter Form als *totale Vernunftkritik* fortsetzt – diese philosophische Grundstellung des Zeitgeistes läßt sich m.E. im Lichte einer
Piaget-Kohlbergschen Entwicklungslogik des moralischen Bewußtseins
als *eine* Version des Sich-Verirrens auf der *Krisenstufe 4½* des Übergangs von der *konventionellen* Moral zur *postkonventionellen* Prin-
zipien-Moralität verstehen.[61]

Die Kritik Apels ist weitreichend und verweist darauf, daß das Begründungs-
problem, die Frage nach Möglichkeit und Notwendigkeit von Universalisie-
rungsansprüchen und entsprechend die nach Rationalitätstypen und Erkenntnisweisen innerhalb der Philosophie offene Probleme darstellen.

Allerdings ist die im Rahmen dieser Arbeit zu behandelnde Fragestellung –
ausgehend von der oben getroffenen, m.E. notwendigen Unterscheidung von
Moralphilosophie und angewandter Ethik[62] – eine andere: Es geht *nicht* darum,
zu klären, ob bzw. in welcher Weise Universalisierungsansprüche bzw. Ansprüche an intersubjektive Geltung normativer Urteile innerhalb *der Philosophie*
begründet werden können und folglich auch *nicht* um eine Methodologie der
Ethik. Vielmehr gilt es – durchaus in bescheidenerer Perspektive – einen Ansatzpunkt auszumachen, von dem aus – gleichsam in einer Übergangssituation –
nach einer Verfahrensweise *gesucht* werden kann, die es ermöglicht, *trotz* der
grundlegenden offenen Probleme der *Philosophie* bzw. der philosophischen
Ethik im Rahmen der *angewandten Ethik* zu normativen Aussagen zu gelangen,
die moralisch zumindest eher zu rechtfertigen sind als die Normen, die sich aus
einer rein zweckrationalen, politisch-strategischen Auseinandersetzung ergeben.[63] Ein solcher Ansatzpunkt kann m.E. mit der genannten ‚Zuwendung zur

---

[61] K.-O. APEL, *Diskurs und Verantwortung*, S. 386f.

[62] Siehe Kapitel 7.2.3.

[63] Siehe auch Kapitel 7.2.2. – Im Rahmen der angewandten Ethik spielen allerdings, worauf
bereits an verschiedenen Stellen hingewiesen wurde, nicht nur philosophische, sondern auch
politische Ansprüche eine Rolle. Diese unterscheiden sich eklatant von philosophischen
Ansprüchen. Im politischen Raum bemißt sich die Qualität einer Norm nämlich keineswegs
an deren historisch-gesellschaftlich unabhängiger Gültigkeit, wie sie im philosophischen
Anspruch an Universalität und bedingt auch im Anspruch an Verallgemeinerungsfähigkeit
enthalten ist. Der politische Anspruch besteht vielmehr in der gerade zeitlich und gesellschaftlich bedingten, d.h. unter Realbedingungen strategischen, Formulierung *durchsetz-*
barer Normen. Entsprechend gilt eine Norm im politischen Rahmen dann als gut, wenn sie
für ihre strategische Kraft im Hinblick auf ein politisches Ziel die mehrheitliche Zustimmung erhält. Aus philosophischer Perspektive und unter dem an obersten Leitbegriffen
orientierten Paradigma ist ein solcher bloß auf den Moment gerichteter Anspruch an die
Qualität einer Norm dagegen weitgehend inakzeptabel. Dies verdeutlicht, daß die bloße
Feststellung, die angewandte Ethik finde am Grenzbereich von Philosophie und Politik statt
und habe eine Brücke zwischen Theorie und Praxis zu schlagen, nicht ausreicht. Sofern
nämlich die Ansprüche an die Qualität einer Norm in beiden Bereichen gegensätzlich sind,

Pluralität' entwickelt werden, insofern sie die Annäherung an die konkreten sozial-politischen Gegebenheiten beinhaltet und gleichzeitig die Möglichkeit eröffnet, innerhalb dieser Gegebenheiten kritisch-analytische Verfahrensweisen zur Problemlösung zu entwerfen. Daß gleichzeitig eine (abstraktere) nicht oder weniger anwendungsorientierte Auseinandersetzung mit den Gegenständen innerhalb der Philosophie, mit dem Ziel, zu allgemein- bzw. intersubjektiv gültigen Ergebnissen zu kommen, stattfinden kann, ist hierdurch nicht in Frage gestellt.

Auch die *angewandte Ethik* kann allerdings nicht vom Problem der *Verbindlichkeit normativer Urteile* absehen. Nach Ansicht der Befürworter der Zuwendung zur Pluralität hat diese nun nicht die Aufgabe des Anspruches auf Verbindlichkeit zur Konsequenz. So argumentiert Welsch:

> Es ist ein triviales Mißverständnis, daß Pluralität das Ende von Verbindlichkeit schlechthin bedeute. Eher ist es umgekehrt: An die Stelle einer stets nur imaginär und unterdrückend möglichen Universalverbindlichkeit tritt jetzt die konkrete Reihe spezifischer, historischer, sozialer, partikularer Verbindlichkeiten. Diese haben im Unterschied zur hypostasierten Großverbindlichkeit den Vorteil, wirklich lebbar und in diesem Sinn sehr real zu sein. Nicht Verbindlichkeit als solche also fällt

---

ist der Brückenschlag zwischen normativen Aussagen der Philosophie (als Theorie) und normativen Aussagen einer auf Momentanes gerichteten Politik (als Praxis) nicht möglich. Die Versuche innerhalb der Statusdiskussion, die Realbedingungen in die Überlegungen miteinzubeziehen (z.B. der Versuch, ein Common-Sense-Verständnis des Personbegriffs zu definieren), sind auch deshalb gescheitert. – Nicht unerheblich ist zudem die Vermutung, daß die konkreten ethischen Probleme, die den Gegenstand der angewandten Ethik bilden, gerade auch deshalb die philosophische Perspektive fordern, weil sie die Politik *über*fordern. Wenn diese These zutrifft, muß es notwendig zu einer politischen Annäherung an die Philosophie bzw. zumindest an die angewandte Ethik kommen, und zwar nicht – wie es derzeit teilweise unterstellt werden kann – zu einer die angewandte Ethik instrumentalisierenden – und sie damit zugleich als der Politik extern auffassenden – Annäherung, sondern zu einer Annäherung, bei der angewandte Ethik integraler Bestandteil des politischen Denkens wird. Für ein Gelingen dieser Integration von seiten der Politik müssen allerdings auch auf der Seite der angewandten Ethik Voraussetzungen geschaffen werden. Skizzenhaft und thesenförmig kann man als eine wesentliche Voraussetzung die angeben, statt nach „Brückenprinzipien" (H. Albert) zu suchen, angewandte Ethik selbst als die Vermittlung zu begreifen und zu versuchen, sie zu konzipieren. Angewandte Ethik wäre damit Theorie und Praxis zugleich. Dies beinhaltet, daß die angewandte Ethik nach einem ihr eigenen, spezifischen Anspruch sucht, der eben weder dem philosophischen Anspruch, wie ihn die theoretische Ethik vertreten muß, entspricht, noch dem der Politik. Dafür muß die angewandte Ethik *zusätzlich* zur philosophischen Perspektive und *zusätzlich* zur politischen Perspektive auf ein spezifisches, konkret sich stellendes ethisches Problem einen *eigenen* Blickwinkel finden und diesen qualitativ absichern. Damit ist aber zugleich das Desiderat einer für die angewandte Ethik spezifischen methodischen Grundlegung bezeichnet, die weder die der Politik noch die der Moralphilosophie sein kann.

dahin, sondern nur deren universalistische Emphase wird ersetzt durch
Verbindlichkeit in einer Mittellage zwischen Singularität und Universa-
lität, durch Verbindlichkeit in der lebbaren Form begrenzter, lokaler
Allgemeinheit.[64]

Man kann dieser Sichtweise und Erwartungshaltung gegenüber große Skepsis
formulieren. So ist fraglich, was „Verbindlichkeit in einer Mittellage zwischen
Singularität und Universalität" überhaupt konkret heißen soll, und mehr noch,
ob für das damit Gemeinte der Begriff „Verbindlichkeit" überhaupt noch angemessen ist. Wesentlicher ist m. E. aber der Einwand, daß auch eine kontingente
und partikulare Verbindlichkeit übergeordnete Normen erfordert, aus denen
sich die jeweils spezifischen Verbindlichkeiten überhaupt erst ergeben bzw. aus
denen sie gefolgert werden können. Da Welsch aber feststellt, daß ‚fortan nichts
mehr als selbstverständlich gilt', ist unklar, was diese Normen sein sollen. Bei
aller Skepsis gegenüber solchen alternativen Versuchen ist m. E. aber insbesondere aufgrund der Tatsache, daß sich das Festhalten an den bisherigen
Vorgehensweisen für die Bewältigung der praktischen Probleme nicht nur als
unfruchtbar, sondern sogar als problematisch erwiesen hat – weil sie letztlich auf
eine Indifferenz gegenüber der Praxis hinauslaufen, mit der sich faktisch jede
praktische Verbindlichkeit zumindest der entsprechenden Ansätze auflöst – eine
kritische Offenheit gegenüber solchen Alternativen gefordert. Dies bedeutet
zugleich, die Haltung einzunehmen, sich den argumentativen *Möglichkeiten*
alternativer Ansätze zuzuwenden anstatt sich lediglich auf den Ausweis ihrer
Defizite zu beschränken. Diese Forderung beinhaltet allerdings kein Plädoyer
für die kritiklose Annahme jedweden Ansatzes. Avisiert ist vielmehr ein Versuch, bisher ausgesparte bzw. ausgeschlossene Tendenzen aufzugreifen und auf
die Integration ihrer Perspektiven und Problemlösungspotentiale hinzuarbeiten.

Selbst die Verteidiger der prinzipiengeleiteten Ansätze weichen in Kon-
frontation mit der lebensweltlichen Realität teilweise von der Forderung nach
logischer Folgerichtigkeit ihrer Argumentation ab. Am Beispiel der Plausibilitätsargumentation konnte dies bereits gezeigt werden. Auch ein Autor wie Apel,
der sich explizit für eine Diskursethik als Prinzipienethik ausspricht und sich
gegen die postmodernistische Zuwendung zur Pluralität wendet, kommt nicht
umhin, angesichts der den Realisierungsbedingungen seiner Ethik entgegen-
stehenden faktischen Gegebenheiten eine Art ‚Übergangslösung' zu formulieren: So will er für die Phase, in der die „Anwendungsbedingungen der Diskursethik nicht als hinreichend realisiert vorausgesetzt werden können", den
„*verantwortlich* Handelnden" auf eine Einstellung verpflichten, die „*Methoden
der strategischen Instrumentalisierung der anderen Menschen*" vorsieht.[65] Er

---

[64] W. WELSCH, *Postmoderne – Pluralität*, S. 65.

[65] K.-O. APEL, *Diskurs und Verantwortung*, S. 463.

postuliert dafür eine „Kompetenzstufe", „auf der der Mensch sozusagen die *Verantwortung für die Anwendung der Ethik* im Prinzip übernommen hat".[66] Interessant ist hieran vor allem zweierlei: zum einen, daß Apel auf den Begriff der Verantwortung rekurriert, der – wie noch zu zeigen ist – mit der Zuwendung zur Pluralität durchaus zu vereinbaren ist; zum anderen, daß Apel auf die „reflektierende Urteilskraft" des moralischen Akteurs vertrauen muß[67] und damit einen moralischen Spielraum eröffnet, der zwar durch die teleologische, auf das Ziel einer Aufhebung der Notwendigkeit strategischen Handelns gerichtete Verpflichtung der Akteure begrenzt ist, letztlich aber nicht normativ-deskriptiv eingeholt werden kann, womit Apel keine moralischen Regeln für das Handeln in diesem Spielraum angeben kann.

Es kann an dieser Stelle schon angedeutet werden,[68] daß m.E. auch die „Zuwendung zur Pluralität" als Ansatzpunkt für die Suche nach einer Verfahrensweise der angewandten Ethik nur auf der *Grundlage bzw. in Kombination mit einer Leitidee* aussichtsreich ist. Diese Leitidee ist m.E. in den Begriffen *Verantwortung und Menschenwürde* zu fundieren, und sie kann in etwa so funktionieren, wie das Telos der Diskursethiker in Zeiten der nicht idealen Diskursbedingungen. D.h., so wie der zweckrational-strategische Handlungsspielraum des Diskursethikers durch das Telos geleitet und begrenzt ist, so ist die Zuwendung zur Pluralität durch die Leitidee der Menschenwürde und der Verantwortung geleitet und begrenzt. In diesem Sinne kann mit der Zuwendung zur Pluralität die Suche nach einer Verfahrensweise verbunden werden, „die sich im Unverständnis für das Fremde beweist, die auch dort schützt und hilft, wo sie nicht versteht".[69]

> Nicht die traditionell gesicherte Beständigkeit gleicher Orientierungen definiert dann länger alleine die Identität von Personen oder auch Gesellschaften und Kulturen, sondern auch die immer wieder neu zu bestätigende Fähigkeit, sich kooperierend auf andere Orientierungen einzulassen.[70]

Mit der Zuwendung zur Pluralität rückt zudem in verschiedenen Ansätzen derzeit ein neuer (oder alter) Aspekt für die ethische Reflexion in den Blick: Es

---

[66] Ebd., S. 464.

[67] Freilich geht es Apel darum, daß sich die Akteure mit Hilfe ihrer reflektierenden Urteilskraft um Handlungsstrategien bemühen, die die Herstellung der idealen Kommunikationssituation zum Ziel haben. Es geht also durchaus um prinzipienorientiertes Handeln, das keineswegs auf die „kluge, situationsbezogene Anwendung aller normativen Prinzipien" (S. 465) zielt.

[68] Siehe Kapitel 9.

[69] O. Schwemmer, „Kulturelle Identität und moralische Verpflichtung", S. 20.

[70] Ebd.

zeichnet sich eine Vorstellung von Moral ab, die sich nicht allein auf die in der
Ethik produzierten Regeln und Normen verläßt, sondern auch auf die *moralischen Fähigkeiten der Akteure.* Zunehmend beginnen Kriterien im Umfeld
traditioneller Begriffe wie ‚Tugend‘, ‚Gefühl‘, ‚Wohlwollen‘ und (situative)
‚Klugheit‘ maßgeblich zu werden. Auch Welsch impliziert dies:

> Vom einzelnen, gerade auch dem in Entscheidungslagen Stehenden,
> verlangt die postmoderne Situation Grenzbewußtsein, Grenzbeachtung
> und Vielheitsblick. Bei jeder Entscheidung sollte man um deren Set-
> zungscharakter und ihre Anschlüsse wissen.[71]

Wenn man den Anspruch an Universalität bzw. intersubjektive Geltung von
Normen erhebt, ist solchen Kriterien gegenüber Skepsis angebracht, weil sie
diesen Anspruch nicht tragen und erfüllen können. Auch ihnen gegenüber greift
somit der genannte Vorwurf Apels, die Zuwendung zur Pluralität sei gleichbedeutend mit einer „Logos-Vergessenheit" und deshalb ein Irrweg im Versuch
der Überwindung einer Orientierungskrise. Als Irrweg erscheint sie deshalb,
weil in ihr nach Ansicht der Kritiker die vernunftfundierte Begründung von
Bewertungen zugunsten einer je subjektiv-emotionalen Beurteilung von Handlungen aufgegeben werde. Schwemmer beschreibt entsprechende Einwände mit
ironischer Wendung:

> Wo überhaupt etwas vernünftig sein soll, da muß es dies jederzeit und
> für jedermann sein – dies scheint eine so unabweisbare und unumstöß-
> liche Wahrheit zu sein, daß mit ihr die Möglichkeit, überhaupt von
> Vernunft zu reden, steht und fällt.[72]

Innerhalb der Suche nach alternativen Ansätzen ist an dieser Stelle das Problem
bezeichnet, welche *Kriterien für die Bewertung von Ansätzen* herangezogen
werden können bzw. sollen. Für die an Prinzipien oder theoriespezifischen Leitbegriffen orientierten Ansätze als philosophisch-ethische Normenbegründungs-
ansätze stehen die Kriterien der Konsistenz und Kohärenz zur Verfügung, wenn
es um die Bewertung des qualitätssichernden Maßstabs der Verallgemeinerungsfähigkeit geht. Unter prinzipienorientiertem Paradigma kann jeder Versuch,
gegen diese Kriterien zu verstoßen bzw. Alternativen dazu vorschlagen zu
wollen, nur scheitern. Insgesamt ist aus philosophischer Perspektive jeder
Normenbegründungsansatz, der nicht dem Anspruch auf Verallgemeinerungsfähigkeit mit den entsprechenden Implikationen für Argumentations- und
Vorgehensweise folgt, dem Verdacht ausgesetzt, in eine bloß subjektivistische
Normenbegründung zu verfallen. Dieser Einwand übersieht aber, daß die Suche
nach alternativen Ansätzen gerade wegen der Unzulänglichkeit des auf Univer-

---

[71] W. WELSCH, *Postmoderne – Pluralität*, S. 63.
[72] O. SCHWEMMER, „Kulturelle Identität und moralische Verpflichtung", S. 5.

salität gerichteten Ansatzes prinzipiengeleiteter Argumentationen erfolgt. Dann ist aber eine Überlegung wie die von Waldenfels zu berücksichtigen:

> Wenn Normen nicht einfach in den Dingen zu finden oder aus Grund-
> normen abzuleiten sind, müssen wir hiervon ein *produktives Handeln*
> unterscheiden, das eine bestimmte Ordnung mit entstehen läßt und
> damit Wiederholung und Fortentwicklung ermöglicht. Das *Neuartige*,
> das hier in neuen Regeln, Strukturen und Maßstäben zutage tritt, läßt
> sich selber nicht als richtig oder unrichtig einstufen. Denn es wird nicht
> an anderem gemessen, *sondern an sich selbst.*[73]

Mit diesem Argument kann auch die Forderung begründet werden, nicht von vornherein unter Berufung auf die Kriterien bisheriger – und zwar *unzulänglicher* – Ansätze über die Berechtigung alternativer Verfahrensweisen zu urteilen. Vielmehr ist gemäß der Aufforderung, sich den argumentativen *Möglichkeiten* zuzuwenden, Offenheit gegenüber diesen Vorschlägen zu bewahren, anstatt sie nach Maßgabe des bisher Gültigen oder Geläufigen als Verstoß abzuweisen:

> Der springende Punkt beim Übergang vom Alten zu Neuem ist das
> Auftreten von *Anomalien*, die auf signifikante Weise vom Normalen
> abweichen. [...] Alles Neuartige, das als Anomalie auftritt, gerät damit
> ins Zwielicht einer unaufhebbaren *Ambivalenz*. Von der alten Ordnung
> aus betrachtet erscheint dasselbe als Verstoß, was auf eine künftige
> Ordnung hin betrachtet ein Vorstoß ins Neuland sein mag.[74]

Zusammenfassend ist festzustellen, daß die Frage, ob nach Alternativen zur Statusdiskussion gesucht werden muß, eindeutig zu bejahen ist. Obgleich derzeit noch nicht entschieden werden kann, ob sich in den Vorschlägen alternativer Vorgehensweisen für die angewandte Ethik tatsächlich eine „neue Ordnung" abzeichnet, soll für die folgenden Ausführungen zunächst diese Perspektive eingenommen werden. Im Rahmen der vorliegenden Arbeit kann kein allgemeines Konzept angewandter Ethik entwickelt werden. Dies ist auch nicht ihr Thema. Am Beispiel der Statusdiskussion und der ihr zugrunde liegenden praktischen Problematiken kann allerdings aufgezeigt werden, welche *Aspekte* für das zu entwickelnde Konzept einer angewandten Ethik relevant sind und welche *Tendenzen* dabei zu berücksichtigen sind bzw. sich derzeit abzeichnen. Die Untersuchung dieser Aspekte und Tendenzen wird bei dem Begriff „Verantwortung" ansetzen, der in seinem symptomatischen Gebrauch – und genau das wird zu zeigen sein – die Perspektive einer Zuwendung zur Pluralität in sich enthält und gleichzeitig eine Richtung ausweist, in der nach alternativen An-

---

[73] B. WALDENFELS, *In den Netzen der Lebenswelt*, S. 141.
[74] Ebd., S. 142.

sätzen gesucht werden kann. Vor dieser Untersuchung ist es jedoch notwendig, noch einige weitere Aspekte zu behandeln, die es im Hinblick auf eine an Leitbegriffen orientierte angewandte Ethik im allgemeinen und die Statusdiskussion als spezifischen Problemlösungsansatz im besonderen zu berücksichtigen gilt, nämlich zum einen der Aspekt der „Ambivalenz" und zum anderen der der „Konkretion" und „Kontextgebundenheit".

7.4 Allgemeine Aspekte der Problemlage angewandter Ethik

7.4.1 Ambivalenz als zentraler Aspekt der Problemlage

Für die Suche nach einem alternativen Problemlösungsansatz ist das Thema „Ambivalenz" auf zwei Ebenen von Bedeutung: zum einen auf der Ebene der Theoriefindung, d.h. in bezug auf die Kriterien, Ansprüche und Besorgnisse im Zusammenhang mit der Begründung eines alternativen Ansatzes, zum anderen auf der Ebene der konkreten Gegenstände, d.h. in bezug auf die Bewertung der Handlungspraktiken, die die ethische Diskussion initiiert haben. Beide Ebenen – und dies macht eine der Schwierigkeiten bei der Suche nach einem adäquaten Ansatz aus – sind miteinander verbunden, und zwar deshalb, weil die praktischen Probleme, die Gegenstand der angewandten Ethik sind, zunehmend die Grundlagen der ‚theoretischen' oder ‚allgemeinen' Ethik in Frage stellen:

> Im Aufschwung der ‚angewandten Ethik' hat die Ethik insgesamt größere Bedeutung erlangt und sich auch als allgemeine Theorie verändert. Zugespitzt läßt sich behaupten: Es war in den letzten Jahren weniger die theoretische Grundlagenforschung, die von sich aus zur Revision der Ethik führte; deren Aktualität verdankte sich vielmehr den neuartigen Reflexionen auf veränderte praktische Probleme.[75]

Diese starke und folgenreiche Rückwirkung von angewandter Ethik auf die ‚allgemeine' Ethik erschwert aber gleichzeitig die Suche nach alternativen Vorgehensweisen für die angewandte Ethik, und zwar insofern, als sich diese kaum noch als vorparadigmatische Disziplin denken läßt, und insofern die Suche nach (alternativen) Vorgehensweisen für eine angewandte Ethik mehr und mehr unter den Druck gerät, sich zugleich als Alternative für die ‚allgemeine' Ethik rechtfertigen zu müssen. Problematisch ist dies vor allem vor dem Hintergrund, daß bislang noch ungeklärt ist, ob sich ‚angewandte Ethik' nicht als *eigenständige* Disziplin etablieren kann oder soll.

Die *Ambivalenz auf der Ebene der Theoriefindung* ist für die angewandte Ethik darin begründet, daß einerseits eine universalistische Normenfindung

---

[75] J. ROHBECK, *Technologische Urteilskraft*, S. 259.

wünschbar erscheint, daß sie aber andererseits – zumindest bisher – nicht gelungen ist. Dem Problem der Ambivalenz auf dieser Ebene möchte ich im folgenden teilweise dadurch zu entgehen versuchen, daß ich angewandte Ethik als
eigenständige Disziplin auffasse, die zwar nicht unabhängig von der ‚allgemeinen‘ Ethik betrieben wird, dennoch aber von (noch genauer darzustellenden)
Voraussetzungen ausgehen muß und kann, die innerhalb der allgemeinen Ethik
m. E. nicht vorausgesetzt werden können und müssen. Auf der einen Seite
könnte die allgemeine Ethik m. E. gleichsam als Metaebene bzw. ‚Kontroll-
instanz‘ der angewandten Ethik fungieren, indem sie zum einen die Verfahrensweisen angewandter Ethik begründet entwickelt und zum anderen durch ihren
jeweils eigenen Forschungsstand in grundsätzlichen Fragen kritisch auf die
angewandte Ethik einwirkt. Auf der anderen Seite ermöglicht die (heuristische)
Trennung von angewandter und allgemeiner Ethik, die Voraussetzungen, Ziele
und Vorgehensweisen angewandter Ethik eindeutiger zu bestimmen und präziser zu begründen, und zwar deshalb, weil die jeweils berührten Grundlagen-
probleme der allgemeinen Ethik zwar benannt, aber nicht gelöst werden müssen. Die ambivalente Situation auf der Ebene der Theoriefindung ist dadurch
freilich nicht vollständig aufgehoben, und zwar weder für die allgemeine, noch
für die angewandte Ethik, m. E. aber erleichtert.

Auf der *Ebene des Problemgegenstandes* ist der Aspekt der Ambivalenz
konstitutiv für die Probleme selbst. Die Statusdiskussion ist dafür ein heraus-
ragendes Beispiel: Sie nimmt ihren Ausgangspunkt in der intuitiven, in sich
ambivalenten Bewertung, daß einerseits der menschliche Embryo bzw. Fötus als
‚Mensch‘ angesehen wird, andererseits aber eben nicht als Mensch ‚wie du und
ich‘. Das Bestreben der Statusdiskussion ist die Überwindung dieser Ambivalenz, d. h. der Mehrdeutigkeit, durch eindeutige Klassifikation. Insofern folgt sie
dem, was Zygmunt Baumann als „typisch moderne Praxis“ bezeichnet:

> Die typisch moderne Praxis, die Substanz moderner Politik, des moder-
> nen Intellekts, des modernen Lebens, ist die Anstrengung, Ambivalenz
> auszulöschen: eine Anstrengung, genau zu definieren – und alles zu
> unterdrücken oder zu eliminieren, was nicht genau definiert werden
> konnte oder wollte. Die moderne Praxis ist nicht auf Eroberung frem-
> der Länder gerichtet, sondern auf das Ausfüllen der leeren Stellen in der
> *completa mappa mundi*. Es ist die moderne Praxis, nicht die Natur, die
> wahrhaft keine Leere duldet.[76]

Das Fatale der Statusdiskussion als Problemlösungsansatz, ihr aporetischer
Status quo, liegt genau darin, daß diese Klassifikation angestrebt, aber nicht gelungen ist und auch nicht gelingen kann. Die Frage, ob bzw. ab (aber auch bis)
wann menschliches Leben ein Mensch ‚wie du und ich‘ ist, entzieht sich offen-

---

[76] Z. Baumann, *Moderne und Ambivalenz*, S. 20f.

sichtlich der Möglichkeit einer allgemeingültigen Klassifikation. Auch am Ende der Statusdiskussion steht das von Baumann so bezeichnete „zeitgenössische Problem der Ambivalenz: ihre *Privatisierung*".[77] Er versteht darunter eine Situation, „in der Individuen, im Verlaufe ihrer privaten selbstkonstruktiven Anstrengungen, der Suche nach Gewißheit, die sich in gesellschaftlicher Anerkennung dokumentiert, allein mit dem Problem der Ambivalenz konfrontiert sind".[78] Die lebensweltliche Situation nach der Statusdiskussion bestätigt diese Analyse: Jeder und besonders jede einzelne ist darauf verwiesen, nicht nur für sich selbst, sondern auch in den funktionalen Rollen als Wähler/in, als Politiker/in, als Forscher/in und nicht zuletzt als werdende Mutter mit der Ambivalenz persönlich fertig zu werden. Die Statusdiskussion hat diese Situation in keiner Weise erleichtert, im Gegenteil: Sie hat die Lage noch dadurch verschärft, daß sie Positionen (wie etwa die von Peter Singer) und dadurch Handlungsoptionen in die Lebenswelt eingebracht hat, die vor der Statusdiskussion nicht zur Debatte standen, nun aber eine Auseinandersetzung bedingen, die von vielen zudem noch als bedrohlich empfunden wird.

Nach Baumanns Ansicht ist „Ambivalenz ein Nebenprodukt der Arbeit der Klassifikation".[79] Sie kann deshalb prinzipiell nicht durch Klassifikationsbemühungen überwunden werden. In bezug auf die Statusdiskussion bedeutet dies, daß sie als Problemlösungsansatz schon deshalb nicht in Frage kommt, weil sie über ihre eigene Ausgangsbedingung, nämlich die Ambivalenz des sie initiierenden Problems, schon im ersten Schritt ihrer Argumentationsweise, nämlich in der Definition von Kriterien des Mensch- bzw. Personseins, nicht hinausgelangen kann. Es ist dies – zusätzlich zu (aber auch verbunden mit) der Pluralität der ethischen Theorien – der Grund dafür, daß im zweiten Schritt die allgemeingültige Normenbegründung nicht gelingen kann, denn:

> Eine Theorie, die auf ihrer logisch-terminologischen Konstitution beharrt, braucht eindeutig – und zwar immer wieder eindeutig – identifizierbare Gegenstände.[80]

Dem Versuch, Ambivalenzen durch eindeutige Klassifikationen zu überwinden, muß deshalb – dies soll hier explizit nur für die Problematiken, die die Statusdiskussion initiiert haben, postuliert werden – ein Ansatz entgegengestellt werden, der mit den Ambivalenzen *umgeht*. Konkret bedeutet dies, daß zum einen die Statusdiskussion als Ansatz zur Lösung der sie initiierenden praktischen Problematiken ungeeignet ist und daß zum anderen ein alternativer Ansatz den

---

[77] Ebd., S. 31.
[78] Ebd.
[79] Ebd., S. 15.
[80] O. Schwemmer, „Kulturelle Identität und moralische Verpflichtung", S. 8.

Dissens über die Statusfrage als Ambivalenz voraussetzen muß. Es geht folglich darum, die *praktischen Probleme unter der Voraussetzung und Anerkenntnis der Tatsache, daß die Statusfrage ungeklärt ist, einer Lösung zuzuführen*, d. h., auch ohne Klärung der Statusfrage zu einer ethisch fundierten Bewertung der zur Debatte stehenden Handlungsweisen zu gelangen.

Der Statusdiskussion liegt, wie ausgeführt wurde, die Annahme zugrunde, bei den als ethisch problematisch erkannten Handlungen bestehe das Kernproblem darin, ob bzw. ab wann für ungeborenes menschliches Leben ein Tötungsverbot bzw. ein Lebensrecht gelten muß. Auch unabhängig davon, ob es sich bei der Statusfrage um *ein* oder tatsächlich um *das* zentrale Problem der beschriebenen Praktiken handelt, muß angesichts des Scheiterns der Statusdiskussion die Frage formuliert werden, ob nicht über die Untersuchung scheinbar weniger zentraler ethischer Aspekte eine ethische Bewertung der in Frage stehenden Praktiken eher möglich ist.

Weil diese Praktiken sich nur unter der Prämisse der Vorrangigkeit der Statusfrage auf ein gemeinsames normatives Problem vereinen lassen, steht es nun also an, die *jeweiligen Handlungsweisen als unterschiedliche Handlungskontexte* differenziert zu betrachten. Sobald nämlich die Statusdiskussion als Lösungsansatz fallen gelassen wird, gibt es keine übergeordnete ethische Fragestellung, mit der die ethische Erwünschtheit oder Verwerflichkeit *aller* zur Debatte stehenden Handlungsweisen erfaßt werden könnte. Die Embryonenforschung, die Abtreibung, die Kryokonservierung menschlicher Embryonen und die Transplantation fötaler Gewebe und Organe stellen sich nun vielmehr als zwar durchaus miteinander vernetzte, dennoch aber je eigenständige Handlungs*kontexte* dar. Diese unterscheiden sich nach ihren historischen und technischen Entstehungsbedingungen, ihnen liegen unterschiedliche Handlungsinteressen zugrunde, die von unterschiedlichen Handlungssubjekten verfolgt werden, die Betroffenheitsstrukturen unterscheiden sich, und auch die erwartbaren Handlungs- bzw. Unterlassensauswirkungen einschließlich der je spezifischen Nebenfolgen und auch Dammbruchgefahren sind jeweils unterschiedlich. Deshalb kann ein Ansatz, der auf lebbare, d. h. konkrete, ethisch fundierte normative Aussagen über die zur Debatte stehenden Handlungsweisen abzielt und zugleich die Statusdiskussion als Lösungsansatz verwirft, nicht umhin, die Handlungsweisen als thematisch eigenständige Kontexte zu unterscheiden.

Dieser Gesichtspunkt darf allerdings nicht mit dem Aspekt kontextgebundener ethischer Argumentation gleichgesetzt werden.[81] Während diese nämlich

---

[81] Das Thema „Kontextualität" wird im folgenden Kapitel (7.4.2) über den Aspekt der thematischen Differenzierung hinaus erweitert um den Aspekt der Perspektive auf den Kontext als Gesamtgeschehen, d. h. der Kontextualität als Komplexität und Konkretion zugleich. Das Thema einer mit der Kontextorientierung zu verbindenden spezifischen Vorgehensweise oder Methodologie angewandter Ethik wird demgegenüber im Rahmen dieser Arbeit

eine spezifische Vorgehensweise für ethische Probleme einfordert, soll an dieser Stelle zunächst nur festgestellt werden, daß eine *thematische Differenzierung nach Kontexten*, die unter dem Ansatz der Statusdiskussion nicht notwendig schien, nun unausweichlich ist.

Es muß noch einmal darauf hingewiesen werden, daß die *Statusfrage als solche* und ihre *philosophische Behandlung* davon unberührt bleiben und deren Bedeutung nicht nivelliert wird. Wie bereits erwähnt wurde,[82] ist gerade die grundsätzliche Behandlung des Statusproblems, und zwar unter Maßgabe der Betonung des Zusammenhangs von Menschenwürde und Lebensrecht, geeignet, technische und andere „Fehlentwicklungen" wahrzunehmen, sie als problematisch auszuweisen und transparent zu machen. Darüber hinaus ist die grundsätzliche, d. h. situationsunabhängige und *nicht auf die Lösung konkreter Praxisprobleme gerichtete philosophische Auseinandersetzung* mit den Leitbegriffen ethischer Theorien und ihren Implikationen für den Geltungsbereich des Lebensrechts auch innerfachlich von Bedeutung: Die Konsequenzen, die ein spezifischer Leitbegriff bzw. seine spezifische Interpretation für den Geltungsbereich des Lebensrechts hat, könnten – wie im Zusammenhang mit der bisherigen Statusdiskussion ja auch schon vermutet wurde – ggf. zu Modifikationen der theoretischen Grundlagen führen. *Für die Lösung bzw. Bewältigung der jetzt drängenden konkreten praktischen Problematik, d. h. für die Sicherung eines verantwortungsbewußten und ethisch gerechtfertigten Umgangs mit ungeborenem menschlichen Leben, könnte sich jedoch zeigen, daß unabhängig von der Statusfrage handlungsleitende bzw. handlungsorientierende ethische Beurteilungen der einzelnen Handlungskontexte möglich sind.*

7.4.2 Konkretion und Kontextgebundenheit vs. Abstraktion und Allgemeinheit

Mit dem Ansatz der Statusdiskussion ist die Notwendigkeit zur Abstraktion verbunden. Die Statusfrage selbst kann bereits als eine Abstraktion von der realen lebensweltlichen Problemlage angesehen werden, und zwar insofern, als sich die Problematiken der benannten Themenbereiche nicht auf die Statusfrage reduzieren lassen. Wenn auch innerhalb der Statusdiskussion nicht behauptet wurde, daß mit der Klärung des moralischen Status menschlicher Embryonen und Föten die Beurteilung der betreffenden Handlungsweisen bereits abgeschlossen sei, so ist mit der These, die Statusfrage bilde die Kernproblematik,

---

nicht als eigenes Thema behandelt werden. Allerdings werden im Zusammenhang mit der Analyse und Diskussion des Verantwortungsbegriffs (siehe Kapitel 8) an entsprechenden Stellen Überlegungen zu diesem Thema formuliert werden.

[82] Siehe Kapitel 7.2.3.

dennoch zumindest der Eindruck erweckt worden, weitere normativ-ethische Fragestellungen seien überhaupt erst *nach* Klärung der Statusfrage sinnvoll zu behandeln. Die in diesem Sinne postulierte Nachrangigkeit zusätzlicher Fragestellungen kann zugleich systematisch und wertend verstanden werden: Systematischen Stellenwert hat sie insofern, als die Statusfrage als Grundlage und Prämisse für weitere, auf die konkrete Handlungssituation bezogene normative Ableitungen verstanden wird. Die prinzipielle und somit abstrakte Frage nach dem Status ungeborenen menschlichen Lebens wird damit aber nicht bloß systematisch als vorrangig verstanden, sondern auch, im Vergleich zu anderen Fragestellungen, als diesen übergeordnet im Sinne größerer Bedeutsamkeit für die konkrete Problemlösung bewertet.

Zusätzlich zu der bereits in der *Fragestellung* der Statusdiskussion liegenden Abstraktion bedingen der *Ansatz* der Statusdiskussion bzw. die mit ihm vollzogenen Vorgehensweisen weitere Abstraktionsnotwendigkeiten. Diese erwachsen in erster Linie aus der Notwendigkeit, eindeutig bestimmte Entitäten (d.h. hier: eindeutige Begriffe von „Person", „Mensch", „Interessensubjekt" etc.) konzipieren zu müssen, und sie haben zur Konsequenz, daß Handlungsaspekte, die für die Bewertung des konkreten Handlungsgeschehens von maßgeblicher ethischer Bedeutung sind (z.B. Handlungsabsichten, -betroffenheiten und -abhängigkeiten etc.), nicht nur nicht behandelt werden können, sondern von vornherein und systematisch unberücksichtigt bleiben.

Aufgrund der durch ihre Fragestellung und ihren Anspruch auf Universalisierung bedingten Abstraktionen, läßt die Statusdiskussion die reale Lebenswelt und m.E. insbesondere die Dimension der Öffentlichkeit der unterschiedlichen Handlungskontexte unberücksichtigt. Innerhalb der auf allgemeingültige Normen zielenden Statusdiskussion bilden die Sätze „ein Eigenreich, ein Diskursfeld, in dem das Geschehen unseres Handelns begrifflich gespiegelt wird und fortan auch nur noch in diesen begrifflichen Spiegelungen Existenz bewahrt".[83] Der Embryo z.B. avanciert in diesem Diskurs zum Begriff einer geschichtslosen, sozial unverbundenen Entität, und die Tötungshandlung erscheint motivationslos und weitgehend unabhängig von den sie umgebenden Interessen und Abhängigkeitsstrukturen. Darüber hinaus stellen Überlegungen wie die, welches Maß an Hirnfunktion bzw. welche Bestandteile des menschlichen Genoms usw. als organische Voraussetzung des jeweils unterschiedlich definierten Personseins realisiert sein müssen, eine Beziehung zwischen dem Handlungsobjekt (hier dem Embryo) und dessen Wert her, die mit der lebensweltlichen und für die konkreten Handlungen insofern konstitutiven Wertzuschreibung kaum noch verbunden ist. Unter den Realbedingungen, d.h. in den konkreten Tötungskontexten, ist der „Wert" menschlicher Embryonen und Föten eher als „Preis"

---

[83] O. Schwemmer, „Kulturelle Identität und moralische Verpflichtung", S. 8.

bestimmt, und zwar aufgrund einer ganz anderen „Potentialität" als in den Potentialitäts-Debatten bei der Statusfrage: Hier erscheint der menschliche Embryo und Fötus nämlich, entsprechend der unterschiedlichen Kontexte als potentieller Organspender, potentielles adäquates Forschungsmaterial, potentielles Kind bzw. potentieller Nachkomme. Der mit der Statusdiskussion unternommene Versuch, dieser Preiszuschreibung durch die Bestimmung der organischen Voraussetzungen des Personseins Einhalt zu gebieten, ist in beiden von Schwemmer benannten Hinsichten kritikwürdig: erstens in der Hinsicht, daß von der realen Problemsituation abstrahiert wird und stattdessen eine lediglich innerfachliche Problematik, die letztlich in einer Rangelei um Leitbegriffe und ihre Interpretationen endet, aufgebaut wird; zweitens in der Hinsicht, daß nicht grundsätzlich die in den Kontexten aufkommenden Entwürdigungen menschlichen Lebens[84] als ethisches Problem thematisiert und behandelt werden, sondern letztlich nach einem Zeitpunkt gesucht wird, bis zu dem sie ethisch zu rechtfertigen sind.

Durch beide Momente büßt die ethische Debatte ihr kritisches Potential ein, das im Hinblick auf die konkret vorhandenen strukturellen Beziehungen von Handlungsmotivationen, Handlungssubjekten und Handlungszielen nicht nur aktiviert werden müßte, sondern m.E. insbesondere in der angewandten Ethik auch aktiviert werden könnte. Mit welcher Motivation, von wem, mit welchem Ziel Abtreibungen, Embryonenforschung, Kryokonservierung menschlicher Embryonen etc. vollzogen werden, ist für die ethische Bewertung der jeweiligen Handlungsgeschehen keineswegs unerheblich. Man kann m.E. mit Waldenfels behaupten, daß eine Handlung, die nicht in ihrem größeren Kontext gesehen wird, gar nicht erst verstehbar ist und sich somit auch ihrer ethischen Beurteilung entzieht:

> Wie filmische Momentaufnahmen zeigen, ist eine Handlung, die aus dem Zusammenhang gerissen wird, genauso unverständlich wie eine sprachliche Äußerung, die man ihrem Kontext entfremdet.[85]

In der Statusdiskussion, die die verschiedenen genannten Handlungskontexte abstrahierend-reduktionistisch allein unter dem Aspekt der Tötungshandlung versteht, verliert sich daher ein kritisches Verständnis der Zusammenhänge, in denen die Tötungshandlungen stattfinden. So könnte man beispielsweise die Kryokonservierung menschlicher Embryonen unter der Bedingung eines explo-

---

[84] Das Thema der Entwürdigung menschlichen Lebens ist hierbei m.E. nicht auf ungeborenes menschliches Leben zu beschränken. Es stellt sich nämlich meiner Ansicht nach die Frage, ob in den zur Debatte stehenden Kontexten nicht auch andere Handlungsbeteiligte (z.B. die beteiligten Frauen als „Embryonenspenderinnen", Ärzte als „Befruchtungshelfer" und „Organbeschaffer", Forscher als „Förderer der Industrie") entwürdigt werden.

[85] B. WALDENFELS, *In den Netzen der Lebenswelt*, S. 134.

sionsartigen Bevölkerungswachstums anders beurteilen als beispielsweise unter Bedingungen, in denen die Menschheit auszusterben droht.

Zielrichtung und Bedeutung eines kontextgebundenen Ansatzes bestehen darin, nicht nur einen *Teilaspekt* eines Handlungsgeschehens zu betrachten, sondern die *Perspektive auf das Gesamtgeschehen* zu richten. Der kontextuelle Problemzugang beruht somit auf der These, daß nicht einzelne Teilaspekte, sondern der gesamte Geschehenskomplex die ethische Problematik ausmachen. Der Grund dafür ist,

> daß die Handlungen für uns gerade nicht durch Herauslösung aus einem Kontext – denn eben dies geschieht ja in der homogenisierenden Explikation und Fixierung – zu Elementen unserer moralischen Urteilsbildung werden, sondern durch ihre Einbettung in den größeren Kontext unserer Lebensgeschichte bzw. des Verständnisses, das wir von uns selbst als einer historisch gewordenen Existenz gebildet haben. Das Handeln gewinnt nicht dadurch seine moralische Bedeutung, daß wir es in einer expliziten Formel von uns ablösen, sondern alleine dadurch, daß es uns zugehört.[86]

Schwemmer zielt auf eine auf Gerechtigkeit aufbauende „Moral zwischen den Identitäten", die durchaus nicht nur persönliche, sondern auch kulturelle Identitäten meint. Folglich will er die Idee aufgeben, ethische Probleme, die aus dem Faktum pluraler Lebensformen erwachsen, seien durch eine ‚Super-Moral' zu bewältigen, „die von einem übergeordneten Standpunkt her eine bestimmte Lebensform als verbindlich für alle erklären würde".[87]

Wenn auch Schwemmers Ziel einer „Moral zwischen den Identitäten" mit der „Zuwendung zur Pluralität" vereinbar ist, so muß doch deutlich hervorgehoben werden, daß der Rahmen, in dem der kontextorientierte Problemzugang m. E. erstrebenswert ist, weniger weit reicht. Um es nochmals klar zum Ausdruck zu bringen: Es geht darum, für *konkrete Gegenstände der angewandten Ethik* einen Problemzugang und Ansatz zu finden, der geeignet ist, (möglichst) eindeutige normative Urteile zu erbringen. Für einen solchen Ansatz wurde bislang festgestellt, daß er sich *erstens* der *Pluralität von Lebensformen und Orientierungssystemen* stellen muß und daß er *zweitens Ambivalenzen* nicht überwinden kann und deshalb mit ihnen umgehen muß. Als ein *Drittes* ist nun festzustellen, daß die ethischen Probleme, die die Gegenstände angewandter Ethik darstellen, als spezifische *Konstellationen moralischer Aspekte* aufzufassen sind, die nicht durch eine Loslösung und Bearbeitung eines *einzelnen* Aspekts erfaßt und einer Problemlösung zugeführt werden können. Vielmehr ist es notwendig, gerade die Konstellation moralischer Aspekte in den Blick zu nehmen.

---

[86] O. Schwemmer, „Kulturelle Identität und moralische Verpflichtung", S. 14.
[87] Ebd., S. 18.

Dies kann allerdings nicht gelingen, wenn man nicht möglichst umfassend den konkreten Kontext als Gesamtgeschehen betrachtet. Man muß dabei nicht soweit gehen wie Schwemmer mit seinem Konzept einer „Moral zwischen den Identitäten". Anzuerkennen ist allerdings, daß angewandte Ethik genuin öffentlich ist und diese Öffentlichkeit spezifisch ist. Die Spezifik der Öffentlichkeit umfaßt die konkreten historischen und gesellschaftlichen Strukturen und Bedingungen, in denen die ethisch problematischen Handlungsgeschehen aufkommen, und die ethische Problematik erwächst – zumindest zum großen Teil – aus dem strukturellen Verhältnis unterschiedlicher moralischer Aspekte. Der kontextorientierte Problemzugang ermöglicht, was unter prinzipiengeleitetem Problemzugang unmöglich war: nämlich das Verständnis des Verhältnisses verschiedener moralischer Aspekte zueinander.

> Künftig wird statt der traditionell einheitsgerichteten Denkform eine andere Denkweise in den Vordergrund treten: eine, die ihr Augenmerk darauf richtet, die Konstellation unterschiedlicher Komplexe zu erfassen. Nicht ist deduktiv alles aus einem Prinzip abzuleiten oder induktiv auf ein solches hin zu verfolgen, sondern es gilt, unterschiedliche Phänomengruppen mit ihren je eigenen Prinzipien und Regelsätzen sowohl zu erkennen wie dann auch in ihrem Verhältnis zu verstehen. Dieses Verhältnis kann sehr unterschiedliche Formen haben, die von Absetzung und Negation über Voraussetzung und Implikation bis zu Verstärkung und Reflexion reichen. Chaotisch ist hierbei nichts, komplex aber alles.[88]

An der Konzeption von Waldenfels, „Handeln als eine *Auseinandersetzung mit der Welt*, genauer: als Auseinandersetzung mit etwas, was dem Handelnden aus der physischen Welt, der sozialen Welt oder der Eigenwelt begegnet",[89] aufzufassen, kann noch deutlicher werden, was gemeint ist: Abtreibung, Embryonenforschung, Kryokonservierung menschlicher Embryonen und Transplantation fötaler Gewebe und Organe sind keine Handlungen, die in virtuellen Welten abstrahiert von äußeren Bedingungen stattfinden, sondern sie sind in aktuellen Welten plaziert und werden auf der Grundlage und in Abhängigkeit von konkreten Lebensbedingungen vollzogen. Insofern stellt sich z. B. die Entscheidung für oder gegen eine Abtreibung nicht als Entscheidung für oder gegen das Lebensrecht von Embryonen dar, sondern als eine Entscheidung, die als Auseinandersetzung mit der konkreten physischen, sozialen und Eigenwelt der an der Entscheidung beteiligten Akteure zu verstehen ist. Die Statusdiskussion kann es prinzipiell nicht leisten, alle diese Aspekte und die Aspekte in ihrer Verbindung zu erfassen. Sie ist zur Abstraktion gezwungen und verläßt damit

---

[88] W. WELSCH, *Postmoderne – Pluralität*, S. 43.

[89] B. Waldenfels, *In den Netzen der Lebenswelt*, S. 132.

unweigerlich das Feld der De-facto-Problematik. Sie verkennt, daß sich auf der Praxisebene eine Vielzahl konkreter moralischer Einzelfragen ergibt, deren Lösung nicht durch Klärung des Statusproblems als Kernproblem (selbst wenn diese Klärung gelänge) zu erwarten ist, sondern im Gegenteil nur durch eine Analyse und Bewertung von spezifischen *Konstellationen* moralischer Aspekte.

Selbst wenn man die Auffassung vertreten will, die Statusfrage stelle auf der Ebene ethisch-theoretischer Auseinandersetzung mit den problematischen Handlungskontexten das unhintergehbare Kernproblem dar, läßt sich nicht leugnen, daß auf der Ebene der historisch-gesellschaftlichen Praxis die szenariengebundenen Problemkonstellationen mit ihren Vernetzungen und Ambivalenzen im Vordergrund der Sorge um die moralische Zukunft der Gesellschaft stehen. Das Pochen auf der Priorität der Statusdiskussion, aus deren Perspektive alternative Lösungsansätze unter dem Vorwurf des „Umgehens"[90] der Kernproblematik abgelehnt und nicht weiter behandelt werden, zeugt nicht nur von einer gewissen Überheblichkeit, sondern ist vor dem Hintergrund des Scheiterns der Statusdiskussion keineswegs gerechtfertigt. Zwar ist unbezweifelbar die Lösung des Statusproblems eine sehr wesentliche Aufgabe – und zwar eine, die durch die Philosophie (bzw. ggf. auch durch die Theologie, Rechtswissenschaften etc.) behandelt werden kann –, aber ihre Lösung ist, wie dargelegt wurde, in absehbarer Zeit (wenn überhaupt) ebenso unbezweifelbar nicht zu erwarten.

---

[90] Siehe A. Leist, *Um Leben und Tod*, Kapitel II. – Siehe dazu auch Kapitel 2.3 der vorliegenden Arbeit.

8. Orientierung angewandter Ethik an Implikaten des Verantwortungsbegriffs

8.1 Problemstellung

Im Zusammenhang mit den Problematiken der angewandten Ethik, d. h. im Zusammenhang mit den drängenden und konkreten Handlungsproblemen, die ihren Gegenstand bilden, wird in alltagssprachlichen Kontexten, im Bereich der Politik, aber auch in Fachdebatten, insbesondere philosophischen, besonders häufig auf den Begriff der Verantwortung rekurriert. Von der „Verantwortung für zukünftige Generationen" (Birnbacher) ist die Rede, ein „Prinzip Verantwortung" (Jonas) wird dem Blochschen „Prinzip Hoffnung" entgegengesetzt, „Diskurs und Verantwortung" (Apel) werden eingeklagt, man thematisiert „das Verantwortungsproblem in der Technik" (Lenk), sucht nach „neuen Wegen, die Technik zu verantworten" (Ropohl), und stellt sich die Frage, ob „sich die Verantwortung mit dem technischen Wandel wandelt" (Zimmerli), um nur einige neuere Verwendungen zu nennen.

Angesichts dieser Konjunktur des Verantwortungsbegriffes, insbesondere im Rahmen der angewandten Ethik, erscheint es sinnvoll zu untersuchen, ob nicht auch die praktischen Probleme, die den Ausgangspunkt für die Statusdiskussion bildeten, mit Hilfe der (bzw. einer) Kategorie der „Verantwortung"[1] lösbar oder zumindest besser bearbeitbar wären, als dies unter dem Ansatz der Statusdiskussion erfolgt ist.

Für diese Untersuchung werden zwei Bezugnahmen auf Verantwortung, nämlich das spezifisch religiöse und das juristische Verständnis von Verantwortung, nicht berücksichtigt, da diese zu speziell sind. Da für den philosophisch-ethischen Diskurs das Problem der Universalisierbarkeit zentral ist, können für ihn z. B. die Existenz einer göttlichen Instanz als Grundlage eines religiösen Verständnisses von Verantwortung und die Einschränkung des Verantwortungsbegriffs auf Haftungsfragen im Rahmen des juristischen Begriffsverständnisses nicht vorausgesetzt bzw. nicht als spezielle Perspektive angenommen werden. Die folgende Untersuchung richtet sich daher ausschließlich auf die Möglichkeiten und Grenzen eines säkularen moralisch-ethischen Verständnisses von

---

[1] „Verantwortung" ist, wie im weiteren noch deutlich werden wird, kein eindeutiger Begriff. Sowohl seine inhaltliche Bestimmung als auch seine Verwendungen sind höchst heterogen. Von daher kann in den folgenden Überlegungen auch nicht auf *einen spezifischen* Begriff der Verantwortung bzw. auf eine spezifische Verwendung dieses Begriffs zurückgegangen werden. Aufgegriffen und untersucht werden vielmehr verschiedene Aspekte, die sich in unterschiedlichen gegenwärtigen Verwendungen des Begriffs zeigen.

„Verantwortung" bzw. von „verantwortlichem Handeln". Eine Schwierigkeit besteht trotz dieser Einschränkung darin, daß auch die säkularen moralisch-ethischen Verständnisse und Verwendungen des Verantwortungsbegriffs äußerst heterogen sind, häufig nicht explizit entwickelt oder begründet werden und zudem starken Wandlungen, entsprechend den Wandlungen menschlichen Handelns, unterliegen.

Die folgenden Untersuchungen werden zudem nicht die Gesamtheit der sich gegenwärtig abzeichnenden Bestimmungen und möglichen moralisch-ethischen Verwendungsweisen des Verantwortungsbegriffs behandeln, sondern die Kategorie „Verantwortung" im Hinblick auf spezifische in ihr implizierte Handlungskriterien und Vorgehensweisen kritisch analysieren. Leitend ist dabei die Frage, ob man aus den neueren Verwendungen des Verantwortungsbegriffs – und zwar insbesondere im Rahmen der angewandten Ethik – auf einen Problemzugang schließen kann, der sich zum einen vom Ansatz der Statusdiskussion unterscheidet und der zum anderen adäquatere Ergebnisse hervorzubringen vermag, als sie durch die Statusdiskussion bzw. durch die ihr zugrunde liegende, an je spezifischen und unterschiedlichen Leitbegriffen orientierte Vorgehensweise erreichbar sind. Ziel ist es, über die kritische Analyse zentraler Aspekte der Kategorie Verantwortung bzw. der verantwortungsethischen Urteilsbildung die *Suche nach einem tragfähigen Ansatz* für die angewandte Ethik bzw. die Suche nach begründeten, angemessenen und verbindlichen Lösungen für die in ihr behandelten moralisch-ethischen Probleme zu *unterstützen*. Gemeint ist damit, daß über die *Analyse spezifischer Implikationen, die in der Kategorie Verantwortung enthalten sind*, Defizite bisheriger Argumentationsweisen konkretisiert und überhaupt aufgedeckt werden können. Es geht m. a. W. vorrangig um die Frage, ob die (bzw. eine) Kategorie der Verantwortung formale und materiale Kriterien enthält, mit deren Hilfe die Probleme angewandter Ethik formal oder material gelöst werden bzw. eine Lösung zumindest nahegelegt wird.

Einen ersten Bezugspunkt für dieses Kapitel bilden drei unterschiedliche verantwortungsethische Ansätze. Es handelt sich erstens um den klassischen verantwortungsethischen Ansatz von *Max Weber*, der im Jahre 1919 unter dem Titel „Politik als Beruf" erstmalig vorgetragen wurde und der für dieses Kapitel insbesondere wegen seiner konzeptionellen Verbindung von ethischem und politischem Handeln, die sich auch für die angewandte Ethik als konstitutiv erwiesen hat, von Bedeutung ist. Des weiteren handelt es sich um den Ansatz von *Karl-Otto Apel*, der als Vertreter der auf Konsensfindung gerichteten Diskursethik verantwortliches Handeln als strategisch-teleologisches Handeln in einer nicht-idealen Übergangssituation versteht und insofern für die angewandte Ethik relevant ist. Drittens handelt es sich um den naturteleologischen Ansatz von *Hans Jonas*, der explizit auf die Problematik moderner Technologien bezogen ist und sich in dieser Hinsicht mit den Themen der angewandten Ethik verbindet. Es wird im folgenden allerdings keine umfassende kritische Analyse und Gegenüberstellung dieser Ansätze angestrebt, sondern diese drei exponierten Ansätze werden unter der Fragestellung betrachtet, wodurch sie verantwortliches Handeln ausweisen bzw. wie sie den konkreten Vollzug verantwortlichen Handelns konzipieren und welche Kriterien sie dafür angeben. Von daher werden diesen Positionen auch nicht jeweils eigene Teile dieses Kapitels gewidmet, sondern sie werden jeweils unter den verschiedenen für dieses Kapitel leitenden Fragestellungen herangezogen und diskutiert.

Unter der leitenden Perspektive einer Suche nach Anhaltspunkten für eine adäquate und tragfähige Konzeption angewandter Ethik wird *im ersten Teil des Kapitels* eine Auswahl von Aspekten kritisch-analytisch dargestellt, die sich in zeitgenössischen Verwendungen des Verantwortungsbegriffs als konstitutive Elemente der Kategorie Verantwortung erweisen und gleichzeitig Probleme berühren, von denen die angestrebte Konzeption angewandter Ethik betroffen ist. Behandelt werden folgende drei Aspekte: *erstens* der Aspekt der *Vermittlung* von Theorie und Praxis, *zweitens* der der ‚Zeit der Verantwortung‘, d.h. der *geschichtlichen Dimension* des Handelns, und *drittens* der Aspekt der *Fürsorglichkeit* als Art *verantwortlichen Handelns*. Die Untersuchung dieser Aspekte kann zeigen, daß die mit ihnen implizierten Arten und Weisen ethischer Urteilsbildungen und Handlungsentscheidungen auch für die angewandte Ethik relevant sind, daß sie gleichzeitig aber in den die angewandte Ethik derzeit noch dominierenden deduktiven Schlußverfahren ausgeschlossen sind.

Die Analyse der Verwendungen des Verantwortungsbegriffs hat – dies ist Thema des *zweiten Teils des Kapitels* – allerdings auch zum Ergebnis, daß der Verantwortungsbegriff selbst keine spezifischen materialen Normen oder formalen Regeln enthält bzw. begründet, mit denen ein den Problematiken angemessener[2] Zugang bereits ausgewiesen wäre. In bezug auf die Suche nach einem Ansatz für die angewandte Ethik *verweist der Verantwortungsbegriff vielmehr auf Notwendigkeiten und zugleich bislang ungelöste Problematiken einer für die angewandte Ethik angemessenen Vorgehensweise.* So findet der Begriff Verantwortung häufig an argumentativen Leerstellen Verwendung, ohne diese aber über den Appell an das Handlungssubjekt, es möge verantwortlich handeln, hinausgehend füllen zu können. Die Bezugnahme auf die Kategorie Verantwortung erweist sich somit als *symptomatisch[3] für spezifische grundsätzliche Pro-*

---

[2] Unter ‚Angemessenheit‘ verstehe ich hier, daß den im vorangegangenen erarbeiteten Erfordernissen eines Ansatzes für die angewandte Ethik entsprochen wird. Es handelt sich dabei um die Aspekte (1) der Kontextperspektive, (2) der Anerkennung von Pluralität, (3) des Umgehens mit Ambivalenz und (4) der Selbstreflexion im Hinblick auf die öffentliche Relevanz und Wirkung der jeweiligen thematischen Auseinandersetzung.

[3] Nach Fertigstellung des Manuskripts der vorliegenden Arbeit erschien das von K. BAYERTZ herausgegebene Buch *Verantwortung: Prinzip oder Problem?*. Auch Bayertz the-

blematiken gegenwärtiger angewandter Ethik und impliziert zugleich mögliche Ziele bzw. *Richtungen der Suche* nach entsprechenden adäquateren Ansätzen.

8.2 Verantwortung als symptomatischer Begriff gegenwärtiger Probleme angewandter Ethik

8.2.1 Theorie-Praxis-Vermittlung im Begriff der Verantwortung

Im Zusammenhang mit der Feststellung, daß angewandte Ethik als öffentlich zu verstehen ist, wurde ihre *philosophisch-politische Aufgabenstellung* deutlich.[4] Dies war der Grund für die These, daß angewandte Ethik nicht die Vermittlung von Theorie und Praxis zur *Aufgabe* hat, d. h. nicht die Theorie auf die Praxis bloß anzuwenden hat. Vielmehr *ist* angewandte Ethik diese Vermittlung selbst,[5] d. h., im Vollzug angewandter Ethik, bei der reflektierenden Auseinandersetzung mit den aktuellen und insofern politisch relevanten Gegenständen also, wird die gesellschaftliche Praxis unausweichlich und absichtsunabhängig mit der theoretischen (philosophischen) Reflexion vermittelt. Die *theoretische Reflexion* (hier: innerhalb der angewandten Ethik) ist somit selbst als *Teil der gesellschaftlichen Praxis* anzusehen, und zwar nicht nur im rezeptionsgeschichtlichen, sondern auch im produktionsgeschichtlichen[6] Sinne. Entsprechend kann die These formuliert werden, daß die Konzeptionierung angewandter Ethik ihrer philoso-*phisch-politischen* Aufgabenstellung gerecht werden muß.

Für die Suche nach einem solchen Ansatz liegt es nahe, bei *Max Webers* klassischer Formulierung einer auf Politik bezogenen *Verantwortungsethik* anzusetzen. Mit seiner Konzeption richtet sich Weber in erster Linie an den Politiker und somit an denjenigen, dessen moralische Entscheidungen programmatisch nicht persönlich, sondern öffentlich sind. Die Verantwortungsethik Webers betrifft insofern den Bereich konkreter politisch-moralischer Entscheidungen, der im Rahmen dieser Arbeit als Gegenstandsbereich der angewandten Ethik bestimmt wurde und kann daher für die Konzeption angewandter Ethik fruchtbar sein. Allerdings zielt Weber nicht auf die Beschreibung einer ethischen Methode im Sinne einer expliziten Vorgehensweise zur Normenbegründung,

---

matisiert in seinem Vorwort mit Bezug auf den Begriff Verantwortung, „daß solche begrifflichen Inflationen nicht nur Mode-, sondern oft auch *Symptomcharakter* haben" (Hervorhebung C. K.). – Dieser Band konnte nicht mehr systematisch bearbeitet, sondern nur noch für einige Hinweise in Fußnoten berücksichtigt werden.

[4] Siehe Kapitel 6.2.

[5] Siehe Kapitel 7.2.3.

[6] ‚Produktion' verstehe ich hier als die Formulierung von Fragestellungen, Argumentationsweisen, Positionen etc.

sondern er richtet sich auf eine strategische, ethisch-teleologische Urteilsbildung.
Im Unterschied zur Gesinnungsethik[7] verpflichtet der verantwortungsethische
Ansatz Webers das moralische Subjekt und insbesondere den Politiker zur
programmatischen Berücksichtigung von Realbedingungen (etwa der sozialen
Handlungsumstände), die im gesinnungsethischen Ansatz (nach Webers An-
sicht) systematisch unberücksichtigt bleiben. So betont Koschut mit Rekurs auf
Weber:

> Innerhalb des relationalen Gefüges des Sittlichen und des Sozialen
> richtet sich Verantwortung als Kategorie sowohl auf das sittliche Sein-
> können des Subjekts im Umkreis seiner interpersonalen Bezüge und
> Rollen als auch auf die Gestaltungsvernunft jener von der individuellen
> Entscheidungssituation strukturell abgehobenen Normierungsvorgänge,
> welche als Regelungsprozesse die Bedingungen der Möglichkeit eines
> kollektiven Miteinanders betreffen.[8]

Weber geht es vor allem um die *systematische Berücksichtigung von Handlungsfolgen bzw. -erfolgen*, die nach seiner Auffassung unter gesinnungsethischen
Maximen kaum in die prospektive und retrospektive Handlungsbewertung ein-
fließen:

> Nicht daß Gesinnungsethik mit Verantwortungslosigkeit und Verant-
> wortungsethik mit Gesinnungslosigkeit identisch wäre. Davon ist natür-
> lich keine Rede. Aber es ist ein abgrundtiefer Gegensatz, ob man unter
> der gesinnungsethischen Maxime handelt – religiös geredet –: ‚der Christ
> tut recht und stellt den Erfolg Gott anheim‘, *oder* unter der verant-
> wortungsethischen: daß man für die (voraussehbaren) *Folgen* seines
> Handelns aufzukommen hat.[9]

Den Kernpunkt der Verantwortungsethik Webers bildet insofern die Forderung, der Handelnde habe *neben den (gesinnungs-)ethischen Maximen vor allem
auch die Folgen, Konsequenzen und damit Erfolgsaussichten* seines Handelns
abzuschätzen und in die Handlungsentscheidung einzubeziehen.

> Während eine am Begriff der Pflicht orientierte Gesinnungsethik
> *deontologisch* argumentiert, denkt eine Verantwortungsethik daher
> *teleologisch*.[10]

---

[7] Wesentlich für den Ansatz Webers ist die Wendung gegen die Gesinnungsethik. Dieser
Aspekt, d.h. die Differenz von Gesinnungsethik und Verantwortungsethik im Sinne Webers,
soll hier allerdings nicht eigens verfolgt werden.

[8] R.-P. Koschut, *Strukturen der Verantwortung*, S. 200.

[9] M. Weber, *Politik als Beruf*, S. 57 f.

[10] U. H. J. Körtner, „Verantwortung", S. 97 f.

Mit der Betonung der Notwendigkeit, (voraussehbare) Handlungsfolgen als ein vorrangiges Kriterium der Handlungsentscheidung anzusehen, sind (neben anderen) *zwei für die angewandte Ethik wesentlich bedeutsame Implikate des Verantwortungsbegriffs* bezeichnet: erstens die *lebensweltliche Konkretheit* und zweitens die in der teleologisch-konsequentialistischen Struktur angelegte *Zukunftsorientierung* der Kategorie der Verantwortung. Im folgenden wird zunächst der erste dieser Aspekte näher untersucht werden.

Vorher ist allerdings noch darauf hinzuweisen, daß mit Webers Konzeption einer Verantwortungsethik nicht nur der Begriff Verantwortung explizit als *moralische Schlüsselkategorie* Verwendung findet, sondern daß die in dieser Verwendung angelegte *Betonung des prospektiven Handlungserfolgs* zudem in gewisser Hinsicht einen Bruch mit früheren Verständnissen des Begriffs Verantwortung bedeutet. Die früheren, vornehmlich religiös und juristisch fundierten Begriffsverständnisse definieren den Begriff Verantwortung nämlich in erster Linie forensisch und zielen letztlich auf die Zuschreibung von Schuld. Schuldig wird dabei ein *Verantwortungssubjekt*, dem eine Tat kausal zugerechnet werden kann, die für ein *Verantwortungsobjekt* negative Folgen hatte bzw. die ihm zum Schaden gereichte. Zu verantworten hat sich das Verantwortungssubjekt vor einer *Instanz* (z. B. vor einem Richter oder vor Gott), die entsprechend eines durch sie vertretenen (ggf. sogar durch sie gesetzten) Normensystems über die *Zurechenbarkeit der Tat* entscheidet und ggf. Strafen verhängt.[11] Nach diesem ‚traditionellen'[12] Begriffsverständnis wird das Verantwortungssubjekt erst mit der retrospektiven Zurechnung der Tat durch die jeweilige Instanz für die negativen Handlungsfolgen *verantwortlich gemacht* und durch die verhängte Strafe ‚zur Verantwortung gezogen'. Die Verantwortung gilt hierbei *für* die Tat und *gegenüber* dem Verantwortungsobjekt. Wegen der konstitutiven Verbindung von Subjekt, Objekt und Instanz der Verantwortung wird im traditionellen Begriffsverständnis zumeist von einer *Dreistelligkeit* des Verantwortungsbegriffs ausgegangen.[13] Der in Webers Konzeption der Verantwortungsethik angelegte Bruch mit dem hier skizzierten ‚traditionellen' Verständnis von Verantwortung besteht vor allem im Übergang zu einem *prospektiven* Begriffsverständnis, bei

---

[11] Siehe hierzu insbesondere die präzise und klassische Begriffsanalyse von Ingarden (R. INGARDEN, *Über die Verantwortung*) sowie die Explikation des Verantwortungsbegriffs bei Weischedel (W. WEISCHEDEL, *Das Wesen der Verantwortung*).

[12] Bayertz bezeichnet dieses Verständnis von Verantwortung als das ‚klassische Modell' der Verantwortung (siehe K. BAYERTZ, „Eine kurze Geschichte der Herkunft der Verantwortung").

[13] Im Unterschied dazu nehmen einige Autoren allerdings eine höherstellige Struktur des Verantwortungsbegriffs an. So gehen z. B. Lenk und Maring von der Sechsstelligkeit des Verantwortungsbegiffs aus (siehe H. LENK u. M. MARING, „Verantwortung – Normatives Interpretationskonstrukt", S. 229). Höffe spricht von einer „mindestens vierstelligen Relation" des Verantwortungsbegriffs (siehe O. HÖFFE, *Moral als Preis der Moderne*, S. 23).

dem es nicht mehr (in erster Linie) darum geht, retrospektiv einen für die negativen Tatfolgen Schuldigen zu finden, sondern dessen Ziel es ist, *gewünschte Zustände erfolgreich hervorzubringen*. Gerade die Wandlung des Begriffsverständnisses von einer retrospektiven zu einer prospektiven Verantwortung ist für die gegenwärtigen Verwendungen des Begriffs charakteristisch.

8.2.1.1 Lebensweltliche Konkretheit

Grundlage für Webers Ansatz ist ein bestimmtes Verständnis der Sozial- und Kulturwissenschaften, die seines Erachtens als „Wirklichkeitswissenschaften" an die konkrete lebensweltliche Erfahrung des Menschen gebunden sind.

> Aus diesem Grunde geht es bei der logischen oder ‚methodologischen'
> Kritik kultur- und sozialwissenschaftlicher Erkenntnis auch nicht bloß
> um innerwissenschaftliche, gar forschungstechnische Probleme, sondern
> um die ‚Selbstbesinnung verantwortlich handelnder Menschen'.[14]

Von daher rückt die Webersche Konzeption der Verantwortungsethik die *Notwendigkeit der Berücksichtigung konkreter gesellschaftlicher Rahmenbedingungen* in den Vordergrund. Es geht um den Handlungserfolg unter konkreten lebensweltlichen Realbedingungen. Für deren Beurteilung ist die Wahrnehmung des umfassenden – gleichwohl konkreten – Handlungskontextes erforderlich, in dem der Politiker, auf den Weber sich bezieht, und auch der Ethiker im Bereich einer als öffentlich verstandenen angewandten Ethik stehen.[15]

---

[14] J. WEISS, „Max Weber", S. 804.

[15] Ein *Beispiel* hierfür, das auch bereits im Zusammenhang mit der Statusdiskussion thematisiert wurde (siehe Kapitel 4.3), liefert Weber mit der Forderung nach vorausschauender *Berücksichtigung nicht-idealer Mit-Akteure* selbst: „Der Verantwortungsethiker [...] rechnet mit eben jenen durchschnittlichen Defekten der Menschen, – er hat [...] gar kein Recht, ihre Güte und Vollkommenheit vorauszusetzen, er fühlt sich nicht in der Lage, die Folgen eigenen Tuns, soweit er sie voraussehen konnte, auf andere abzuwälzen." (M. WEBER, *Politik als Beruf*, S. 58). – Die prinzipiengeleitete bzw. an je spezifischen theorieabhängigen Leitbegriffen orientierte Argumentation gegenwärtiger angewandter Ethik ist auf die Herleitung von Normen gerichtet und muß im Unterschied zu Webers verantwortungsethischer Konzeption – sofern sie nach den Akteuren überhaupt fragt – vom abstrakten Konzept gleicher moralischer Subjekte ausgehen. Ausgeschlossen bleibt bei dieser Normenherleitung der Gedanke, daß diese Normen falsch oder mißbräuchlich, d.h. nicht in ihrem eigentlichen Sinne angewendet werden könnten. Tatsächlich bezieht sich ja die öffentliche Kritik an den professionellen Bemühungen angewandter Ethik häufig genau auf den Umstand, den Weber hier als Beispiel für die Haltung des Verantwortungsethikers gewählt hat: Zu kritisieren ist demnach jeder ethische Ansatz, der unhinterfragt von der Güte und Zulänglichkeit der Mit-Akteure ausgeht oder aber die Frage nach den konkreten Akteuren gar nicht erst stellt bzw. vom *Begriff* des Menschen als moralischem Subjekt ausgeht und dieses auch im Rah-

Im Unterschied zu Konzeptionen, in denen angewandte Ethik darin besteht, ethische Theorien und Prinzipien bzw. deren Leitbegriffe auf eine konkrete praktische, ethisch problematische Situation bloß anzuwenden, zielt der verantwortungsethische Ansatz Webers – m.E. aber auch der Verantwortungsbegriff überhaupt – auf die *unmittelbare und konkrete Vermittlung von Theorie und Praxis im Prozeß der Handlungsentscheidung bzw. Urteilsbildung.* D.h., die verantwortungsethische Reflexion abstrahiert nicht von den Gegebenheiten, sondern fordert die Wahrnehmung und explizite Berücksichtigung konkreter lebensweltlicher Bedingungen im Sinne ihrer reflexiven ‚Verinnerlichung‘ in die Argumentation.

> In dieser Hinsicht ist der Begriff Verantwortung deshalb eine Abbreviatur für die Hermeneutik der ethischen Lebenswirklichkeit. Es geht um eine situationsgemäße Aktualisierung der Normativität ethischer Traditionen, um eine sachgemäße Konkretion dessen, was die ältere ethische Theorie mit der Rede von der Klugheit und Besonnenheit im Vollzug ethischer Lebensführung thematisiert hat. Eine Schlüsselfunktion kommt dem Begriff Verantwortung hier deswegen zu, weil Verant-

---

men der angewandten Ethik nicht problematisiert. Eine Ausnahme bilden hier höchstens diskursethische Ansätze, die zwar das Faktum nicht-idealer Akteure anerkennen, gleichzeitig aber die kontrafaktische Annahme der idealen Kommunikations-Gemeinschaft als regulative Idee einführen. Allerdings bezieht sich zumindest Apel für das Handeln unter kontrafaktischen Bedingungen explizit auf den Begriff Verantwortung. „Verantwortung" – im Sinne Webers – erfordert allerdings nicht nur die systematische Wahrnehmung und normative Berücksichtigung der nicht-idealen Akteure, sondern der konkreten situativen Handlungsbedingungen überhaupt. Die damit einhergehende Verknüpfung von Ethik und Politik als politisch-ethischem Handeln und die damit verbundene Aufforderung, ethische Entscheidungen unter systematischer Wahrnehmung der politischen und gesellschaftlichen (ggf. auch anthropologischen) Gegebenheiten zu fällen, hatte sich bereits in Kapitel 2 als ein Kernproblem angewandter Ethik dargestellt und konnte in Kapitel 6 am Beispiel der Statusdiskussion konkretisiert werden. Es handelt sich um das bislang ungelöste Problem, wie denn die realen lebensweltlichen Gegebenheiten zugleich als gegeben vorausgesetzt *und* kritisiert werden können. *Ein* Aspekt dieses Problems besteht in der Frage, ob und wie denn ethisch zu berücksichtigen und zu beurteilen ist, daß die konkreten Akteure nicht den idealen Bedingungen entsprechen, wie sie für die prinzipienorientierte Argumentation vorausgesetzt werden müssen. Dieser Aspekt wird auch bereits innerhalb der an spezifischen Leitbegriffen orientierten Diskussion zum Thema. So findet sich mit der Position Birnbachers ein Ansatz, der das Faktum nicht-idealer Akteure berücksichtigt. Birnbacher verbleibt allerdings trotz dieses Faktums bei dem Anspruch, ideale Normen herzuleiten. Da deren Einhaltung in der Praxis allerdings eben wegen des Faktums nicht-idealer Akteure nicht gewährleistet ist, schlägt Birnbacher die Formulierung von sog. „Praxisnormen" vor, die in lebensweltlich relevanten, gleichwohl höchst kontingenten Konkretisierungen der „Idealnormen" bestehen. Bei näherer Betrachtung des Verantwortungsbegriffs wird sich zeigen, daß der Ansatz Birnbachers sich kaum von Konzeptionen der Verantwortungsethik unterscheidet, weil auch diese die Geltung idealer Normen bzw. Prinzipien voraussetzen.

wortung zwischen Norm und Situation vermittelt und die darin liegende hermeneutische Aufgabe signalisiert.[16]

Bemerkenswert ist an diesem Zitat Rendtorffs zunächst, daß er nicht die Begriffe „Theorie" und „Praxis", sondern „Norm" und „Situation" verwendet. Sofern aber eine der wesentlichen Problematiken der angewandten Ethik gerade in der Passung theoretisch hergeleiteter Normen an die jeweils situativ bestimmte Praxis besteht, kann dem begrifflichen Wechsel durchaus gefolgt werden. Unklar bleibt allerdings, *auf welche Weise Verantwortung zwischen Norm und Situation vermittelt* bzw. was unter der „hermeneutischen Aufgabe" genau zu verstehen ist, von der Rendtorff spricht. Bevor hierüber Klarheit erlangt werden kann, ist allerdings zu explizieren, ob und (wenn ja) wie die Begriffe „Norm" und „Situation" durch die Kategorie Verantwortung gefüllt sind. Angesichts der Tatsache, daß ja gerade die Vielfalt von möglichen normativen Orientierungen ein grundsätzliches Problem für die angewandte Ethik darstellt, ist m.a.W. die Frage aufgeworfen, (a) *welche Normen* der Begriff Verantwortung vermittelt und (b) *wie die Situation*, mit der und in der die Vermittlung stattfinden soll, *erfaßbar ist.*

8.2.1.2 Normen und Werte der Kategorie Verantwortung

An gegenwärtigen Verantwortungskonzeptionen fällt auf, daß eher ein ethisches Ziel (weniger ein spezifischer Kanon von Normen), und zwar im Sinne einer theoretisch-abstrakten Sollsetzung, verfolgt werden soll. Dies trifft zumindest für die Ansätze Webers und besonders Apels zu sowie – allerdings in anderem Zusammenhang – auch für den Ansatz von Jonas.[17]

Weber geht davon aus, daß der Verantwortungsethiker ‚gute' Zwecke verfolgt,[18] ohne diese inhaltlich, im Sinne von expliziten materialen Normen, zu bestimmen. Zwar behandelt Weber Beispiele ‚falscher' und damit unethischer bzw. verantwortungsloser Zwecksetzungen, aber diese Beispiele dienen innerhalb seiner Argumentation nicht dazu, einen bestimmten Zweck bzw. ein bestimmtes Ziel, auf das der Verantwortungsethiker hinarbeiten soll, zu definieren.[19] Vielmehr will Weber klarstellen, *auf welche Weise*, und d.h. auch: mit

---

[16] T. Rendtorff, „Vom ethischen Sinn der Verantwortung", S. 118.

[17] Siehe K. Bayertz, „Eine kurze Geschichte der Herkunft der Verantwortung", S. 65.

[18] Siehe M. Weber, *Politik als Beruf*, S. 58.

[19] Dazu merkt Apel allerdings kritisch an: „[...] die situationsbezogene Verantwortungsethik der einsamen politischen Entscheidung, an die M. Weber dachte, die Situationsethik, [...] entspricht auch nicht der Forderung der Stunde [...]." (K.-O. Apel, „Das Bedürfnis nach einer Ethik solidarischer Verantwortung", S. 277)

welchen Mitteln, (ethische) Ziele, die schon *vor* der verantwortungsethischen Handlungsentscheidung feststehen, verfolgt werden sollen:

> Insofern sind Gesinnungsethik und Verantwortungsethik nicht absolute Gegensätze, sondern Ergänzungen, die zusammen erst den echten Menschen ausmachen, den, der den ‚Beruf zur Politik‘ haben kann.[20]

Bei *Apel* hat der Begriff Verantwortung demgegenüber eine doppelte Bedeutung: Unter dem Terminus „Ethik solidarischer Verantwortung" *bezeichnet der Begriff Verantwortung eine ethische Zielsetzung und ist somit selbst als Telos zu verstehen*, und zwar als ein Telos, das nach Meinung Apels besonders angesichts der „ökologischen Krise der technisch-wissenschaftlichen Zivilisation" gefordert ist.[21] Auf der anderen Seite verwendet Apel den Begriff Verantwortung *allerdings auch*, teilweise im Anschluß an Weber, *im Sinne einer strategisch-teleologischen Handlungsweise.* Der Begriff Verantwortung ist in dieser Verwendung nicht selbst Telos, sondern er ist *Begriff für die zur Erreichung eines bestimmten Ziels angemessenen Handlungsweisen.* Grund für die Notwendigkeit dieser Fassung des Verantwortungsbegriffs ist die Tatsache, daß die Anwendungsbedingungen der kommunikativen Ethik, d.h. die für eine kommunikative Interessenvermittlung und Situationsberatung erforderlichen Bedingungen, faktisch (noch) nicht gegeben sind: „Die Forderung der solidarischen Verantwortung der Menschen muß erfüllt werden, obwohl die Bedingungen der Möglichkeit ihrer Erfüllung noch gar nicht hergestellt sind."[22] Ein Handeln nach der ‚Maxime‘ der kommunikativen Interessenvermittlung ist aber (noch) gar nicht möglich.

> Bei dem durchaus moralisch aufgegebenen und ständig zu erneuernden Versuch, an der Realisierung *der Anwendungsbedingungen einer Kommunikationsethik* mitzuarbeiten, kann und darf man keineswegs von der Unterstellung ausgehen, daß die Anwendungsbedingungen der Kommunikationsethik schon realisiert seien.[23]

---

[20] M. Weber, *Politik als Beruf*, S. 66. – Weber lenkte – dies hebt Koschut hervor – „den Blick auf die strukturellen Folgen, die die Verwirklichung kollektiv geltend gemachter Normen im Bereich des Politischen für die Stabilität der Gesellschaft als ganzer hervorruft". (R.-P. Koschut, *Strukturen der Verantwortung*, S. 33)

[21] „Gefordert wäre offenbar so etwas wie eine Ethik der gemeinsamen solidarischen Verantwortung der Menschheit im Sinne einer kommunikativen Interessenvermittlung und Situationsberatung." (K.-O. Apel, „Das Bedürfnis nach einer Ethik solidarischer Verantwortung", S. 277)

[22] Ebd., S. 291.

[23] K.-O. Apel, „Diskursethik als Verantwortungsethik und das Problem der ökonomischen Rationalität", in: ders., *Diskurs und Verantwortung*, S. 297.

Deshalb wird das Problem der „Herstellung der Anwendungsbedingungen" für Apel zum eigenen Thema, und er rekurriert in diesem Zusammenhang erneut auf den Verantwortungsbegriff:

> Im Sinne der Verantwortungsethik [...] muß man an die *geschichtliche Situation* anknüpfen; d. h. einerseits an die schon bestehende ‚Vernünftigkeit des Wirklichen' (Hegel), andererseits aber auch an die bestehende ‚Unvernünftigkeit des Wirklichen'. Das aber besagt, daß man nicht darum herumkommt, *die ethisch-kommunikative Rationalität des Idealprinzips der Diskursethik* in all den realen Situationskontexten, in denen praktische Diskurse (noch) nicht möglich sind, mit der strategischen Rationalität der erfolgsorientierten Instrumentalisierung der anderen zu vermitteln.[24]

Abgesehen vom Aspekt des Anschlusses an die ‚geschichtliche Situation' – auf den später noch einzugehen ist – charakterisiert Apel, ganz im Sinne Webers, Verantwortungsethik somit als strategisch und erfolgsorientiert. Im Unterschied zu Weber überläßt Apel jedoch das strategische und erfolgsorientierte Handeln nicht einer persönlichen Definition politischer Zielsetzung, sondern strategisches Handeln bleibt dem Ziel der Herstellung des Idealprinzips der Diskursethik als Telos verbunden und untergeordnet. Die *Verantwortungsethik ist damit ein Ergänzungsprinzip*, „welches das *deontische Idealprinzip* als *Höchstwert* und *Telos* allen langfristigen Handelns betrachtet".[25]

Die Anerkennung eines Prinzips als Höchstwert und Telos ist allerdings nicht nur in den Konzeptionen von Weber und Apel vorausgesetzt, sondern die Anerkennung eines normativen Systems bzw. die Anerkennung von Normen und Werten ist eine grundsätzliche Vorbedingung nicht allein einer Verantwortungsethik, sondern des Verantwortungsbegriffs überhaupt.[26] Daß sie dem Verantwortungsbegriff vorauszugehen hat, gilt sowohl für das ‚traditionelle' retrospektive Verständnis von Verantwortung, bei dem die Tat, die einem Verantwortungssubjekt zugerechnet werden soll, bereits vorher als Schaden oder Nachteil für das Verantwortungsobjekt (negativ) bewertet wird, als auch für die prospektiven Verständnisse von Verantwortung, die es erfordern, das Ziel, auf das sich verantwortliches Handeln beziehen soll, als normentsprechend bzw. werthaft (positiv) auszuweisen.

---

[24] Ebd., S. 298.

[25] Ebd., S. 299.

[26] So bemerkt bspw. Ingarden folgendes: „Die Existenz der Werte und der zwischen ihnen bestehenden Zusammenhänge ist die erste Bedingung der Möglichkeit sowohl der Idee der Verantwortung als auch des Sinnvollseins des an den Täter gerichteten Postulats, die Verantwortung für seine Tat zu übernehmen und ihre Forderungen zu erfüllen." (R. INGARDEN, *Über die Verantwortung*, S. 38)

Allerdings stellt sich die Frage, ob im Zusammenhang mit der Kategorie Verantwortung jeweils nur *bestimmte* Normen oder Werte bzw. – im Rahmen des prospektiven Begriffsverständnisses – spezifische Zielvorstellungen vorausgesetzt werden können. Um dieser Frage näher zu kommen, ist noch einmal folgendes zu verdeutlichen: In den Konzeptionen von Weber und Apel liegen Werte im Sinne eines Telos dem Verantwortungsbegriff bzw. dem verantwortlichen Handeln voraus und damit *außerhalb* des Begriffs Verantwortung, wobei Weber nicht expliziert, welche spezifischen Werte es zu erhalten bzw. anzustreben gilt, und Apel explizit die Schaffung ‚idealer Diskursbedingungen‘ und (damit) die Ermöglichung ‚solidarischer Verantwortung der Menschen untereinander‘ als Wert und Telos benennt. Im Unterschied zu diesen Ansätzen, die die Existenz von Werten und ggf. damit in Zusammenhang stehender Normen und Pflichten für die Verwendung der Kategorie Verantwortung voraussetzen, schließt *Jonas* bestimmte Werte als deontische Elemente in seinen Ansatz ein. In seiner Konzeption des „Prinzips Verantwortung"[27] sieht er die Existenz und Anerkennung eines spezifischen Werts, und zwar meint er den inhärenten Wert des Seins der Natur, nicht nur als notwendige Bedingung und Voraussetzung von Verantwortung an, sondern er versteht die Anerkennung dieses spezifischen Werts auch als dem Verantwortungsbegriff zugehörig. Jonas geht davon aus, daß „die Verheißung der modernen Technik in Drohung umgeschlagen ist".[28] Deshalb zielt er auf die Begründung einer Ethik, die vor bestimmten Gefahren, d.h. in erster Linie vor der Gefahr der Zerstörung der Naturordnung durch Technik bzw. des Menschen durch sich selbst, bewahrt:

> In eben diesem Lichte erscheint die neue Pflicht. Aus der Gefährdung geboren, dringt sie notwendig zu allererst auf eine Ethik der Erhaltung, der Bewahrung, der Verhütung und nicht des Fortschritts und der Vervollkommnung.[29]

Diese Ethik begründet Jonas metaphysisch im Naturbegriff, d.h., er folgert, wie auch Müller feststellt, aus dem So-Sein der derzeitigen Natur ein Sein-Sollen der Natur:

> Das Leben als Wert an sich selbst soll also das menschliche Handeln bestimmen, womit aus der Existenz des Lebens zugleich dessen Seinsollen gefolgert wird.[30]

---

[27] H. JONAS, *Das Prinzip Verantwortung*.

[28] Ebd., S. 7.

[29] Ebd., S. 249.

[30] W.E. MÜLLER, *Der Begriff der Verantwortung bei Hans Jonas*, S. 15.

Das Sein der Natur entspricht bei Jonas damit dem Gut-Sein der Natur.[31] Aus dieser metaphysischen Auffassung ergibt sich zwar der Grund für das Überdenken der Folgen des Tuns, aber es sind damit noch keineswegs die Maximen geklärt, nach denen verantwortliches Handeln stattfinden soll. Denn es ist ja denkbar, daß gerade der technische Fortschritt als Mittel zur ‚Erhaltung, Bewahrung und Verhütung' angesehen wird und die technophile Haltung, gegen die Jonas sich wenden will, insofern mit Jonas' Argumentation kompatibel sein könnte. Dem setzt Jonas allerdings „seine Heuristik der Furcht entgegen, die das utopische Versprechen auf negative Konsequenzen durchleuchten soll und aus der Erhaltung der noch bestehenden Daseinsfülle die Handlungsmaximen für ein verantwortliches Handeln in dieser Zeit ableitet".[32] Im Verantwortungskonzept von Jonas verbinden sich damit eine metaphysisch begründete Sollensethik bzw. die daraus folgenden Pflichten mit einer emotionalen, zukunftsgerichteten Situationsbewertung.

> Er verbindet also eine [...] deontische Ethik, die nach einem Sollen, einer Pflicht fragt, mit einer teleologischen Ethik, der ein bestimmtes Ziel Zweck der Handlung ist. Der Begriff einer teleologischen Ethik ist so zu verstehen, daß die an sich seienden Zwecke der Natur, die sich in dem Vorhandensein von Leben zusammenfassen, zum Handlungsziel des angesprochenen Subjekts werden.[33]

Das „Prinzip Verantwortung" avanciert damit selbst zu einer *deontischen Pflicht*, die in der *Bewahrung der Naturordnung* besteht. Jonas' Prinzip Verantwortung ist damit nicht als Ergänzungsprinzip zu einem bereits anerkannten Idealprinzip zu verstehen, sondern besteht in dem „Versuch, aus dem Sein selbst eine Sollensethik abzuleiten, die in einer geistesgeschichtlichen Situation, der ein verbindliches Sollen fremd geworden ist, die Formulierung einer allgemeinen Pflicht versucht".[34] Dies bedeutet aber, daß das „Prinzip Verantwortung" nur dort zur Handlungskategorie werden kann, wo eine Naturordnung im Sinne Jonas' angenommen wird. Ob dies jedoch allgemein der Fall sein kann, ist angesichts der metaphysischen Begründung des Prinzips Verantwortung fraglich.[35]

---

[31] Siehe hierzu auch die Analyse dieser spezifischen Begriffsauffassung bei Bayertz. Dieser verdeutlicht, daß die metaphysische Auffassung, wie sie besonders von Jonas vertreten wird, eine Ontologisierung der Verantwortung bedeutet und letztlich nicht nur unglaubwürdig wird, weil sich die Ontologisierung als strategisch erweist, sondern zudem die Idee der Verantwortung aufhebt, indem sie die Definition des moralisch Richtigen nicht der Freiheit der Subjekte zuschreibt, sondern im Sein bereits angelegt sieht (siehe K. BAYERTZ, „Eine kurze Geschichte der Herkunft der Verantwortung", S. 52ff.).

[32] W.E. MÜLLER, *Der Begriff der Verantwortung bei Hans Jonas*, S. 15.

[33] Ebd., S. 130.

[34] Ebd., S. 129.

[35] In diesem Sinne auch W.E. MÜLLER: „Jonas hat seine Theorie bewußt als eine Ethik für

Jonas' Ausarbeitung einer Verantwortungsethik ist insgesamt der Versuch der Konzipierung einer „neuen Ethik" und geht insofern über die Suche nach einem Ansatz bzw. einer Verfahrensweise, mit der die Probleme angewandter Ethik gelöst werden könnten, hinaus. Aus diesem Grunde fällt der Ansatz von Jonas aus der hier behandelten Fragestellung heraus, die nicht auf die Notwendigkeit oder Möglichkeit einer ‚neuen Ethik' gerichtet ist, sondern auf die Frage, ob es unter Bezugnahme auf die Kategorie Verantwortung möglich ist, in *Anerkennung* vielfältiger, letztlich bloß persönlicher Orientierungssysteme Probleme der angewandten Ethik allgemein verbindlich zu lösen. Gleichwohl kann im folgenden noch gezeigt werden, daß einige Elemente von Jonas' Prinzip Verantwortung konstitutive oder zumindest zentrale Aspekte des Verantwortungsbegriffs betonen und damit verdeutlichen, die es aufzugreifen gilt.

Für die weitere Auseinandersetzung mit dem Verantwortungsbegriff kann auf der Grundlage der bisherigen Analyse festgehalten werden, *daß die Kategorie Verantwortung die Anerkennung eines Prinzips bzw. Werts oder erwünschten Zustandes als Telos voraussetzt.* Gleichzeitig ist aber als wesentlich hervorzuheben, daß dieses *Prinzip durch den Verantwortungsbegriff nicht bestimmt* ist; d. h., es können durchaus unterschiedliche moralische Normen, Werte und Prinzipien als Telos (im Sinne des ‚Woraufhin') verantwortlichen Handelns angesehen werden. In bezug auf das Thema der Vermittlung von Theorie und Praxis kann deshalb vorläufig formuliert werden, daß bei der Kategorie Verantwortung eine ‚Vermittlung' nicht, wie Rendtorff nahegelegt hat, zwischen *einer* bestimmten, allgemein anerkannten *Norm* und einer Situation gefordert ist, sondern zwischen *Normen*, die mit jeweils vorausgesetzten und nicht im Begriff der Verantwortung festgelegten Werten bzw. Zielvorstellungen in Zusammenhang stehen, und der Situation. Für die Suche nach einem tragfähigen und im Begriff der Verantwortung fundierten Konzept läßt sich hieraus ableiten, daß in jedem Fall eine Telos-Definition für die angewandte Ethik notwendig ist.[36]

8.2.1.3 Verantwortung und Situation

Mit dem Beispiel der „nicht-idealen Akteure" wurde bereits eine der spezifischen Bedingungen angesprochen, die einer unmittelbaren Normanwendung

---

die technologische Zivilisation konzipiert und auf die heutigen Erfordernisse abgestellt, und er ist in der Lage, entscheidende Defizite unseres Umganges mit der Welt zu benennen. Dies macht ihn zu einem wichtigen Partner im heutigen ethischen Dialog, aber seine Begründung der Ethik hat viele Defizite, und es fragt sich, ob diese nicht durch eine religiöse Begründung der Verantwortung vermieden werden könnten". (Ebd., S. 136)

[36] Worin diese bestehen könnte, kann im Rahmen der vorliegenden Arbeit allerdings nicht weiter erörtert werden.

bzw. -Durchsetzung in konkreten Handlungssituationen entgegenstehen, und es wurde erläutert, mit welchem Ansatz Apel auf diese Gegebenheit reagieren will. Für verantwortungsethisches Handeln, das Apel in Zeiten, in denen die Anwendungsbedingungen der Kommunikationsethik noch nicht realisiert sind, fordert, reicht es allerdings nicht aus anzuerkennen, *daß* die gegebenen Bedingungen dem idealen Diskurs entgegenstehen, sondern es muß auch geklärt werden, *in welcher Hinsicht* sie dies tun. Deshalb fordern Apel und – weniger deutlich – auch Weber, an die konkret gegebene *geschichtliche Situation*[37] anzuknüpfen und sie kritisch zu analysieren. Ziel dieser Situationsanalyse ist es, die lebensweltliche Realität zu erfassen und das auf ein ethisches Telos gerichtete Handeln so an diese Realität anzupassen, daß das Telos erreicht werden kann bzw. man ihm zumindest ein Stück näher kommt. Da dabei das Telos immer regulative Idee ist, d.h. faktisches, situatives Handeln unter nicht-idealen Bedingungen kontrafaktisch an die Idee der idealen Kommunikationsgemeinschaft gebunden sein soll, gilt:

> Die explizite Rücksicht auf das historisch Wandelbare stellt somit keinen Verrat an der sittlichen Vernunft dar, sondern versetzt sie allererst in die Lage, an Praxis nicht bloß wie einen pauschalen Titel zu appellieren, sondern tatsächlich vollzogene Praxis in der Tat auch anzuleiten.[38]

Die konkrete geschichtliche (und im übrigen auch lokale) Situation ist daher, gemeinsam mit den im jeweiligen Telos angelegten Normen, Grundlage für die jeweils im Hinblick auf das Telos erfolgreiche und somit als ‚richtig‘ zu bezeichnende Handlungsentscheidung. Offen bleiben in diesem Ansatz allerdings zwei Fragen: 1. *Wie* kann das Handlungs- bzw. Verantwortungssubjekt zunächst die Situation wahrnehmen bzw. (analytisch) erfassen, und 2. nach welchen Kriterien bzw. mit welchem Verfahren kann es entscheiden, welche Handlungsweise im o.g. Sinne ‚richtig‘ ist?

Diese Fragen bezeichnen einen Problemkomplex, der die Ansätze angewandter Ethik in grundlegender Weise betrifft und der im Rahmen dieser Arbeit auch schon verschiedentlich angesprochen und als Problem dargestellt wurde. Neuere Ansätze angewandter Ethik behandeln ihn zunehmend, und zwar auch *ohne* dabei auf die Kategorie der Verantwortung zu rekurrieren. Deshalb sollen im folgenden die o.g. beiden Fragen mit Bezug auf solche Ansätze verfolgt werden.

Möglichkeiten der Situationswahrnehmung und des Erfassens von Situationen: Ein Beispiel für Ansätze, die die Problematik und zugleich Notwendigkeit der Situationswahrnehmung ohne explizite Bezugnahme auf die Kategorie Verant-

---

[37] Siehe K.-O. APEL, „Diskursethik als Verantwortungsethik", S. 298.

[38] R.-P. KOSCHUT, *Strukturen der Verantwortung*, S. 17.

wortung behandeln, ist das *Konzept der anwendungsorientierten Ethik* von Heiner Hastedt. Im Rahmen seiner angewandten bzw. anwendungsorientierten Ethik der Technik schlägt Hastedt eine sog. „inklusive Methode" vor.[39] Diese gründet in der Ansicht, daß für die Lösung der praktischen Probleme, d. h. für die Gegenstandsbereiche angewandter Ethik, „gleichzeitig mehr empirisches Wissen und mehr normative Orientierung gefordert"[40] sind. Diese Forderung kann nach Hastedts Auffassung nicht durch eine allein technik*philosophische* Technikbewertung erfolgen, sondern nur unter *interdisziplinärer Zusammenarbeit mit der Technikfolgenabschätzung.* „Die empirische Technologiefolgenabschätzung wird in der inklusiven Methode als Teil der anwendungsorientierten Ethik der Technik verstanden."[41] Hastedts Ansatz scheint dabei der Vermittlung von Norm und Situation, wie sie innerhalb der Kategorie Verantwortung gefordert ist, zu entsprechen:

> Auf der Basis einer allgemeinen Handlungsregel muß geklärt werden, wie diese Regel in die Tat umgesetzt werden kann. Genau diese einzelne Klärungsarbeit ist Aufgabe der empirischen Technologiefolgenabschätzung.[42]

Allerdings ist eine Übertragung der interdisziplinären *empirischen (Technologie-)Folgenabschätzung als eine bzw. die Methode, mit der die Handlungssubjekte die Situation erfassen könnten,* auf die Kategorie der Verantwortung nicht ohne weiteres möglich: Zwar kann die empirische (Technologie-)Folgenabschätzung durchaus ein *Teilmoment* der Situationserfassung im Sinne der Verantwortungsethik sein, aber der mit der Kategorie Verantwortung verbundene Situationsbegriff geht über eine empirische Verträglichkeitsforschung als Folgenabschätzung im Sinne Hastedts weit hinaus. Wesentlich für diesen Situationsbegriff ist erstens das Verständnis von Situation als *geschichtlicher* Situation.[43] Zweitens – und unbedingt mit der geschichtlichen Auffassung von Situation verbunden – ist für ihn charakteristisch, daß mit Situation nicht nur objektivierbares Wissen im Sinne einer empirischen Datenmenge bezeichnet ist, sondern ein *Problemzugang,* der durchaus im Kontext der praktischen Bedeutung *hermeneutischer Erfahrung*[44] angesiedelt werden kann und der damit auf

---

[39] H. Hastedt, *Aufklärung und Technik*, bes. S. 105 ff.

[40] Ebd., S. 105.

[41] Ebd., S. 106.

[42] Ebd., S. 110.

[43] Zur Dimension der Geschichtlichkeit von Situation bzw. Handeln und den daraus folgenden Konsequenzen für die Kategorie der Verantwortung siehe Kapitel 8.2.2.

[44] „Die hermeneutische Erfahrung besitzt aus zwei Gründen eine praktische Bedeutung: Zum einen weist sie die Vollzugsform des Dialogs auf, setzt die Offenheit für die Ansichten des anderen voraus, ist auf die Auseinandersetzung mit fremden Perspektiven spezialisiert,

Verstehen und Wahrnehmungen angewiesen ist, deren Ergebnisse zwar nicht im Sinne objektivierbaren Wissens darstellbar sind, die auf der anderen Seite aber ein *ganzheitliches Bild der Problemlage* ermöglichen. Der Versuch der Gewinnung einer ganzheitlichen Problemperspektive kann als zentraler Aspekt der Kategorie Verantwortung gelten, und es ist zu vermuten, daß die Betonung dieser Problemperspektive innerhalb der Kategorie Verantwortung ein Grund für die zunehmende Verwendung dieses Begriffs ist. Der Begriff Verantwortung wendet sich gegen die mit den von Leitbegriffen ausgehenden deduktiven Verfahrensweisen verbundene Indifferenz gegenüber situativen Bedingungen, deren systematische Berücksichtigung im Rahmen angewandter Ethik aber offensichtlich notwendig wird. In diesem Sinne merken Werbik und Zitterbarth kritisch folgendes an:

> Ist also ein an deduktiven Ableitungen orientiertes Verfahren bereits im Bereich der Wirkungsanalyse nur mit erheblichen Abstrichen [...] durchführbar, so verstärken sich dementsprechende Problemaspekte noch weiter im Bereich der Politikanalyse. Dem Verständnis des nomothetischen Ansatzes nach stellen Wertungen letztlich eine Sphäre willkürlichen Dezisionismus dar.[45]

Der Indifferenz gegenüber den situativen Bedingungen und ihrer Interdependenz, die nach Ansicht der Autoren in eine unkritische Haltung mündet, stellen sie – und zwar ohne Bezugnahme auf den Verantwortungsbegriff – die Forderung nach einer veränderten Problemperspektive entgegen: „Betrachtet man die Technikbewertung als einen argumentativen Prozeß der Konsensbildung und nicht als einen Anwendungsfall deduktiver Ableitungen aus nomologischen Hypothesen, so verlagert sich die Aufmerksamkeit weg von der Beschaffenheit und Eigenart bestimmter Sätze und Satzzusammenhänge hin auf die ‚Beschaffenheit‘ der beteiligten Personen und Rahmensituationen, in denen sie sich befinden."[46]

Da die Kategorie Verantwortung die für eine solche Perspektive angemessenen hermeneutischen Elemente und Wahrnehmungsformen sowie die entsprechende Art des Problemzugangs mit umfaßt, kann sie sich möglicherweise als eine geeignete Alternative zu den bisherigen Verfahrensweisen darstellen, die

---

bricht stereotype Wahrnehmungsmuster und schärft den Blick für den Facettenreichtum konkreter Situationen. Dadurch trainiert sie die Urteilskraft und stellt eine Vorbereitung auf den agonalen Dialog der gesellschaftlichen Praxis dar. Zum anderen ist die hermeneutische Erfahrung vor jeder bewußten und kunstmäßigen Ausbildung des Verstehens immer schon ein Element gesellschaftlicher Praxis." (D. TEICHERT, *Erfahrung, Erinnerung, Erkenntnis*, S. 150)

[45] H. WERBIK u. W. ZITTERBARTH, „Technikbewertung", S. 224.

[46] Ebd., S. 229.

offenbar grundsätzlich als Verfahrensweisen für angewandte Ethik in Frage zu stellen sind. Offen bleibt allerdings noch, *wie* innerhalb der Kategorie Verantwortung die geforderte Vermittlung überhaupt konkret vorzustellen ist. Dieses Problem wird im folgenden erörtert.

Für die Kategorie Verantwortung kann bis hierher allerdings schon festgehalten werden, daß der *Begriff Verantwortung hermeneutische Elemente* enthält, ohne selbst ein hermeneutischer Begriff zu sein. Dies bedeutet allerdings keineswegs, daß nicht auch andere ethische Ansätze auf hermeneutische Verfahrensweisen angewiesen sind bzw. darauf auch zurückgreifen. Im Gegenteil: Da der Begriff Verantwortung unter dem Aspekt der Symptomatik seiner Verwendungen betrachtet wird, belegt das Analyseergebnis sogar die prinzipielle Notwendigkeit einer auch hermeneutischen Perspektive auf ethische Problemsituationen. Bestritten wird damit nicht, daß verschiedene ethische Ansätze diese Perspektive bereits einnehmen, sondern es soll verdeutlicht werden, daß dies für einen angemessenen normativ-ethischen Zugang zur Problemsituation auch notwendig ist.

Möglichkeiten der Bestimmung situativer Richtigkeit:
Für die Annäherung an eine Antwort auf die o. g. zweite Frage ist daran anschließend festzuhalten: Die hermeneutische Dimension der Kategorie Verantwortung erfordert mit der *Betonung der Erfahrung, des Verstehens und der Wahrnehmung* Offenheit gegenüber Erkenntnisformen, die nicht objektivierbar sind. So erlangt beispielsweise die Intuition als eine Form des Wahrnehmens, aber auch als Form der tatsächlichen Vermittlung von abstrakter ethischer Reflexion im Sinne der Theorie und konkreter Situation im Sinne der Praxis großen Stellenwert. Des weiteren hat Rendtorff in diesem Zusammenhang bereits impliziert, daß auch die Begriffe Klugheit und Besonnenheit als Vermittlungsmomente angesehen werden können.[47] Es wäre allerdings falsch, hieraus den Schluß zu ziehen, die Kategorie Verantwortung folge insofern dem Intuitionismus, als sie eine *allein* intuitive, ,kluge' oder sonstwie ,außer-rationale' Situations- und Handlungsbewertung propagiere und bereits vom Konzept her jeden Anspruch auf intersubjektive Verbindlichkeit aufgebe. Dies ist schon deshalb nicht der Fall, weil Verantwortung am Konzept der überzeitlichen Norm bzw. des universellen Prinzips und Werts festhält und eine intersubjektiv verbindliche normative Grundlage somit voraussetzt. *Verantwortung muß daher eher als eine ,richtiges' Handeln konkretisierende (und nicht als eine ,richtiges' Handeln begründende) Kategorie verstanden werden.* Außerdem ist es mit Bezug auf die Kategorie Verantwortung auch keineswegs notwendig, für die Situations*wahrnehmung* das Ziel objektivierbaren Wissens völlig aufzugeben, da

---

[47] Siehe dazu auch R.-P. Koschut, *Strukturen der Verantwortung*, S. 24f.

Verantwortung eben *kein* hermeneutischer Begriff ist und insofern nicht die entsprechende, der Hermeneutik zugrunde liegende These annehmen muß. So liegt Koschut zufolge gerade das ‚Spezifikum' der Verantwortung „in der Übersetzung der deontischen Prinzipien der Willensbildung in geschichtlich-konkrete Praxis durch die Überbrückung der Distanz zwischen einem reinen Sollen und einem durch mannigfache empirische Umstände determinierten Können."[48] Gleichwohl fordert die Kategorie Verantwortung – *zusätzlich* zu kognitiven, epistemischen Erkenntnisweisen – die *Akzeptanz von Erkenntnisformen im Spektrum der Intuition, des Gefühls und der Ästhetik* bzw. – wie oben genannt – der hermeneutischen Erfahrung. Die Kategorie Verantwortung wird damit „der Tatsache gerecht, daß einerseits die Gesolltheit einer ethischen Forderung nicht rational einlösbar ist und andererseits der Mensch als handelndes Wesen eine Ganzheit darstellt, die in ihrer *Wirk*lichkeit nicht allein vom ‚harten Brot' der rationalen Erwägungen' lebt".[49]

Die Offenheit gegenüber nicht- bzw. außer-rationalen Erkenntnisweisen[50] entzieht den Verantwortungsbegriff wie auch das Handeln unter Bezugnahme auf die Kategorie Verantwortung somit einer rein prinzipienorientierten, deduktiv verfahrenden Argumentationsweise, die im Prozeß der Urteilsbildung bzw. Handlungsentscheidung als Begründung nur zuläßt, was logisch zwingend aus allgemein akzeptierbaren Thesen bzw. aus objektivierbarem Wissen gefolgert werden kann. Auch hier verweist der Verantwortungsbegriff auf die Symptomatik einer bislang an den Bedürfnissen bzw. Erfordernissen der Gegenwart vorbei operierenden angewandten Ethik: Die bisherige Argumentationsweise, die sich auf die Berücksichtigung objektivierbaren Wissens und entsprechende Verfahrens- bzw. Schlußweisen beschränkt, ist prinzipiell nicht in der Lage, die abstrakte normativ ethische Reflexion situativ zu vermitteln. Die in der Vermittlungsleistung geforderte Sensibilität in bezug auf den Facettenreichtum konkreter Situationen kann sie nämlich nicht sytematisch in sich aufnehmen, und es geht ihr dadurch das Verständnis der ‚Textur' konkreter ethischer Probleme verloren.[51]

Sachliche Emotionalität:
Dagegen signalisiert der Verantwortungsbegriff die Notwendigkeit der situationsvermittelten Urteilsbildung bzw. Handlungsentscheidung im Sinne *sachlicher Emotionalität*. Gemeint ist damit das Erfordernis, gegenüber den komplexen Strukturen der Verantwortungssituation, d.h. gegenüber den das Ver-

---

[48] Ebd., S. 26.

[49] M. Rath, *Intuition und Modell*, S. 13.

[50] Siehe hierzu auch Kapitel 8.2.2.4.

[51] Zur Frage, nach welchen Kriterien bzw. auf welchen Grundlagen über die ‚Richtigkeit' einer Handlung zu entscheiden ist, siehe weiter auch Kapitel 8.2.2.1.

antwortungsobjekt umgebenden Bedingungen und antizipierten zukünftigen Entwicklungen nicht lediglich eine rationale, sondern *auch* eine emotional-sachliche Haltung einzunehmen. Ist diese bei Weber noch als „Leidenschaft im Sinne von *Sachlichkeit*: leidenschaftliche Hingabe an eine ‚Sache'"[52] gefaßt, so potenziert Jonas die im Verantwortungsbegriff implizierte notwendige Emotionalität zur Liebe auf der einen und zur Furcht auf der anderen Seite:

> Das Faktum des Gefühls macht dann das Herz für die Pflicht empfäng-lich, die von sich aus danach nicht fragt, und beseelt die übernommene Verantwortung mit ihrem Impuls. Es ist schwer, wenn auch nicht un-möglich, Verantwortung zu tragen für etwas, das man nicht liebt, so daß man sich eher die Liebe dazu erzeugt als die Pflicht ‚frei von Neigung' zu tun.[53]

Dient die Liebe hierbei als Motivation zur Wahrnehmung und Erfüllung von Bewahrungs- und Fürsorgepflichten im Sinne der Naturordnung, so ermöglicht nach Ansicht von Jonas die „Heuristik der Furcht", das Gewollte vom Nicht-gewollten zu unterscheiden. *Emotionalität* bzw. die spezifische Emotion Furcht avanciert damit zu einem *Bewertungskriterium*. Die Notwendigkeit einer „Heuristik der Furcht" resultiert nach Jonas aus dem Umstand, daß „die jeder [...] Rechenkunst spottende Komplexität gesellschaftlicher und biosphärischer Wirkungsganzheit; die wesenhafte, stets mit Überraschungen aufwartende Unergründlichkeit des Menschen; und die Unvorhersagbarkeit, das heißt Nicht-Vorerfindbarkeit, künftiger Erfindungen"[54] sich einer wissenschaftlichen Erkenntnis über zukünftige Entwicklungen bzw. Handlungsfolgen entziehen. Dagegen setzt Jonas seine heuristische Kasuistik, deren erster Schritt es ist, mit Hilfe der „Reflexion über das imaginativ Mögliche den Zugang zu neuer Wahr-heit"[55] zu erlangen. Diese ‚Wahrheit' eröffnet sich Jonas zufolge in einem zwei-ten Schritt durch eine „Furcht geistiger Art, die als Sache einer Haltung unser eigenes Werk ist. Die Einnahme dieser Haltung, das heißt die Bereitschaft, sich *vom erst gedachten Heil und Unheil kommender Geschlechter affizieren zu lassen*, ist also die zweite ‚einleitende' Pflicht der gesuchten Ethik [...]."[56]
Daß Jonas dabei auf die *emotionale Erfassung des malum* zielt und nicht etwa umgekehrt auf die emotionale Erfassung des bonum, erklärt er folgender-maßen:

---

[52] M. WEBER, *Politik als Beruf*, S. 51.
[53] H. JONAS, *Das Prinzip Verantwortung*, S. 194.
[54] Ebd., S. 66.
[55] Ebd., S. 67.
[56] Ebd., S. 65.

Was wir *nicht* wollen, wissen wir viel eher als was wir wollen. Darum
muß die Moralphilosophie unser Fürchten vor unserem Wünschen
konsultieren, um zu ermitteln, was wir eigentlich schätzen; und obwohl
das am meisten Gefürchtete nicht notwendig auch das Fürchtenswer-
teste ist, [...] obwohl also die Heuristik der Furcht gewiß nicht das
letzte Wort in der Suche nach dem Guten ist, so ist sie doch ein hoch-
nützliches erstes Wort und sollte zum Vollen ihrer Leistung genutzt
werden in einem Gebiet, wo uns so wenige Worte ungesucht gewährt
werden.[57]

Ob Liebe und Furcht im Sinne von Jonas tatsächlich „beschafft"[58] werden
können und eine gute Grundlage für die Urteilsbildung und entsprechende
Handlung bilden, muß gerade angesichts der von Jonas selbst formulierten Einschränkung auf das „erste Wort" allerdings angezweifelt werden.

Im Zusammenhang mit der hier leitenden Fragestellung steht allerdings
weniger dieser Aspekt im Vordergrund, sondern vielmehr der Umstand, daß der
so weitreichend rezipierte[59] Ansatz von Jonas als ein Beleg dafür gelten kann,
daß *emotionale Situationsbewertungen* ggf. innerhalb der Moralphilosophie,
zumindest aber im Rahmen der angewandten Ethik zunehmend ihre Relevanz
einklagen. Emotionalität (nicht im polemischen, sehr wohl aber im ‚sachlichen'
Sinne) soll *keineswegs Rationalität ersetzen, durchaus aber ergänzen.* Daß die
Kategorie Verantwortung mit der in ihr implizierten systematischen Berücksichtigung emotionaler Beurteilungskriterien auch auf ein öffentliches Bedürfnis
trifft, kann exemplarisch an einem auf die Position Peter Singers bezogenen
Zitat des Journalisten Tolmein verdeutlicht werden:

Diese Abstraktion von einem wesentlichen Merkmal des Menschen, den
Gefühlen, um einer ‚Erkenntnis' willen ebnet den Weg in eine zwar immanent logisch strukturierte, tatsächlich aber inhumane Gesellschaft.[60]

Paradoxerweise scheint sich (zumindest im Rahmen der angewandten Ethik)
gerade in der Berücksichtigung emotionaler bzw. nicht-rationaler Situations-
beurteilungen das *kritische Potential* ethischer Auseinandersetzung zu eröffnen,
das im Zusammenhang mit prinzipiengeleiteten deduktiven Verfahrensweisen
der Urteilsbildung vermißt wird. Das Paradox ist, daß die auf Konsistenz und
Kohärenz zielende prinzipiengeleitete bzw. an Leitbegriffen orientierte deduktive Argumentation gerade angetreten war, um die im Persönlichen verbleibende

---

[57] Ebd., S. 64.

[58] M. RATH, *Intuition und Modell*, S. 82.

[59] Jonas erhielt den Preis des Deutschen Buchhandels, und sein Buch „Das Prinzip Verantwortung" war zumindest in Deutschland über mehrere Monate unter den ersten zehn
Bestsellern.

[60] O. TOLMEIN, *Wann ist der Mensch ein Mensch?*, S. 68.

Subjektivität ‚nicht-rationaler‘ Argumentationsweisen auszuschließen und genau damit kritisch wirken zu können. Im Zusammenhang mit den Gegenständen angewandter Ethik – und hier muß an erster Stelle die Medizin-Ethik genannt werden, deren Gegenstände sich besonders durch die letztlich unmittelbare persönliche Relevanz und Brisanz für jeden einzelnen auszeichnen – ist aber zunehmend deutlich geworden, daß die Nicht-Berücksichtung von Gefühlen den Gegenständen nicht mehr gerecht werden kann. Es kann in diesem Sinne wiederum Tolmein – der im übrigen durchaus im Sinne Jonas argumentiert – zitiert werden:

> Das unbedingte Beharren [...] darauf, daß sich, wer Ethik diskutieren wolle, von Gefühlen lösen müsse, ist eine Voraussetzung für diese Verfügbarmachung menschlichen Lebens. Denn sowenig wünschenswert eine hochemotionalisierte Auseinandersetzung [...] ist, sowenig kann es erstrebenswert sein, eine Debatte um Würde und Menschlichkeit mit der sachlich nüchternen Aura einer Bilanzpressekonferenz zu umgeben.[61]

Freilich begründet Tolmein seine Forderung nach Berücksichtigung von Gefühlen selbst emotional und nicht systematisch. Auf der anderen Seite entlarvt er aber – und zwar unter Berufung auf die Thesen Adornos und Horkheimers[62] – die Suggestivkraft der vermeintlich sachlichen Argumentation:

> Die vermeintliche Entemotionalisierung ist tatsächlich eher eine Verlagerung der Emotionen, eine Verschiebung der Akzente. Die Behauptung, man lasse ‚die Fakten‘ sprechen, [...] lenkt den Blick davon ab, daß die Auswahl der Fakten und ihre Bewertung die Instrumente sind, um Gefühle zu dirigieren.[63]

Ob der Kategorie Verantwortung die Rehabilitation des Gefühls gelingt, ohne in eine bloß persönlich-subjektivistische Urteilsbildung zu verfallen, kann an dieser Stelle noch nicht geklärt werden.[64] Zu betonen ist jedoch, daß die Kategorie Verantwortung im Vollzug der Vermittlung von Theorie und Praxis emotionale Aspekte berücksichtigt und systematisiert. Die Gründe dafür liegen zum einen in der Unausweichlichkeit ‚nicht-rationaler‘ Vorgehensweisen bei der Erfassung der Situation und ihrer Vermittlung mit einer Idealnorm oder Idealvorstellung, zum anderen aber auch in einer grundsätzlichen Skepsis gegenüber der moralischen ‚Richtigkeit‘ von Ergebnissen einer bloß vermeintlich entemotionalisierten ‚sachlichen‘ Debatte.

---

61 Ebd., S. 154.
62 Siehe TH. W. ADORNO u. M. HORKHEIMER, *Dialektik der Aufklärung.*
63 O. TOLMEIN, *Wann ist der Mensch ein Mensch?*, S. 154 f.
64 Siehe hierzu Kapitel 8.3.

8.2.2 Zeit der Verantwortung: Verantwortung im Spannungsfeld
von Geschichtlichkeit und Zukunft

Die Kategorie Verantwortung betont – dies wurde bereits dargelegt – den
Aspekt der *Handlungsfolgen als Kriterium der Handlungsentscheidung* und im
Zusammenhang mit der – vor allem im Bereich der angewandten Ethik – gegenwärtig zunehmenden Rückbesinnung auf den Begriff der Verantwortung und
auf verantwortungsethische Ansätze kommt dem Aspekt der *systematischen
Handlungsfolgenberücksichtigung* entsprechend entscheidende Bedeutung zu.
Verschiedentlich wird dies als der Grund dafür angesehen, daß der Begriff Verantwortung zum ,Schlüsselbegriff' bei der Suche nach einem Ansatz *zukunfts-
orientierter Ethik* geworden ist. Rendtorff bspw. formuliert dies folgendermaßen:

> Der Begriff der Verantwortung nimmt für das heutige Verständnis der
> ethischen Lebenswirklichkeit eine Art Schlüsselfunktion ein. [...] Er
> tritt [...] erst in unserer Zeit ins Zentrum der ethischen Diskussion und
> kann hier als Leitbegriff einer neuen zukunftsorientierten Ethik be-
> stimmt werden.[65]

Zwei Aspekte sind in diesem Zusammenhang allerdings ungeklärt: erstens der
Aspekt, wie Handlungsfolgen im Hinblick auf ihre geschichtliche Dimension als
Reichweite von Verantwortung zu bestimmen (und wohl auch zu begrenzen)
sind, d. h., wie weitreichend Folgen als ,voraussehbare' Folgen, für die Verantwortung in bezug auf zukünftige Zustände übernommen werden muß, anzusehen sind. Hier wird der Aspekt der ,*Geschichtlichkeit des Handelns*' virulent,
und die Fragestellung zielt auf eine *Begrenzung der Verantwortung*, die mit
einer Handlung übernommen wird. Ungeklärt ist zweitens der Aspekt, inwieweit Handlungen auf *Zukünftiges bzw. zukünftige Generationen als Verantwortungsobjekt* verweisen bzw. ob und wie eine Verantwortung gegenüber
zukünftigen Generationen überhaupt besteht. Dieser Aspekt betrifft die Frage,
ob bzw. inwieweit die Kategorie Verantwortung im Hinblick auf den Entwurf
bzw. die Verwirklichung bestimmter Zukunftsszenarien normative Funktion
überhaupt übernehmen kann.

Beide Aspekte fallen in der teleologischen Struktur von Verantwortung
allerdings zusammen, da die Verwirklichung bzw. Verhinderung von Zukunfts-
entwürfen eine entsprechende Reichweite von Verantwortung – zumindest als

---

[65] T. RENDTORFF, „Vom ethischen Sinn der Verantwortung", S. 117 – Ob man den Verantwortungsbegriff pauschal als Leitbegriff einer *neuen* Ethik ansehen kann, möchte ich bezweifeln, ohne diesen Aspekt weiter zu behandeln. Viel bedeutsamer ist für die vorliegende
Fragestellung, daß Rendtorff dem Verantwortungsbegriff eine Schlüsselfunktion im Hinblick auf die Zukunftsorientierung von Ethik zuschreibt.

mittelbare Handlungsfolge – voraussetzen muß. Folgende Überlegung kann dies verdeutlichen: Die meisten Themen der angewandten Ethik, die ja in aktuellen gesellschaftlichen Praktiken fundiert sind, entfalten ihre ethische Problematik weniger in bezug auf die Auswirkungen, die diese Praktiken unmittelbar in der Gegenwart haben. Die ethischen Problematiken sind vielmehr auf die fernere Zukunft bezogen. Dies trifft z.B. für die Diskussion der Kernenergie, der Gentechnologie, der Reproduktionsmedizin usf. in besonderem Maße zu. Die Frage der Reichweite von Verantwortung, die Frage also, ob für die Auswirkungen, die z.B. die Entwicklung reproduktionsmedizinischer Technologien in 500 Jahren zeigen, die heutigen Akteure verantwortlich gemacht werden können, mündet in die zweite Frage, welche Lebensbedingungen zukünftiger Generationen aus heutiger Perspektive überhaupt positiv zu bewerten sind und damit zumindest der Idee nach verantwortbar werden. Der Aspekt der Reichweite (und Begrenzung) von Verantwortung und der Aspekt der Verantwortung für zukünftige Generationen sind folglich nicht nur eng miteinander verbunden, sondern sie stellen – wie ich im folgenden zeigen werde – letztlich lediglich zwei Perspektiven und Aspekte desselben Umstands dar, nämlich der über die unmittelbaren Folgen und Wirkungen einer Handlung hinausgehenden historischen Dimension des Handelns.

8.2.2.1 Zur geschichtlichen Dimension des Handelns

Wenn im Zusammenhang mit dem Begriff Verantwortung die geschichtliche Dimension des Handelns zum Thema wird, so geschieht dies im wesentlichen in zweierlei Hinsicht: *erstens* im Hinblick auf die (Handlungs-)Kausalität, die für jede Verwendung des Verantwortungsbegriffs notwendig vorausgesetzt werden muß und die im Kontext der geschichtlichen Handlungsdimension meint, daß heute vollzogene Handlungen (aber auch Unterlassungen) nicht nur eine einzelne Konsequenz, sondern eine Reihe bzw. Kette von Folgen und Konsequenzen nach sich ziehen und somit geschichtsträchtig werden (können). Die gegenwärtige Diskussion bspw. der Kernenergie, der Computertechnologien, der Gentechnologie und der Reproduktionsmedizin verdeutlichen dies. Thematisiert wird in deren Diskussionen, welche Folgen heutige Handlungen in der Zukunft haben und wie diese Folgen zu bewerten sind. Die geschichtliche Dimension des Handelns wird (*zweitens*) zum Thema mit Hinblick auf die geschichtliche Bedingtheit von Akteuren und ihren Handlungen,[66] einschließlich der zugrundeliegenden Weltbilder, Denkweisen, Lebensformen und -bedingungen. Diese sind nämlich als Konsequenz vergangener Handlungen zu verstehen,

---

[66] Siehe oben Kapitel 8.2.1.3.

ihre Bedingtheit entzieht sich jedoch einer vollständigen Bewußtmachung und
abschließenden Reflexion; zudem ist im Bereich geschichtlichen Handelns die
Bestimmtheit der Gegenwart durch die Vergangenheit offensichtlich nicht im
Sinne eines (strengen) Kausalverhältnisses aufzufassen und rekonstruierbar.
Darauf bezieht sich z. B. Picht:

> Die Verantwortung, die wir heute haben, ist ein Produkt der bisherigen
> Geschichte, sie ist in ihren Möglichkeiten wie in ihren Grenzen durch
> die bisherige Geschichte bestimmt. Mit jeder Verantwortung, die wir
> überhaupt übernehmen, haben wir auch schon die Verantwortung für
> die bisherige Geschichte übernommen.[67]

Dies bedeutet aber, daß es weder möglich noch wünschenswert ist, für (stets auf
Zukünftiges gerichtete) verantwortliche Handlungsentscheidungen in der Gegenwart das Vergangene als einen abgeschlossenen, d. h. die Handlungsentscheidung nicht präsupponierenden Tatsachenbereich zu erfassen. Ganz abgesehen
von der Frage, wie Bedingungs- und Folgebeziehungen im Bereich der Geschichte überhaupt auffaßbar sind, müßte das Handlungssubjekt dazu nämlich
in bezug auf seine eigene historische Position eine auktoriale Perspektive einnehmen. Dies kann allerdings – wie Picht selbst verdeutlicht[68] – prinzipiell nicht
gelingen, weil sich Vorstellungen von dem, was zukünftig sein soll und damit
Vorstellungen vom Telos verantwortlichen Handelns überhaupt erst aus den
historischen Erfahrungen ergeben.

Für die gegenwärtigen Verwendungen des Begriffs Verantwortung im
Zusammenhang mit der Bewertung zukunftsweisender Entscheidungen (bzw.
Handlungen) sind aus solchen Überlegungen zwei Konsequenzen zu ziehen:
Ethisches Handeln unter Berufung auf die Kategorie Verantwortung ist für
einen Zukunftsentwurf zur expliziten Wahrnehmung und Berücksichtigung von
(vergangenen) geschichtlichen Erfahrungen verpflichtet. Zudem muß anerkannt
werden, daß *Handlungsoptionen und Bewertungskriterien immer von der geschichtlichen Herkunft mit bestimmt sind und davon auch nicht unabhängig
gemacht werden können*, daß folglich auch die moralische ,Richtigkeit' der
Handlungsgründe im Hinblick auf Zukunft unhintergehbar geschichtlich ist.
Dies bedeutet, *daß Handlungen und Urteile nicht absolut ,richtig' sein können*,
sondern daß sich deren Bewertung in Abhängigkeit von historischen Prozessen

---

[67] G. PICHT, *Wahrheit, Vernunft, Verantwortung*, S. 329.

[68] „Weil alles menschliche Handeln einen Entwurf dessen, was kommen soll, voraussetzt,
ist es prinzipiell unmöglich, die vergangene Geschichte als einen abgeschlossenen Bereich
von objektivierbaren Tatsachen zu betrachten. […] In dem Maße, in dem wir uns als unfähig
erweisen, für die Überlieferung der bisherigen Geschichte und für die Schuld der bisherigen
Geschichte selbst die Verantwortung zu tragen, in demselben Maße sind wir unfähig, in
unserer Gegenwart zu begreifen, was unsere Verantwortung für die zukünftige Geschichte
von uns fordert". (G. PICHT, ebd., S. 331)

wandeln kann bzw. muß. Wenngleich die Möglichkeit universeller Werte, Prinzipien oder Normen und damit die Möglichkeit von Kontinuität durch die Kategorie Verantwortung nicht grundsätzlich in Frage gestellt ist, erweist sich verantwortungsethisches Handeln somit als geschichtlich bedingt und als kontingent: Wo Theorie (im Sinne eines in abstracto definierten Guten) und Praxis (im Sinne der faktisch gegebenen Handlungsumstände) sich im konkreten Urteil bzw. in der konkreten Handlung vermitteln, ist deren moralische Richtigkeit folglich kontingent.[69]

8.2.2.2 Reichweite von Verantwortung

Die Zukunftsorientierung, die in jüngster Zeit für die Kategorie Verantwortung offenbar konstitutiv geworden ist,[70] geht über die bei Weber implizierte Folgenabschätzung hinaus: Weber nämlich zielt auf ein aus seinem Verantwortungsbegriff folgendes, im besten Sinne verstandenes, *strategisches* Handeln. Dieses besteht im wesentlichen in dem Appell, auf ein Ziel hinzuarbeiten und dabei die für einen konkreten gesellschaftlichen Kontext „adäquaten" Mittel zu wählen. Die Zukunftsorientierung in der Verantwortungsethik Webers betrifft – sofern man in bezug auf seinen Ansatz überhaupt von Zukunftsorientierung sprechen kann – daher nur einen vergleichsweise kurzen Zeitraum. Sie ist weniger auf ‚die

---

[69] Inwieweit die Betonung der Geschichtlichkeit in einen Ansatz angewandter Ethik umgesetzt werden kann, wird im folgenden Kapitel insbesondere am Beispiel von zwei „Story-Telling" Ansätzen noch skizziert werden. An dieser Stelle beschränke ich mich auf den Hinweis, daß beispielsweise in der an je spezifischen Leitbegriffen orientierten, deduktiv verfahrenden Statusdiskussion weitestgehend ahistorisch argumentiert wurde. Zwar nahmen Autoren verschiedentlich Bezug auf historische Erfahrungen, aber die Statusdiskussion fand insgesamt nicht als eine Reflexion auf und Auseinandersetzung mit dem Thema in seinen historischen Eingebundenheiten statt. Daß z.B. Abtreibung, Embryonenforschung, In-vitro-Fertilisation und die Transplantation fötaler Organe und Gewebe eine je eigene, durchaus miteinander vernetzte Geschichte haben, kann unter dem Paradigma der Statusdiskussion nur am Rande zur Kenntnis genommen werden. Gleiches gilt für die Statusdiskussion als Fragestellung selbst: Auch ihre eigene geschichtliche Bedingtheit wird nur thematisiert, wo die Kritik von außen diese Thematisierung einklagt. Eine angewandte Ethik, die sich als öffentlich versteht – und zwar unbedingt in dem auch vom Verantwortungsbegriff getragenen Sinne der eigenen Geschichtlichkeit und geschichtlichen Wirksamkeit – muß sich selbst fragen, was sie im Hinblick auf konkrete Lebensbedingungen, vorherrschende Menschenbilder etc. bewirkt. Die weitreichende Abwesenheit von geschichtlichem Denken ist eines der Defizite bisher vorherrschender Argumentationsweisen. Zur Kompensation dieses Defizits wird auf den Verantwortungsbegriff rekurriert, dessen Verwendung insofern symptomatisch ist; die Kategorie Verantwortung kann eine solche Kompensation aber nicht leisten.

[70] Siehe dazu z.B. K. BAYERTZ, „Eine kurze Geschichte der Herkunft der Verantwortung", bes. S. 42 ff.

Zukunft' gerichtet, sondern eher noch *als unmittelbare, für die Erreichung eines spezifischen (politischen) Ziels relevante geschichtliche Reichweite einzelner politischer Handlungen* zu verstehen. In der Verwendung des Verantwortungsbegriffs bei Apel wird dagegen deutlich, daß bereits eine größere geschichtliche Reichweite von Handlungen für die Realisierung eines Wertes bzw. eines ethischen Telos anvisiert ist. Regulative Idee für verantwortliches Handeln ist bei Apel freilich die ideale Diskurssituation, deren Realisierung angestrebt wird. Dies bedeutet zugleich, daß verantwortliches Handeln als ein strategisches, auf die *Realisierung spezifischer zukünftiger Lebensbedingungen* zielendes Handeln sich bei Erreichen dieser Bedingungen selbst aufheben wird.

Viele der neueren Verwendungen der Kategorie Verantwortung, insbesondere im Rahmen und im Zusammenhang mit Themen der angewandten Ethik, enthalten im Unterschied zu Weber und Apel die *Reichweite der Verantwortung als eigenes Thema*, wobei diese Reichweite in gewisser Weise unabhängig von Handlungszielen untersucht wird. Diese Problematisierung der Reichweite von Verantwortung resultiert aus der im jüngeren Verantwortungsbegriff enthaltenen Forderung nach einer Berücksichtigung von Handlungsfolgen und trifft auf eine für die gegenwärtigen ethischen Fragestellungen spezifische Problematik. Diese besteht darin, daß – unabhängig von der im Verantwortungsbegriff grundsätzlich implizierten Forderung, sich der historischen Dimension des Handelns bewußt zu werden – die *Folgen im Sinne von Handlungsfernwirkungen*, etwa der Erforschung und Anwendung moderner Technologien (z. B. der Gentechnologie, der Kernenergie, der Computertechnologie etc.), als eigenständiges ethisches Problem angesehen werden.[71] Die Eigenständigkeit des Problems wird deshalb angenommen, weil unter dem Aspekt der Reichweite von Verantwortung nicht lediglich die *beabsichtigten* Folgen im Hinblick auf ein (mehr oder weniger explizites) Telos betrachtet werden, sondern die *absichtsunabhängigen sog. Nebenfolgen* ins Zentrum rücken. In diesem Sinne formuliert bspw. Ropohl:

> Die Folgen der Technisierung sind ins Gerede gekommen. Kritische
> Beobachter zweifeln daran, ob die bezweckten Folgen immer noch die

---

[71] Man kann m. E. davon ausgehen, daß die ‚Renaissance‘ des Verantwortungsbegriffs durch diese Problematik initiiert wurde, und zwar in dem Sinne, daß die Motivation zur Verwendung des Verantwortungsbegriffs sich in erster Linie aus dem Zusammentreffen der spezifischen ethischen Problematik der Handlungs*fern*wirkung und dem Aspekt der Handlungsfolgenberücksichtigung in der Kategorie Verantwortung ergeben hat. Dies könnte auch den Umstand erklären, daß der Verantwortungsbegriff im Zusammenhang mit der Technik-Ethik weitaus häufiger und systematischer verwendet wird als im Zusammenhang etwa mit der Medizin-Ethik. Letztere behandelt nämlich vorwiegend Themen, für deren ethische Problematik der Aspekt der Fernwirkung nicht spezifisch ist, wenngleich er auch zunehmend eine Rolle spielt.

unbeabsichtigten Nebenfolgen überbieten. [...] Wer kalkuliert die Folgen eines technischen Projekts? [...] Und wer verantwortet, was dann, so oder so, geschieht?[72]

Im Unterschied zur Begriffsverwendung bei Weber und bei Apel geht es folglich nicht um den Aspekt des Handlungs*erfolgs* in begrenzter zeitlicher Perspektive, sondern um die *Bewertung von Handlungen unter dem Aspekt ihrer langfristigen Auswirkungen*, d.h. unter dem Aspekt ihrer geschichtlichen Dimension. Der Verantwortungsbegriff wird hierbei zunächst als ein forensischer Begriff verstanden, der die Handlungsauswirkungen einem Akteur bzw. einer Akteursgemeinschaft als Verantwortungssubjekt zuschreibt, wobei das Verantwortungssubjekt allerdings nicht – wie etwa in juristischen Begriffsverwendungen – für *vergangene* Taten zur Verantwortung gezogen wird, sondern die Akteure den Versuch unternehmen, prospektiv zu entscheiden, wie die beabsichtigten und unbeabsichtigten Folgen ihres Tuns später retrospektiv bewertet werden werden. Die Akteure sind somit bemüht, sich schuldlos zu halten. Hier berührt sich im übrigen der Aspekt der Reichweite von Verantwortung deutlich mit dem der Verantwortung gegenüber der Zukunft als Objekt. Allerdings nimmt die Reichweite von Handlungen bei der Erforschung und Anwendung von Technologien geschichtliche Dimensionen an, die die forensische Funktion der Kategorie Verantwortung grundlegend in Frage stellen.[73] In diesem Sinne bemerkt bspw. Lenk:

> Doch die Reichweite der Folgen, die Größe des Risikos, auch die Reichweite ungeplanter, ungesehener Nebenfolgen haben sich derart potenziert, daß die Dimensionen zwischenmenschlicher Interaktionen, anhand deren sich die Moralvorstellungen, die meisten ethischen Argumentationen entwickelt haben, durch diese technischen Dimensionen überholt, überdehnt, überspannt werden.[74]

Für die leitende Frage dieses Kapitels, welche Vorgehensweisen bzw. Kriterien und Bewertungen die Kategorie Verantwortung für die angewandte Ethik impliziert, ist es nicht notwendig, die Diskussion des Themas ‚Reichweite von Verantwortung‘ ausführlicher zu behandeln. Festzuhalten ist aber, daß die Thematisierung unbeabsichtigter und vor allem langfristiger Handlungsauswirkungen im Zusammenhang mit Verwendungen des Verantwortungsbegriffs zentralen Stellenwert erlangt hat. Sofern die angewandte Ethik an der Kategorie

---

[72] G. Ropohl, „Neue Wege, die Technik zu verantworten", S. 149.

[73] Ein weiteres Problem, das im Rahmen der für dieses Kapitel leitenden Fragestellung jedoch nicht näher behandelt werden kann und muß, besteht in der „Verantwortungsdiffusion", d.h. in dem Umstand, daß nicht nur ein einzelner Akteur z.B. an der Entwicklung einer Technologie beteiligt ist, sondern viele.

[74] H Lenk, „Verantwortung in, für, durch Technik", S. 64.

Verantwortung orientiert sein soll, hat sie diesen Aspekt systematisch in ihre Vorgehensweisen zu integrieren. Und zwar nicht lediglich implizit, wie bspw. für einige Positionen, die innerhalb der Statusdiskussion m. E. vorwiegend vertreten werden, z. B. um die Embryonenforschung zu verhindern und insofern präventiv zu wirken, sondern explizit und selbstreflexiv.

8.2.2.3 Zukünftiges bzw. zukünftige Generationen als Verantwortungsobjekt

Mit der Erweiterung der Perspektive auf die Fernwirkungen von Handlungen erfährt allerdings der Verantwortungsbegriff selbst eine Wandlung, und zwar von einem retrospektiven zu einem *prospektiven* Begriff. Diese Wandlung ist für die Berufung auf Verantwortung im Rahmen der angewandten Ethik von besonderer Bedeutung.

> Herrschte früher ein retrospektiver Verantwortungsbegriff vor, der die Folgen der bereits vollzogenen Handlung ihrem Verursacher zurechnet, wird heute zunehmend für einen prospektiven Verantwortungsbegriff plädiert, der dem Akteur die vorausschauende Kalkulation der möglichen Handlungsfolgen auferlegt und ihn auf eine ‚präventive‘ ‚Ethik der Zukunftsverantwortung‘ verpflichtet.[75]

Mit der Wandlung des Verantwortungsbegriffs von einem retrospektiven zu einem prospektiven Begriff hat sich jedoch nicht lediglich die Perspektive der Verantwortung geändert, sondern der Perspektivenwechsel beinhaltet gegenüber dem traditionellen Verständnis von Verantwortung eine grundlegende strukturelle Veränderung, die Ropohl allerdings kaum berücksichtigt. Entgegen der Ansicht Ropohls richtet sich nämlich der prospektive Verantwortungsbegriff *nicht mehr auf einen Akteur*, wie es für das traditionelle Verantwortungsverständnis typisch ist, sondern der prospektive Verantwortungsbegriff wird gerade in einer Situation geprägt, in der die prospektiv telosorientierte (aber auch die retrospektiv schuldorientierte) Zurechnung von Taten auf einen einzelnen Akteur bzw. auf ein einzelnes Verantwortungssubjekt kaum noch möglich ist, weil menschliches Handeln zunehmend als kollektives Handeln ins Zentrum der Betrachtung rückt. Der prospektive Verantwortungsbegriff richtet sich aus diesem Grunde *primär an Akteurskollektive*, d. h. entsprechend der Themen, die unter Berufung auf diesen Begriff behandelt werden, z. B. auf einzelne Forschergemeinschaften, insbesondere aber auf „die Gesellschaft" und sogar auf „die Menschheit". Die Wandlung des Begriffs Verantwortung ist m. E. deshalb nicht hinreichend charakterisiert, wenn lediglich der Perspektivenwechsel hervor-

---

[75] G. Ropohl, „Neue Wege, die Technik zu verantworten", S. 157f.

gehoben wird. Übersehen wird dabei nämlich, daß die Kategorie Verantwortung gegenüber den traditionellen Verwendungen jetzt auf einer anderen *Praxisebene* Verwendung findet. Denn der prospektiv gewandelte Verantwortungsbegriff ist eben nicht auf die Einzelhandlungen von einzelnen Akteuren, d. h. auf die Praxisebene des Einzelfalls, bezogen (hier gilt eher noch das traditionelle Begriffsverständnis), sondern er bezieht sich auf die *Praxisebene des kollektiven gesellschaftlichen Handelns*. M. E. ist auch der Perspektivenwechsel erst unter Inblicknahme dieser Praxisebene vollzogen worden. Er erfolgt nicht in erster Linie deshalb, weil die Konsequenzen menschlichen Handelns in zunehmendem Maße nur noch als Handlungskollektiven zurechenbar erscheinen (dies würde zwar den Übergang zu einer anderen Praxisebene, nicht aber den Perspektivenwechsel erklären). Vielmehr setzt ein Perspektivenwechsel ein, weil die (negativen) Konsequenzen kollektiven Handelns für einen Zeitpunkt antizipierbar sind, zu dem das aktuelle Handlungskollektiv bereits überlebt sein wird.

Es ist m. E. also die oben thematisierte Reichweite kollektiven Handelns in Verbindung mit den antizipierbaren negativen Konsequenzen, die einerseits zunächst den im traditionellen Verantwortungsbegriff verankerten Gedanken der Schuld aufkommen läßt, die andererseits aber zugleich die Unmöglichkeit der Wiedergutmachung bzw. Strafe verdeutlicht. Wenn aber die Wiedergutmachung bzw. Sühne einer Schuld unmöglich werden, dann ist eine wesentliche Entlastungsfunktion,[76] die in der Konstruktion des traditionellen Verantwortungsbegriffs enthalten ist, nämlich die Entlastung des Verantwortungssubjekts von seiner Schuld, obsolet geworden, und der *Präventionsgedanke* wird zum zentralen Element der Kategorie Verantwortung. Prävention heißt zunächst, die ökologischen Lebensbedingungen zukünftiger Generationen gegenüber heutigen Lebensbedingungen durch heutige Taten bzw. Unterlassungen nicht zu verschlechtern bzw. die Möglichkeit der Fortexistenz der Menschheit nicht zu gefährden. Ursprünglich in einer zunehmenden Bewußtwerdung der ökologischen Zerstörungsmacht kollektiven Handelns fundiert, erstreckt sich der im Präventionsgedanken fundierte Verantwortungsbegriff allerdings nicht (mehr) lediglich auf den Appell, man möge doch die ökologischen (Spät-)Folgen gegenwärtiger Technikanwendungen als ein Kriterium der Technikbewertung berücksichtigen, sondern der zukunftsorientierte Verantwortungsbegriff eröffnet eine

---

[76] Der traditionelle Verantwortungsbegriff beinhaltet eine doppelte Entlastungsfunktion: erstens die Entlastung von Handlungssubjekten durch die Zurechnung einer Tat bzw. Schuld auf *ein* Verantwortungssubjekt und zweitens die Entlastung dieses einzelnen Verantwortungssubjekts durch Rechtfertigung, Wiedergutmachung, Sühne bzw. Anerkennung von Strafe etc. – Siehe hierzu bspw. R. INGARDEN, *Über die Verantwortung*, S. 30 ff.; ferner W. VOSSENKUHL, „Moralische und nicht-moralische Bedingungen verantwortlichen Handelns", S. 123 ff.

umfassende eigenständige Diskussion, die unter dem Begriff „Verantwortung für zukünftige Generationen" zusammengefaßt werden kann.

Die unter diesem Leitgedanken geführte Diskussion ist keineswegs auf die Thematisierung zukünftiger ökologischer Lebensbedingungen beschränkt, sondern sie begründet die Notwendigkeit der Berücksichtigung von Interessen Zukünftiger und erörtert darüber hinaus Mittel und Wege, mit denen die Interessen Zukünftiger erfaßt werden können; zudem ist sie auch um die Erstellung entsprechender Normenkataloge für heutiges Handeln bemüht. Innerhalb dieses umfassenden Diskurses *verliert der Verantwortungsbegriff selbst zunehmend an Bedeutung*: Weder die Konstruktion des traditionellen Verantwortungsverständnisses noch die teleologische Begriffsfassung wie in den verantwortungsethischen Ansätzen von Weber und Apel spielen für die breite Diskussion der „Verantwortung für zukünftige Generationen" eine maßgebliche Rolle. So bezieht sich z.B. Birnbacher[77] trotz des gleichlautenden Titels seines Buches bei präzisen Erörterungen zur Berücksichtigung zukünftiger Interessen zwar auf das „Phänomen ‚Zukunftsverantwortung'", das er nach den Dimensionen „Zukunftsbewußtsein", „Zukunftsbewertung" und „Zukunftsorientierung im Handeln" unterscheidet,[78] aber er begründet seine Ausführungen nicht mit bzw. aus einem entsprechend begründeten und explizierten Verantwortungsbegriff. Vielmehr setzt er ein allgemeines Verständnis von Verantwortung – und zwar im Sinne der Idee einer spezifischen Aufgabenstellung, die als Bewahrung von Werthaftem und Bewahrung vor Gefahren aufgefaßt werden kann – ohne nähere Explikation der Begriffsstrukturen voraus.[79]

---

[77] D. BIRNBACHER, *Verantwortung für zukünftige Generationen.*

[78] Siehe ebd., S. 173.

[79] Siehe ebd., S. 197–199, bes. S. 199: Birnbacher spricht hier im Unterschied zu „allgemeinen *Normen* eines verantwortlichen Zukunftshandelns" (S. 92) von *„Praxisnormen der Zu-*kunftsverantwortung". – Bei einer *systematischen* Betrachtung der Kategorie Verantwortung ist aber die Vorstellung, daß nach Ideal- und Praxisnormen *der Verantwortung* unterschieden werden könnte, nicht einleuchtend, weil – wie gezeigt werden konnte – die Kategorie Verantwortung im Sinne der Vermittlung von Norm und Situation stets allenfalls ‚Praxisnormen' hervorbringt, nicht aber ‚allgemeine Normen', deren Existenz und Akzeptanz sie voraussetzt. Es zeigt sich allerdings auch, daß Birnbacher sich gar nicht auf verantwortungsethische Normen im Unterschied zu sonstigen ethischen Normen des Zukunftshandelns bezieht, sondern daß schlechthin *alle* (unabhängig vom Verantwortungsbegriff begründeten) ethisch-moralischen Normen im Zusammenhang mit Zukunftshandeln ‚verantwortungsethische' Normen *genannt* werden: „Moralische Normen enthalten eine Sollensforderung und beziehen sich somit notwendig auf Zukünftiges – im Unterschied zu moralischen Werturteilen, die sich ebenso auf Vergangenes oder Gegenwärtiges beziehen können." (S. 93) Die Bezugnahme auf die Kategorie Verantwortung hat für die Ergebnisse von Birnbachers Erörterungen weder formale noch materiale Konsequenzen, d.h., Birnbachers moralisch-ethische Erwägungen und Ergebnisse wären *ohne* Bezugnahme auf die Kategorie Verantwortung vermutlich ebenso ausgefallen.

Unabhängig davon, daß mit dem Begriff einer „Verantwortung für zukünftige Generationen" eher das Leitthema einer spezifischen Diskussion als ein spezifischer Typus bzw. Begriff von Verantwortung definiert ist, ist allerdings festzuhalten, daß der Präventionsgedanke in traditionellen wie in neueren Verwendungen des Verantwortungsbegriffs, wenn auch in unterschiedlicher Hinsicht, ein konstitutives Element bildet. Für die Themenstellung dieses Kapitels schließt sich die Frage an, wie denn der Präventionsgedanke situativ vermittelt in Prävention auch umgesetzt werden kann.

8.2.2.4 *Möglichkeiten und Wege zur Umsetzung des Präventionsgedankens der Kategorie Verantwortung*

Zu Beginn des vorigen Abschnitts wurde die Ansicht Ropohls zitiert, der prospektive, auf Prävention zielende Verantwortungsbegriff auferlege dem Akteur „die vorausschauende Kalkulation der möglichen Handlungsfolgen".[80] Ropohl hat allerdings unrecht, wenn er die im Verantwortungsbegriff geforderte Prävention darauf beschränkt. Zum einen übersieht er die m.E. gerade in den gegenwärtigen Begriffsverwendungen enthaltene Betonung der *Geschichtlichkeit* als Implikat von Verantwortung und zum anderen die damit verbundene *Kritik insbesondere an den kalkulatorischen Risikoabwägungen* der Gegenwart. Daß die Dimension der Geschichtlichkeit des Handelns in prospektiver Hinsicht nicht in Risikokalkulationen aufgehen kann, sondern umfassender zu verstehen ist, haben, wie bereits dargestellt wurde,[81] sowohl Picht[82] als auch, in anderem Zusammenhang, Jonas[83] in besonderer Weise deutlich gemacht. Nicht nur, daß die Kategorie Verantwortung demnach stets auch die hermeneutische Reflexion auf die geschichtliche Herkunft einer Handlung bzw. der Handlungssituation fordert, sondern sie hat die Integration eines Aspekts zur Konsequenz, der gerade im Zusammenhang mit der Bewertung von technologischen Entwicklungen von zunehmender Bedeutung ist: In die prospektive Wendung des Ver-

---

[80] G. Ropohl, „Neue Wege, die Technik zu verantworten", S. 157.

[81] Siehe Kapitel 8.2.2.1.

[82] „Wir haben diese Universalität dem Begriff der Verantwortung nicht von außen oktroyiert, sondern es zeigte sich, daß das Verweisungsgefüge, das den Begriff der Verantwortung konstituiert, aus sich selbst heraus diesen universalen Zusammenhang erschließt". (G. Picht, *Wahrheit, Vernunft, Verantwortung*, S. 332)

[83] „Totale Verantwortung aber muß immer fragen: ‚Was kommt danach? Wohin wird es führen?'; und zugleich auch ‚Was ging vorher? Wie vereinigt sich das jetzt Geschehene mit dem ganzen Gewordensein dieser Existenz?' Mit einem Wort: totale Verantwortung muß ‚geschichtlich' verfahren, ihren Gegenstand in seiner Geschichtlichkeit umgreifen, und dies ist der eigentliche Sinn dessen, was wir hier mit dem Element der ‚Kontinuität' bezeichnen." (H. Jonas, *Prinzip Verantwortung*, S. 196f.)

antwortungsbegriffs wird nämlich der Versuch aufgenommen, die Techniken nicht nur unter Berücksichtigung ihrer gegenwärtigen Anwendungsbedingungen, Risiken und Chancen bzw. die prospektive Fortentwicklung der technischen Möglichkeiten und ihrer Anwendungen ethisch zu beurteilen, sondern gleichzeitig die *prospektive Fortentwicklung auch späterer Handlungskontexte abzuschätzen* und als ein Kriterium für die ethische Bewertung in der Gegenwart auszuweisen. Die Gentechnologie und die Reproduktionstechnologien können als exponierte Beispiele hierfür angeführt werden, und der Versuch, ihre zukünftige Entwicklung und Anwendung sowie ihre jeweiligen umgebenden zukünftigen Kontexte zu erfassen, wird bereits (ansatzweise) durch speziell eingerichtete Institutionen[84] getragen. Eine der Arbeitsweisen der in diesen Institutionen unternommenen Technikfolgenabschätzung besteht darin, *Zukunftsszenarien* zu entwickeln und diese ethisch zu analysieren und zu bewerten, wobei man sich allerdings weitgehend auf eine Vorausschau aufgrund empirischer Daten (z.B. aus der Sozialforschung) und statistischer Verfahren und den engeren Bereich technologischer Folgen beschränkt. Bereits für die ethische Berücksichtigung von Ergebnissen dieser Technikfolgenabschätzungen ergibt sich ein Problem daraus, daß diese Ergebnisse aufgrund ihrer auch spekulativen Grundlagen (die entwickelten Zukunftsszenarien) nicht als Fakten, d.h. als objektivierbares Wissen, gelten und somit zumindest im Rahmen deduktiver Ansätze kaum als eindeutige Belege fungieren können.

Auch unter der Kategorie Verantwortung wird der Entwurf zukünftiger Szenarien konstitutiv, er kann sich hier aber nicht im Sinne der Arbeitsweise der Technikfolgenabschätzung begrenzen. Gefordert ist vielmehr die *Berücksichtigung von Szenarien, die sich als Folge je spezifischer Handlungsweisen ergeben können.* Zukunftsorientierung im Rahmen der Verantwortung kann folglich gerade nicht auf das Modell einer bloßen empirischen Datenerhebung beschränkt werden, wie bereits im Zusammenhang mit der Diskussion von Hastedts Vorschlag einer Kombination von Ethik und Technikfolgenabschätzung gezeigt wurde. Deutlich wird dies insbesondere im Ansatz von Jonas, der die Berücksichtigung zukünftiger Szenarien zum zentralen Aspekt von Verantwortung erhebt, dabei aber weit über die ‚sachliche‘, auf empirischen Daten fußende Technikfolgenabschätzung hinausgeht, die Jonas prinzipiell für zu begrenzt und damit fehlerhaft hält.[85] Dem ‚wissenschaftlichen‘ Versuch der Technikfolgenabschätzung setzt er deshalb eine *imaginative Kasuistik* entgegen, die nicht als „Beweismittel" für ethische „Richtigkeit" bzw. „Falschheit" dienen soll, sondern der Veranschaulichung von Gefahren und „der Aufspürung

---

[84] Z.B. durch das „Office for Technology Assessment (OTA)" in den USA und durch das „Büro für Technikfolgenabschätzung des Dt. Bundestages (TAB)" in Deutschland.

[85] Siehe H. JONAS, *Prinzip Verantwortung*, S. 66.

und Entdeckung noch unbekannter"[86] Prinzipien. Was somit zumindest in Jonas' Ansatz impliziert ist – m.E. aber auch, und zwar aufgrund der in ihr enthaltenen Forderungen nach Wahrnehmung und ‚nicht- bzw. außer-rationalen‘ Vorgehensweisen, für die Kategorie Verantwortung überhaupt gilt –, ist das Bemühen um einen *spezifischen Zugang auf ethische Probleme*, der sich auch hier (vergleichbar mit Formen der Kunsterfahrung) *an Wahrnehmungen orientiert*. Dieser Zugang verweist nicht allein auf den Wert, den das Fiktionale in bezug auf die *Veranschaulichung* von Entwicklungen und deren Zusammenhängen hat, sondern er impliziert zugleich, daß aus einem solchen Problemzugang *spezifische relevante Aspekte überhaupt erst ‚sichtbar‘ werden*, die auf der Grundlage einer allein empirischen Untersuchung und Prognostik verborgen bleiben. Jonas rekurriert explizit auf den Begriff der „science fiction" und zitiert exemplarisch ein literarisches Werk dieses Genres.[87] Es ist daher gerechtfertigt, Jonas' Ansatz der Szenarienbildung in gewisser Weise als ‚ästhetisch‘ zu bezeichnen. Nach Ansicht Jonas' kann der (künstlerischen) Visionierung von Lebensbedingungen in ferneren Zukünften als mögliche Konsequenzen gegenwärtiger Technikentwicklungen und -anwendungen die für seinen Ansatz so bedeutsame „heuristische Funktion"[88] zukommen. Der Vorteil der ‚science fiction‘ *als Mittel bzw. Art und Weise des Erfassens möglicher zukünftiger Realitäten* wird gegenüber der allein empirisch fundierten Technikfolgenabschätzung somit darin gesehen, daß sie nicht auf Schlußfolgerungen aus empirischen (v.a. sozial- und wirtschaftswissenschaftlichen) Daten beschränkt ist, sondern holistische Bilder möglicher zukünftiger Kontexte auf der Grundlage vielfältiger Wahrnehmungen erzeugen, den ‚Rezipienten‘ dadurch affizieren und ihm bisher Unerkanntes verdeutlichen bzw. allererst eröffnen kann. Ein in diesem Sinne *ästhetischer Zugang erfordert und akzeptiert fiktive, gleichwohl aber in der ‚Realität‘ begründete Szenarien* und ermöglicht gleichzeitig den ‚Umgang‘ mit ihnen, d.h., er ermöglicht die Wahrnehmung der und die Reaktion auf die Inhalte dieser Szenarien.[89]

---

[86] Ebd., S. 67.

[87] Ebd., S. 67f.

[88] Ebd., S. 68.

[89] Über die *Qualität der Szenarien* ist hiermit allerdings noch gar nichts ausgesagt. Sie hängt z.B. davon ab, wie umfassend Faktoren und Strömungen gesellschaftlicher Entwicklungen wahrgenommen werden. Zu berücksichtigen ist zudem, daß wohl nicht ein einzelnes Szenarium, das selbst stets aus einer jeweils spezifischen Perspektive entwickelt wird, eine gute Grundlage für entsprechende Handlungsentscheidungen bilden kann. Vielmehr sind verschiedene, ggf. sogar einander widersprechende Szenarien zu berücksichtigen. Dies ist vor allem deshalb notwendig, weil das Design jedes einzelnen Szenariums von der Biographie und dem Weltbild, insbesondere dem Erfahrungshorizont und dem Kenntnisstand, aber auch der Phantasie desjenigen abhängt, der es entwirft. Szenarien sind somit in jeder Hinsicht voraussetzungsreich.

Insofern die Kategorie Verantwortung generell einen (möglichst) holistischen Problemzugang fordert und in bezug auf die Gegenstände angewandter
Ethik (auch unabhängig von der Bezugnahme auf die Kategorie Verantwortung)
der Versuch generell an Bedeutung gewinnt, zukünftige Entwicklungen möglichst weitgehend zu erfassen, scheint der ‚ästhetische' Zugang durchaus Orientierungsfunktion übernehmen zu können. Der „science fiction" ist also gegenüber der empirisch fundierten Technikfolgenabschätzung deshalb der Vorzug
zu geben, weil sie wegen der *Integration von Wahrnehmungen, die sich dem
empirisch Meßbaren und Belegbaren sowie der rein rationalen Schlußfolgerung
entziehen*, auf der einen Seite ein umfassenderes „Bild" von Zukunft erzeugen
kann und auf der anderen Seite trotz ihrer Fiktionalität nicht beliebig, sondern
in Erfahrungen fundiert ist und daher ethisch-moralische Orientierung ermöglicht. Impliziert ist damit gleichzeitig, daß die „science fiction" aufgrund der mit
ihr verbundenen Formen der Wahrnehmung, Veranschaulichung und Auseinandersetzung in gewisser Weise ‚Erkenntnisse' hervorzubringen vermag.

Dies bedeutet aber auch, daß die Wahrnehmung und eigene Positionierung
gegenüber dem Wahrgenommenen nicht, wie bei Jonas, auf das Erfassen zukünftiger Realitäten beschränkt sein muß. Vielmehr kann gerade angesichts der generellen Komplexität ethisch problematischer Situationen ein an Wahrnehmungen
orientierter Problemzugang, der zur Überwindung des Problems der empirisch
nicht erfaßbaren Komplexität zukunftsbestimmender Bedingungen entwickelt
wurde, prinzipiell *auch für die Gegenwart* angemessen sein. Freilich ist dies
nicht auf die „science fiction" selbst zu beziehen, wohl aber auf die These, daß
*Formen der Kunsterfahrung generell für die Bewältigung ethischer Probleme
nutzbar* gemacht werden können. Diese These wird z. B. von Wolfgang Welsch
vertreten, der einen Ansatz des sog. *„ästhetischen Denkens"* entwickelt hat, den
er den – seiner Ansicht nach – unzulänglichen deduktiven und induktiven Problemzugängen entgegenstellt.[90] Welsch will eine Denkweise propagieren, die der
Komplexität und Pluralität der gegenwärtigen Situation und ihrer Problematiken gewachsen ist. Diese sieht Welsch in der Ästhetik als Aisthetik im Sinne
der „Thematisierung von Wahrnehmungen *aller Art*"[91] gegeben.

> [Das] Votum für ein ‚ästhetisches Denken' [bedeutet allerdings] keines-
> wegs ein simples Plädoyer für Empfindung, Gefühl, Affekt und der-
> gleichen – jedenfalls solange nicht, wie man diese Phänomene noch
> traditionell, also im Schema einer Gegenüberstellung zu Reflexion, Ge-
> danke, Begriff denkt. Es käme aber darauf an, diesem Schema nicht
> länger zu willfahren, sondern die inneren Wahrnehmungspotenzen des

---

[90] Siehe auch Kapitel 9.
[91] W. WELSCH, *Ästhetisches Denken*, S. 9.

Denkens zu mobilisieren und die Reflexionsanstöße der Wahrnehmung zu entfalten.[92]

Welsch entwickelt seine Position vollkommen unabhängig vom Begriff der Verantwortung und auch auf der Grundlage anderer Fragestellungen, als sie für den Ansatz von Jonas maßgeblich sind. Dennoch kann am Beispiel seines Ansatzes aufgezeigt werden, daß ein auf Wahrnehmungen basierendes, *am Modell der Kunsterfahrung orientiertes Denken* zunehmend als Ergänzung zum begrifflichen Denken im Sinne deduktiver und induktiver Problemzugänge verstanden wird. Welsch ist der Ansicht, es gebe „Sachverhalte, die als originäre eben nur durch wahrnehmungsartige Vollzüge erschlossen und nicht etwa logisch-induktiv oder -deduktiv gewonnen werden können",[93] und er vertritt daraufhin die These,

> daß ästhetisches Denken gegenwärtig das eigentlich *realistische* ist. Denn es allein vermag einer Wirklichkeit, die – wie die unsrige – wesentlich ästhetisch konstituiert ist, noch einigermaßen beizukommen. Begriffliches Denken reicht hier nicht aus, eigentlich kompetent ist – diagnostisch wie orientierend – ästhetisches Denken. Ausschlaggebend für diese Veränderung in der Kompetenz eines Denktypus – für diese Verlagerung von einem logozentrischen zu einem ästhetischen Denken – ist die Veränderung der Wirklichkeit selbst.[94]

Es steht hier nicht zur Debatte, ob man den Einschätzungen von Welsch über die Verfaßtheit der Wirklichkeit folgen muß. Für die Fragestellung dieses Kapitels ist unabhängig davon wichtig, daß Welsch den von ihm vorgeschlagenen wahrnehmungsorientierten „Denktypus" für geeignet hält, ‚Sachverhalte‘, die prinzipiell als originär (d.h. in ihren je spezifischen Konstellationen als einzigartig) zu verstehen sind, zu erfassen. Es hat sich im bisherigen bereits gezeigt, daß gerade unter Bezugnahme auf die Kategorie Verantwortung Sachverhalte

---

[92] Ebd., S. 55.

[93] Ebd., S. 109.

[94] Ebd., S. 57. – Bei der Erläuterung der Art und Weise, in der sich Wirklichkeit verändert hat, bezieht sich Welsch vor allem auf die Medienkultur der westlichen Gesellschaften: „In einer Welt zunehmender Medialität existiert Mitleid vornehmlich als zeichenhaftes Gefühl von Bildschirmpersonen, wird Ethik zum telegenen Zitat und gibt es Solidarität primär als gemeinsames Benutzerverhalten einer televisionären Solidargemeinschaft." (S. 16) Welsch ist hierbei der Ansicht, daß die zunehmende mediale Ästhetisierung der Lebenswelt (im Sinne der Animation zum Konsum) „zugleich mit einer sozialen Anästhetisierung verbunden [ist], also mit einer zunehmenden Desensibilisierung für die gesellschaftlichen Kehrseiten einer ästhetisch narkotisierten Zweidrittel-Gesellschaft". (S. 15) Mit seinem Ansatz des „ästhetischen Denkens", das Welsch als kritisch-reflexives Wahrnehmen versteht, will er gegen eben diese ‚Narkotisierung‘ antreten.

grundsätzlich als originär aufzufassen sind, und zwar deshalb, weil sie jeweils von spezifischen situativen Bedingungen bestimmt sind.

Wenn nun Jonas im Zusammenhang mit der Bewertung von zukünftigen technologischen Entwicklungen eine an der Literatur orientierte Szenarien-bildung vorschlägt, impliziert er zwar m. E. zu recht, daß ‚die Zukunft' einen originären Sachverhalt darstellt, der sich einem allein an begrifflichem Denken orientierten Reflexionsmodus entzieht, aber er übersieht, daß es hinsichtlich der Komplexität und der ‚Einzigartigkeit' von Sachverhalten keinen prinzipiellen Unterschied zwischen gegenwärtigen und zukünftigen gibt. Dieser Umstand relativiert aber die oben skizzierte Lesart des Vorschlags von Jonas: Letztlich geht es ihm bei der ‚science fiction', die es zu betreiben gilt, lediglich um die fiktionale Ersetzung faktischer Leerstellen, nicht aber um einen spezifisch ästhetischen Problemzugang. Anders als Welsch vertraut Jonas damit nicht grundsätzlich einem ästhetischen Denktypus, sondern nimmt einen gewissen ‚Wahrheitswert' der Fiktion selbst an. Sofern aber dem explizit Fiktionalen ‚Wahrheitswert' zuerkannt werden soll, ergibt sich ein Problem, das Jonas selbst thematisiert, nämlich, daß „die Unsicherheit der Zukunftsprojektionen [...] zur empfindlichen Schwäche dort [wird], wo sie die Rolle von Prognosen überneh-men müssen, nämlich in der praktisch-politischen Anwendung".[95] Zusätzlich zu diesem Argument kann gegen einen wahrnehmungsorientierten bzw. ästhe-tischen Problemzugang der grundsätzliche Einwand erhoben werden, daß die ‚Erkenntnisse' aus und Einstellungen zu den Zukunftsprojektionen wie auch die Projektionen selbst möglicherweise stets persönlich-emotional sind und auch deshalb nicht im praktisch-politischen Sinne verallgemeinert werden können. Wer aufgrund seiner persönlichen Erfahrungen eine positive Grundhaltung zu technischen Entwicklungen einnimmt, wird andere Zukunftsprojektionen und andere Emotionen entwickeln als jemand, der eine skeptische Grundhaltung hat. Entgegen der Implikation von Jonas und entgegen der Auffassung von Welsch gerät die Anlehnung an Modelle der Kunstproduktion und Kunsterfahrung, die bei beiden für die angewandte Ethik vorgeschlagen wird, unter den Verdacht, lediglich emotivistische Bewertungen hervorzubringen. Ein solcher Verdacht basiert im wesentlichen auf der Ansicht, daß ästhetische und philosophische Erkenntnis streng zu trennen und unvereinbar sind. Ob aber der Erkenntnis-begriff im Sinne eines propositionalen Wahrheitswertes überhaupt geeignet ist, die Vergleichbarkeit und Vereinbarkeit von ästhetischen und philosophischen Problemzugängen festzustellen, ist fraglich. Dies thematisiert z. B. der Logiker Gabriel folgendermaßen:

> Zunächst einmal ist freilich noch gar nicht geklärt, daß dieses Verhältnis [von Wissenschaft, Philosophie und Dichtung, C. K.] tatsächlich durch-

---

[95] H. Jonas, *Prinzip Verantwortung*, S. 68.

gehend in Begriffen von Erkenntnis zu fassen ist. Es wird, und dies gerade auch aus wissenschaftstheoretischer Sicht, häufig geleugnet, daß auch Kunst und Dichtung Erkenntnisse zu vermitteln vermögen. Es wird ihnen dann statt einer solchen kognitiven Funktion eine emotive zugewiesen.[96]

Gegen eine solche Zuweisung hebt Gabriel einen Aspekt hervor, der insbesondere auch innerhalb der in der Kategorie Verantwortung implizierten wahrnehmungsorientierten Problemzugänge eine zentrale Rolle spielt:

> Dichtung bezieht sich nicht direkt-referentiell auf Welt, indem sie *über* diese etwas *aussagt*, sondern indirekt-exemplarisch, indem sie Welt *vorführt*.[97]

Die Betonung ästhetischer Erkenntnis- bzw. Denkweisen, die Jonas mit seinem Bezug auf das Genre der „science fiction" impliziert und die bei Welsch zu einem eigenständigen ethischen Ansatz entwickelt wird, hat genau dies zum Ziel: Dort, wo umfassende und konzise *Aussagen über Welt* (z. B. aufgrund von undurchdringbarer Komplexität relevanter Aspekte oder aufgrund der Zukünftigkeit der betrachteten Welt) nicht möglich sind, ist *ein wahrnehmungsorientiertes, indirekt-exemplarisches Vorführen von Welt* angezeigt. In eben dieser Hinsicht hält auch Gabriel ästhetische und philosophische Argumentationsweisen für komplementär:

> Die ästhetische Argumentation arbeitet weniger mit Beweisgründen als vielmehr mit Hinweisen. Ihre entscheidende Grundlage ist, daß der andere das sieht, was ich ihm zu zeigen versuche. Und etwas zu sehen, ist, wie wir ja selbst in ganz alltäglichen Wahrnehmungssituationen erfahren können, eben nicht erzwingbar; es ist aber durch Übung in gewissen Grenzen erlernbar.[98]

Man kann aus diesen Gründen wahrnehmungsorientierte bzw. ästhetische Problemzugänge nicht von vornherein mit dem Argument zurückweisen, sie führten lediglich zu emotivistischen Ergebnissen, aber man kann den Ergebnissen dieser Problemzugänge auf der anderen Seite auch keinen propositionalen Wahrheitswert zuschreiben. Der im wahrnehmungsorientierten bzw. ästhetischen Zugang systematisierte Versuch, *propositional nicht erfaßbare Aspekte zu verdeutlichen und der Argumentation so zur Verfügung zu stellen*, ist jedoch für die Kategorie Verantwortung konstitutiv und erscheint angesichts der Komplexität der Problemgegenstände angewandter Ethik als ein aussichtsreiches Mittel für das Erfassen der ethisch problematischen Situation.

---

[96] G. GABRIEL, *Zwischen Logik und Literatur*, S. 208.

[97] Ebd., S. 216.

[98] Ebd., S. 218.

8.2.3 Fürsorglichkeit als Anspruch der Kategorie Verantwortung

Es wurde bereits erwähnt, daß mit den Verwendungen des Begriffs Verantwortung häufig und besonders dort, wo man sich ohne nähere Explikation seiner Strukturen und Gehalte auf ihn bezieht, der Gedanke an Bewahrung bzw. Fürsorge konnotiert ist. Diese Verwendungen betonen den Begriff Verantwortung in erster Linie als Oberbegriff für Handlungen, die auf die Sorge für das Objekt der Verantwortung bzw. die Bewahrung des Verantwortungsobjekts zielen, wobei das *Verantwortungsobjekt stets als inhärent wertvoll* gedacht wird.

Konkretisiert und exemplifiziert wird dieses Verständnis zumeist durch Bezugnahme auf das Eltern-Kind-Verhältnis, an dem die Idee der Verantwortung intuitiv erfaßbar werden soll.[99] Die ideale Vorstellung des Verhältnisses von Eltern (als Verantwortungssubjekte) zu ihrem Kind (als Verantwortungsobjekt) und die mit der Vorstellung dieses Verhältnisses verbundenen Ansprüche an die fürsorglichen und bewahrenden Handlungsweisen der Eltern (als verantwortliches Handeln) gelten hierbei als paradigmatischer Fall von Verantwortung. Besonders im Ansatz von Jonas hat dieser paradigmatische Fall von Verantwortung zentralen Stellenwert erlangt:

> Die von der Natur instituierte, das heißt von Natur aus bestehende Verantwortung ist, in dem einzigen bisher erbrachten (und allein vertrauten) Beispiel der elterlichen Verantwortung, von keiner vorherigen Zustimmung abhängig, unwiderruflich und unkündbar; und sie ist global.[100]

Das Beispiel der elterlichen Verantwortung für ihre Kinder soll insbesondere bei Jonas – durchaus aber auch bei anderen Autoren bzw. generell – verdeutlichen, daß sowohl die Bedeutung des Begriffs Verantwortung selbst als auch die mit diesem Begriff verbundenen Handlungsansprüche *intuitiv-emotional erfaßbar* sind. Darüber hinaus soll dieses Beispiel die entsprechend implizierten *Hand-*

---

[99] Im Unterschied zur Verdeutlichung der mit dem Begriff Verantwortung konnotierten Fürsorge- und Bewahrungspflichten anhand der Eltern-Kind-Beziehung konkretisiert z.B. Weischedel den Typus der „Fürverantwortlichkeit" als „soziale Verantwortlichkeit" am Beispiel der Pflichten, die Minister, Richter und Lehrer gegenüber dem und im Staat haben (siehe W. Weischedel, *Das Wesen der Verantwortung*, S. 38).

[100] H. Jonas, *Prinzip Verantwortung*, S. 178. – Jonas unterscheidet zwischen Natur- und Vertragsverantwortung, wobei die natürliche Verantwortung den eigentlich moralischen Wert von Verantwortung trägt und die vertragliche Verantwortung weitgehend als pflichtgemäßes Verhalten auf der Grundlage eines kündbaren Vertrages verstanden werden kann. Tatsächliches „unverantwortliches" Handeln ist demnach nur in bezug auf die natürliche Verantwortung denkbar. Eine Verletzung vertragsmäßig übernommener Pflichten ist damit nicht schon selbst, sondern nur mittelbar, d.h. in bezug auf die natürliche Verantwortung, als „unverantwortlich" zu bezeichnen (siehe S. 178f.).

lungsansprüche als Handlungspflicht des Verantwortungssubjekts ausweisen, ohne sie als Pflichten eigens begründen zu müssen.[101]

Die Betonung der somit im Verantwortungsbegriff – m. E. grundsätzlich – implizierten Bewahrungs- und Fürsorgepflichten nimmt insbesondere bei der Verwendung des Begriffs in der Technik- und Umwelt-Ethik großen Raum ein und ist hier auf ‚zukünftige Generationen‘ bzw. auf ‚die Natur‘ als Verantwortungsobjekte bezogen. Es sollen an dieser Stelle jedoch nicht die mit diesen spezifischen Verwendungen verbundenen Problematiken[102] behandelt werden, sondern die folgenden Ausführungen sind von der Frage geleitet, ob und (wenn ja) welche Rückschlüsse sich aus den mit dem Begriff Verantwortung verbundenen Fürsorge- und Bewahrungspflichten für die Konzeption von Vorgehensweisen oder Bewertungskriterien einer angewandten Ethik ergeben. Diese Fragestellung soll unter zwei Aspekten verfolgt werden: im Hinblick *erstens* auf die *Art von Beziehung zwischen Verantwortungssubjekt und Verantwortungsobjekt*, die in den Verwendungen des Begriffs Verantwortung vorausgesetzt ist, und *zweitens* die Frage, wie die *Ansprüche an Fürsorglichkeit vom Verantwortungssubjekt umgesetzt* werden können.

Beziehung zwischen Verantwortungssubjekt und Verantwortungsobjekt:
Bei dem für die Kategorie Verantwortung paradigmatischen Fall der Verantwortung von Eltern gegenüber ihrem Kind ist der Aspekt der ‚*Beziehung*‘ als *Grundlage für Kriterien der Handlungsentscheidung* hervorgehoben. Der ideale Fall soll verdeutlichen, daß aus der (existentiellen) Abhängigkeit des Kindes von den Eltern Handlungspflichten der Eltern erwachsen, die nicht lediglich als (wie auch immer geäußerte) Ansprüche des Kindes faßbar sind, sondern eine von entsprechenden Äußerungen unabhängige, *intuitiv erfaßbare moralische Pflicht* bedeuten. Gerade in dieser Hinsicht geht die Forderung nach Fürsorglichkeit unter Berufung auf Verantwortung in gewisser Weise über entsprechende Forderungen unter Berufung etwa auf Vertragstheorien hinaus: das (existentiell abhängige und inhärent wertvolle) Verantwortungsobjekt muß gar nicht erst als

---

[101] Darüber hinaus dient das Beispiel speziell bei Jonas aber auch dazu, die im Begriff Verantwortung implizierten Ansprüche an fürsorgliches und bewahrendes Handeln als *Fürsorge- und Bewahrungspflichten ontologisch zu begründen*, um von da aus die Kategorie der Verantwortung auf die Zukunft bzw. auf zukünftige Generationen ausweiten zu können. „Die von Jonas als ‚ontologisch‘ bezeichnete Idee vom Menschen ist nichts anderes als die von den gegenwärtig Lebenden einzusehende und zu übernehmende Forderung nach der Erhaltung von Menschheit überhaupt." (M. RATH, *Intuition und Modell*, S. 84)

[102] Solche Themen sind z. B. die Frage, ob zukünftige Generationen, im Sinne von potentiellen Generationen, überhaupt als Verantwortungsobjekt angesehen werden können, aber auch z. B. die Frage, ob ‚die Natur‘ für sich genommen, d. h. unabhängig von einer anthropozentrischen Wertzuschreibung, als inhärent wertvoll und damit als Verantwortungsobjekt gedacht werden kann.

‚Vertragspartner' gedacht werden, und seine Rechte (bzw. berechtigten Ansprüche) brauchen auch nicht eigens begründet zu werden. Die im Verantwortungsbegriff bezeichnete moralische Pflicht zur Sorge für ein Verantwortungsobjekt
gilt unabhängig von der Begründung und Anerkennung von dessen Rechten.
Für die Übertragung bzw. Anwendung des Verantwortungsbegriffs im Sinne
einer Verpflichtung zu Bewahrungs- und Fürsorglichkeits-Handlungen auf andere Situationen und Fälle bedeutet dies, folgendes anzunehmen: 1. Das Handlungsobjekt muß inhärenten Wert besitzen, und es muß 2. von den Handlungen
(bzw. Unterlassungen) des Subjekts (existentiell) betroffen sein, d.h. vom Subjekt der Verantwortung abhängig sein. Sofern dies gegeben ist, gelten unter
Berufung auf die Kategorie Verantwortung Fürsorge- und Bewahrungspflichten
für das Subjekt der Handlung auch ohne entsprechende Rechte des Objekts der
Handlung.
       Die Kategorie Verantwortung beinhaltet auf dieser Grundlage die Forde-
rung nach einer Analyse bzw. Wahrnehmung von *je nach Handlung und Handlungskontext unterschiedlichen Beziehungsstrukturen*. In diesem Sinne stellt z.B.
Zimmerli fest, daß „zur Verantwortung [...] mithin wesentlich die graduell zu
unterscheidende reflexive Form der faktischen Abhängigkeit von Seienden
untereinander"[103] gehört. Daß dies nicht unbedingt im Sinne aktuell seiender
natürlicher Personen zu verstehen ist, sondern durchaus bspw. auch auf Sachen
und auf Zukünftiges übertragbar ist, verdeutlicht Zimmerli ebenfalls:

> Wenn in der Tat, wie ich eingangs feststellte, Verantwortung nichts als
> die bewußtgemachte Beziehung gegenseitiger Abhängigkeit ist, dann gilt
> in der Tat, daß der Mensch eine sukzessiv gestufte Verantwortung für
> alles und allem gegenüber hat, mit dem er in Handlungsbeziehung
> steht.[104]

Für ein derart weit gefaßtes Begriffsverständnis sieht Picht allerdings als Problem, daß Verantwortung kaum noch übernommen werden kann.

> Der Begriff Verantwortung droht, in einer Zeit, in der die Menschheit
> durch ihr Tun und Unterlassen über die Möglichkeit ihrer zukünftigen
> Geschichte verfügt, zu einem Oberbegriff für alle jene Verpflichtungen
> zu werden, die wir zwar haben, aber nicht erfüllen können, die uns zwar
> aufgegeben sind, aber zugleich nur dazu dienen, uns die Nichtigkeit vor
> Augen zu führen, zu der sich das moralische Bewußtsein durch die
> Übermacht der technischen Apparaturen verdammt fühlt. Wir können
> uns der Universalität, in die uns der Begriff der Verantwortung ver-
> weist, nicht entziehen, aber durch eben diese Universalität droht das

---

[103] W.Ch. Zimmerli, „Wandelt sich die Verantwortung", S. 100.
[104] Ebd., S. 108.

Gefüge von Verpflichtungen, in das wir durch unsere Verantwortung gestellt sind, jede konkrete Verbindlichkeit zu verlieren.[105]

Einen Ausweg aus der Fatalität faktisch nicht zu übernehmender universeller Verantwortung sieht Picht in der Definition von Zuständigkeitsbereichen,[106] die einzelnen moralischen Subjekten zukommen. „Konsequent entwickelt Picht demgemäß sein Personverständnis nicht von der Subjektstruktur, sondern von der ‚Rolle‘ und der in ihr enthaltenen Zuständigkeiten her, die dem Subjekt im Kontext seiner sozialen Aufgaben zuwachsen.“[107] Ob die universelle Verantwortung sich in Zuständigkeitsbereiche gleichsam aufteilen läßt, ist m. E. allerdings schon wegen der übergeschichtlichen Bedeutung des Begriffs ‚universell‘ zu bezweifeln.[108] Gleichwohl ist Pichts Ansatz beim *Subjekt als Träger einer Rolle* wichtig. Er verdeutlicht, daß die Kategorie Verantwortung, sobald sie nicht allein im Sinne einer formal-universalen Kategorie verstanden wird, sondern auch als konkrete, unmittelbare Handlungskategorie, Abhängigkeitsverhältnisse thematisiert und das Subjekt in seinen sozialen Rollen versteht. Die Forderung, die die Kategorie Verantwortung in dieser Beziehung enthält, ist im wesentlichen die nach Wahrnehmung und moralischer Berücksichtigung der Verletzlichkeit des Abhängigen. Jonas definiert Verantwortung in diesem Sinne folgendermaßen: „Verantwortung ist die als Pflicht anerkannte *Sorge* um ein anderes Sein, die bei Bedrohung seiner Verletzlichkeit zur ‚Besorgnis‘ wird.“[109]

---

[105] G. PICHT, *Wahrheit, Vernunft, Verantwortung*, S. 335. Siehe ähnlich auch J. ROHBECK, *Technologische Urteilskraft*, S. 262: Rohbeck merkt in ähnlichem Sinne kritisch an, der Begriff Verantwortung ginge „in schwindelnde Höhen bis zu jenen Verantwortungen für Menschheit, Natur und Universum, die in besonderem Maße vom Techniker zu tragen seien". – Siehe zudem den Abschnitt über die Reichweite von Verantwortung in diesem Kapitel.

[106] Siehe G. PICHT, *Wahrheit, Vernunft, Verantwortung*, S. 336f. – Picht geht hier davon aus, „daß unsere geschichtliche Welt eine Struktur hat, die es erlaubt, in ihr Zuständigkeitsbereiche abzugrenzen", die er zugleich als „Aufgabenkreise" versteht.

[107] R.-P. KOSCHUT, *Strukturen der Verantwortung*, S. 185.

[108] Es ist m. E. vielmehr so, daß hier zwei unterschiedliche Aspekte der Kategorie Verantwortung bzw. der Bedingung der Möglichkeit des Handelns unter Bezugnahme auf diese Kategorie zum Tragen kommen: Im universellen Sinne hat die Kategorie Verantwortung – meiner Ansicht nach – eine *Bewußtmachungs*funktion, die vom moralischen Subjekt fordert, eigenes Handeln als geschichtlich bedingtes und Geschichte bedingendes aufzufassen. Im Unterschied dazu hat die Kategorie Verantwortung im begrenzten, auf Zuständigkeitsbereiche bezogenen Sinne die Funktion der konkreten, einzelfallbezogenen *Vermittlung* von Norm und Situation. Die Wahrnehmung bzw. die Übernahme von Verantwortung im universellen Sinne ist nach dieser Unterscheidung erstens prinzipiell möglich und zweitens nicht in Zuständigkeitsbereiche aufteilbar.

[109] H. JONAS, *Prinzip Verantwortung*, S. 391.

Verantwortung und die Realisierung von Fürsorglichkeit:
Wenn trotz der offensichtlichen Schwierigkeiten, die mit der Übertragung des
ideal vorgestellten paradigmatischen Falls von Verantwortung auf andere Fälle
verbunden sind, zumindest intuitiv erfaßt werden kann, was mit der Verantwortung für ein abhängiges Objekt der Verantwortung gemeint ist, so ist
dennoch die Frage aufgeworfen, wie denn die geforderte Fürsorglichkeit in die
Tat umgesetzt werden kann. Mit anderen Worten: Wie hat man vorzugehen,
wenn man Verantwortung als Fürsorglichkeit tatsächlich wahrnehmen will, d. h.,
welche Vorgehensweisen sind mit der in diesem Sinne verstandenen Verantwortung verbunden?

Aufschluß über diese Frage kann anhand von Nel Noddings „femininer"[110]
„Ethics of Care" erlangt werden, die unter Bezugnahme auf den Aspekt ‚psychischer Verbundenheit' und in bewußter Abgrenzung von prinzipiengeleiteten
bzw. von Leitbegriffen je spezifischer ethischer Theorien ausgehenden deduktiven Verfahrensweisen konzipiert ist. Noddings ethischer Ansatz „bildet insofern eine Alternative zu den gegenwärtig dominanten Ansätzen, als sie mit der
moralischen Haltung oder mit der Sehnsucht nach dem Guten und nicht mit der
moralischen Reflexion beginnt".[111] In Übereinstimmung mit den im Verantwortungsbegriff implizierten Fürsorge- und Bewahrungspflichten zielt das sor-
gende Handeln im Ansatz von Noddings auf den Schutz und das Wohlergehen
des anderen:

> Als Sorgender-Teil zu handeln heißt also, mit spezieller Achtung für die
> besondere Person in einer konkreten Situation zu handeln. Wir handeln
> […] um den Umsorgten-Teil zu schützen und sein Wohlergehen zu be-
> fördern.[112]

Wenn man die allgemeine Erwünschtheit eines solchen Handelns annimmt,
stellt sich allerdings die Frage, auf welche Weise sorgendes Handeln zu voll-
ziehen ist. Wesentlich ist dafür der Versuch, sich in die Situation des anderen
hineinzuversetzen:

> Zum Sorgen gehört ein Heraustreten aus unserem eigenen persönlichen
> Bezugsrahmen und ein Sich-Hineinbegeben in den Bezugsrahmen des
> anderen. Wenn wir sorgen, ziehen wir den Standpunkt des anderen in
> Betracht, wir erwägen seine objektiven Bedürfnisse und was er sich von
> uns erwartet.[113]

---

110 Noddings bezeichnet ihren Ansatz als „femininen" im Unterschied und in Abgrenzung
von „feministischen" Ansätzen.
111 N. Noddings, „Warum sollten wir uns um das Sorgen sorgen?", S. 136.
112 Ebd., S. 165.
113 Ebd., S. 164.

Unter der Situation, in die es sich hineinzuversetzen gilt, wird dabei nicht in einem umfassenden und holistischen Sinne der konkret-allgemeine Gesamtkontext, in dem ein einzelner Fall steht (wie etwa eine konkrete gesellschaftspolitische Lage), verstanden, sondern sehr spezifisch die *Situation der konkreten handlungsabhängigen Person*. Durch den Aspekt des Sorgens ist vom Handlungs- bzw. Verantwortungssubjekt folglich gefordert, nicht die gesamte – und somit auch die eigene – Situation zu erfassen, sondern es geht darum, besonders die Situation des Handlungs- bzw. Verantwortungsobjektes wahrzunehmen und zum Kriterium der Handlungsentscheidung werden zu lassen. Ethisches Handeln unter dem Aspekt des Sorgens – und damit auch unter Bezugnahme auf die Kategorie der Verantwortung – verortet somit „Moralität primär in dem der Handlung vorgelagerten Bewußtsein des Sorgenden-Teiles".[114]

Ein offensichtliches Problem besteht jedoch darin, daß fraglich ist, *ob sich die Situation, d. h. die Realität des anderen, überhaupt wahrnehmen läßt*. Dieses Problem ist noch potenziert, wenn es sich bei dem anderen um zukünftig Seiendes handelt. Noddings mißt dieser Problematik allerdings nur wenig Bedeutung zu, da es ihr weniger um das Gelingen des Einfühlens im Sinne eines umfassenden An-die-Stelle-des-anderen-setzen geht, als vielmehr um die *Bereitschaft* dazu, sich in die Lage des anderen hineinzuversetzen:

> Und obwohl ich die Realität des anderen niemals vollständig erfassen kann, *versuche* ich, es zu tun. Dies ist der grundlegende Aspekt des inneren Sorgens.[115]

Die Tatsache, daß die Realität des anderen, d. h. des Verantwortungsobjekts, nicht vollständig erfaßt werden kann, hat allerdings erhebliche Konsequenzen für die *Bewertbarkeit* der jeweiligen fürsorglichen Handlung. Ebenso wie die Handlung selbst kann nämlich auch ihre Bewertung lediglich in *Vermutungen* über die Realität, d. h. die Situation des Verantwortungsobjekts begründet sein. Aufgrund der letztlich nicht vollständig zu erfassenden Situation stehen daher weder für die Handlung selbst noch für deren Bewertung objektivierbare bzw. allgemeingültige Kriterien zur Verfügung. Insofern kann eine Feststellung, die Noddings in bezug auf ihren Ansatz trifft, auch auf die Kategorie Verantwortung übertragen werden:

> Eine solche Ethik versucht nicht, das Bedürfnis nach menschlichem Urteil mit einer Reihe von ‚Du sollst' und ‚Du sollst nicht' zu reduzieren. Vielmehr trägt sie dem Umstand Rechnung, daß es Situationen und Bedingungen gibt, in welchen ein Urteil (im unpersönlichen und

---

[114] Ebd., S. 170.
[115] Ebd., S. 151 (Hervorhebung C. K.).

logischen Sinn) rechtmäßig zugunsten von Glauben und Verpflichtung beiseite gestellt werden mag.[116]

Auch im Zusammenhang mit der Frage der möglichen konkreten Realisierung von Fürsorglichkeit durch verantwortliches Handeln sieht man sich also auf die Notwendigkeit *nicht-rationaler* Formen der Urteilsbildung verwiesen. Diese beinhaltet allerdings einen *Unsicherheitsfaktor*, der auf die *Bewertbarkeit* verantwortlichen Handelns und damit – und zwar einschränkend – auf die Verantwortlichkeit selbst zurückwirkt. Diesen Aspekt betont Ingarden:

> So tritt in den ganzen Vorgang eine eigentümliche Unsicherheit, da der Handelnde sich nicht voll dem Handeln selbst hingeben kann, sondern zugleich mit dem Sich-zum-Bewußtsein-Bringen der Gefahren, d.h. der

---

[116] Ebd., S. 166. – Der Begriff „Glauben" ist hier wohl nicht im religiösen Sinne verstanden, sondern eher im Sinne des Vermutens, daß etwas richtig ist. – Zu betonen ist, daß Situativität nicht nur in bezug auf die ‚Richtigkeit' der konkret notwendigen Handlungsentscheidung relevant ist, sondern auch die Notwendigkeit verantwortlichen bzw. sorgenden Handelns überhaupt bedingt. Es sind somit Bedingungen denkbar, in denen die Notwendigkeit zu sorgendem Handeln bzw. Handeln unter Bezugnahme auf die Kategorie Verantwortung gar nicht besteht. In diesem Sinne trifft Noddings folgende Feststellung: „Bedingungen ändern sich, und die Zeitspannen sorgender Aktivität variieren gleichfalls." (Ebd., S. 154.) – Wenn man sich in Erinnerung ruft, daß z.B. Apel die Notwendigkeit verantwortlichen Handelns (im Sinne strategisch-teleologischen Handelns) quasi als ‚Übergangsregelung' versteht, wird deutlich, *inwieweit eine zeitliche Begrenztheit dieser Notwendigkeit nicht nur in bezug auf einen Einzelfall, sondern prinzipiell denkbar ist.* Im Unterschied dazu steht allerdings die Position Weischedels. Dieser faßt Selbstverantwortung, die zugleich Grundlage und Instanz weiterer Formen von Verantwortung ist, als existentiellen Aspekt menschlichen Daseins auf: „Selbstverantwortung heißt: *ich verantworte vor mir selbst mich – den Anspruch auf Verwirklichung, den ich im Bilde einer Möglichkeit meines Existierens an mich stelle –.*" (W. WEISCHEDEL, *Das Wesen der Verantwortung*, S. 56) Das Wegfallen der Notwendigkeit zu dieser Form von Grundverantwortung würde somit zugleich das Ende der Freiheit des Menschen bzw. der Person und damit das Ende der *Möglichkeit* von Verantwortung bedeuten: „Voraussetzung dafür, daß überhaupt so etwas wie Grundselbstverantwortung geschehen kann, ist, daß dem Menschen eine bestimmte Art von Freiheit zukommt: *das Freisein für den Anspruch meines Selbstseins.* [...] Freisein für den Anspruch ist also *Vermögen der Entscheidung.*" (Ebd, S. 88) Wenngleich Weischedels Position verdeutlicht, in welcher Hinsicht die Notwendigkeit zur Verantwortung für den im bestimmten Sinne freien Menschen mit dessen Existenz zusammenfällt und insofern prinzipiell *nicht* unabhängig von dieser Existenz zeitlich begrenzt denkbar ist, steht seine Ansicht nicht unbedingt im Gegensatz zu der Auffassung, daß es Situationen des Daseins sind, die darüber entscheiden, ob ein Handeln orientiert an der Kategorie Verantwortung notwendig ist, oder eben nicht. Beide Sichtweisen sind nämlich dahingehend zu vereinen, daß zwar dort, wo Verantwortung Existenz als Telos betrifft, ihre Dauer mit der Dauer der Existenz zusammenfällt (im Zusammenhang mit der Forderung nach Bewahrung von Existenz steht daher die Bewahrung von Verantwortung), wo sich Verantwortung jedoch auf ein anderes Telos (z.B. die Herstellung der Anwendungsbedingungen der Diskursethik) bezieht, endet sie mit Erreichung des Telos.

drohenden Unwerte, beschäftigt ist oder mindestens fühlt, daß er sich damit beschäftigen sollte; und infolgedessen vollzieht er die einzelnen Schritte der Handlung mit einer gewissen Unsicherheit und einem Mangel an Präzision. Eben dadurch wird die Verantwortlichkeit seines Tuns und Handelns eingeschränkt.[117]

Dies bedeutet allerdings zugleich, daß für die Realisierung von Fürsorglichkeit als Ziel verantwortlichen Handelns und damit auch für die Bewertung der ‚Richtigkeit‘ der entsprechenden Handlung keine eindeutigen Kriterien angegeben werden können.

Zusammenfassend ist hervorzuheben, daß Handeln unter Bezugnahme auf die Kategorie Verantwortung in dem Maße subjektiv ist, in dem die intuitiven, emotionalen (und auch ästhetischen) Wahrnehmungs- und Urteilsformen subjektiv sind. An diese Feststellung schließt sich die Frage, ob verantwortliches Handeln auch intersubjektiv oder prinzipiell bloß subjektiv-persönlich begründet werden kann. Da das Scheitern z. B. der Statusdiskussion – wie gezeigt werden konnte – vor allem auf die Abwesenheit eines allgemeingültigen (d. h. eines zumindest innerhalb einer Gesellschaft konsensfähigen) Orientierungssystems zurückzuführen ist und eine Lösung der Problematik offensichtlich auch nicht auf der Grundlage einer intersubjektiven Situationswahrnehmung bzw. -bewertung gelang, liegt allerdings die Vermutung nahe, daß auch mit Berufung auf die Kategorie Verantwortung eine *intersubjektive* Situations- und Handlungsbewertung nicht geleistet werden kann.

Nun sind allerdings zwei Implikate der Kategorie Verantwortung für die Objektivierung verantwortlichen Handelns sozusagen ‚vorgesehen‘: zum einen der Begriff der *Pflicht*, der im Zusammenhang mit der Kategorie Verantwortung zumindest in der Verwendung von Jonas nicht aufgegeben wird; zum anderen das konstitutive Moment der *Instanz*, die zugleich eine normative wie auch eine instrumentelle Funktion übernimmt.

Für die folgende Überprüfung, ob die Kategorie Verantwortung einen geeigneten Lösungsansatz im Hinblick auf die im Rahmen dieser Arbeit thematisierten Praxisprobleme und zugleich im Hinblick auf die Konzeptionierung der angewandten Ethik darstellt oder zumindest andeutet, steht die Leistungsfähigkeit dieser ‚Objektivierungsmechanismen‘ verantwortlichen Handelns im Mittelpunkt. Sollte sich herausstellen, daß weder über den Pflichtbegriff noch über den Instanzbegriff eine Objektivierung der Bewertung verantwortlichen Handelns möglich ist, ist in der Tat die Leistungsfähigkeit der Kategorie Verantwortung substantiell in Frage gestellt.

---

[117] R. INGARDEN, *Über die Verantwortung*, S. 33.

8.3 Zum Problem der Subjektivität des Handelns unter Bezugnahme auf die Kategorie Verantwortung

8.3.1 Verantwortung und Pflicht

Mit der Gegenüberstellung von Gesinnungs- und Verantwortungsethik versteht Weber implizit den Begriff Verantwortung als Alternative bzw. Ergänzung zum Pflichtbegriff. Weber verweist dabei darauf, daß Gesinnungs- und Verantwortungsethik nicht immer „unter einen Hut zu bringen sind".[118] Gleichwohl kann nach seiner Ansicht aber keine grundsätzliche Ersetzung der Gesinnungs- durch Verantwortungsethik begründet werden. Nach Webers Ansicht gibt es Situationen, die eine gesinnungsethisch begründete Handlungsweise erfordern, und andere Situationen, die eine verantwortungsethische Handlungsweise erfordern, wobei offenbar keine Regeln oder Indizien dafür angebbar sind, wann welche Situation vorliegt:

> Ob man aber als Gesinnungsethiker oder als Verantwortungsethiker handeln soll, und wann das eine und das andere, darüber kann man niemandem Vorschriften machen.[119]

Diese Auffassung eines *Nebeneinanders von ,Pflicht' und ,Verantwortung'* hat sich allerdings seit ihrer Einführung durch Weber gewandelt. So ist etwa Zimmerli der Überzeugung:

> Max Webers Unterscheidung [ist] durch die gegenwärtige Entwicklung bereits überholt worden [...]: die Alternative lautet gar nicht mehr: Gesinnungs- oder Verantwortungsethik, da es längst zur Gesinnungs-frage geworden ist, ob man Verantwortungsethik betreibt.[120]

Als Motto dieses Verständnisses des Verhältnisses von Pflicht und Verantwortung kann man gleichsam die ,Pflicht zur Verantwortung' formulieren.

Im Gegensatz dazu steht die Ansicht Körtners, der *Verantwortungsbegriff ersetze den Pflichtbegriff*:

> Durch Max Weber in die Diskussion eingeführt, ist ,Verantwortung' nach dem ersten Weltkrieg zu einem Grundwort unserer Sprache auf-gestiegen, das mehr und mehr an die Stelle des ethischen Begriffs der *Pflicht* getreten ist.[121]

---

[118] M. Weber, *Politik als Beruf*, S. 60.

[119] Ebd., S. 65.

[120] W. Ch. Zimmerli, „Wandelt sich die Verantwortung", S. 92.

[121] U. Körtner, „Verantwortung", S. 97.

Der Verantwortungsbegriff ist nach Meinung Körtners dazu

> geeignet, die mit dem Begriff der Pflicht oder auch dem der Gesinnung
> verbundene Beschränkung der Ethik auf das sittliche Subjekt und ein
> Verständnis von Sittlichkeit als Reflexionshandlung des Individuums zu
> überwinden [...].[122]

In ähnlicher Weise stellt auch Schwartländer fest, daß „die Verantwortung im
allgemeinen sittlichen Bewußtsein an die Stelle" tritt, „die bisher die Pflicht eingenommen hat".[123] Auch Schwartländer sieht den Grund für die Ersetzung des
Pflichtbegriffs durch den der Verantwortung in der Überwindung individual-
ethischen Denkens:

> Pflicht wurde also verstanden als diejenige Haltung des Menschen,
> durch die er erst und allein in der sittlich-geistigen Ordnung lebt und
> durch die er seine Freiheit verwirklicht. Wenn dennoch heute die Er-
> fahrung der Verantwortung sich zunehmend gegen dieses traditionelle
> Ethos wendet, so wohl deshalb, weil in der sittlichen Welt der Pflicht
> die prinzipielle Bedeutung der Gegenseitigkeit nicht genügend aner-
> kannt wurde.[124]

In der Tat gehört es zu den zentralen Forderungen des Verantwortungsbegriffs
– dies konnte im vorangegangenen gezeigt werden –, sich nach Möglichkeit in
die Lage des Handlungsbetroffenen zu versetzen und Handlungsentscheidungen
von der Wahrnehmung der Situation des anderen abhängig zu machen. Unklar
blieb dabei aber, nach welchen *Kriterien* der Handelnde seine Entscheidungen
fällen soll. Diese Unklarheit bleibt m. E. allerdings um so mehr bestehen, wenn
der Verantwortungsbegriff den Pflichtbegriff *ersetzt* und damit nicht einmal
mehr davon ausgegangen werden kann, daß unter der Kategorie Verantwortung
Pflichten im Prozeß ihrer Vermittlung mit einer spezifischen Situation modifiziert werden.

Auch Jonas betont die im Verantwortungsbegriff implizierte Bedeutung der
Gegenseitigkeit, begreift dieses Moment von Verantwortung jedoch nicht im
Gegensatz zum Pflichtbegriff, sondern selbst als eine Pflicht.[125] Verantwortung
wird von Jonas somit als die übergeordnete, summarische Pflicht verstanden,
(spezifische) Pflichten zu erfüllen, womit der Verantwortungsbegriff in die

---

[122] Ebd., S. 97.

[123] J. Schwardtländer, „Verantwortung", S. 1577f.

[124] Ebd., S. 1578.

[125] „Das Wohlergehen, das Interesse, das Schicksal Anderer ist, durch Umstände oder Ver-
einbarung in meine Hut gekommen, was heißt, daß meine Kontrolle darüber zugleich meine
Verpflichtung dafür einschließt. Die Ausübung der Macht ohne die Beobachtung der Pflicht
ist dann ‚unverantwortlich', das heißt ein Bruch des Treueverhältnisses der Verantwortung."
(H. Jonas, *Prinzip Verantwortung*, S. 176)

Nähe einer Seins-Kategorie des Menschen rückt, bei der die Fähigkeit zur Verantwortung die Bedingung der Möglichkeit moralischen Handelns ist:

> Im Lichte solcher selbstübersteigenden Werte wird deutlich, daß Ver-
> antwortung überhaupt nichts anderes ist als das moralische Komple-
> ment zur ontologischen Verfassung unseres Zeitlichseins.[126]

Vossenkuhl, der feststellt, daß Verantwortung kein Prinzip ist, „wie dies im
Titel des Buchs von Hans Jonas suggeriert wird, sondern das menschliche *Vermögen*, Pflichten sich selbst und anderen gegenüber wahrzunehmen und zu erfüllen",[127] ist damit weniger weit vom Jonasschen Begriffsverständnis entfernt,
als es zunächst den Anschein hat. Der Unterschied besteht darin, daß Vossenkuhl Verantwortung als ontologische conditio sine qua non pflichtgemäßen
Handelns ansieht, während Jonas Verantwortung als einen Oberbegriff für Für-
sorge- und Bewahrungspflichten als Konsequenz der ontologischen Verfaßtheit
des Menschen bzw. als Konsequenz der Naturordnung versteht.

Die Thesen von Vossenkuhl und Jonas können für die Diskussion über
mögliche Ansätze der angewandten Ethik m. E. allerdings kaum konzeptionelle
Bedeutung haben, denn sie enthalten letztlich keine Alternative zum an obersten
Leitbegriffen orientierten deduktiven Verfahren, wie es – mit allen Modifikationen – derzeit verwendet wird. In beiden Ansätzen ist nämlich keine Vermittlung
von Norm und Situation im vorher beschriebenen Sinne bezeichnet,[128] sondern
ein *Anwendungsmodell*, das in der bloßen Wahrnehmung, d.h. Anerkennung
und Erfüllung bzw. Konkretisierung einer Pflicht besteht. Verantwortungsethik
nach diesem Verständnis ist keine Alternative oder Ergänzung zu prinzipiengeleiteten deduktiven Ansätzen, sondern *ein Aspekt von Gesinnungsethik*. Also
stellen sich dieselben Probleme wie in diesen Ansätzen, in denen ebenfalls die
Anwendung allgemeiner Prinzipien auf die konkrete Situation nicht geklärt ist.

Wenn dagegen die These zutrifft, daß der Verantwortungsbegriff zunehmend *an die Stelle* des Pflichtbegriffs tritt und treten kann und daß daher das
Kriterium verantwortlichen Handelns eben nicht mehr eine der Entscheidung
zugrundeliegende Pflicht und der Grad ihrer Erfüllung sein kann, muß allerdings nach den *Kriterien dafür, wann ein Handeln als verantwortlich bezeichnet
werden kann*, selbst gefragt werden. Zentral für die Einschätzung der Leistungsfähigkeit der Kategorie Verantwortung ist also die Frage, *woran das handelnde
Subjekt sich orientieren soll, wenn es sich nicht auf Pflicht, sondern auf Verant-*

---

[126] Ebd., S. 198.

[127] W. Vossenkuhl, „Moralische und nicht-moralische Bedingungen verantwortlichen
Handelns", S. 113. – In ähnlicher Weise sieht auch Weischedel, wie gesagt, Verantwortung
als Existenzbedingung des Menschen und als Konsequenz menschlicher Freiheit an (siehe
W. Weischedel, *Das Wesen der Verantwortung*, S. 88).

[128] Siehe Kapitel 8.2.1.

wortung bezieht. Denn auch, wenn man von einer ‚Pflicht zur Verantwortung‘ ausgeht, bleibt zunächst unklar, woran sich das Subjekt der Verantwortung zu orientieren hat. Offensichtlich enthält ja der Verantwortungsbegriff weder in der Pflicht-Ersetzungs-Definition noch in der Pflicht-Ergänzungs-Definition selbst schon materiale Handlungsnormen. Mit der Forderung nach fürsorglichem, bewahrendem Handeln weist er zwar die Richtung für die Explikation von Handlungsnormen, aber was ‚Fürsorglichkeit‘ (jeweils) heißen kann und soll, muß selber allererst materiell bestimmt und konkretisiert werden.

Da jede Handlungsmöglichkeit prospektiv unterschiedliche Folgen nach sich zieht,[129] ist vom verantwortlich handelnden Subjekt gefordert, die für die möglichen Handlungen abzusehenden Folgen nach dem Grad ihrer Wünschbarkeit zu hierarchisieren und diese Hierarchisierung auch mit der Folgenordnung alternativer Handlungsmöglichkeiten zu vergleichen. Diese Forderung nach Folgenbewertung und Güterabwägung kann jedoch nicht erfüllt werden – dies kann thesenförmig schon an dieser Stelle formuliert werden –, wenn nicht auf ein *übergeordnetes Orientierungssystem oder eine Leitidee* rekurriert werden kann. Dies bedeutet aber, daß sowohl nach der Ersetzungs-Definition als auch nach der Ergänzungs-Definition verantwortliches Handeln nicht stattfinden kann, solange nicht bekannt ist, was ethisch wünschbar ist und was nicht. Anders formuliert: Wenn für die Kategorie Verantwortung die beschriebene Vermittlung von Prinzip bzw. Norm und Situation konstitutiv ist, und zwar nicht nur im Sinne des Anwendungsmodells, sondern unter der Voraussetzung, daß diese Vermittlung mehr leistet als eine bloße, auf die Situation bezogene Konkretisierung des Prinzips bzw. der Norm, ist noch nicht sichergestellt, daß ein einzelnes Ergebnis dieser Vermittlung auch ethisch ‚richtig‘ ist. Es ist nämlich nicht nur möglich, sondern sogar wahrscheinlich, daß unterschiedliche Subjekte zu unterschiedlichen Vermittlungsergebnissen gelangen, und es stellt sich die Frage, wessen Vermittlung dann die ‚richtige‘ ist. Um diese Frage überhaupt beantworten zu können, bedarf es eines übergeordneten Orientierungssystems oder einer Leitidee.

Da, wie bereits festgestellt wurde, gerade die *Abwesenheit eines allgemein anerkannten Orientierungssystems aber der Grund für den Rückgang auf die Kategorie der Verantwortung ist* und ein Konsens allenfalls – und selbst dies muß angezweifelt werden – darüber besteht, die Pluralität von Orientierungssystemen anzuerkennen, *kann Grundlage für verantwortliches Handeln letztlich allein das vom handelnden Subjekt präferierte Orientierungssystem sein.* Damit wird die moralische Bewertung von Handlungen unter der Kategorie der Verantwortung aber zu einem „rein subjektiven Unterfangen“, in dem die handlungsleitende Kompetenz der Verantwortungskategorie zwar die Einhaltung

---

[129] Zum Aspekt prospektiver Handlungsfolgen siehe Kapitel 8.2.2.2 u. 8.2.2.4.

eines spezifischen Verfahrens (nämlich eines Reflexionsverfahrens) impliziert, nicht aber Kriterien für die moralische Vertretbarkeit von Handlungen in sich schon enthält.[130] Mit einer Beschreibung Ingardens kann noch einmal vergegenwärtigt werden, inwieweit dem Verantwortungsbegriff bzw. dem verantwortlichen Handeln jeweils ein Wertsystem zugrundegelegt sein muß, das – und eben nicht die Verantwortlichkeit selbst – Kriterium für die ‚Richtigkeit‘ der einzelnen Handlung ist:

> Das verantwortliche Handeln wird von dem Täter auf eine besondere Weise durchgeführt. Er unternimmt und vollzieht es bei mehr oder weniger vollkommener Einsicht in die Wertsituation, die durch sein Handeln entsteht, sowie in den Wert der Motive, die ihn zum Handeln bewogen haben. Der Täter bringt sich also in allen Phasen seiner Handlung ihren Zusammenhang mit dem Wert oder Unwert ihres Erfolges zum Bewußtsein und er unternimmt sie bzw. setzt sie fort mit der bewußten Bejahung des Erfolgswertes und damit auch der Richtigkeit und Angemessenheit seiner Handlung.[131]

---

[130] Man könnte dieser kritischen Sichtweise mit zwei Gegenbeispielen entgegentreten: Man könnte etwa darauf verweisen, daß Jonas mit seinem „Prinzip Verantwortung" beabsichtigt, die materiale Leitidee bzw. das materiale Orientierungssystem für menschliches Handeln zu begründen, und insofern die Kriterien für verantwortliches Handeln liefert. Oder man könnte auf Apel verweisen, der sittliches Handeln als Einhaltung eines bestimmten formalen Verfahrens versteht. – Mit Bezug auf Apel ist aber wiederum zu entgegnen, daß das von ihm anvisierte formale Verfahren der Diskursethik keineswegs mit dem in der Kategorie Verantwortung enthaltenen Verfahren identisch ist, sondern daß verantwortliches Handeln unter der *Leitidee der Diskursethik* als Telos zu erfolgen hat. Diese Leitidee ist aber – genauso wie die von Jonas ausgewiesenen Leitideen – umstritten und wird nicht von allen geteilt. Die in der Kategorie Verantwortung selbst implizierten intuitiven, emotionalen und ästhetischen Verfahrensweisen sichern die ‚Richtigkeit‘ des Urteils bzw. der Handlung nicht, denn die jeweiligen Ergebnisse unterliegen der Subjektivität der Wahrnehmungen und Intuitionen, mit denen sie erzielt wurden.

[131] R. INGARDEN, *Über die Verantwortung*, S. 8f. – Ähnlich argumentiert auch Vossenkuhl, der anstelle von „Unwert" den Begriff der „Kosten" verwendet und sich damit nicht – wie bei Ingarden impliziert – auf ein universelles moralisches Wertverständnis bezieht, sondern auf kontingente, derzeit geltende (auch außermoralische) Normen: „Wir können nun ganz allgemein formulieren, daß Kosten immer dann entstehen, wenn Handlungen *gebotene* Zwecke *nicht erreichen* oder *verbotene* Zwecke *erreichen*. Unter ‚geboten‘ und ‚verboten‘ verstehen wir nicht allein deontische Prädikate mit lediglich moralischer Bedeutung. Vielmehr halten wir alle die Zwecke für geboten oder verboten, die aufgrund geltender moralischer, rechtlicher, politischer, sozialer und ökonomischer Normen und Regeln geboten oder verboten sind." (W. VOSSENKUHL, „Moralische und nicht-moralische Bedingungen verantwortlichen Handelns", S. 119)

Dies bedeutet aber nichts anderes, als daß „Verantwortung" selbst ein normatives Orientierungssystem nicht enthält oder produziert, sondern bereits voraussetzt. So betont dann auch Jonas:

> Kurz, ‚Verantwortung‘, so verstanden, setzt nicht selber Zwecke, sondern ist die ganz formale Auflage auf alles kausale Handeln unter Menschen, daß dafür Rechenschaft verlangt werden kann. Sie ist damit die Vorbedingung der Moral, aber noch nicht selber Moral.[132]

Zusammenfassend läßt sich also feststellen: Die Kategorie Verantwortung mit ihren zentralen und konstitutiven Momenten (situative Theorie-Praxis-Vermittlung, Hervorhebung ‚außer-rationaler‘ Wahrnehmungs- und Urteilsformen, Fürsorglichkeit) bzw. die Verwendung des Verantwortungsbegriffs verweist auf Unzulänglichkeiten derzeitig ‚üblicher‘, an Leitprinzipien orientierter deduktiver Verfahrensweisen innerhalb der angewandten Ethik und möglicherweise sogar innerhalb der Moralphilosophie überhaupt. Auf der anderen Seite kann der Kategorie Verantwortung selbst aber die Sicherung der materialen Richtigkeit von Handeln und Urteilen nicht gelingen, wenn keine materialen Kriterien als objektive Orientierungsmuster angebbar sind. In diesem Sinne skizziert auch Koschut die Lage der „Verantwortung" als prekär:

> Vor allem im funktionalen Bereich, im Bereich der materialen Richtigkeit des Handelns liegt das besondere, gleichzeitig aber auch das prekäre Moment des neuzeitlichen Verantwortungsverständnisses.[133]

Eine Alternative zum Ausgang von allgemeinverbindlichen materialen Kriterien könnte allerdings ggf. mit Bezug auf das für die Kategorie der Verantwortung konstitutive Moment der „*Instanz*" entwickelt werden. Denkbar ist, daß eine allgemein anerkannte Instanz die Funktion übernehmen könnte, materiale Kriterien jeweils zur Verfügung zu stellen oder aber Kraft eigener Autorität objektiv bewertend zu fungieren.

8.3.2 Gottlose Verantwortung? Instanznotwendigkeit und Instanzverlust der Verantwortung

In der Literatur wird immer wieder hervorgehoben, daß der Verantwortungsbegriff eine (zumindest) dreistellige Relation enthält, d.h., daß neben dem Subjekt und dem Objekt der Verantwortung auf jeden Fall noch die Instanz der Verantwortung konstitutiv ist.[134] Die Instanz hat eine zweifache Funktion: zum

---

132 H. Jonas, *Prinzip Verantwortung*, S. 174.

133 R.-P. Koschut, *Strukturen der Verantwortung*, S. 26.

134 Siehe z.B. W. Ch. Zimmerli, „Wandelt sich die Verantwortung", S. 102: „Verantwort-

einen eine funktionelle forensische Funktion, nach der das handelnde Subjekt seine Handlung vor einer richtenden und sanktionierenden Instanz zu rechtfertigen hat, und zum anderen eine handlungsleitende Funktion, bei der die Instanz Orientierungskriterien zur Verfügung stellt.[135]

Im Zusammenhang mit religiösen Verständnissen des Verantwortungsbegriffs leuchtet unmittelbar ein, inwieweit diese Instanz als ‚Gott‘ gedacht werden und als Instanz auch fungieren kann. Für das säkulare Verständnis moralischer Verantwortung stellt sich allerdings die Frage, ob überhaupt eine entsprechende Instanz allgemeinverbindlich bzw. intersubjektiv gültig angenommen werden kann. Hinzu kommt, daß Instanzen auch nicht einfach postuliert werden können:

> So hat jede Verantwortungsethik zu klären, mit welchem *Recht* eigentlich die jeweils angenommene Rechtfertigungsinstanz vom ethischen Subjekt Rechenschaft fordert, aus welchem Grund die jeweils postulierte Instanz überhaupt *anzuerkennen* ist.[136]

Der im Verantwortungsbegriff enthaltene normative Appell kann aber nur dort wirksam werden, wo entweder ein gemeinsam anerkanntes Wertsystem vorliegt, aus dem die werthaften Ziele verantwortlichen Handelns hervorgehen, oder wo es eine von den Akteuren anerkannte Instanz gibt, die die jeweiligen Handlungen sanktioniert. So betont auch Weischedel: „Das Prinzip der Gliederung der Verantwortung in ihre Grundarten sind also die möglichen Grundarten ihres ‚Wovor‘."[137] Bei der religiösen Verantwortung vor Gott, aber auch bei der juristischen Verantwortung vor Gericht und der insbesondere im Zusammenhang mit Technik-Ethik häufig erwähnten Rollenverantwortung am Arbeitsplatz[138] kann die Instanz durchaus sinnvoll bestimmt werden. Für die säkulare und nicht nur spezielle, sondern allgemeine moralische Verantwortung kann aber, insbesondere im Zusammenhang mit den aktuellen moralischen Problematiken, weder ein gemeinsames Wertesystem angegeben werden, noch existiert offensichtlich eine von allen oder mehrheitlich anerkannte Instanz, die die Funktion der übergeordneten ethisch-allgemeinverbindlichen bzw. intersubjektiv gültigen Leitung sowie Bewertung (und ggf. auch Sanktionierung) erfüllen könnte. Ganz im Gegenteil besteht z.B. die Statusdiskussion ja gerade in der *Suche* nach einem

---

lichsein ist eine mindestens dreistellige Relation: *Jemand* (Verantwortungssubjekt) ist *für etwas* (Verantwortungsbereich) einer anderen *Person* oder *Instanz gegenüber* (Verantwortungsinstanz) verantwortlich." Manche Autoren gehen auch von höherstelligen Relationen aus (siehe dazu Kapitel 8.2.1).

135 Siehe dazu z.B. U. KÖRTNER, „Verantwortung", S. 98f.

136 Ebd., S. 100.

137 W. WEISCHEDEL, *Das Wesen der Verantwortung*, S. 26.

138 Siehe dazu H. LENK, „Über Verantwortungsbegriffe".

moralischen Fundament, das, wenn schon nicht aus Vernunftgründen allgemein zwingend, so doch ggf. aus z.B. Plausibilitätsgründen anerkannt werden muß. Gleichwohl wird z.B. von Höffe eine Instanz angegeben, die möglicherweise auch in dieser Situation noch Orientierungsfunktion übernehmen kann. Nach Höffe kann man nämlich „mit einer Instanz antworten, die das Gewicht eines schlechthin letzten, weder hintergehbaren noch hinterfragbaren Richters generell hat, mit dem Gewissen".[139] Von einer Reihe von Autoren wird Höffes (in kritischer Absicht formulierter) Vorschlag bestätigt und die Kategorie Verantwortung mit dem *Gewissen als Instanz* in Verbindung gebracht, wie z.B. an einem Zitat von Rath deutlich wird:

> Der *ganze* Verantwortungsbegriff, der den subjektiven wie den objektiven Aspekt umfaßt, führt daher zur Rehabilitierung des *Gewissens*, das es erlaubt, Begründen und Sehen, Wissen und Glauben zusammenzudenken.[140]

Man kann Rath durchaus folgen, wenn er das Gewissen gleichsam als Kumulationspunkt der jeweils für relevant erachteten ethisch-moralischen Aspekte und zugleich als die diese Aspekte vermittelnde Urteilsinstanz auffaßt. Bedeutsam ist in diesem Zusammenhang m.E. aber vor allem, daß das „Gewissen" offenbar gerade die für die Kategorie Verantwortung so zentralen ‚außer-rationalen' Formen des Erkennens und Urteilens zu integrieren vermag. Die grundsätzliche Bedeutung des Gewissens als Instanz der Kategorie Verantwortung kann von daher m.E. nicht bestritten werden. Auf der anderen Seite ist aber das Gewissen stets ein individuell-persönliches und schon somit nicht nur nicht geeignet, das Problem der bloß subjektiven ‚Richtigkeit' von Handlungen unter Bezugnahme auf die Kategorie Verantwortung zu überwinden, sondern zudem mit der Gefahr verbunden, kommunikative Auseinandersetzung eher abzuschneiden als zu ermöglichen. Mit dieser Einsicht tritt auch Höffe in kritische Distanz zu Positionen, die das Gewissen als Instanz der Verantwortung rehabilitieren wollen:

> Eine so urpersönliche Instanz wie das eigene Gewissen nimmt jedem anderen das Recht auf Einspruch und auf Widerspruch; wer da sagt: ‚Ich folge meinem Gewissen', beendet eine Diskussion, bevor sie begonnen hat.[141]

Daraus kann insgesamt aber nur die Konsequenz gezogen werden, daß das „Gewissen" nicht die für die Kategorie Verantwortung benötigte Instanz sein kann.

---

[139] O. Höffe, *Moral als Preis der Moderne*, S. 26.
[140] M. Rath, *Intuition und Modell*, S. 13.
[141] O. Höffe, *Moral als Preis der Moderne*, S. 26.

Wenn man davon ausgeht, daß das Gewissen eine auch gesellschaftlich geformte Instanz ist, könnte man daran zwar zunächst die Hoffnung knüpfen, damit die gesuchte gemeinsame, d. h. intersubjektive Instanz gefunden zu haben, aber die auch unter gesellschaftlichem Einfluß geformten einzelnen Gewissen sind ebenso plural und heterogen wie die Gesellschaft selbst, und sie sind zudem Ergebnis persönlicher und nicht verallgemeinerbarer Erfahrungen. Darüber hinaus wäre auch *gegen das Gewissen als mögliche gemeinsame Instanz* der Einwand vorzubringen, den Höffe mit der These formuliert:

> Jedes Gewissen hat eine Geschichte; es ist intersubjektiven Einflüssen ausgesetzt, wird dabei gut ausgebildet oder auf Abwege geführt, gelegentlich sogar zutiefst verdorben. Der Kritiker sieht schon darin das entscheidende Gegenargument.[142]

Aber auch andere abstrakte Instanzen können nicht als Instanz für Verantwortung fungieren. Auch wenn man z. B. „die Menschheit" oder „die Natur" als Instanzen setzt, besteht die Notwendigkeit, diese Instanz für das jeweilige moralische Subjekt zu konkretisieren, und damit verbleibt auch der Rekurs auf solche Instanzen im Bereich subjektiver Urteile und persönlicher Einschätzungen. Selbst „die Vernunft" als Instanz kann – gerade wegen der ‚außer-rationalen' Implikate der Kategorie Verantwortung – nicht als allgemeines handlungsleitendes oder -richtendes Moment gelten. So kann z. B. auch Lenk letztlich nur noch die Hoffnung ausdrücken, daß die abstrakten Instanzbezeichnungen der moralischen Verantwortung wie z. B. „Gewissen", „Menschheit" oder „Vernunft" wenn schon nicht verpflichten, so doch wenigstens wirken: „Die Verantwortlichkeit gegenüber einem Abstraktum bleibt Metapher, mag jedoch sehr wirksam sein."[143] Selbst wenn man eine solche – wie auch immer genauer zu fassende und zu bewertende – Wirksamkeit zugesteht, ändert dies nichts an der prekären Lage der Kategorie Verantwortung überhaupt, denn die genannten Instanzen können eben nicht die instrumentelle Funktion erfüllen, die für das Gelingen von Verantwortung unentbehrlich ist. Hinzu kommt, daß sie den Objektbereich verantwortlichen Handelns ins Universelle erweitern und damit die praktische Möglichkeit verantwortlichen Handelns letztlich nivellieren.[144]
Die in diesem Sinne zu verstehende Abstraktheit des Verantwortungsbegriffs auf verschiedenen Ebenen und die letztlich situativ nicht konkretisierbare Universalität moralischer Verantwortung sind der Grund dafür, daß der Begriff Verantwortung in den Debatten der angewandten Ethik an argumentativen Leerstellen verwendet werden kann, zugleich aber auch dafür, daß er dort keine

---

[142] Ebd., S. 27.
[143] H. Lenk, „Verantwortung in, für, durch Technik", S. 61.
[144] Siehe dazu auch G. Picht, *Wahrheit, Vernunft, Verantwortung*, S. 335.

materiale, sondern nur eine rhetorische Funktion erfüllt. Rendtorff z. B. wertet diesen Einsatz des Begriffs zunächst noch positiv, wenn er betont:

> Wenn [...] der Begriff der Verantwortung als Leitbegriff für ‚Wege ethischer Praxis' gelten soll, dann vor allem deswegen, weil mit ihm das Folgende zum Ausdruck gebracht wird: Offene, durch bisherige Regeln und Normen nicht definierte Handlungssituationen und Gestaltungs-aufgaben sind deswegen nicht beliebig und ethisch unqualifiziert. Ihr ethischer Verpflichtungsgehalt wird vielmehr über Begriff und Vor-stellung von Verantwortung erschlossen, und das auch dort, wo uns keine letztlich umfassende und mit absoluter Sicherheit einhergehende Einsicht, Wissen und Urteilsbildung zur Verfügung stehen.[145]

Zugleich wird an seiner Auffassung aber sichtbar, wie sehr die Implikate und die Vorstellung von Verantwortung dabei die Struktur der Probleme angewandter Ethik auf konzeptioneller Ebene wie auch auf der Ebene ihrer Gegenstände betreffen:

> Wird die Verantwortung für solche Aufgaben bejaht, dann bedeutet das nicht bereits deren Lösung, sondern die *Bereitschaft*, in den höchst apo-retischen [sic!] materiellen Problemstand einzutreten und sich auf ihn einzulassen. [...] Vielmehr schließt Verantwortung auch die Übernahme der *Mehrdeutigkeit* und der *Ambivalenz* der Problemlagen mit ein.[146]

Aporetik, Mehrdeutigkeit und Ambivalenz können – dies hat die Analyse der Statusdiskussion exemplarisch erwiesen – als diejenigen Stichworte gelten, die die Problemlage der Gegenstände angewandter Ethik wie auch der angewandten Ethik selbst charakterisieren. Die Kategorie der Verantwortung, die selbst nicht Herr, sondern auch nur Teil der Lage ist, ist aber keineswegs geeignet, eine materiale Lösung dieser Problemlage in Aussicht zu stellen. Angesichts der Tat-sache, daß fundamentale Orientierungsmuster, wie sie etwa im Begriff des Mensch- bzw. Person-Seins auf der Ebene des Problemgegenstandes und im Verfahren der an Leitbegriffen orientierten Deduktion auf der Ebene der Pro-blembewältigung enthalten sind, in Frage gestellt sind, und angesichts des gleichzeitigen Umstands, daß auch die Kategorie der Verantwortung solche fundamentalen Orientierungsmuster voraussetzen muß, ist auch dem Verant-wortungsbegriff der normative Boden entzogen, der für seine handlungstheo-retische Bedeutung unverzichtbar ist. Die fortgesetzte Rede von moralischer Verantwortung kann daher letztlich weder ein spezifisches Vorgehen noch ein spezifisches Handeln einklagen. Kurz gesagt: Ob ein spezifisches Handeln moralisch verantwortlich ist oder nicht, kann nur vom einzelnen Verant-

---

[145] T. Rendtorff, „Vom ethischen Sinn der Verantwortung", S. 119.
[146] Ebd. (Hervorhebungen C. K.).

wortungssubjekt selbst entschieden werden. Solange es keine allgemeinverbind-
liche oder intersubjektive materiale Wertorientierung und keine entsprechende
Instanz, der gegenüber nach Maßgabe einer verbindlichen Grundorientierung
Rechenschaftspflicht besteht, gibt, besteht daher die Gefahr, daß der Verantwortungsbegriff bloß rhetorisch verwendet wird und als „eine vorzügliche
Ablenkung von realer Verantwortungslosigkeit"[147] fungiert. Rhetorisch ist der
Gebrauch des Begriffs deshalb, weil letzten Endes jede Handlungsentscheidung,
für die überhaupt irgendwelche moralischen Gründe – freilich unter Berücksichtigung der Lage des Handlungsobjekts – angeführt werden, vom Handlungssubjekt als ‚verantwortlich' ausgewiesen werden kann.

*Wenngleich aus diesen Gründen die Kategorie Verantwortung keinen Ansatz
für allgemeinverbindliche, sondern bloß für je persönlich-moralische Urteile und
Handlungsentscheidungen bilden kann, so können aus den oben entwickelten
Gründen dennoch die Implikate der Kategorie Verantwortung und die mit ihr
verbundenen Vorstellungen die Leitidee oder den Orientierungsrahmen für eine
Konzeption angewandter Ethik bilden.*

---

[147] K. MEYER-DRAWE, „Nachdenken über Verantwortung", S. 16.

9. Schlußbetrachtung

Am Beginn dieser Arbeit standen zwei Fragen: zunächst als Ausgangspunkt die Frage: „Was ist der moralische Status menschlicher Embryonen und Föten?", mit ihr verbunden jedoch zugleich auch die Frage, wie die mit diesem Thema in Zusammenhang stehenden aktuellen Praxisprobleme einer konkreten Lösung zugeführt werden können. Diese beiden Fragestellungen zu verknüpfen, verwies aber darauf, einen weiteren – allgemeineren und grundsätzlichen – Problemkomplex in den Blick zu nehmen, nämlich die Frage nach den Aufgaben und Zielen einer angewandten Ethik, und zwar angesichts der Situation, daß die Erwartung und das Erfordernis einer konkreten Problemlösungskompetenz von Ethik und mehr noch angewandter Ethik vielleicht noch nie so drängend gewesen sind wie in der Gegenwart, daß aber andererseits die rationale Begründung einer intersubjektiv gültigen Ethik[1] noch nie so schwierig erschien wie heute und somit die Konzeptionierung angewandter Ethik selbst zu einem drängenden und praxisrelevanten Thema wird.

Die Ergebnisse der in dieser Perspektive erfolgten Auseinandersetzung um die Frage nach dem moralischen Status menschlicher Embryonen und Föten sollen an dieser Stelle noch einmal resümierend festgehalten werden, mit in der Absicht, abschließend Themen und Fragestellungen zu skizzieren, die sich auf der Grundlage der gewonnenen Ergebnisse als derzeit noch offene und weiterer Auseinandersetzung bedürftige Probleme darstellen.

Die kritische Analyse vorliegender Antworten auf die Frage, was der moralische Status menschlicher Embryonen und Föten ist, führte zu dem *Ergebnis*, daß die Statusdiskussion eine allgemeinverbindliche Beantwortung dieser Frage nicht gewährleistet hat. Als Hauptgrund dafür konnte die gegebene Pluralität normativer Orientierungssysteme und die aus ihr resultierende Möglichkeit, eine Statusbestimmung ausgehend von jeweils unterschiedlichen Leitbegriffen vorzunehmen, aufgewiesen werden. Auch die Hoffnung, daß trotz des Ausgangs von unterschiedlichen Leitbegriffen ggf. gleiche Ergebnisse erzielt werden könnten, erwies sich als unberechtigt. Folglich war festzustellen, daß die Statusdiskussion in einer aporetischen Situation endet, die dadurch gekennzeichnet ist, daß keine der erörterten Statusbestimmungen aus zwingenden Gründen von allen anerkannt werden *muß*, offensichtlich aber auch keine Gründe anderer Art gegeben sind, aus denen eine bestimmte Position allgemein akzeptiert werden *könnte* und *wird*. Wenngleich nicht jede der untersuchten Antworten auf die Statusfrage überhaupt als eine in die Praxis umzusetzende Norm in Frage kommt, bleiben schließlich doch mehrere unterschiedliche Statusbestimmungen

---

[1] Siehe K.-O. Apel, *Diskurs und Verantwortung*, S. 16.

– mit jeweils sehr unterschiedlichen Auswirkungen auf die Praxis – nebeneinander stehen. Zudem konnte begründet werden, daß auch von einer an Ansatz
und Vorgehensweise der bisherigen Statusdiskussion orientierten Fortsetzung
der Diskussion keine allgemeinverbindliche oder zumindest konsensfähige Lösung der Statusfrage zu erwarten wäre.

Angesichts der dringenden Notwendigkeit, die moralischen Probleme der
Praxis zu lösen, d. h., tatsächlich lebensweltlich umsetzbare Entscheidungen darüber zu treffen, ob es im Sinne des „bonum humanum" ethisch gerechtfertigt
ist, an menschlichen Embryonen ‚verbrauchend‘ zu forschen, ihre Organe zu
‚ernten‘, sie einzufrieren oder sie abzutreiben, *ist dieses aporetische Ergebnis der
Statusdiskussion allerdings nicht hinnehmbar.* Deshalb wurde im zweiten Teil
der vorliegenden Arbeit untersucht, wie von philosophischer Seite mit dieser
Situation, d. h. mit dem dringenden Bedürfnis nach einer allgemeinverbindlichen
oder zumindest konsensfähigen Problemlösung einerseits und der offensichtlichen Unmöglichkeit, diese im Rahmen der Statusdiskussion hervorzubringen,
andererseits, weiterhin umzugehen ist.

Diese Frage wurde mit Bezug auf drei Themenbereiche kritisch erörtert:
erstens mit einer Analyse und Diskussion der Gründe, die speziell für das Scheitern der nach Art der Statusdiskussion anvisierten Problemlösung maßgeblich
sind, *zweitens* über eine Auseinandersetzung mit den Aufgaben und Zielen angewandter Ethik überhaupt und *drittens* durch die Explikation der Implikate
des Begriffs Verantwortung und seiner gegenwärtigen Verwendungen.

Als *ein zentrales Ergebnis* dieser dreifachen Auseinandersetzung kann resümierend festgehalten werden, daß *angewandte Ethik,* sofern sie die Lösung bzw.
Bewältigung konkreter Praxisprobleme anstrebt, nicht ohne weiteres als Teilbereich der Moralphilosophie aufgefaßt werden kann. In Anlehnung an eine
Differenzierung, die Engels in bezug auf Wissenschaftsethik vorgenommen hat,
läßt sich das Verhältnis der angewandten Ethik zur Moralphilosophie vielmehr
als eine Zwei-Ebenen-Relation beschreiben, bei der die angewandte Ethik eine
normative Disziplin erster Stufe darstellt, während die *Moralphilosophie* bei der
Behandlung der gleichen Themen als eine *normative Theorie zweiter Stufe* fungiert und insofern als eine metatheoretische Tätigkeit anzusehen ist. Versteht
man angewandte Ethik in diesem Sinne, ist sie als ein Tätigkeitsbereich zu
konzeptionieren, in dem Erkenntnisse der Moralphilosophie mit den konkreten
situativen Bedingungen des realen öffentlichen Lebens vermittelt werden. Sie ist
folglich als eine Disziplin aufzufassen, die entsprechend der Themen, denen sie
sich widmet, bzw. entsprechend den mit diesen Themen verbundenen Problem-
lösungsbedürfnissen und -notwendigkeiten eine präskriptive Zielsetzung hat.
Die Notwendigkeit und Fruchtbarkeit einer moralphilosophischen Auseinandersetzung mit den Themen der angewandten Ethik ist durch dieses Verständnis
keineswegs in Frage gestellt, im Gegenteil nimmt die Moralphilosophie als metatheoretische Auseinandersetzung mit den Inhalten und Ergebnissen der ange-

wandten Ethik für letztere insofern eine notwendige Funktion ein, als die angewandte Ethik zur Wahrnehmung ihrer Vermittlungsaufgabe auf die Ergebnisse
der Moralphilosophie angewiesen ist. Darüber hinaus ist die Moralphilosophie
auch diejenige Disziplin, die eine theoretische Grundlegung der angewandten
Ethik – als normative Disziplin mit präskriptiver Zielsetzung – überhaupt erst
gewährleisten kann.

*Wendet man diese Differenzierung von angewandter Ethik und Moral-
philosophie auf die Statusdiskussion, bedeutet dies:* Die Statusdiskussion ist ein
unentbehrlicher moralphilosophischer, also metatheoretischer Beitrag zur Auseinandersetzung mit den Ausgangsproblematiken. Für eine Lösung der Problematiken im Sinne einer präskriptiven Normfindung ist sie jedoch ungeeignet.
Dies zeigt sich in ihren Konsequenzen: Initiiert aus dem Bedürfnis nach eindeutiger und intersubjektiv gültiger Begrenzung technischen Könnens durch
moralisches Sollen, ist mit der Statusdiskussion ein ethischer Diskurs entstanden, der zugunsten jeweiliger argumentativer Klarheit von der lebensweltlichen
Komplexität der Gegenstände abrückt. Nicht nur die bereits im Ansatz der
Statusdiskussion vollzogene Abstraktion des Problemgegenstands, sondern auch
das Absehen von konkreten lebensweltlichen Problembedingungen haben eine
weitgehende Loslösung von der ursprünglichen Begrenzungsaufgabe zur Konsequenz.

Die Analyse der Statusdiskussion führte aber nicht nur zu dem Ergebnis,
daß die in ihr verwendeten Fragestellungen und Vorgehensweisen für die konkrete Bewältigung der mit der Statusfrage zusammenhängenden ethischen Praxisprobleme ungeeignet sind, sondern daß sie für die angewandte Ethik überhaupt nicht zugrunde gelegt werden können. Entsprechend wurde die These
formuliert, daß *es einer ausdifferenzierten Konzeptionierung von angewandter
Ethik bedarf, in der für sie spezifische Fragestellungen, Vorgehensweisen und
Bewertungskriterien begründet werden.* Eine solche Konzeption liegt allerdings
zum gegenwärtigen Zeitpunkt nicht vor und kann auch im Rahmen dieser
Arbeit nicht entwickelt werden. Dennoch lassen sich aus dem bisherigen moralphilosophischen Diskurs zu Themen angewandter Ethik – hier insbesondere der
Statusdiskussion – und vor allem aus gegenwärtigen Verwendungen des Verantwortungsbegriffs einige Aspekte gewinnen, die m. E. zusammengenommen eine
vorsichtige Skizzierung der Erfordernisse eines Konzepts angewandter Ethik
und damit eines Ansatzes zur Bewältigung der eingangs beschriebenen Probleme erlauben.

Hierzu sei zunächst eine These formuliert, mit der die m. E. wesentlichen
Forschungsfragen, die derzeit noch offen sind, und die Richtung ihrer Bear-
beitung angegeben werden können. Anschließend sollen ausgehend von den
Ergebnissen der vorliegenden Arbeit und im Sinne eines Ausblicks einige Über-
legungen zu zwei für die Konzeptionierung angewandter Ethik m. E. zentralen
Aspekten entwickelt werden.

Für die Konzeptionierung angewandter Ethik besteht von seiten der *Moral-philosophie die Aufgabe, Problemzugänge, Verfahrensweisen und Bewertungs-kriterien dieses (interdisziplinären) Tätigkeitsbereiches, der auf eine präskriptive Bewältigung konkreter und aktueller moralischer Praxisprobleme zielt, zu expli-zieren und zu begründen.* Dafür haben sich insbesondere zwei Aspekte als kon-zeptionell *notwendig* erwiesen: erstens die *kontextuelle Differenzierung und ganzheitliche Konkretion von Problemgegenständen* und zweitens die *Akzep-tanz und Systematisierung von ‚außer-rationalen' Erkenntnis- und Urteilsfor-men.*

Kontextuelle Differenzierung und ganzheitliche Konkretion:
Die Analyse der bisherigen Verwendungen des Begriffs „angewandte Ethik" verdeutlicht, daß ihr Bezugsrahmen entsprechend der Gegenstände, die sie be-handelt – im Unterschied zu den eher abstrakten, überzeitlichen und lokalitäts-unabhängigen Bezugspunkten und Gegenständen der Moralphilosophie –, stets konkret, aktuell und kulturspezifisch ist. Deshalb und weil angewandte Ethik als ein Tätigkeitsbereich mit präskriptiver Zielsetzung aufzufassen ist, kann die These formuliert werden, daß angewandte Ethik prinzipiell eines *Problem-zugangs* bedarf, der die ethischen *Probleme nicht in abstracto, d. h. losgelöst von der situativen Spezifik ihres konkreten Kontextes, betrachtet, sondern in concreto, d. h. im Rahmen der konkreten und spezifischen Bedingungen,* die das jeweilige moralisch-ethische Problem umgeben.

Dafür sprechen mehrere Indizien: Sowohl die vorliegenden Ansätze zur angewandten Ethik als auch Überlegungen einiger an der Statusdiskussion beteiligter Autoren enthalten Hinweise darauf, daß für angewandte Ethik das Problem der *notwendigen Vermittlung von Theorie und Praxis konstitutiv, zugleich bisher aber nicht zureichend gelöst ist.* So modifizieren einige Autoren der Statusdiskussion ihre Ergebnisse[2] im Hinblick auf die *Umsetzung ihrer jeweiligen Statusbestimmung in die Praxis* und deuten damit selbst bereits an, daß die moraltheoretische Reflexion über den moralischen Status ungeborenen menschlichen Lebens nur bedingt praxisrelevant ist bzw. einer Vermittlung mit den situativen Bedingungen der Lebensrealität bedarf. Mit der Differenzierung von Ideal- und Praxisnormen in den Ansätzen Birnbachers und Hoersters wird dieser Notwendigkeit besonderer Ausdruck verliehen, ohne daß sie allerdings die Art und Weise der Herleitung von Praxisnormen explizieren können. Dem-gegenüber verweisen die Implikate des Begriffs Verantwortung darauf, daß erst eine situative Vermittlung von idealen Normen bzw. Idealvorstellungen mit den konkreten, die fragliche Handlung de facto umgebenden Realbedingungen die ‚Richtigkeit' eines Urteils bzw. einer Handlung ausmachen. Da die Gehalte bzw.

---

[2] Siehe hierzu bspw. Kapitel 3.4 und Kapitel 4.3 (bes. den Abschnitt „Praxisnormen als risikovermeidende Modifikation von Idealnormen").

Implikationen des Begriffs Verantwortung auf Argumentations- und Begründungsarten verweisen, die innerhalb der vorherrschenden, an Leitbegriffen orientierten deduktiven Argumentationsweisen ausgeschlossen sind, kann die derzeitige Konjunktur des Verantwortungsbegriffs als symptomatische Reaktion auf die bislang bestehenden Argumentations- und Begründungsdefizite angesehen werden, wobei der Verantwortungsbegriff als Platzhalter für argumentative Leerstellen fungiert. Positiv zu gewinnen ist aber aus dem Verantwortungsbegriff ein für die Konzeptionierung angewandter Ethik überaus bedeutsamer Aspekt, nämlich die im Begriff Verantwortung enthaltene Forderung, daß es *für ein im präskriptiven Sinne 'richtiges' Urteil erforderlich ist, Handlungskontexte zu differenzieren und gleichzeitig die im jeweiligen Kontext enthaltenen konkreten Bedingungen umfassend wahrzunehmen.* Der Begriff Verantwortung steht somit für eine situativ vermittelte 'Richtigkeit' des Handelns und trifft Aspekte, die übrigens auch in anderen neueren Ansätzen der praktischen Philosophie[3] – insbesondere der angewandten Ethik[4] – an Bedeutung gewinnen und die die Notwendigkeit hervorheben, konkrete Handlungsentscheidungen nicht bzw. nicht allein auf der Grundlage von überzeitlichen und insofern prinzipiellen und allgemeingültigen Normen zu fällen, sondern die spezifischen zeit- und lokalitätsgebundenen Handlungsbedingungen zumindest ebenso zu berücksichtigen, d. h. kontextorientiert vorzugehen.

---

[3] Toulmin spricht in diesem Zusammenhang von der Notwendigkeit einer „Richtungsänderung" gegenüber der „modernen Philosophie", unter der er im wesentlichen das theoriezentrierte, rationalistische Philosophieren seit Descartes versteht. Gegenüber dieser theoretischen Philosophie fordert Toulmin eine praktische Philosophie, wobei er explizit an Konzeptionen praktischer Philosophie *vor* der „Moderne" anschließen will. Er identifiziert das „moderne Denken" mit einem Rationalitätsbegriff, der auf den „drei Säulen – Gewißheit, Systemcharakter und *tabula rasa*" beruht. Toulmin fordert dagegen, „anzufangen, *wo wir stehen, und in der Zeit, in der wir stehen*; das heißt, abgewogenen und kritischen Gebrauch von den Ideen zu machen, die uns in unserer gegenwärtigen lokalen Situation zur Verfügung stehen, und von unseren Erfahrungsdaten, wie sie im Lichte dieser Ideen gedeutet werden". (S. TOULMIN, *Kosmopolis*, S. 286) Die Notwendigkeit eines in diesem Sinne kontextgebundenen philosophischen Zugangs erkennt Toulmin in einem heute feststellbaren Wandel der Bedürfnisse, die nach seiner Ansicht nicht mehr in der Schaffung von *„Stabilität und Einheitlichkeit"* bestehen, sondern darin, „den nötigen Spielraum für den Schutz der *Vielfalt und Anpassungsfähigkeit* zu schaffen". (Ebd.) Erst seit Beginn der 60er Jahre verfestigt sich nach Toulmins Ansicht die Tendenz zu einer konsequenten Rückbesinnung auf die „humanistische Toleranz gegenüber Ungewißheit, Mehrdeutigkeit und Meinungsvielfalt", die zuvor der „rationalistischen Forderung nach allgemeingültiger Theorie und einem Streben nach Gewißheit in allen Dingen" gewichen war. Kernelemente der Rückbesinnung auf praktische und damit kontextgebundene Philosophie sind bei Toulmin die Rückkehr zum „Mündlichen", zum „Besonderen", zum „Lokalen" und zum „Zeitgebundenen". (Ebd., S. 298 ff.)

[4] Siehe z. B. das Konzept der Ideal- und Praxisnorm von Birnbacher und Hoerster.

Mit „Kontext" ist dabei das (ggf. sehr komplexe) Bedingungsfeld, in dem
eine Handlung steht, gemeint, d.h. die eine Handlung umgebenden Sach- und
Situationszusammenhänge, aus denen heraus eine Handlung überhaupt erst
verstanden und bewertet werden kann. Dies impliziert, daß der ethische Wert
einer Handlung nicht durch Analyse und Kritik dieser Handlung selbst als
isolierter bzw. ihrer, ebenfalls isolierten, Folgen erfaßbar ist und es somit notwendig wird, *Analyse, Bewertung und Kritik auf den die Handlung umgebenden Kontext auszuweiten.* Die Ausweitung der Problemanalyse auf den Handlungskontext zielt darauf, festzustellen, wie, d.h. aus welchen Voraussetzungen
und welchem Gefüge, eine Handlungsweise initiiert ist, welche Interessen und
Motivationen mit ihr verbunden sind und welche Alternativen es zu ihr gibt etc.

Auf die Ausgangsproblematiken der vorliegenden Arbeit gewendet, bedeutet
dies: Abtreibung, In-vitro-Fertilisation etc. stellen je eigene Handlungs*kontexte*
dar, in denen sich ein je spezifisches *Problemgefüge* ergibt. Die ethische Problematik ist dabei keineswegs auf die Statusfrage beschränkt, denn die Handlungsmöglichkeiten stellen nicht allein das Leben von menschlichen Embryonen und
Föten zur Disposition, sondern auch Auffassungen von Krankheit und Gesundheit, von Anteilnahme und Hilfeleistung, von Leidbehebung bzw. -minderung,
von Selbstbestimmung und Abhängigkeit usw. Eine ethische Bewertung der
dargestellten Handlungsmöglichkeiten kann daher nicht auf die Klärung der
Statusfrage begrenzt sein, sondern hat die mittelbaren und unmittelbaren Ein-
flüsse auf diese Auffassungen zu bewerten und normativ zu berücksichtigen.

Am Beispiel des Handlungskontextes „Abtreibung" kann dies verdeutlicht
werden: Leist etwa führt im Titel seines Buchs „Eine Frage des Lebens. Ethik
der Abtreibung und künstlichen Befruchtung" Abtreibung und künstliche Befruchtung getrennt auf, gleichwohl wird an verschiedenen Textstellen deutlich,
daß das „und" nicht differenzierend, sondern additiv gemeint ist, d.h., daß er
Abtreibung und künstliche Befruchtung nicht als unterschiedliche Handlungskontexte begreift, sondern lediglich als zwei Handlungsweisen, die unter derselben Kernproblematik zusammenfaßbar und behandelbar sind. Nach m.E.
aufschlußreichen einleitenden Überlegungen – wie: „Die moralischen Fragen
über menschliches Leben vor der Geburt lösen nicht selten starke Emotionen
aus, vor allem dann, wenn *man* selbst in eine Abtreibungsentscheidung *verwik-
kelt* ist."[5] und: „Mit der Forderung nach emotionalem Engagement trifft sich
eine zweite verbreitete Annahme: daß sich *das* ethische Problem der Abtreibung
sowieso nicht rational lösen läßt."[6] – formuliert Leist für die ethische Bewertung
folgende These:

---

[5] A. LEIST, *Eine Frage des Lebens*, S. 9 (Hervorhebungen C.K.).

[6] Ebd., S. 9 (Hervorhebung C.K.).

Von mit Abstand *wichtigster* Bedeutung für die neuen Techniken ist ethisch gesehen die Statusfrage [...]. Aus diesem Grund besteht auch ein *direkter Zusammenhang* zwischen der Abtreibungsethik und einer ‚Reproduktionsethik'. [...] Viele messen der Abtreibung und Reproduktion deshalb eine jeweils andere moralische Bedeutung zu, weil sie letztere unter dem Zweck sehen, Kinder zu zeugen, Abtreibung jedoch mit der Absicht identifizieren, einen Fötus zu töten [...]. Jedoch ist eine solche Unterscheidung nicht haltbar.[7]

Leist – der in diesem Zusammenhang stellvertretend als charakteristischer Vertreter der bestehenden Statusdiskussion angesehen werden kann – anerkennt also zwar prinzipiell die Tatsache, daß Abtreibung und künstliche Befruchtung unterschieden werden müssen, aufgrund der Voraussetzung einer gemeinsamen ethischen Kernproblematik ist diese Unterscheidung für seinen Ansatz und damit für die ethische Bewertung aber weitgehend unerheblich. Im Unterschied dazu sind bei einem Ansatz, der, wie es für die angewandte Ethik m.E. zu fordern ist, programmatisch und systematisch von der Notwendigkeit ausgeht, *Handlungskontexte* ethisch zu erfassen, gerade die *situativen Aspekte von Handlungen urteilsrelevant.* Insofern sie als urteilsrelevant erachtet werden, initiieren und strukturieren sie auch bereits in spezifischer Weise die Fragestellungen der konkreten ethischen Reflexion, die sich wesentlich von den ohne Kontextdifferenzierung formulierten Fragestellungen unterscheiden. *Ein kontextorientierter Problemzugang erfordert und generiert nämlich Fragestellungen, die nicht nur die einzelne Handlung, sondern primär das Handlungsumfeld, d.h. die Handlungssituation (durchaus im hermeneutischen Sinne), erhellen und einer entsprechenden kritischen Analyse zugänglich machen.* Erst die möglichst umfassende Kenntnis und kritische Untersuchung des jeweils konkreten Handlungskontextes ermöglicht aber Aussagen darüber, welche normativen Forderungen im Bestreben nach Bewältigung der ethischen Problematik begründet und adäquat sind.[8] Ein kontextorientierter Ansatz, der sich mit den ethischen Problemen der Abtreibung auseinandersetzt, ist folglich gezwungen, den Handlungskontext Abtreibung möglichst umfassend zu analysieren und ihn nicht, wie es beim Ansatz der Statusdiskussion der Fall ist, auf eine einzelne Problemstellung zu reduzieren. Dazu gehört es, die (sowohl empirisch-statistischen wie theoretisch-weltanschaulichen) Bedingungen der Handlungsentscheidungen, damit auch die Voraussetzungen auf seiten der beteiligten Entscheidungs- bzw. *Handlungssubjekte* und die *Handlungsbetroffenheiten* sowie die *Handlungs-*

---

[7] Ebd., S. 177 (Hervorhebungen C.K.).

[8] Um Mißverständnisse zu vermeiden, muß hier betont werden, daß „adäquat" nicht im Sinne politischer Durchsetzbarkeit verstanden werden darf, sondern im Sinne einer Moralpragmatik gemeint ist, die sich nicht mit politisch-strategischem Handeln identifiziert, die aber dennoch die konkreten Bedingungen des realen Soziallebens berücksichtigt.

folgen zu analysieren. Demnach spielt es für die ethische Bewertung z. B. der Abtreibung eine sehr wesentliche Rolle, aus welchen Gründen in welchen Situationen welche Subjekte über eine Abtreibung entscheiden, und ebenso, wer in welcher Weise von der Entscheidung betroffen ist und welche Folgen die Entscheidung bzw. Handlung zusätzlich zu der direkten Betroffenheit absehbar mit sich bringt.

Der Verweis auf die „Kernproblematik" des Handlungskontextes „Abtreibung" ist also schon deshalb problematisch, weil er andere wesentliche und schwerwiegende ethische Aspekte des Kontextes als nachrangig erklärt und ausblendet. Unter kontextorientierter Fragestellung kann beispielsweise kein undefiniertes „man", wie in der Textstelle von Leist, angeführt werden, das in eine Abtreibungsentscheidung „verwickelt" sei. Unter kontextorientiertem Ansatz wäre vielmehr zu fragen, wer an der Entscheidung beteiligt ist, und zwar aufgrund welcher sozialen Rolle und kraft welchen ethischen Rechts. Erst aus der Analyse dieser Fragestellung wird erkennbar, welche Autoritäten in bezug auf welche Entscheidungen bzw. Handlungen begründet sind bzw. begründet werden können. Zudem wird sich die ethische Bewertung der Abtreibung unter einem kontextorientierten Ansatz vor allem auf das Faktum beziehen müssen, daß eine allgemeinverbindliche bzw. intersubjektiv gültige Klärung der Statusfrage eben nicht vorliegt.[9] Angesichts dieser Tatsache muß aber deutlich gemacht werden, daß zumindest auf der Ebene des Einzelfalls die persönliche Gewissensentscheidung der Schwangeren deutlich an Gewicht gewinnt.[10] Andere moralische Subjekte, denen im Kontext der Abtreibung und auf der Ebene des Einzelfalls Entscheidungsrechte zugesprochen werden müssen, sind (je nach Umständen) der am Zustandekommen der Schwangerschaft beteiligte Mann und ggf. der Arzt/die Ärztin, dem/der der Auftrag zur Durchführung der Abtreibung erteilt werden soll, sowie das beteiligte Pflegepersonal etc. Jedes dieser moralischen Subjekte, das in die Abtreibungsentscheidung „verwickelt"

---

[9] Dies bedeutet keineswegs, daß die Statusfrage nicht weiter behandelt werden soll. Im Gegenteil, sie soll weiter diskutiert werden, allerdings losgelöst von jeder aktuellen Problematik (siehe Kapitel 7.3.1), weil das Tötungsverbot bzw. seine Begründung über das Lebensrecht des Menschen als normative Konkretisierung der Menschenwürde keinesfalls kontingent angelegt sein darf. Eine Diskussion der Frage nach dem Geltungsbereich des Lebensrechts kann daher nicht mit Bezug auf kontingente Bedingungen, die zum Begriff des Kontextes gehören, erfolgen. Aus diesem Grunde kann man zwar darauf hinweisen, daß der Handlungskontext Abtreibung – wie einige andere Handlungskontexte auch – die Frage nach dem Geltungsbereich des Lebensrechts (wesentlich) tangiert, aber man kann weder eine ethische Bewertung des Handlungskontextes aus der ungeklärten Frage des Geltungsbereichs ableiten, noch kann man m. E. die Begründung des Geltungsbereichs menschlichen Lebensrechts aus der Bewertung des Handlungskontextes folgern.

[10] Zu diesem Ergebnis kommt auch H.-M. Sass, *Die Würde des Gewissens*, S. 14 ff. – Siehe auch Kapitel 5.3.

ist, steht in ethisch unterschiedlich begründetem und unterschiedlich gewich-
tigem Verhältnis zu der Entscheidung bzw. Handlung. Insofern beschäftigt sich
der kontextorientierte Ansatz nicht allein mit der ethischen Begründung bzw.
Begründbarkeit der Entscheidung selbst, sondern zudem mit der ethisch bedeutsamen Frage nach der *Begründung der Entscheidungsautoritäten*.

Des weiteren erweisen sich auch die *Handlungsbetroffenheiten und -folgen*
unter kontextorientiertem Ansatz als vielfältig und zudem vernetzt. Bereits auf
der Ebene des Einzelfalls im Kontext der Abtreibung zeigt sich, daß bspw. die
Schwangere nicht bloß moralisches Subjekt, sondern sehr offensichtlich auch
Objekt und Betroffene aller im Kontext erforderlichen ethischen Entscheidungen ist. Ebenso können auch andere an der Entscheidung ggf. beteiligte
moralische Subjekte von der Entscheidung betroffen sein bzw. zum Objekt der
moralischen Entscheidung werden. Unter dem im Verantwortungsbegriff enthaltenen Anspruch an fürsorgliches Handeln gegenüber Handlungsbetroffenen
bedeutet dies, daß auch diesen Betroffenheiten entsprechende moralische Berücksichtigung gebührt.

Ein wesentlicher Aspekt kontextorientierter Ansätze besteht – dies wird an
den vorangegangenen Beispielen deutlich – darin, daß innerhalb des betrachteten
Kontextes ein Geflecht von Beziehungen und verschiedener Handlungs- bzw.
Entscheidungsoptionen erkennbar wird. Erst durch deren Beleuchtung und
Wahrnehmung werden sie für die ethische Reflexion nutzbar. Ein kontextorientierter Problemzugang mündet folglich in Fragestellungen, die weniger auf die
ethische *Begründung* von Rechten der Handlungsbeteiligten zielen, sondern auf
das Erfassen von konkreten Problemursachen und -bedingungen im Sinne der
de facto, d.h. konkret, gegebenen Handlungssituation und auf eine in diesem
Rahmen angemessene Konkretion ‚richtigen‘ Handelns.

Unter Maßgabe eines kontextorientierten Ansatzes werden deshalb insbesondere auch Untersuchungen bedeutsam, die Aufschluß über das sozial-
politische Klima geben, in dem eine Handlung stattfindet, und entsprechende
Zusammenhänge erhellen. So wäre z.B. im Kontext der In-vitro-Fertilisation –
bzw. spezieller: der Kryokonservierung von menschlichen Embryonen – die
Frage zu stellen, welche vorherrschenden Menschen- und Weltbilder, welche
gesellschaftliche Organisations- und vorherrschende Lebensform diese Technik
(und damit Handlungsoption) ermöglicht haben und wie sie sich nach Maßgabe
dieser Menschen- und Weltbilder ggf. weiterentwickeln könnte. Eine wesentliche Rolle kommt dabei dem systematischen Versuch zu, Entwicklungen in
anderen Bereichen des sozialen Lebens mit zu berücksichtigen, so z.B. den
Stand und die prospektive Weiterentwicklung angrenzender Technologien
(hier z.B. der Gentechnologie, der Computertechnologie, der medizinisch-technischen Ersetzung und Veränderung von Körperteilen bzw. deren Simulation
etwa als künstlicher Uterus etc.), darüber hinaus aber auch sehr wesentlich den
Stand und die prospektive Weiterentwicklung von sozialen Lebensbedingungen

(z. B. die Verfaßtheit einer Gesellschaft als Konsum-Gesellschaft mit entsprechenden Konsequenzen für persönliche Entwürfe eines gelingenden Selbst bzw.
Lebens, aber auch konkrete wohlfahrtsstaatliche Bedingungen etc.).

Solche weitgefaßten Fragestellungen decken sich mit der im Zusammenhang
mit der Kategorie Verantwortung thematisierten Forderung, über das „Woher"
und „Wohin" im Sinne der geschichtlichen Dimension des Handelns Aufschluß
zu erlangen, sie sind jedoch darüber hinaus – und dies trifft den Kern bzw. das
Ziel angewandter Ethik – Bedingungen der konkreten Möglichkeit, die situativ
vermittelte ‚Richtigkeit' einer Handlung festzustellen.

Allerdings – und dies gilt es besonders zu betonen – *kann auch ein kontextorientierter Problemzugang*, wie er m. E. für die angewandte Ethik zu fordern
ist, *nicht gelingen, wenn nicht ein allgemein anzuerkennendes Telos als das
„Woraufhin" des Handelns formuliert wird.* Ob und inwieweit ein solches Telos
für die angewandte Ethik angenommen werden kann, bedarf weiterführender
Forschungen und kann deshalb an dieser Stelle nicht ausführlicher behandelt
werden. Gleichwohl kann aber thesenförmig die Vermutung geäußert werden,
daß aufgrund des jeweils auf eine spezifische Gesellschaft beschränkten Bezugsrahmens angewandter Ethik das „Woraufhin" des Handelns an Ideen konkretisiert werden kann, die (zumindest) für diese Gesellschaft unbezweifelbar gelten.
Die Idee der Menschenwürde, des Pluralismus und der Demokratie sind hier als
diejenigen Ideen zu nennen, aus denen für die Themen der angewandten Ethik
zwar (in den meisten Fällen) keine konkreten und allgemeinverbindlichen
Handlungsentscheidungen deduktiv ableitbar sind, die aber m. E. für die Diskurse in angewandter Ethik regulative Ideen sein können, an denen – kontrafaktisch – im beschriebenen Sinne verantwortungsethische, d. h. situativ vermittelte,
Urteile orientiert werden können.

Differenzierung von Praxisebenen:
Neben der noch offenen Frage nach dem Telos im Sinne des „Woraufhin" angewandter Ethik besteht ein weiteres Defizit des kontextorientierten Ansatzes
angewandter Ethik darin, daß er zwar *Themen*, nicht aber ein Problemgefüge
systematisch nach *Handlungsebenen* differenzieren kann. Diese möchte ich als
„Praxisebenen" bezeichnen. Ich verstehe darunter die vielschichtigen konkreten
Handlungsebenen, auf denen ein Kontext als potentiell ethisch problematisches
Gefüge thematisiert werden kann. Praxisebenen entsprechen insofern den einzelnen Stufen der konkreten Organisationsformen menschlichen Zusammen-
lebens. Die im Rahmen dieser Arbeit bearbeiteten Kontexte Abtreibung,
In-vitro-Fertilisation etc. sind beispielsweise auf den *Praxisebenen „Einzelfall"*,
„spezifische Gruppe", *„Gesellschaft"* und *„Weltbevölkerung"* thematisierbar.
Je nachdem, auf welcher dieser Praxisebenen ein Kontext thematisiert wird,
ergeben sich unterschiedliche Konstellationen von Handlungsmöglichkeiten,
handelnden Subjekten, Handlungsbetroffenen und Handlungsfolgen. Des

weiteren verändert sich je nach Praxisebene die Relevanz einzelner ethischer Aspekte.

Insbesondere letzteres kann erneut am Beispiel des Handlungskontextes „Abtreibung" verdeutlicht werden: Wie bereits an früherer Stelle[11] dargelegt wurde, hat das Bundesverfassungsgericht die Abtreibung von Föten, bei denen eine Behinderung diagnostiziert wird, nicht unter Strafe gestellt. Begründet wurde diese Entscheidung damit, daß es gegenüber der Schwangeren unzumutbar sei, sie den psychischen und anderen Belastungen auszusetzen, die sich aus Schwangerschaft, Geburt und Leben mit einem Kind mit Behinderungen ergeben. Diese moralische Entscheidung des Gerichts fußt auf einer Betrachtung des Kontextes auf der Ebene des Einzelfalls bzw. vieler Einzelfälle, d.h., als ethisch relevant wurde für diese Entscheidung besonders die Lebenssituation der einzelnen Schwangeren bzw. Mutter angesehen. Auf einer anderen Praxisebene, etwa der der Gesellschaft, erscheint aber die Überlegung, ob es zumutbar ist, mit Menschen mit Behinderungen zu leben, ganz offensichtlich in einem anderen Licht.

Dieses Beispiel verdeutlicht somit zweierlei: zum einen, *daß ethisch relevante Aspekte zum Teil erst durch die systematische Differenzierung von Praxisebenen sichtbar und einer kritischen Beurteilung zugänglich werden*; und zum anderen, daß derselbe ethisch relevante Aspekt (hier: das Zusammenleben mit bzw. Sorgen für Menschen mit Behinderungen) auf unterschiedlichen Praxisebenen auch unterschiedliche Handlungsalternativen, Betroffenheiten, Handlungsfolgen etc. impliziert, entsprechend andere moralische Intuitionen hervorruft, und daß also die relevanten Aspekte entsprechend differenziert und umfassend sowie konkret ethisch-moralisch reflektiert werden müssen.

Für die bislang vorherrschenden, auf allgemeine Verbindlichkeit zielenden ethischen Ansätze kann demgegenüber als praktischer Bezugsrahmen stets allein die Menschheit (im Sinne aller bisher gewesenen, gegenwärtig seienden und zukünftig seienden Menschen) gelten. Es ist zwar nicht ausgeschlossen, daß auch diese Ansätze auf unterschiedliche Praxisebenen Bezug nehmen, aber als *Argumentationsrahmen*, d.h. als entscheidende Ebene, kann für sie aufgrund ihres Anspruchs auf Allgemeingültigkeit bzw. der Forderung nach intersubjektiver Gültigkeit letztlich nur „der Mensch" bzw. „die Menschheit" als Abstraktum gelten.[12] Im Zusammenhang mit der Suche nach einem Ansatz angewandter Ethik vertrete ich demgegenüber die These, daß es – innerhalb der angewandten im Unterschied zur allgemeinen, ‚theoretischen' Ethik – notwendig ist, neben

---

[11] Siehe Kapitel 1.2.

[12] Dies gilt im übrigen auch für einen Ansatz wie den der Diskursethik, der zwar konkrete Individuen als Betroffene am konkreten Diskurs beteiligen will und als ethisch gültig den im Diskurs aller Betroffenen erzielten Konsens ansieht, der sich aber andererseits als transzendentalpragmatische Theorie auf das Abstraktum „Mensch" bezieht.

der Praxisebene „Menschheit" auch diejenigen Praxisebenen als Rahmen ethischer Reflexion anzuerkennen, die für den zu reflektierenden Kontext jeweils relevant sind. Ein nach Praxisebenen differenzierender Ansatz diskutiert verfahrensgemäß folglich einen spezifischen Handlungskontext jeweils mit Bezug auf verschiedene Praxisebenen.[13] Die jeweilige Praxisebene ist dabei – innerhalb der angewandten Ethik – zugleich Rahmen und Gegenstand der ethischen Analyse, Kritik, Normenbegründung und Moralpragmatik. Wenn die angewandte Ethik systematisch nach Praxisebenen differenziert, ist nicht nur der Bezug zur konkreten Situation, in der ein Handlungskontext als problematisch angesehen wird, gewährleistet, sondern es eröffnen sich auch vielfältige, ggf. für jede Praxisebene unterschiedliche (gleichwohl ein gemeinsames Ziel verfolgende) Lösungs- bzw. Bewältigungsstrategien. Fraglos ist allerdings, daß grundsätzliche ethische Fragestellungen, die innerhalb der Moralphilosophie mit dem Anspruch auf Universalität thematisiert werden, unter Bezugnahme auf die Praxisebene „Menschheit" behandelt werden können und müssen.

Mit der Forderung nach Kontextorientierung und Praxisebenendifferenzierung sind allerdings noch keineswegs alle Probleme angesprochen, die es bei einer Konzeptionierung angewandter Ethik zu berücksichtigen gilt. Zudem sind auch im Hinblick auf die beiden Aspekte der Kontextorientierung und Praxisebenendifferenzierung selbst noch eine Reihe von Fragen offen, nämlich etwa die *Klärung des gesamten eigentlichen Bewertungsvorgangs*, die Klärung des *Verhältnisses der ggf. unterschiedlichen Beurteilungen ‚situativer Richtigkeit' auf unterschiedlichen Praxisebenen* und die Frage der *Definition bzw. Identifikation von jeweiligen Handlungskontexten*. Diese Themen können im Rahmen der vorliegenden Arbeit nicht noch eigens erörtert werden, es sei an dieser Stelle auf

---

[13] Dabei kann allerdings m. E. gerade nicht das Ergebnis der ethischen Beurteilung eines Handlungskontextes auf einer Praxisebene zum normativen Maßstab für den Kontext auf anderen Praxisebenen avancieren. Ob die ethische Bewertung eines Kontextes auf einer Praxisebene möglicherweise nur für diese Praxisebene normativ wirken kann, ist an dieser Stelle nicht feststellbar. Es ist hier das Problem berührt, wie mit den Einzelergebnissen umzugehen ist. Es stellt sich nämlich die Frage nach dem Verhältnis der Einzelergebnisse aus den Untersuchungen verschiedener Praxisebenen (die, wie das o. g. Beispiel ‚Behinderung' zeigt, einander ggf. entgegenstehen können) und den daraus zu ziehenden Konsequenzen. Ungeklärt ist, ob etwa Vorzugsregeln begründbar sind, nach denen die Ergebnisse in ein hierarchisches Verhältnis gesetzt werden könnten. Unpassend erscheint es mir, jeweils die nächst umfassende Praxisebene als übergeordnet anzusehen, etwa mit der Begründung, daß, je weitreichender die betrachtete Praxisebene, desto zahlreicher die Gruppe der Betroffenen ist. Dieser Umstand ergibt sich schon aus dem Begriff der Praxisebene und kann nicht als Begründung für größere Wichtigkeit gelten, weil dies etwa zur Folge hätte, den Schutz des Individuums jeweils dann aufzugeben, wenn die Interessen vieler dadurch berücksichtigt würden. Umgekehrt scheint es mir ebenso unangemessen, die individualethische Perspektive regelmäßig der sozialethischen überzuordnen. In diesen Fragen besteht m. E. dringender Forschungsbedarf.

sie aber als m. E. wichtige offene Forschungsfragen hingewiesen. Abschließend sollen allerdings noch einige Überlegungen zu der zweiten o. g. konzeptionellen Notwendigkeit für eine angewandte Ethik, nämlich der Integration „außer-rationaler" Erkenntnis- und Urteilsformen, formuliert werden.

Akzeptanz außer-rationaler Erkenntnis und Urteilsformen:
Wie dargestellt wurde, ist insbesondere nach Maßgabe einer Orientierung am Begriff der Verantwortung an die angewandte Ethik der Anspruch gestellt, Problemlösungen nicht im Sinne der Begründung und Explikation allgemein-verbindlicher bzw. universeller Normen zu erbringen, sondern vielmehr die ‚situative Richtigkeit' bzw. ‚situative Falschheit' einer Handlungsweise festzu-stellen und ggf. darüber hinaus eine ‚situativ richtige' Handlungsweise allererst aufzufinden. Als eine Folge dieses Anspruchs wurde die Forderung formuliert, eine kontextorientierte und nach Praxisebenen differenzierende Perspektive auf die Problemgegenstände einzunehmen, und zwar mit dem Ziel eines möglichst umfassenden und konkreten Problemzugangs, da dieser eine notwendige Bedin-gung der Möglichkeit des Aufweises ‚situativer Richtigkeit' darstellt.

Dieser Anspruch an angewandte Ethik bzw. die aus ihm zu folgernde Art des Problemzugangs verweisen aber zugleich auf die Unerläßlichkeit der *ex-pliziten und systematischen Integration von ‚außer-rationalen' Wahrnehmungs-formen in den Prozeß der Urteils- und Entscheidungsfindung*. Verschiedene Gründe können hierfür angegeben werden: Zum einen ist es die *Komplexität der zu erfassenden Kontexte bzw. Situationen*, die eine umfassende Datensammlung und entsprechend umfassende Analyse der relevanten Aspekte kaum noch er-möglicht. Zum anderen stellt die *Nicht-Eindeutigkeit, d. h. die Ambivalenz rele-vanter Begriffe und moralischer Intuitionen* ein rein analytisches Verfahren in Frage. Darüber hinaus hat sich gezeigt, daß z. B. der *im Begriff Verantwortung enthaltene Fürsorglichkeitsanspruch generell nur über die Bereitschaft zur Wahr-nehmung der Seins-Lage des anderen erfüllbar* ist. Ein weiterer, in gewisser Weise übergeordneter Grund für die Notwendigkeit der Integration ‚außer-rationaler' Wahrnehmungsformen in einen Ansatz angewandter Ethik ist aber auch die *prinzipielle Unbestimmtheit bzw. Vagheit des „Woher" und „Wohin"*, d. h. die geschichtliche Bedingtheit der Herkunft und des Fortgangs jeweiliger Weltbilder und Wertvorstellungen, die Grundlage für die notwendigen Bewer-tungen und Entscheidungen sind.

Daß die Integration *‚außer-rationaler' Wahrnehmungs- und Urteilsformen* implizit bereits in vorliegenden Ansätzen, wenn nicht enthalten, so doch zumin-dest angedeutet ist, wurde im Verlauf der Arbeit an verschiedenen Beispielen gezeigt: Als Stichworte können noch einmal der Rekurs auf *Plausibilitätsar-gumente*, der Verweis auf *Klugheitserwägungen*, die Betonung von *Urteilskraft*, deutlicher noch die Betonung von *Erfahrungen* und *Empfindungen* sowie die Annäherung an *ästhetische Wahrnehmungsformen* genannt werden. Bei aller

Unterschiedlichkeit der mit diesen Stichworten bezeichneten Anliegen in bezug
auf den Vorgang moralisch-ethischer Entscheidungsfindung ist ihnen gemeinsam, daß sie diesen Vorgang selbst nicht präzise beschreiben bzw. analysieren
und daher auch nicht intersubjektiv absichern können, was zur Konsequenz hat,
daß Urteile bzw. Handlungsentscheidungen, die unter Berufung auf (z. B. mit
den o. g. Stichworten verbundenen) ‚außer-rationale' Wahrnehmungs- und Urteilsformen gefällt werden, keine intersubjektive Verbindlichkeit beanspruchen
können. Das Dilemma oder – eher positiv formuliert – die Ambivalenz solcher
Bezugnahmen besteht somit darin, daß zwar einerseits ‚außer-rationale' Begrün-
dungs- und Urteilsmuster als notwendig für angewandte Ethik postuliert und
im Rekurs auf Begriffe wie „Klugheit", „Urteilskraft" u. ä. auch anerkannt
werden, daß andererseits aber gleichzeitig die auf rationalen Begründungs- und
Urteilsmustern beruhenden Sicherungsinstrumente normativer Ethik (wie z. B.
der Anspruch auf intersubjektive Verbindlichkeit) nicht aufgegeben werden
sollen. Wenn man aber allein rationale Erkenntnisformen und entsprechende
logische Schlußweisen als moralisch zu berücksichtigend zuläßt, ist es unmöglich, für die aktuellen und konkreten moralischen Probleme Lösungen bereitzustellen, die ebenso konkret wie eindeutig interpersonell, d. h. für eine konkrete
Allgemeinheit (d. i. z. B. eine spezifische Gesellschaft in einer bestimmten Zeit),
gültig sind. Läßt man sich dagegen auf die Berücksichtigung von „Wahrnehmungen" und ähnlichen Urteilsformen ein, so scheint eine Objektivierung bzw.
Verallgemeinerung der moralischen Urteile unmöglich und damit eine eindeutige Lösung der ethischen Problematiken ebenfalls nicht erreichbar zu sein.

Ein Versuch, diese Schwierigkeit zu überwinden, ist der sog. „Story Telling"-
Ansatz, der im Verlauf der Arbeit verschiedentlich erwähnt wurde und der an
dieser Stelle kurz dargestellt werden soll, weil an ihm verdeutlicht werden kann,
daß eine Verschmelzung der Ansprüche auf Kontextorientierung, Praxisebenendifferenzierung und Anerkennung der verschiedenen Formen ‚außer-rationaler'
Urteilsformen ggf. alternative oder ergänzende Ansätze hervorrufen kann, die
mit erheblich anderen Rationalitäts- und Geltungsansprüchen verbunden sind,
als sie für die Moralphilosophie üblicherweise formuliert werden, und die ihrem
jeweiligen kritischen Rezipienten daher die Bereitschaft abverlangen, sich auf
ungewohnte Wege einzulassen. In diesem Sinne ist Warren T. Reich, der zu
Beginn dieser Arbeit zitiert wurde, darin zuzustimmen, daß sich möglicherweise
ein Paradigmenwechsel ankündigt.[14]

---

14 Siehe W. T. REICH, „Bioethics in the 1980's", bes. S. 3 ff.

Narration und Einfühlung als Wege indirekter Problemlösungen:
Im Ansatz des sog. „Story Telling", der in jüngster Zeit von einigen Autoren als Alternative oder Ergänzung zu deduktiven Urteilsverfahren vor allem in bezug auf ethische Entscheidungen „am Krankenbett", d. h. im Bereich der klinischen Ethik, vorgeschlagen wird, strebt man an, das Dilemma zwischen der einerseits notwendigen Integration von ‚außer-rationalen' Wahrnehmungs- und Urteilsformen und dem andererseits damit verbundenen Problem des Verlusts intersubjektiver Verbindlichkeit zu überwinden. Die ‚Überwindung' dieses Dilemmas besteht in diesen Ansätzen allerdings darin, den zentralen Stellenwert von Wahrnehmung, Verstehen, Einfühlung etc. hervorzuheben und gleichzeitig mehr oder weniger grundsätzlich von der Forderung nach verallgemeinerungsfähigen, (im logischen Sinne) rational begründeten ethischen Urteilen und dem Ziel einer eindeutigen Lösung Abstand zu nehmen. Joyce Trebilcot bspw. gibt jeden Versuch der Verallgemeinerung auf, weil sie mit ihm zwangsläufig die Unterdrückung des Konkreten und des authentischen Erfahrungshorizontes verbunden sieht.[15] Stattdessen soll ein Fundus von authentischen Erzählungen als außerpersönliche Erfahrung verfügbar gemacht und damit die eigene Wirklichkeitserfahrung erweitert werden:

> The idea is not to discover ‚the truth' and, competitively, to present it more clearly or forcefully or completely than anyone else; it is rather, to contribute one's own words, insights, speculations, jokes, to [...] reality.[16]

Ausdrücklich sollen dabei aus dem Erzählten nicht induktive oder deduktive Schlüsse gezogen werden, sondern der „Story" selbst wird Relevanz und Erklärungskompetenz zugeschrieben, indem sie mehr als das Erzählte beinhalte[17] und der Rezipientin bzw. dem Rezipienten die „Ver-wertung" der Inhalte überlasse, zugleich aber auch kulturprägend wirke.

---

[15] Ähnlich auch David H. Smith, der den narrativen Ansatz des „Story Telling" besonders wegen dessen systematischer Einbindung von Emotionalität befürwortet: „Ethical principles are both developed and applied through the application of systematic logic. The argument is rational; no emotion is to be admitted. Yet we know in our ordinary observation of people engaged in conversations about ethical issues that ethics is indeed a matter for emotion." (D. H. SMITH, „Telling Stories", S. 727)

[16] J. TREBILCOT, „Ethics of Method", S. 47.

[17] Ähnlich auch Smith: „It is through the telling of stories about ourselves and the events around us that we define reality, explain who we are to one another and set the stage for future action. Story telling makes sense out of our lives and out of the world. As we listen to stories others tell us we learn what is important to them, what they believe is memorable, who in their stories is what kind of person, and what kinds of values justify decisions and actions." (D. H. SMITH, „Telling Stories", S. 728)

> [Stories] include analyses and show motives. They entertain, explain,
> connect, emancipate. Anyone can take whatever she wants from them
> in the process of making her own stories/realities/selves, and we can
> altogether draw on them in making cultures.[18]

Der narrative Ansatz hat damit weniger zum Ziel, ethische Probleme im üblichen Sinne zu *lösen*, sondern er setzt darauf, daß über gegenseitiges Verständnis
je persönlicher Stories sowie über die Aufnahme der Story des anderen in den
eigenen Erfahrungsbereich ethische Probleme *bewältigt* werden können.[19]

Während die Betonung der persönlichen Erfahrung im Ansatz von Trebilcot
radikal von jeder Generalisierung und Theoretisierung des Erfahrenen und in
den Stories zum Ausdruck Gebrachten absieht, beschreibt Ritschl einen Ansatz
des „Story Telling", der die Notwendigkeit von Prinzipien-Theorien einschließt
und der selbst als Rahmentheorie vorgestellt wird. Ritschl fordert von einer
Theorie, „daß sie den wirklichen Problemen entspricht, sie sozusagen ‚einfan-
gen' und sachgemäß erklären und verantwortlich lösen hilft".[20] Unter dieser
Zielsetzung geht es ihm zugleich darum, „von der Faszination durch ethische
Prinzipien und der Gefangenschaft in *Begriffen loskommen* [zu] können", allerdings „ohne sie als solche zu opfern".[21] Erzählen als Konzept einer Ethik
besteht deshalb für Ritschl nicht darin, Begriffe durch Erzählungen zu ersetzen.

> Das Erzählen ist aber als eine Form des Sprechens (und Hörens) er-
> kannt worden, die noch sozusagen ‚unterhalb' der Begriffe, an der Basis,
> hart an der Wirklichkeit seine Funktion hat. Es ist, wenn man so will,
> der Wirklichkeit näher als der Begriff. [...] Die Vielfalt der miteinander
> verknüpften Stories macht das Gesamt der Wirklichkeit aus.[22]

Ritschl verzichtet damit gerade nicht auf die Verallgemeinerungsmöglichkeiten
und Erklärungspotentiale der Erzählungen:

> Freilich sind wir letztlich nicht davon dispensiert, aus den wahrgenom-
> menen, den gehörten Stories *Summierungen* abzuleiten und *Begriffe* zu
> bilden, mittels derer die Summierungen sinnvoll eingeordnet und erklärt
> werden können.[23]

---

[18] J. TREBILCOT, „Ethics of Method", S. 49.

[19] Siehe auch D.H. Smith: „Because stories imply the future, story telling leads us to decisions. As we work together, we tell one another our stories of the events we are encoun-
tering. When the stories we share come to imply similar next episodes, those next episodes
become our decisions." (D.H. SMITH, „Telling Stories", S. 729)

[20] D. RITSCHL, „Das ‚Storykonzept'", S. 156.

[21] Ebd., S. 161.

[22] Ebd., S. 163.

[23] Ebd., S. 164.

Der von Ritschl vorgeschlagene narrativ-ethische Ansatz hat also im Unterschied zum Ansatz von Trebilcot nicht zum Ziel, prinzipiengeleitete bzw. an Leitbegriffen orientierte Argumentationsweisen zu *ersetzen*, sondern für solche Argumentationen einen äußeren Rahmen anzuerkennen, innerhalb dessen ethische Reflexion stattfinden soll. Dieser ist jeweils durch „Stories" bestimmt, deren Reichweite sich zum einen aus dem Erinnerbaren und Antizipierbaren ergibt, zum anderen aber auch aus dem jeweiligen Bezugsrahmen der einzelnen Story selbst. Ritschl betont in diesem Zusammenhang, daß Stories nicht auf individuelle Erfahrungswelten beschränkt sind, sondern daß auch einzelne Völker und Kulturen sowie die Menschheit eine erzählbare, d.h. erinnerbare und antizipierbare, Story haben, die den Rahmen ethischer Reflexion bilden kann.

Der Ansatz des Story-Telling eröffnet also einen holistischen Problemzugang und damit – ganz im Sinne der Implikationen der Kategorie Verantwortung – die Wahrnehmung konkreter situativer Besonderheiten eines Problemgefüges. Gleichzeitig impliziert er, daß (Kultur-)Geschichte und Herkunft im Sinne einer eigenständigen Narration einerseits und als Erfahrungshintergrund des einzelnen andererseits Referenzgröße und damit ethischer Bezugs- und Orientierungspunkt sein können. Dieser Orientierungsrahmen wird allerdings weniger so verstanden, als seien in ihm einzelne allgemeine Normen und Regeln eindeutig bestimmbar, sondern eher im Sinne der Klärung eines „Wohin", d.h. im Sinne der Klärung eines wünschenswerten weiteren Verlaufs jeweiliger „Stories".

Obgleich sich der Ansatz des „Story Telling" in diesen Hinsichten mit Ansprüchen, die für die angewandte Ethik formuliert wurden, deckt, kann m.E. nicht davon ausgegangen werden, daß er die Grundlage oder ein Modell für die Konzeptionierung angewandter Ethik bilden könnte. Ein sehr wesentliches Defizit dieses Ansatzes besteht nämlich darin, daß nicht hinreichend geklärt ist, wie die durch ihn initiierte Wahrnehmungs- und Erfahrungserweiterung in konkrete Handlungsentscheidungen umgesetzt werden kann. Dies ist aber gerade dort notwendig, wo die angewandte Ethik nicht solche Gegenstände behandelt, die vom einzelnen privat, d.h. auf der Grundlage eines persönlichen Wert- und Problembewußtseins, entschieden werden können (z.B. die Entscheidung für oder gegen eine Abtreibung, die Entscheidung für oder gegen die Inanspruchnahme reproduktionsmedizinischer Möglichkeiten, die Entscheidung für oder gegen die Implantation fötaler Organe), sondern Probleme, die einer öffentlichen, d.h. gesamtgesellschaftlich getragenen, Entscheidung (z.B. der Entscheidung für oder gegen die Erlaubnis, an menschlichen Embryonen und Föten zu forschen, der Entscheidung für oder gegen die Bereitstellung von Forschungsgeldern etc.) bedürfen.

Mit der Umsetzung der Forderung, ‚außer-rationale' Wahrnehmungs- und Urteilsformen in die Vorgehensweisen angewandter Ethik zu integrieren, sind folglich erhebliche Probleme verbunden. Nicht nur die Frage, ob bzw. inwieweit

für entsprechende Wahrnehmungen und Empfindungen intersubjektive Gültigkeit angenommen werden kann, ist hierbei ein wesentliches Problem. Ungeklärt
ist vor allem auch, wie entsprechende Wahrnehmungen überhaupt initiierbar
und thematisierbar sind. Es ist m. a. W. nicht nur problematisch, daß gleiche
Situationen von unterschiedlichen Individuen in Abhängigkeit von ihren jeweiligen Erfahrungshorizonten auch unterschiedlich wahrgenommen werden können und deshalb die intersubjektive Gültigkeit einer spezifischen Wahrnehmung
nicht vorausgesetzt werden kann. Hinzu kommt eben, daß Aspekte, die für die
Feststellung der situativen Richtigkeit einer Handlungsweise relevant sind, möglicherweise erst gar nicht wahrgenommen und somit außer acht gelassen werden.

Für eine Konzeptionierung angewandter Ethik muß daher nicht nur geklärt
werden, *ob bzw. unter welchen Bedingungen, mit welchen Ansprüchen und mit
welchen Konsequenzen ,außer-rationale' Situationswahrnehmungen und -be-
wertungen in den Prozeß der moralisch-ethischen Entscheidungsfindung zu
integrieren sind*, sondern es muß auch geklärt werden, *wie die Akteure für entsprechende Wahrnehmungen überhaupt sensibilisiert werden können*. Im Zusammenhang mit dem Fürsorglichkeitsanspruch des Begriffs Verantwortung
wurde bereits thematisiert, daß dieser vom Akteur bzw. vom Verantwortungssubjekt nicht nur die Bereitschaft, sondern auch die Fähigkeit verlangt, sich in
eine andere Lage, nämlich die des Verantwortungsobjekts, hineinzuversetzen. In
ähnlicher Weise *verlangt auch der geforderte wahrnehmungsorientierte Problemzugang angewandter Ethik nicht nur Wahrnehmungsbereitschaft, sondern
auch Wahrnehmungsfähigkeit*, und zwar im Sinne einer – wie ich es an früherer
Stelle schon genannt habe – „*kritischen Sensibilität*" gegenüber den jeweils einen
Kontext bestimmenden Handlungsbedingungen.

Den Begriff „Sensibilität" schlage ich auch deshalb vor, weil mit ihm Konno-
tationen aus dem Bereich des Physiologischen wie des Psychologischen verbunden sind (wie z. B. „Empfänglichkeit" und „Empfindsamkeit") und er insofern
ein Bedeutungsspektrum eröffnet, das m. E. geeignet sein könnte, weiterführende Forschungen weniger in Richtung einer ‚Neuauflage' emotivistischer und
intuitionistischer Theoriebildungen zu führen, sondern vielmehr in Richtung
einer multi- und interdisziplinären Klärung von Wahrnehmungsarten und
-bedingungen, mit dem Ziel, ihre jeweiligen Implikationen für die ethische
Entscheidungsfindung aufzudecken. Zwar ist nicht zu erwarten, daß mit dem
Begriff „Sensibilität" die offenen Fragen des „Wie" eines wahrnehmungsorientierten Ansatzes angewandter Ethik geklärt werden können, aber gerade das
Bedeutungsumfeld von „Sensibilität" ist m. E. dafür geeignet, entsprechende
Fragen zu konkretisieren und Ansätze zu ihrer Beantwortung aufzufinden.

Mit dem Begriff der „*kritischen Sensibilität*" ist zugleich aber auch gemeint,
daß zusammen mit der Wahrnehmung von Situationen und der in ihnen enthaltenen Probleme und Problemlösungsmöglichkeiten auch deren *Bewertung
anhand eines Ziels bzw. einer regulativen Idee*, wie oben für die angewandte

Ethik beschrieben, erfolgen muß. Im Unterschied zu „Kritik", verstanden im Sinne einer rational begründbaren eindeutigen Position gegenüber den situativen Aspekten, soll „Kritik" im Sinne „kritischer Sensibilität" allerdings auch das Moment einer ‚außer-rationalen', d.h. *nicht vollständig begründbaren, Bewertung des Wahrgenommenen* mit umfassen. Daß damit die Schwierigkeiten, die bereits mit dem geforderten kontextorientierten, ganzheitlich konkretisierenden Problemzugang verbunden sind, zugleich und zusätzlich auch die Bewertungsebene betreffen, ist offensichtlich: Ebenso wie bspw. in der an Leitbegriffen orientierten, deduktiv verfahrenden Statusdiskussion verschiedene Positionen unvereinbar vertreten werden, sind auch auf der Grundlage einer – wie auch immer konkretisierbaren – „kritischen Sensibilität" verschiedene und unvereinbare Problembewertungen und Problemlösungsvorschläge zu erwarten. Ein wesentlicher Unterschied besteht aber m.E. in folgendem: Die Statusdiskussion als Problemlösungsansatz z.B. führt zu einem breit gefächerten Spektrum von Lösungsvorschlägen, das nicht innerhalb der Diskussion der Statusfrage selbst eingegrenzt wird, sondern allenfalls durch zusätzliche Erwägungen, in denen situative, d.h. real gegebene, im weitesten Sinne politische Bedingungen und Möglichkeiten berücksichtigt werden. Bei einer Problembewältigung nach Maßgabe „kritischer Sensibilität" würde demgegenüber von vornherein ein weniger weit gefächertes Spektrum möglicher Lösungen entstehen, weil der Blick auf den konkreten Kontext eines Problems nicht ein zusätzlicher oder nachträglicher Aspekt, sondern konstitutiver Bestandteil des Problemzugangs und der Problembewertung selbst ist. Zudem fordert „kritische Sensibilität" die (wohlwollende, d.h. um Verständnis für den Andersdenkenden bemühte) Berücksichtigung von kontroversen Beurteilungen oder legt sie zumindest nahe.

Zukünftige Forschungen zu diesem Thema müssen sich deshalb auch der Frage zuwenden, *ob bzw. in welcher Weise unter der präskriptiven Zielsetzung angewandter Ethik Problemlösungen ggf. in einem anderen Sinne verstanden werden können und müssen*, als sie im Zusammenhang mit moralphilosophischen Reflexionen verstanden werden.

So ist die Feststellung „situativer Richtigkeit" durch die angewandte Ethik ggf. eher als Problem*bewältigung* aufzufassen denn als Problem*lösung* durch eindeutige Klärung moralisch-ethischer Richtigkeit, wobei unter Problembewältigung der Entwurf jeweils konkreter und aktuell *umsetzbarer Strategien zur Problemminderung, Problemvermeidung und Alternativenbildung* zu verstehen ist. Ob Regeln oder gewisse allgemeine Bedingungen angegeben werden können oder müssen, wann, ob, ob immer oder nur in bestimmten Fällen und auf welche Weise der für die Problembewältigung notwendige Übergang von der analytisch-kritischen Auseinandersetzung bei gleichzeitigem Vorhandensein kontroverser Positionen zu konkreten Entwürfen von Problembewältigungsstrategien bzw. entsprechenden normativen Forderungen erfolgen soll oder ob dies dem Bestreben der jeweiligen Diskurspartner überlassen werden muß, muß

Gegenstand zukünftiger Forschungen bzw. Erfahrungen sein und kann im Rahmen dieser Arbeit nicht beantwortet werden. Obgleich diese sehr wesentliche
Frage noch offen ist, sind die Vorzüge des o. g. Verständnisses von Problembewältigung für eine Konzeptionierung angewandter Ethik m. E. allerdings schon
darin zu sehen, daß die Auseinandersetzung mit den ethischen Problematiken
unter der Zielvorstellung der Problembewältigung im konkreteren Bezug auf
ihre situativen Bedingungen erfolgt. Dabei ignoriert dieser Ansatz nicht das
Bedürfnis nach eindeutigen und konkret umsetzbaren ethisch begründeten
Problem*lösungen*, er stellt sich allerdings den Bedingungen, die einer solchen
Problemlösung im Wege stehen: der Pluralität von Orientierungsmustern, der
Komplexität der Problemgefüge, der Ambivalenz der Gegenstände, der notwen-
digen situativen Konkretheit der Auseinandersetzung.

  Eine angewandte Ethik, die unter der Zielsetzung einer Problembewältigung
verfährt, erklärt somit die lebensweltliche Konkretheit (allerdings auch die situative Beschränkung) ihrer Diskurse systematisch zum eigenen Programm. Dies
beinhaltet 1. ein Eintreten für kritische Sensibilität gegenüber den konkreten
Problemsituationen, einschließlich der Reflexion auf den ethisch-moralischen
Diskurs selbst, 2. die Aufforderung, sich unter Berücksichtigung der prinzipiellen Erwünschtheit von Wertpluralismus den Möglichkeiten normativer Entscheidungen im Hinblick auf eine konkrete Allgemeinheit zuzuwenden, schließlich 3. den Anspruch, beim Erfassen der Problemsituation sowie im Hinblick
auf Problembewertungen und Entscheidungsbegründungen das „Ungefähre"[24]
auszuhalten und sich folgender Einsicht zu öffnen:

---

[24] Der Übergang zum bzw. die Akzeptanz des „Ungefähren" findet sich übrigens auch in
anderen, und zwar den traditionell als solche anerkannten *exakten Wissenschaften*. Als Beispiel sei die neuere sog. „Fuzzy Logic" angeführt, die nicht nur die klassischen Exaktheits-
ansprüche aufgibt, sondern zudem Grundlagen der klassischen Logik (wie z.B. den Satz
vom ausgeschlossenen Widerspruch sowie den Satz vom ausgeschlossenen Dritten) in Frage
stellt und insbesondere in der (angewandten) Mathematik und Physik zunehmend an Bedeutung gewinnt: „Fuzzy-Logik ist keine schlampige Logik. Sie ist eine präzise Theorie des
Unpräzisen. Sie nimmt in Kauf, daß wir die Gesetze, die komplexe Systeme regieren, nicht
mit letzter Präzision kennen, und versucht das Beste daraus zu machen. Und kommt dabei
oft zu präziseren Ergebnissen als klassische Methoden, die ein Problem scheinbar exakt
erfassen, aber an den auch für sie notwendigen Vereinfachungen scheitern." (CH. DRÖSSER,
Fuzzy Logic, S. 9f.) Interessanterweise erläutert Drösser die Notwendigkeit, Exaktheits-
ansprüche aufzugeben, ausgerechnet am Beispiel der Statusdiskussion: „Man kann die ganze
Debatte über Abtreibung als einen Streit um einen Fuzzy-Begriff ansehen: Zwischen den
‚scharfen' Momenten der Befruchtung und der Geburt eines Menschen liegt eine neunmona-
tige Periode der Entwicklung, und jede Grenze, die wir zwischen Nichtmensch und Mensch
ziehen, ist willkürlich. Juristen und Gesetzgeber befassen sich Tag für Tag mit der Bestimmung solcher Grenzen in einer Welt, die kontinuierlich ist. Das Schwarzweißdenken des
geschriebenen Rechts muß ständig mit dem Fuzzy-Gefühl für Gerechtigkeit in Einklang
gebracht werden." (Ebd., S. 19)

Literaturverzeichnis

Ach, Johann S. u. Andreas Gaidt (Hg.), *Herausforderung der Bioethik*, Stuttgart 1993.

Ach, Johann S. u. Andreas Gaidt, „Bioethik als Angewandte Ethik: Eine ganz kurze Einführung", in: dies. (Hg.), *Herausforderung der Bioethik*, Stuttgart 1993, S. 9–15.

Ach, Johann S., „Embryonen, Marsmenschen und Löwen: Zur Ethik der Abtreibung", in: ders. u. Andreas Gaidt (Hg.), *Herausforderung der Bioethik*, Stuttgart 1993, S. 71–136.

Adorno, Theodor W. u. Max Horkheimer, *Dialektik der Aufklärung: Philosophische Fragmente*, Frankfurt/M. 1971.

Agich, G. J., „The Concept of Responsibility in Medicine", in: ders. (Hg.), *Responsibility in Health Care*. Philosophy and Medicine, Bd. 12, Dordrecht 1982, S. 53–74.

Agich, G. J. (Hg.), *Responsibility in Health Care*. Philosophy and Medicine, Bd. 12, Dordrecht 1982.

Akademie für Ethik in der Medizin, Arbeitsgruppe „Schutz des Embryo". „Stellungnahme: Embryonen-Forschung – zulassen oder verbieten?", *Ethik in der Medizin*, Bd. 2, Nr. 2, 1990, S. 107–115.

Albert, Hans, „Die Unmöglichkeit einer philosophischen Letztbegründung", in: Karl-Otto Apel et al. (Hg.), *Praktische Philosophie/Ethik*, Bd. 1, Frankfurt/M. 1980, S. 264–267.

Amerikanischer Ärztebund (1968), „Ethische Richtlinien zur Organtransplantation", in: Jürgen v. Troschke u. Helmut Schmidt (Hg.), *Ärztliche Entscheidungskonflikte*, Stuttgart 1983, S. 250–251.

Anderson, Susan Leigh, „The Status of Frozen Embryos", *Public Affairs Quarterly*, Nr. 4, 1990, S. 311–322.

Apel, Karl-Otto, „Das Bedürfnis nach einer Ethik solidarischer Verantwortung in der ökologischen Krise der technisch-wissenschaftlichen Zivilisation", in: ders. et al. (Hg.), *Praktische Philosophie/Ethik*, Bd. 1, Frankfurt/M. 1980, S. 267–292.

Apel, Karl-Otto, *Diskurs und Verantwortung: Das Problem des Übergangs zur postkonventionellen Moral*, Frankfurt/M. 1988.

Apel, Karl-Otto, „Diskursethik als Verantwortungsethik und das Problem der ökonomischen Rationalität", in: ders., *Diskurs und Verantwortung*, S. 270–305.

Apel, Karl-Otto u. Matthias Kettner (Hg.), *Zur Anwendung der Diskursethik in Politik, Recht und Wissenschaft*, Frankfurt/M. 1992.

Aragona, John Matthew, „Dangerous Relations: doctors and extracorporeal embryos, the need for new limits to medical inquiry" [comment], *Journal of Contemporary Health Law and Policy*, Nr. 7, 1991, S. 307–337.

Aristoteles, *Metaphysik*. Übers. u. hrsg. von Franz F. Schwarz, Stuttgart 1993.

Aristoteles, *Politik*. Übers. u. mit erkl. Anm. vers. von Eugen Rolfes, 4. Aufl., Hamburg 1981.

Arras, John D., „Getting Down to Cases: The Revival of Casuistry in Bioethics", *The Journal of Medicine and Philosophy*, Bd. 16, 1991, S. 29–51.

Badham, Paul, „Christian Belief and the Ethics of In-Vitro Fertilization", *Int. Journal on the Unity of the Sciences*, Nr. 2, 1988, S. 159–171.

Baumann, Zygmunt, *Moderne und Ambivalenz: Das Ende der Eindeutigkeit*, Frankfurt/M. 1995.

Baumgartner, Hans Michael und Albin Eser (Hg.), *Schuld und Verantwortung*, Tübingen 1983.

Baumgartner, Hans Michael, „Am Anfang des menschlichen Lebens steht nicht der Mensch", in: Odo Marquard u. Hansjürgen Staudinger (Hg.), *Anfang und Ende des menschlichen Lebens: Medizinethische Probleme*. Ethik der Wissenschaften, Bd. 4, Paderborn 1987, S. 40–43.

Baumgartner, Hans Michael u. Otfried Höffe, „Zur Funktion der Philosophie in Wissenschaft und Gesellschaft", in: Kurt Salamun (Hg.), *Was ist Philosophie? Neuere Texte zu ihrem Selbstverständnis*, 3., verb. Aufl., Tübingen 1992, S. 301–312.

Bayertz, Kurt, *GenEthik: Probleme der Technisierung menschlicher Fortpflanzung*, Reinbek b. Hamburg 1987.

Bayertz, Kurt, *Auf der Suche nach einer neuen Moral: Regelungsprobleme der Gen- und Reproduktionsmedizin*. CT BIOMED, Nr. 1, Bad Oeynhausen 1990.

Bayertz, Kurt (Hg.), *Praktische Philosophie: Grundorientierungen angewandter Ethik*, Reinbek b. Hamburg 1991.

Bayertz, Kurt, „Praktische Philosophie als angewandte Ethik", in: ders. (Hg.), *Praktische Philosophie: Grundorientierungen angewandter Ethik*, Reinbek b. Hamburg 1991, S. 7–47.

Bayertz, Kurt, „Wissenschaft, Technik und Verantwortung", in: ders. (Hg.), *Praktische Philosophie*, Reinbek b. Hamburg 1991, S. 173–209.

Bayertz, Kurt (Hg.), *Verantwortung: Prinzip oder Problem?*, Darmstadt 1995.

Bayertz, Kurt, „Eine kurze Geschichte der Herkunft der Verantwortung", in: ders. (Hg.), *Verantwortung: Prinzip oder Problem?*, Darmstadt 1995, S. 3–71.

Baylis, Francoise E., „The ethics of 'ex utero' research on spare 'non-viable' IVF human embryos", *Bioethics*, Bd. 4, Nr. 4, 1990, S. 311–329.

Beauchamp, Tom L. u. LeRoy Walters (Hg.), *Contemporary Issues in Bioethics*, Washington D.C. 1985.

Beauchamp, Tom L. u. James F. Childress, *Principles of Biomedical Ethics*, 3. Aufl., New York/Oxford 1989.

Bedate, Carlos A. u. Robert C. Cefalo, „The Zygote: To Be Or Not Be A Person", *The Journal of Medicine and Philosophy*, Bd. 14, Nr. 6, 1989, S. 641–645.

Benhabib, Seyla, „In the Shadow of Aristotle and Hegel: Communicative Ethics And Current Controversies in Practical Philosophy", *The Philosophical Forum*, Bd. 21, Nr. 1–2, 1989/90, S. 1–31.

Biberfeld, Pinchas, „Das Problem der Abtreibung im Judentum", in: Andrea Hauner u. Elke Reichart (Hg.), *§ 218: Zur aktuellen Diskussion*, München 1992, S. 97–103.

Bigelow, John u. Robert Pargetter, „Morality, Potential Person, And Abortion", *American Philosophical Quarterly*, Bd. 25, Nr. 2, 1988, S. 173–181.

Birnbacher, Dieter, *Medizin-Ethik*. Forum Philosophie. Materialien für den Unterricht, (hrsg. v. Dieter Birnbacher, Thomas H. Macho u. Ekkehard Martens), Hannover 1986.

Birnbacher, Dieter, *Verantwortung für zukünftige Generationen*, Stuttgart 1988.

Birnbacher, Dieter, „Gefährdet die moderne Reproduktionsmedizin die menschliche Würde?", in: Anton Leist (Hg.), *Um Leben und Tod*, Frankfurt/M. 1990, S. 266 – 281.

Birnbacher, Dieter, „Das Tötungsverbot aus der Sicht des klassischen Utilitarismus", in: Reiner Hegselmann u. Reinhard Merkel (Hg.), *Zur Debatte über Euthanasie: Beiträge und Stellungnahmen*, Frankfurt/M. 1992, S. 25 – 50.

Birnbacher, Dieter, „Thesen zur Ethik und Rechtsethik der Abtreibung", *Diskussionsforum Medizinische Ethik*, WMW, Nr. 2/3, Mai 1992, S. 13 – 16.

Birnbacher, Dieter, „Welche Ethik ist als Bioethik tauglich?", in: Johann S. Ach u. Andreas Gaidt (Hg.), *Herausforderung der Bioethik*, Stuttgart 1993, S. 45 – 67.

Birnbacher, Dieter, „Grenzen der Verantwortung", in: Kurt Bayertz (Hg.), *Verantwortung: Prinzip oder Problem?*, Darmstadt 1995, S. 143 – 183.

Bleich, David J., „Fetal Tissue Research: Jewish Tradition and Public Policy", *Tradition: A Journal of Orthodox Thought*, Bd. 24, Nr. 4, 1989, S. 69 – 90.

Bockenheimer-Lucius, Gisela, „Anmerkungen zum Urteil des Bundesverfassungsgerichts zur Neufassung des § 218 StGB", *EthikMed*, Bd. 5, Nr. 3, 1993, S. 158 – 162.

Böckle, Franz, „Ungeborenes Leben – Zur Disposition gestellt? Moraltheologische Überlegungen zum Schwangerschaftsabbruch", in: ders. (Hg.), *Schwangerschaftsabbruch als individuelles und gesellschaftliches Problem*, Düsseldorf 1981, S. 122 – 137.

Bole, Thomas J., „Metaphysical Accounts of the Zygote as a Person and the Veto Power of Facts", *The Journal of Medicine and Philosophy*, Bd. 14, Nr. 6, 1989, S. 647 – 653.

Bole, Thomas, J., „Zygotes, Souls, Substances, And Persons", *The Journal of Medicine and Philosophy*, Bd. 15, Nr. 6, 1990, S. 637 – 652.

Bondeson, William B. et al. (Hg.), *Abortion and the Status of the Fetus*. Philosophy and Medicine, Bd. 13, Dordrecht 1984.

Bonnicksen, Andrea L., „Embryo Freezing: Ethical Issues in the Clinical Setting", *Hastings Center Report*, Bd. 18, Nr. 6, 1988, S. 26 – 30.

Brahams, Diana: „Abortion and assisted parenthood in USA", *The Lancet*, Bd. 337, 1991.

Brody, Baruch A., „Growing into Rights", *Second Opinion: Health, Faith, And Ethics*, Nr. 10, 1989, S. 66 – 71.

Brody, Howard, *Stories of Sickness*, New Haven/London 1987.

Bruaire, Claude, „Die Abtreibung und ihre Implikationen", (in Auszügen) in: Dieter Birnbacher, *Medizin-Ethik*. Forum Philosophie, Hannover 1986, S. 24 – 29.

Brülisauer, Bruno, *Moral und Konvention: Darstellung und Kritik ethischer Theorien*, Frankfurt/M. 1988.

Bruns, Theo, Ulla Penselin u. Udo Sierck (Hg.), *Tödliche Ethik: Beiträge gegen Eugenik und ‚Euthanasie'*, Hamburg 1993 (1. Aufl. 1990).

Bryo, E. M., „Die befruchtete menschliche Eizelle im Wandel der Zeit", in: E. u. H. Kaminsky (Hg.), *Unser Kind*, Langendreer 1962, S. 1 – 33.

Buchborn, Eberhard, „Hochrangige Forschung – Wann kann am Embryo geforscht werden, wann nicht?", Vortrag beim Symposion „Möglichkeiten und Grenzen der Forschung an Embryonen" der Akademie d. Wiss. und der Lit. gemeinsam mit der Akademie für Ethik i.d. Medizin (Göttingen), Mainz 16.–18.11.1989 (unveröff. Manuskript).

Buckle, Stephen, „Arguing from Potential", *Bioethics*, Bd. 2, Nr. 3, 1988, S. 227 – 253.

Buckle, Stephen, Karen Dawson, Peter Singer, „The syngamy Debate: when precisely does a human life begin?", *Law, Medicine, and Health Care*, Bd. 17, Nr. 2, 1989, S. 174–181.

Bundesrat, Gesetzesbeschluß des Dt. Bundestages, Gesetz zum Schutz von Embryonen (ESchG), Drucksache 754/90 v. 26.10.1990.

Bundesverfassungsgericht, Bd. 39, 1.1975, Urteil v. 25.2.1975, S. 1–91.

Bungard, Walter u. Hans Lenk, *Technikbewertung: Philosophische und psychologische Perspektive*, Frankfurt/M. 1988.

Burkhart, Julia, „The social Construction of Personhood", *Social Thought*, Nr. 15, 1989, S. 2–13.

Burt, Donald X., „Facts, Fables, And Moral Rules: An Analysis of the Abortion Debate", *New Scholasticism*, Bd. 62, Nr. 4, 1988, S. 400–411.

Byrne, Peter, „The Animation Tradition in the Light of Contemporary Philosophy", in: G. R. Dunstan und Mary J. Seller (Hg.), *The Status of the Human Embryo*, London 1988, S. 86–110.

Cahill, Lisa Sowle, „Abortion Pill RU 486: Ethics, Rhetoric, And Social Practice", *Hastings Center Report*, Bd. 17, Nr. 5, 1987, S. 5–8.

Card, Claudia (Hg.), *Feminist Ethics: Problems, Projects, Prospects*, Kansas 1991.

Coleman, Michelle, „Embryo Transplant, Parental Conflict and Reproductive Freedom: A Prospective Analysis of Issues and Arguments Created by Forthcoming Technology", *Hofstra Law Review*, Bd. 5, Nr. 3, 1987, S. 609–630.

Coles, Robert, *The Call of Stories*, Boston 1989.

Condit, Celeste Michelle, *Decoding Abortion Rhetoric: Communicating Social Change*, Chicago 1990.

Cooper, J.C., *Illustriertes Lexikon der traditionellen Symbole*, Wiesbaden 1986.

Cornwell, Joel R., „The Concept of Brain Life: Shifting the Abortion Standard without Imposing Religious Values", *Duquesne Law Review*, Nr. 3, 1987, S. 471–479.

Costa, Marie, *Abortion: A reference handbook*. Contemporary World Issues, Oxford 1991.

Daele, Wolfgang van den, *Mensch nach Maß: Ethische Probleme der Genmanipulation und Gentherapie*, München 1985.

Davis, Susan E., „Pro-Choice: A New Militancy", *Hastings Center Report*, Bd. 19, Nr. 6, 1989, S. 32–33.

Denffer, Ahmad v., „…tötet nicht eure Kinder…: Zur Position des Islam zum Schwangerschaftsabbruch", in: Andrea Hauner u. Elke Reichart, § 218: Zur aktuellen Diskussion, München 1992, S. 104–107.

Ditfurth, Jutta, „Hölle, Schuld und Knast – Über Abtreibung, Entscheidungsfreiheit und kirchlich-patriarchale Herrschaft", in: Andrea Hauner u. Elke Reichart (Hg.), § 218: Zur aktuellen Diskussion, München 1992, S. 155–166.

Donelly, Strachan, „Hans Jonas, the Philosophy of Nature, and the Ethics of Responsibility", *Social Research*, Bd. 56, Nr. 3, 1989, S. 635–657.

Dorff, Elliot u. Judith Hauptmann, „Abortion: Where we stand – A Statement on the permissibility of abortion", *United Synagogue Review*, Bd. 42, Nr. 2, 1990, S. 16–18.

Downie, Jocelyn, „Brain death and brain life: rethinking the connection", *Bioethics*, Bd. 4, Nr. 3, 1990, S. 216–226.

Drösser, Christoph, *Fuzzy Logic: Methodische Einführung in krauses Denken*, Reinbek b. Hamburg 1994.

Dunstan, G. R. u. Mary J. Seller (Hg.), *The Status of the Human Embryo*, London 1988.

Dunstan, G. R., „The Human Embryo in the Western Moral Tradition", in: ders. u. Mary J. Seller (Hg.), *The Status of the Human Embryo*, London 1988, S. 39 – 57.

Eibach, Ulrich, *Experimentierfeld: Werdendes Leben: Eine ethische Orientierung*, Göttingen 1983.

Eibach, Ulrich, „Ethische Aspekte der extrakorporalen Befruchtung und von Experimenten mit Embryonen", *Arzt und Christ*, Nr. 4, 1984, S. 178 – 186.

Eibach, Ulrich, *Gentechnik – der Griff nach dem Leben: Eine ethische und theologische Beurteilung*, 2. Aufl., Wuppertal 1988.

Elson, John et al., „The Rights of Frozen Embryos", *Time*, Bd. 134, Nr. 14, 1989, S. 63.

Engelhardt, H. Tristram, Jr., „Viability and the Use of the Fetus". *Abortion and the Status of the Fetus*. Philosophy and Medicine, Bd. 13, Dordrecht 1984, S. 183 – 208.

Engelhardt, H. Tristram, Jr., „Medicine and the Concept of Person", in: Tom L. Beauchamp und LeRoy Walters (Hg.), *Contemporary Issues in Bioethics*, Washington D.C. 1985, S. 94 – 101.

Engelhardt, H. Tristram, Jr., *The Foundations of Bioethics*, New York 1986.

Engels, Eve-Marie, *Die Teleologie des Lebendigen: Kritische Überlegungen zur Neuformulierung des Teleologieproblems in der angloamerikanischen Wissenschaftstheorie: Eine historisch-systematische Untersuchung*, Berlin 1982.

Engels, Eve-Marie, „Der Wandel des lebensweltlichen Naturverständnisses unter dem Einfluß der modernen Biologie", in: Clemens Burrichter et al. (Hg.), *Zum Wandel des Naturverständnisses*, Paderborn 1987, S. 69 – 103.

Engels, Eve-Marie, „Wissenschaftsethik als neues Ziel der Wissenschaftstheorie". Antrittsvorlesung zur Erlangung der venia legendi im Fach Philosophie, gehalten am 10.05.1989 in Bochum (unveröff. Manuskript).

Engels, Eve-Marie, *Erkenntnis als Anpassung? Eine Studie zur Evolutionären Erkenntnistheorie*, Frankfurt/M. 1989.

Eser, Albin, Markus von Luterotti, Paul Sporken (Hg.), *Lexikon Medizin, Ethik, Recht*, Freiburg i. Br. 1989.

Eser, Albin, „Lebensrecht", in: ders. et al. (Hg.), *Lexikon Medizin, Ethik, Recht*, Freiburg i. Br. 1989, Sp. 696 – 703.

Eser, Albin, „Schwangerschaftsabbruch: Recht", in: ders. et al. (Hg.), *Lexikon Medizin, Ethik, Recht*, Freiburg i. Br. 1989, Sp. 969 – 985.

Feinberg, Joel (Hg.), *Reason and Responsibility. Readings in some basic problems of philosophy*, Belmont 1969.

Feinberg, Joel, *Doing and Deserving*, Princeton/NJ 1970.

Feinberg, Joel, „Abortion", in: Tom Regan (Hg.), *Matters of Life and Death*, Philadelphia 1980, S. 183 – 217.

Feinberg, Joel, „The Problem of Personhood", in: Tom L. Beauchamp u. LeRoy Walters (Hg.), *Contemporary Issues in Bioethics*, Washington D.C. 1985, S. 108 – 118.

Fine, Alan, „The Ethics of Fetal Tissue Transplants", *Hastings Center Report*, Bd. 18, Nr. 3, 1988, S. 5 – 8.

Finnis, John, *Natural Law and Natural Rights*, Oxford 1980.

Fischer, Martin (Hg.), *Moral Responsibility*, London 1986.

Fishkin, Jeremy, *The Limits of Obligation*, New Haven 1982.

Foot, Philippa, „Moral Relativism", in: Jack W. Meiland u. Michael Krausz (Hg.), *Relativism: Cognitive and Moral*, Notre Dame/London 1982, S. 152–166.

Foot, Philippa, „Das Abtreibungsproblem und die Doktrin der Doppelwirkung", in: Anton Leist (Hg.), *Um Leben und Tod*, Frankfurt/M. 1990, S. 196–211.

Freud, Sigmund, *Gesammelte Werke*, hrsg. v. Anna Freud u. a., London 1940 ff., Bde. XI u. XII.

Frey, Christopher, „Zur Diskussion um die Wissenschaftsethik", *Der Staat*, Nr. 3, 1989, S. 405–413.

Fuchs, Josef, „Naturrecht oder naturalistischer Fehlschluß?", *Stimmen der Zeit*, Bd. 206, 1988, S. 407–423.

Fuchs, Josef, „Seele und Beseelung im individuellen Werden des Menschen", *Stimmen der Zeit*, Bd. 207, 1989, S. 522–530.

Gabriel, Gottfried, *Zwischen Logik und Literatur: Erkenntnisformen von Dichtung, Philosophie und Wissenschaft*, Stuttgart 1991.

Gadamer, Hans-Georg, *Wahrheit und Methode. Grundzüge einer philosophischen Hermeneutik*, 3., erw. Aufl., Tübingen 1972.

Gadamer, Hans-Georg, Gesammelte Werke. Bd. I: Hermeneutik I. *Wahrheit und Methode. Grundzüge einer philosophischen Hermeneutik*, Tübingen 1986 [= 5., durchges. u. erw. Aufl. von ‚Wahrheit und Methode‘]

Gauthier, David, *Morals by Agreement*, Oxford 1986.

Gilchrist, Naomi, „The Status of the Fetus", in: Donald Evans (Hg.), *Why should we care?*, New York 1990.

Gilligan, Carol, *Die andere Stimme: Lebenskonflikte und Moral der Frau*, München 1988 (amerik. Originalausgabe: *In a Different Voice*, Cambridge 1982).

Gillon, Raanan, „Human Embryos and the Argument from Potential", *Journal of Medical Ethics*, Bd. 17, Nr. 2, 1991, S. 59–61.

Ginsburg, Faye, „Procreation Stories: Reproduction, Nurturance, and Procreation in Live Narratives of Abortion Activists", *American Ethnologist*, Jg. 14, Nr. 4, 1987, S. 623–636.

Glover, Jonathan u. Mary Scott-Taggart, „It makes no difference wether or not I do it", *Proceedings of the Aristotelian Society*, Suppl. 49, 1975, S. 171–209.

Goldenring, John M., „The Brain-Life Theory: Towards a consistent biological definition of humanness", *Journal of Medical Ethics*, Bd. 11, Nr. 4, 1985, S. 198–204.

Goodin, R. E., *Protecting the Vulnerable: A Reanalysis of Our Social Responsibilities*, Chicago 1985.

Goodin, R. E., „Divorcing Liability and Responsibility", *Archiv für Rechts- und Sozialphilosophie*, Bd. 74, 1988, S. 359–367.

Gordon, Mary, „A Moral Choice", *Atlantic Monthly*, Bd. 265, Nr. 4, 1990, S. 78, 80–82, 84.

Grondin, Jean, *Einführung in die philosophische Hermeneutik*, Darmstadt 1991.

Gründel, Johannes, „Die bedingte strafrechtliche Freigabe des Schwangerschaftsabbruchs aus moraltheologischer Sicht", in: ders. (Hg.), *Abtreibung – pro und contra*, Innsbruck 1971, S. 108–127.

Guggenberger, A., „Person", in: H. Fries (Hg.), *Handbuch theologischer Grundbegriffe*, Bd. II, München 1963, S. 295–306.

Hare, Richard M., „A Kantian Approach to Abortion", *Social Theory and Practice*, Bd. 15, Nr. 1, 1989, S. 1–14.

Hare, Richard M., „Abtreibung und die Goldene Regel", in: Anton Leist (Hg.), *Um Leben und Tod*, Frankfurt/M. 1990, S. 132–156.

Häring, Bernhard, *Heilender Dienst: Ethische Probleme der modernen Medizin*, Mainz 1972.

Hastedt, Heiner, *Aufklärung und Technik: Grundprobleme einer Ethik der Technik*, Frankfurt/M. 1994.

Hauner, Andrea u. Elke Reichart (Hg.), *§ 218: Zur aktuellen Diskussion*, München 1992.

Hegselmann, Rainer u. Reinhard Merkel (Hg.), *Zur Debatte über Euthanasie. Beiträge und Stellungnahmen*, Frankfurt/M. 1992.

Hegselmann, Rainer, „Moralische Aufklärung, moralische Integrität und die schiefe Bahn", in: ders. u. Reinhard Merkel (Hg.), *Zur Debatte über Euthanasie*, Frankfurt/M. 1992, S. 197–226.

Heim, Nikolaus, „Künstliche Befruchtung (IVF) als soziales Problem", in: ders. u. Alexander Schuller (Hg.), *Der codierte Leib: Zur Zukunft der genetischen Vergangenheit*, Zürich 1989, S. 93–111.

Hinrichsen, Klaus V., „Somatische Grundlagen und ethische Grenzen der Individualität", Vorlesung zur Eröffnung des WS 1984/85 am 9.10.1984 (unveröff. Manuskript).

Hinrichsen, Klaus V., „Die Individuation als biologisches und ontologisches Problem", Seminarvortrag vom 11.4.1985 (unveröff. Manuskript).

Hinrichsen, Klaus V., *Realisationsstufen in der vorgeburtlichen Entwicklung des Menschen*. Medizinethische Materialien, Heft 55, Zentrum f. Med. Ethik, Bochum 1990.

Hirsch, G. und Weißauer, W. (Hg.), *Rechtliche Probleme des Schwangerschaftsabbruchs*, Erlangen 1977.

Hoagland, Sarah Lucia, „Some Thoughts about 'Caring'", in: Claudia Card (Hg.), *Feminist Ethics*, Kansas 1991, S. 246–264.

Hoche, Hans-Ulrich, „Die Goldene Regel: Neue Aspekte eines alten Moralprinzips", *Zeitschrift für Philosophische Forschung*, Bd. 32, 1978, S. 355–375.

Hoche, Hans-Ulrich, *Elemente einer Philosophie der Verpflichtung*, Freiburg i.Br./ München 1992.

Hoerster, Norbert, „Forum: Ein Lebensrecht für die menschliche Leibesfrucht?", *Juristische Schulung*, Nr. 3, 1989, S. 172–178.

Hoerster, Norbert, *Abtreibung im säkularen Staat: Argumente gegen den § 218*, Frankfurt/M. 1991.

Höffe, Otfried, *Sittlich-politische Diskurse: Philosophische Grundlagen. Politische Ethik. Biomedizinische Ethik*, Frankfurt/M. 1981.

Höffe, Otfried, *Moral als Preis der Moderne: Ein Versuch über Wissenschaft, Technik und Umwelt*, Frankfurt/M. 1993.

Hoffmaster, Barry, „Can Ethnography Save the Live of Medical Ethics?", in: Earl R. Winkler u. Jerrold R. Coombs (Hg.), *Applied Ethics: A Reader*, Cambridge 1993, S. 366–389.

Holenstein, Elmar, „Gewissen und rationale Verantwortung", in: Helmut Holzhey (Hg.), *Gewissen?*, Basel 1975, S. 108–118.

Holmes, Robert L., „The Limited Relevance of Analytical Ethics to The Problems of Bioethics", *Journal of Medicine and Philosophy*, Nr. 15, 1990, S. 143–159.

Holzgreve, Wolfgang, *Überlegungen zum Problem der Organtransplantation von anen-zephalen Spendern*. Medizinethische Materialien, Heft 53, Zentrum f. Med. Ethik, Bochum 1989.

Hösle, Vittorio, *Praktische Philosophie in der modernen Welt*, München 1992.

Huaqiu, Liu, „Wer sich einmischt, betreibt Machtpolitik", *Zeit-Punkte*, Nr. 2, 1993.

Hubig, Christoph (Hg.), *Ethik institutionellen Handelns*, Frankfurt/M. 1982.

Hubig, Christoph, „Die Möglichkeit der Folgen. Zur Verantwortung institutioneller Subjektivität", in: ders., *Verantwortung in Wissenschaft und Technik*. Kolloquium an der TU Berlin [WS 1987/88], Berlin 1990, S. 127–144.

Hurst, Jane, *The History of Abortion in the Catholic Church: the Untold Story*. Hrsg. v. Catholics for a Free Choice, Washington D.C. 1989.

Hursthouse, Rosalind, „Virtue Theory and Abortion", *Philosophy and Public Affairs*, Bd. 20, Nr. 3, 1991, S. 223–246.

Iglesias, Theresa, *IVF And Justice. Moral, Social, And Legal Issues Related to Human In-Vitro Fertilization*, London 1990.

Illhardt, Franz Josef, *Medizinische Ethik: Ein Arbeitsbuch*, Berlin 1985.

Ingarden, Roman, *Über die Verantwortung: Ihre ontischen Fundamente*, Stuttgart 1970.

Jacobovits, Sir Immanuel, „The Status of the Embryo in the Jewish Tradition", in: G.R. Dunstan u. Mary J. Seller (Hg.), *The Status of the Human Embryo*, London 1988, S. 62–73.

Jerouschek, Günther, „Lebensbeginn: Recht", in: Albin Eser et al. (Hg.), *Lexikon Medizin, Ethik, Recht*, Freiburg i. Br. 1989, Sp. 687–695.

Jonas, Hans, *Das Prinzip Verantwortung: Versuch einer Ethik für die technologische Zivilisation*, Frankfurt/M. 1984 (1. Aufl. 1979).

Jonas, Hans, *Technik, Medizin und Ethik: Praxis des Prinzips Verantwortung*, Frankfurt/M. 1987.

Jones, D. Gareth, „Brain Birth and Personal Identity", *Journal of Medical Ethics*, Bd. 15, Nr. 4, 1989, S. 173–178.

Jones, D. Gareth, „Fetal Neural Transplantation: Placing the Ethical Debate Within the Context of Society's Use of Human Material", *Bioethics*, Bd. 5, Nr. 1, 1991, S. 23–43.

Jonsen, Albert R. u. Stephen Toulmin, *The Abuse of Casuistry: A History of Moral Reasoning*, Berkley 1988.

Jung, Patricia Beattie, „Abortion an Organ Donation: Christian Reflections on Bodily Life Support", *Journal of Religious Ethics*, Bd. 16, Nr. 2, 1988, S. 273–305.

Kaminsky, Carmen, „Vorbemerkung", in: *Ethische Aspekte medizinischer Fälle – kommentiert und diskutiert: Ergebnisse der IV. Fallstudien des ZfME*. Medizinethische Materialien, Heft 62, Zentrum f. Med. Ethik, Bochum 1990.

Kant, Immanuel, *Grundlegung zur Metaphysik der Sitten* (1786), in: Kants gesammelte Schriften. Hrsg. von der Königlich Preußischen Akademie der Wissenschaften, Bd. IV, Berlin 1903, S. 385–463.

Kelly, James, „Ecumenism and Abortion: A Case Study of Pluralism, Privatization and the Public Conscience", *Review of Religious Research*, Bd. 30, Nr. 3, 1989, S. 225–235.

Kelly, James, „Beyond Slogans: An Abortion Ethic for Women and the Unborn", *Christian Century*, Bd. 107, Nr. 6, 1990, S. 184–186.

Kelly, Michael, „MacIntyre, Habermas, And Philosophical Ethics", *The Philosophical Forum*, Bd. 21, Nr. 1–2, 1989/90, S. 70–93.

Kettner, Matthias, „Diskursethik und Verantwortung für zukünftige Generationen", in: Peter Fauser et al. (Hg.), *Verantwortung*. Friedrich Jahresheft X, 1992, S. 124–126.

Kettner, Matthias, „Einleitung: Über einige Dilemmata angewandter Ethik – Die Beiträge im Kontext", in: ders. u. Karl-Otto Apel (Hg.), *Zur Anwendung der Diskursethik in Politik, Recht und Wissenschaft*, Frankfurt/M. 1992, S. 9–28.

Kettner, Matthias, „Scientific Knowledge, Discourse Ethics, and Consensus Formation in the Public Domain", in: Earl R. Winkler u. Jerrold R. Coombs (Hg.), *Applied Ethics: A Reader*, Cambridge 1993, S. 28–45.

Kirchenamt der Ev. Kirche in Deutschland (Hg.), *Von der Würde werdenden Lebens: Extrakorporale Befruchtung, Fremdschwangerschaft und genetische Beratung: Eine Handreichung der EKD zur ethischen Urteilsbildung*. EKD Texte, Heft 11, Hannover 1985.

Klein, Martin, „Hirntod: Vollständiger und irreversibler Verlust aller Hirnfunktionen?", *EthikMed*, Bd. 7, Nr. 1, 1995, S. 6–15.

Klein, Renate D. (Hg.), *Das Geschäft mit der Hoffnung: Erfahrungen mit der Fortpflanzungsmedizin – Frauen berichten*, Berlin 1989.

Klein, Renate D., „Widerstand: Von der Ausbeutung der Unfruchtbarkeit zur Erforschung der (Un-)Fruchtbarkeit", in: dies. (Hg.), *Das Geschäft mit der Hoffnung*, Berlin 1989, S. 216–282.

Koch, Traugott, „Das unbedingte Lebensrecht eines jeden Menschen: Eine Kritik von Peter Singers ,Praktischer Ethik'", *EthikMed*, Bd. 2, Nr. 3, 1990, S. 118–128.

Kohler, Georg, *Handeln und Rechtfertigen: Untersuchung zur Struktur der praktischen Rationalität*, Frankfurt/M. 1988.

Körtner, Ulrich H. J., „Verantwortung", *Glaube und Lernen. Zeitschrift für theologische Urteilsbildung*, 7. Jg., Nr. 2, 1992, S. 97–104.

Koschut, Ralf-Peter, *Strukturen der Verantwortung. Eine kritische Auseinandersetzung mit Theorien über den Begriff der Verantwortung unter besonderer Berücksichtigung des Spannungsfeldes zwischen der ethisch-personalen und kollektiv-sozialen Dimension menschlichen Handelns*. Europäische Hochschulschriften, Bd. 373, Frankfurt/M. 1989.

Kuhlmann, Wolfgang, *Sprachphilosophie – Hermeneutik – Ethik: Studien zur Transzendentalpragmatik*, Würzburg 1992.

Kuhse, Helga, „Die Lehre von der ,Heiligkeit des Lebens'", in: Anton Leist (Hg.), *Um Leben und Tod*, Frankfurt/M. 1990, S. 75–106.

Kuhse, Helga, „Warum Fragen der aktiven und passiven Euthanasie auch in Deutschland unvermeidlich sind", in: Rainer Hegselmann u. Reinhard Merkel (Hg.), *Zur Debatte über Euthanasie*, Frankfurt/M. 1992, S. 51–70.

Lachwitz, Klaus, *Menschenwürde, Grundgesetz, geistige Behinderung*. Bundesvereinigung Lebenshilfe (Hg.), Marburg 1989.

Lee, Patrick, „Personhood, the Moral Standing of the Unborn, and Abortion", *Linacre Quaterly*, Bd. 57, Nr. 2, 1990, S. 80–89.

Leigh Anderson, Susan, „The Status of Frozen Embryos", *Public Affairs Quarterly*, Bd. 4, Nr. 4, 1990, S. 311–322.

Leist, Anton, *Eine Frage des Lebens: Ethik der Abtreibung und künstlichen Befruchtung*, Frankfurt/M. 1990.

Leist, Anton (Hg.), *Um Leben und Tod: Moralische Probleme bei Abtreibung, künstlicher Befruchtung, Euthanasie und Selbstmord*, Frankfurt/M. 1990.

Leist, Anton, „Diskussionen um Leben und Tod", in: ders. (Hg.), *Um Leben und Tod*, Frankfurt/M. 1990, S. 9–72.

Leist, Anton, „Herausforderungen der Bioethik", in: Johann S. Ach u. Andreas Gaidt (Hg.), *Herausforderung der Bioethik*, Stuttgart 1993, S. 19–44.

Lenk, Hans, *Pragmatische Vernunft: Philosophie zwischen Wissenschaft und Praxis*, Stuttgart 1979.

Lenk, Hans, *Zur Sozialphilosophie der Technik*, Fankfurt/M. 1982.

Lenk, Hans, „Verantwortung in Wissenschaft und Technik", in: H. Wendt u. N. Loaker (Hg.), *Kindlers Enzyklopädie: Der Mensch*. Bd. VII: Philosophie, Wissenschaft und Technik, Zürich 1984, S. 463–487.

Lenk, Hans, „Mitverantwortung ist anteilig zu tragen – auch in der Wissenschaft", in: Hans Michael Baumgartner u. Hansjürgen Staudinger (Hg.), *Entmoralisierung der Wissenschaften? Physik und Chemie*, Paderborn 1985, S. 102–109.

Lenk, Hans u. Günther Ropohl (Hg.), *Technik und Ethik*, Stuttgart 1987.

Lenk, Hans, „Über Verantwortungsbegriffe und das Verantwortungsproblem in der Technik", in: ders. u. Günther Ropohl (Hg.), *Technik und Ethik*, Stuttgart 1987, S. 112–148.

Lenk, Hans, „Verantwortung in, für, durch Technik", in: ders. u. Walter Bungard (Hg.), *Technikbewertung*, Frankfurt/M. 1988, S. 58–78.

Lenk, Hans u. Matthias Maring (Hg.), *Technikverantwortung: Verhaltenskodizes – Güterabwägung – Risikoakzeptanz*, Frankfurt/M. 1991.

Lenk, Hans, *Wissenschaft und Ethik*, Stuttgart 1991.

Lenk, Hans, „Zu einer praxisnahen Ethik der Verantwortung", in: ders. u. Matthias Maring (Hg.), *Technikverantwortung*, Frankfurt/M. 1991, S. 54–75.

Lenk, Hans, „Perspektiven pragmatischen Philosophierens", in: Kurt Salamun (Hg.), *Was ist Philosophie?*, Tübingen 1992, S. 313–334.

Lenk, Hans u. Matthias Maring, „Verantwortung – Normatives Interpretationskonstrukt und empirische Beschreibung", in: Lutz H. Eckensberger u. Ulrich Gähde (Hg.), *Ethische Norm und empirische Hypothese*, Frankfurt/M. 1993, S. 222–243.

Lesco, Phillip A., „A Buddhist View of Abortion", *Journal of Religion and Health*, Bd. 26, Nr. 3, 1987, S. 214–218.

Linke, Detlef Bernhard, „Personalität ohne Gehirn? Medizinische Ethik im kognitivistischen Zeitalter", *Information Philosophie*, 18. Jg., Nr. 5, 1990, S. 5–15.

Linke, Detlef Bernhard, *Hirnverpflanzung. Die erste Unsterblichkeit auf Erden*, Reinbek b. Hamburg 1996.

Locke, John, *An Essay Concerning Human Understanding*. Collated and annotated, with Prolegomena, Biographical Critical, and Historical, by Alexander Campbell Fraser. 2 Bde., New York 1959 (1. Aufl. 1894).

Lockwood, Michael, „Der Warnock-Bericht: eine philosophische Kritik", in: Anton Leist (Hg.), *Um Leben und Tod*, Frankfurt/M. 1990, S. 235–265.

Lübbe, Hermann, „Wissenschaftspolitische Aspekte der Philosophie", *Wirtschaft und Wissenschaft*, Bd. 21, Nr. 1, 1973, S. 17–23.

Lübbe, Hermann (Hg.), *Wozu Philosophie?*, Bern 1978.

Lübbe, Hermann, „Anfang und Ende des Lebens: Normative Aspekte", in: ders. et al. (Hg.), *Anfang und Ende des Lebens als normatives Problem*, Stuttgart 1988, S. 5–26.

Lübbe, Hermann, „Verantwortung vor Gott", in: Peter Fauser et al. (Hg.), *Verantwortung*. Friedrich Jahresheft X, 1992, S. 64–65.

Luhmann, Niklas, „Die Gewissensfreiheit und das Gewissen", in: Annette Schavan u. Bernhard Welte (Hg.), *Person und Verantwortung: Zu Bedeutung und Begriff von Personalität*, Düsseldorf 1980.

Maihofer, Werner, *Naturrecht als Existenzrecht*, Frankfurt/M. 1963.

Maihofer, Werner, *Rechtsstaat und menschliche Würde*, Frankfurt/M. 1968.

Main, Edward John, „The relevance of a biological definition of life to fundamental rights", *Medicine and Law*, Bd. 6, Nr. 3, 1987, S. 189–209.

Marquard, Odo, *Abschied vom Prinzipiellen: Philosophische Studien*, Stuttgart 1981.

Marquard, Odo u. Hansjürgen Staudinger (Hg.), *Anfang und Ende des menschlichen Lebens. Medizinethische Probleme*. Ethik in den Wissenschaften, Bd. 4, Paderborn 1987.

Marshall, John, „Experiment on Human Embryos: Sentience as the Cut-Off Point?", in: G. R. Dunstan u. Mary J. Seller (Hg.), *The Status of the Human Embryo*, London 1988, S. 58–61.

Martens, Ekkehard u. Herbert Schnädelbach, „Zur gegenwärtigen Lage der Philosophie", in: dies. (Hg.), *Philosophie: Ein Grundkurs*. Bd. 1, überarb. u. erw. Neuausgabe, Reinbek b. Hamburg 1994, S. 12–35.

Matheis, Alfons, „Ethik und Euthanasie: Diskursethische Kritik von Peter Singers Konzept praktischer Ethik", in: Karl-Otto Apel u. Matthias Kettner (Hg.), *Zur Anwendung der Diskursethik*, Frankfurt/M. 1992, S. 232–259.

McCartney, James J., „Some Roman Catholic Concepts of Person and Their Implications for the Ontological Status of the Unborn", in: William B. Bondeson et al. (Hg.), *Abortion and the Status of the Fetus*. Philosophy and Medicine, Bd. 13, Dordrecht 1984, S. 313–324.

McCormick, Richard A., „Abortion: The Unexplored Middle Ground", *Second Opinion: Health, Faith, and Ethics*, Nr. 10, 1989, S. 41–50.

McCormick, Richard A., „The Preembryo as Potential: A Reply to John A. Robertson", *Kennedy Institute of Ethics Journal*, Bd. 1, Nr. 4, 1991, S. 303–305.

McCormick, Richard A., „Who or What is a Preembryo?", *Kennedy Institute of Ethics Journal*, Bd. 1, Nr. 1, 1991, S. 1–15.

McCullagh, Peter John, *The Fetus as Transplant Donor: Scientific, Social and Ethical Perspectives*, New York 1987.

McEvoy, Patricia, „Is a woman responsible for being pregnant? Another discussion about the morality of abortion", *Canadian Medical Association Journal*, Bd. 146, Nr. 4, 1992, S. 600–607.

McIntyre, Alisdair, *After Virtue: A Study in Moral Philosophy*, Notre Dame 1981.

McIntyre, Alisdair, *Whose Justice, Which Rationality?*, Notre Dame 1988.

Meehan, Mary, „Defending the Vulnerable", *Second Opinion: Health, Faith, and Ethics*, Nr. 10, 1989, S. 60–65.

Meilaender, Gilbert, „Abortion: The Right to an Argument", *Hastings Center Report*, Bd. 19, Nr. 6, 1989, S. 13–19.

Meyer-Drawe, Käte, „Nachdenken über Verantwortung. In memoriam Henning Luther", in: Peter Fauser et al. (Hg.), *Verantwortung*. Friedrich Jahresheft X, 1992, S. 14–17.

Molinski, Waldemar, „Das ungeborene Leben – Dürfen wir, was wir können?", *Arzt und Christ*, 30. Jg., Nr. 4, 1984, S. 201–211.

Moraczewski, Albert S., „Human Personhood: A Study in Person-alized Biology", in: William B. Bondeson et al. (Hg.), *Abortion and the Status of the Fetus*. Philosophy and Medicine, Bd. 13, Dordrecht 1984, S. 301–312.

Muller, Robert T., „In Defense of Abortion: Issues of Pragmatism Regarding the Institutionalization of Killing", *Perspectives in Biology and Medicine*, Bd. 34, Nr. 3, 1991, S. 315–325.

Müller, Wolfgang Erich, *Der Begriff der Verantwortung bei Hans Jonas*, Frankfurt/M. 1988.

Müller-Hartburg, Wolfgang, „Diskussionsbemerkungen", *Arzt und Christ,* 30. Jg., Nr. 4, 1984, S. 177 u. 211.

Murray, Thomas H., „Moral Obligations to the Not-yet Born: The Fetus as a Patient", *Clinics in Perinatology*, Bd. 14, Nr. 2, 1987, S. 329–343.

Nagl-Docekal, Herta u. Herlinde Pauer-Studer (Hg.), *Jenseits der Geschlechtermoral: Beiträge zur Feministischen Ethik*, Frankfurt/M. 1993.

Neuffer, Martin, *Nein zum Leben: Ein Essay*, Frankfurt/M. 1992.

Noddings, Nel, „Warum sollten wir uns um das Sorgen sorgen?", in: Herta Nagl-Docekal u. Herlinde Pauer-Studer (Hg.), *Jenseits der Geschlechtermoral*, Frankfurt/M. 1993, S. 135–171.

Nolan, Kathleen, „Genug is Genug: A Fetus is not a Kidney", *Hastings Center Report*, Bd. 18, Nr. 6, 1988, S. 13–19.

Ophir, Adi, „Beyond Good-Evil: A plea for a hermeneutic ethics", *Philosophical Forum*, Bd. 21, Nr. 1–2, 1989/90, S. 94–121.

O'Rahilly, Ronan u. Fabiola Müller, *Developmental Stages in Human Embryos*, Washington D.C. 1987.

Ott, Konrad, „Strukturprobleme angewandter Ethik", in: ders.,*Vom Begründen zum Handeln. Aufsätze zur angewandten Ethik*, Tübingen 1996, S. 51–85.

Parfit, Derek, „Rechte, Interessen und mögliche Menschen", in: Anton Leist (Hg.), *Um Leben und Tod*, Frankfurt/M. 1990, S. 384–394.

Pellegrino, Edmund D., „Character, Virtue, And Self-Interest in the Ethics of the Professions", *The Journal of Contemporary Health Law and Policy*, Bd. 5, 1989, S. 55–73.

Pellegrino, Edmund D., „Intersections of Western Biomedical Ethics and World Culture: Problematic and Possibility", *Cambridge Quarterly of Healthcare Ethics*, Bd. 1, Nr. 3, 1992, S. 191–196.

Perkoff, Gerald D., „Toward a Normative Definition of Personhood", in: William B. Bondeson et al. (Hg.), *Abortion and the Status of the Fetus*. Philosophy and Medicine, Bd. 13, Dordrecht 1984, S. 159–166.

Pfordten, Dietmar v. d., „Gibt es Argumente für ein Lebensrecht des Nasciturus?", *Archiv für Rechts- und Sozialphilosophie*, Nr. 1, 1990, S. 69–82.

Picht, Georg, *Wahrheit, Vernunft, Verantwortung*, Stuttgart 1969.

Pierce, Christine, „Postmodernism and Other Skepticisms", in: Claudia Card (Hg.), *Feminist Ethics*, Kansas 1991, S. 60–77.

Poplawski, Nicola u. Grant Gillett, „Ethics and Embryos", *Journal of Medical Ethics*, Bd. 17, Nr. 2, 1991, S. 62–69.

Puccetti, Roland, „The Life of a Person", in: Tom L. Beauchamp u. LeRoy Walters (Hg.), *Contemporary Issues in Bioethics*, Washington D.C. 1985, S. 101–107.

Radey, Charles, „Imagining Ethics: Literature and the Practice of Ethics", *The Journal of Clinical Ethics*, Bd. 3, Nr. 1, 1992, S. 38–45.

Ranke-Heinemann, Uta, *Eunuchen für das Himmelreich: Katholische Kirche und Sexualität*, München 1990.

Ranke-Heinemann, Uta, „„wg. Maria'", in: Andrea Hauner u. Elke Reichart (Hg.), *§ 218: Zur aktuellen Diskussion*, München 1992, S. 178–187.

Rath, Matthias, *Intuition und Modell: Hans Jonas ,Prinzip Verantwortung' und die Frage nach einer Ethik für das wissenschaftliche Zeitalter.* Europäische Hochschulschriften. Bd. 231, Frankfurt/M. 1988.

Rawls, John, *A Theory of Justice*, Cambridge/Mass. 1971.

Rehder, Helga, „Embryonenforschung aus naturwissenschaftlicher Sicht", *Die Ärztin*, 35. Jg., Heft 12, 1988, S. 4–7.

Reich, Warren Thomas, „Bioethics in the 1980's: Challenges and Paradigms", in: Henry M. Sondheimer (Hg.), *Biomedical Ethics. A Community Forum*, Syracuse 1985, S. 1–35.

Reiter-Theil, Stella u. Ralf Dressel, Die ethische Auseinandersetzung um RU 486: Daten und Argumente. *Diskussionsforum Medizinische Ethik*, WMW, Nr. 6/7, Juli 1992.

Rendtorff, Trutz, „Vom ethischen Sinn der Verantwortung", in: A. Hertz et al. (Hg.), *Handbuch der Christlichen Ethik*, Bd. 3, Freiburg i. Br. 1982, S. 117–129.

Riedel, Manfred, *Rehabilitierung der praktischen Philosophie*. 2 Bde., Freiburg i.Br./ München 1972 u. 1974.

Rini, Suzanne, *Beyond Abortion: A Chronicle of Fetal Experimentation*, Avon/N.J. 1988.

Ritschl, Dietrich, „Person/Personalität", in: Albin Eser et al. (Hg.), *Lexikon Medizin, Ethik, Recht*, Freiburg i. Br. 1989, Sp. 791–800.

Ritschl, Dietrich, „Das ,Storykonzept' in der medizinischen Ethik", in: Hans-Martin Sass (Hg.), *Güterabwägung in der Medizin*, Heidelberg 1990, S. 156–167.

Robertson, John A., „Procreative Liberty, Embryos and Collaborative Reproduction: A Legal Perspective", in: Elaine Hoffmann-Baruch et al. (Hg.), *Embryos, Ethics and Women's Rights. Exploring the new Reproductive Technologies*, New York 1988.

Robertson, John A., „Resolving Disputes Over Frozen Embryos", *Hastings Center Report*, Bd. 19, Nr. 6, 1989, S. 7–12.

Robertson, John A., „What we may do with preembryos: A response to Richard A. McCormick", *Kennedy Institute of Ethics Journal*, Bd. 1, Nr. 4, 1991, S. 293–302.

Robertson, John A., „Divorce and Disposition of cryopreserved pre-embryos", *Fertility and Sterility*, Nr. 4, 1991, S. 681–683.

Rohbeck, Johannes, *Technologische Urteilskraft: Zu einer Ethik technischen Handelns*, Frankfurt/M. 1993.

Roloff, Carola, „Kostbare Menschengeburt – Zur Position des Buddhismus zum Schwangerschaftsabbruch", in: Andrea Hauner u. Elke Reichart (Hg.), *§ 218: Zur aktuellen Diskussion*, München 1992, S. 108–113.

Ropohl, Günther, „Neue Wege, die Technik zu verantworten", in: ders. u. Hans Lenk (Hg.), *Technik und Ethik*, Stuttgart 1987, S. 149–176.

Rorty, Amélie, „Ein literarisches Postscriptum: Charaktere, Personen, Selbste, Individuen", in: Ludwig Siep (Hg.), *Identität der Person: Aufsätze aus der amerikanischen Gegenwartsphilosophie*, Basel 1983, S. 127–151.

Rosner, Fred, „Pregnancy Reduction in Jewish Law", *Journal of Clinical Ethics*, Bd. 1, Nr. 3, 1990, S. 181–186.

Salamun, Kurt (Hg.), *Was ist Philosophie? Neuere Texte zu ihrem Selbstverständnis*, 3., verb. Aufl., Tübingen 1992.

Sass, Hans-Martin, „Extrakorporale Fertilisation und die ethische Diskussion um den frühen Embryo", *Arzt und Christ*, 30. Jg., Heft 4, 1984, S. 166–177.

Sass, Hans-Martin (Hg.), *Medizin und Ethik*, Stuttgart 1989.

Sass, Hans-Martin, „Hirntod und Hirnleben", in: ders. (Hg.), *Medizin und Ethik*, Stuttgart 1989, S. 160–183.

Sass, Hans-Martin, „Medizin, Krankheit und Gesundheit", in: Kurt Bayertz (Hg.), *Praktische Philosophie*, Reinbek b. Hamburg 1991, S. 210–242.

Sass, Hans-Martin, *Brain Life Criteria and Abortion: Kriterien des Hirnlebens und Schwangerschaftsabbruch*. Medizinethische Materialien, Heft 64, Zentr. f. Med. Ethik, Bochum 1991.

Sass, Hans-Martin und Herbert Viefhues, *Differentialethische Methodik in der biomedizinischen Ethik*. GSF-Forschungszentrum für Umwelt und Gesundheit (Hg.), München 1992.

Sass, Hans-Martin, *Die Würde des Gewissens und die Diskussion um Schwangerschaftsabbruch und Hirntodkriterien: Herausforderungen an Verantwortungsethik und Ordnungsethik*. Medizinethische Materialien, Heft 89, Zentrum f. Med. Ethik, Bochum 1994.

Schlingensiepen-Brysch, Irene, „Wann beginnt das menschliche Leben? Zwei Zäsuren und Eine Entwicklung – Ein Überblick zum Stand des medizinischen Wissens und zur ethischen Diskussion", *ZRP*, Heft 11, 1992, S. 418–422.

Schmidt, Angelika, *Rechtliche Aspekte der Genomanalyse: Insbesondere die Zulässigkeit genanalytischer Testverfahren in der pränatalen Diagnostik sowie der Präimplantationsdiagnostik*, Frankfurt/M. 1991.

Schoene, Wolfgang, „Artifizielle Insemination: Der Arzt als Zeugungshelfer", in: Alexander Schuller u. Nikolaus Heim (Hg.), *Der codierte Leib*, Zürich 1989, S. 11–13.

Schöne-Seifert, Bettina, „Zum moralischen Status potentieller Personen", unveröff. Vortragsmanuskript, 1990.

Schulz, Walter, *Grundprobleme der Ethik*, Pfullingen 1989.

Schulz, Walter, *Philosophie in der veränderten Welt*, Pfullingen 1972.

Schwardtländer, Johannes, „Verantwortung", in: Hermann Krings, Hans Michael Baumgartner u. Christoph Wild (Hg.), *Handbuch philosophischer Grundbegriffe*. Bd. III, München 1974, S. 1577–1588.

Schwarz, Karl, „Soziologische Aspekte des Schwangerschaftsabbruchs in der Bundesrepublik Deutschland", in: Franz Böckle (Hg.), *Schwangerschaftsabbruch als individuelles und gesellschaftliches Problem*, Düsseldorf 1981, S. 35–53.

Schwarz, Stephen D. u. R. K. Tacelli, „Abortion and some Philosophers: A Critical Examination", *Public Affairs Quarterly*, Bd. 3, Nr. 2, 1989, S. 81–98.

Schwarzer, Alice, „Ewig zittere das Weib", in: dies. (Hg.), *Fristenregelung Jetzt!*, Emma Sonderband 1990, S. 6–7.

Schwemmer, Oswald, „Kulturelle Identität und moralische Verpflichtung. Zum Problem des ethischen Universalismus", *Information Philosophie*, 20. Jg., Heft 3, 1992, S. 5–21.

Schwickert, Eva-Maria, „Carol Gilligans Moralkritik zwischen Universalismus und Kontextualismus", *Deutsche Zeitschrift für Philosophie*, Jg. 42, Nr. 2, 1994, S. 255–273.

Seller, Mary J. u. Elliot Philipp, „Reasons for Wishing to Perform Research on Human Embryos", in: G. R. Dunstan u. Mary J. Seller (Hg.), *The Status of the Human Embryo*, London 1988, S. 22–32.

Siep, Ludwig (Hg.), *Die Identität der Person: Aufsätze aus der amerikanischen Gegenwartsphilosophie*, Basel 1983.

Siep, Ludwig, „Ethische Probleme der Gentechnologie", in: Johann S. Ach u. Andreas Gaidt (Hg.), *Herausforderung der Bioethik*, Stuttgart 1993, S. 137–156.

Silverstein, Harry, „On a Woman's 'Responsibility' for the Fetus", *Social Theory and Practice*, Bd. 13, Nr. 1, 1987, S. 103–119.

Singer, Peter, *Practical Ethics*, 1. Aufl., Cambridge 1979, dt.: *Praktische Ethik*, 1. Aufl., übers. von Jean-Claude Wolf, Stuttgart 1984; 2., revidierte u. erw. Auflage, übers. von Oscar Bischoff, Jean-Claude Wolf u. Dietrich Klose, Stuttgart 1994.

Smith, David H., „Telling Stories as a Way of Doing Ethics", *Connecticut Medicine*, Bd. 51, Nr. 11, 1987, S. 725–731.

Smith, Janet E., „Abortion and Moral Development Theory: Litening with Different Ears", *International Philosophical Quaterly*, Bd. 28, Nr. 1, 1988, S. 31–51.

Soane, Brendan, „Roman Catholic Casuistry and the Moral Standing of the Human Embryo", in: G. R. Dunstan u. Mary J. Seller (Hg.), *The Status of the Human Embryo*, London 1988, S. 74–85.

Soupart, Pierre, „Present and Possible Future Research in the Use of the Human Embryos", in: William B. Bondeson et al. (Hg.), *Abortion and the Status of the Fetus. Philosophy and Medicine*, Bd. 13, Dordrecht 1984, S. 67–104.

Spelman, Elizabeth V., „The Virtue of Feeling and the Feeling of Virtue", in: Claudia Card (Hg.) *Feminist Ethics*, Kansas 1991, S. 213–232.

Spero, Aryeh, „Therefore Choose Life: How the Great Faiths View Abortion", *Policy Review*, Frühjahr 1989, S. 38–44.

Splett, Jörg, „Verantwortung religionsphilosophisch gesehen", in: Peter Fauser et al. (Hg.), *Verantwortung*. Friedrich Jahresheft X, 1992, S. 61–63.

Sporken, Paul, *Darf die Medizin, was sie kann? Probleme der medizinischen Ethik*, Düsseldorf 1971.

Sporken, Paul, „Medizinische Ethik", in: Albin Eser et al. (Hg.), *Lexikon Medizin, Ethik, Recht*, Freiburg i. Br. 1989, Sp. 711–724.

Steigleder, Klaus, *Die Begründung des moralischen Sollens: Studien zur Möglichkeit einer normativen Ethik*, Tübingen 1992.

Steinvorth, Ulrich, *Klassische und moderne Ethik: Grundlinien einer materialen Moraltheorie*, Hamburg 1990.

Strong, Carson et al., „The Moral Status of the Near-Term Fetus", *Journal of Medical Ethics*, Bd. 15, Nr. 1, 1989, S. 25 – 27.

Strong, Carson, „Fetal Tissue Transplantation: Can it Be Morally Insulated from Abortion?", *Journal of Medical Ethics*, Bd. 17, Nr. 2, 1991, S. 70 – 76.

Stukenbrock, Karin, „Zur Geschichte der Abtreibung", in: Andrea Hauner u. Elke Reichart (Hg.), *§ 218: Zur aktuellen Diskussion*, München 1992, S. 11– 29.

Suarez, Antoine, „Hydiatidiform Moles and Teratomas Confirm the Human Identity of the Preimplantation Embryo", *Journal of Medicine and Philosophy*, Bd. 15, Nr. 6, 1990, S. 627– 635.

Sullivan, Patrick, „Women Doctors Favour Time-Dependent Rules on Abortion, Survey Reveals", *Canadian Medical Association Journal*, Bd. 139, Nr. 7, 1988, S. 669 – 670.

Tauer, Carol Ann, *The Moral Status of the Prenatal Human Subject of Research*. Phil. Diss., Washington D.C. 1981.

Tauer, Carol Ann, „The Tradition of Probabilism and the Moral Status of the Early Embryo", *Theological Studies*, Nr. 45, 1984, S. 3 – 33.

Taureck, Bernhard F., *Ethikkrise – Krisenethik: Analyse, Texte, Modelle*, Reinbek b. Hamburg 1992.

Teichert, Dieter, *Erfahrung, Erinnerung, Erkenntnis: Untersuchungen zum Wahrheitsbegriff der Hermeneutik Gadamers*, Stuttgart 1991.

Thomas von Aquin, Thomae Aquinatis Opera omnia studio ac labore Stanislai Eduardi Fretté et Pauli Maré. Bde. I – XXXIV, Parisis 1845 –1889, Bd. XII (= Summa contra gentiles), 1874.

Thomasma, David C., „Should Abnormal Fetuses Be Brought to Term for the sole Purpose of Providing Infant Transplant Organs?", *Biomedical Ethics Reviews 1989*, Clifton/N.J. 1990.

Thomson, Judith Jarvis, „Eine Verteidigung der Abtreibung", in: Anton Leist (Hg.), *Um Leben und Tod*, Frankfurt/M. 1990, S. 107–131.

Tolmein, Oliver, *Wann ist der Mensch ein Mensch? Ethik auf Abwegen*, München 1993.

Tooley, Michael, „Abtreibung und Kindstötung", in: Anton Leist (Hg.), *Um Leben und Tod*, Frankfurt/M. 1990, S. 157–195.

Toulmin, Stephen, *Kosmopolis: Die unerkannten Aufgaben der Moderne*, Frankfurt/M. 1994.

Trebilcot, Joyce, „Ethics of Method: Greasing the Machine and Telling Stories", in: Claudia Card (Hg.), *Feminist Ethics*, Kansas 1991, S. 45 – 51.

Tröndle, Herbert, „Der Schutz des ungeborenen Lebens in unserer Zeit", *ZRP*, Heft 2, 1989.

Troschke, Jürgen v. u. Helmut Schmidt (Hg.), *Ärztliche Entscheidungskonflikte*, Stuttgart 1983.

Truog, Robert D. u. John C. Fletcher, „Brain Death and the Anencephalic Newborn", *Bioethics*, Bd. 4, Nr. 3, 1990.

Tugendhat, Ernst, „Über die Notwendigkeit einer Zusammenarbeit zwischen philosophischer und empirischer Forschung bei der Klärung der Bedeutung des moralischen Sollens", in: Wolfgang Edelstein u. Gertrud Nunner-Winkler (Hg.), *Zur Bestimmung der Moral: Philosophische und sozialwissenschaftliche Beiträge zur Moralforschung*, Frankfurt/M. 1986, S. 25–36.

Tugendhat, Ernst, „Die Hilflosigkeit der Philosophie angesichts der moralischen Herausforderungen unserer Zeit", *Information Philosophie*, 18. Jg., Heft 2, 1990, S. 5–15.

Vatikan, Kongregation für die Glaubenslehre, *Instruktion über die Achtung vor dem beginnenden Leben*, Stein am Rhein 1987.

Vawter, Dorothy F. et al., *The Use of Human Fetal Tissue: Scientific, Ethical, and Policy Concerns*, A Report of Phase I of an Interdisciplinary Research Project Conducted by the Center for Biomedical Ethics, Minneapolis 1990.

Veatch, Robert M., „Defining Death at the Beginning of Life", *Second Opinion: Health, Faith, And Ethics*, Nr. 10, 1989, S. 51–59.

Viefhues, Herbert „Medizinische Ethik in einer offenen Gesellschaft", in: Hans-Martin Sass (Hg.), *Medizin und Ethik*, Stuttgart 1989, S. 17–39.

Viefhues, Ludger, „Rechtfertigung des Schwangerschaftsabbruchs?: Zu den Thesen Peter Singers", *Stimmen der Zeit*, Bd. 208, Nr. 11, 1990, S. 752–762.

Vogel, Peter, „Gesinnung und Verantwortung", in: Peter Fauser et al. (Hg.), *Verantwortung*. Friedrich Jahresheft X, 1992, S. 36–38.

Vossenkuhl, Wilhelm, „Moralische und nicht-moralische Bedingungen verantwortlichen Handelns: Eine ethische und handlungstheoretische Analyse", in: Hans Michael Baumgartner u. Albin Eser (Hg.), *Schuld und Verantwortung*, Tübingen 1983, S. 109–140.

Waldenfels, Bernhard, *In den Netzen der Lebenswelt*, Frankfurt/M. 1985.

Waldenfels, Bernhard, „Antwort und Verantwortung", in: Peter Fauser et al. (Hg.), *Verantwortung*. Friedrich Jahresheft X, 1992, S. 139–141.

Walton, Douglas, *Slippery Slope Arguments*, Oxford 1992.

Warnock, Mary, „Haben menschliche Zellen Rechte?", in: Anton Leist (Hg.), *Um Leben und Tod*, Frankfurt/M. 1990, S. 215–234.

Wassamer, Thomas A., „A Jesuit looks at Contemporary Church Attitudes Toward Abortion", *Conscience*, Bd. 12, Nr. 2, 1991, S. 18–22.

Weber, Max, „Politik als Beruf" (1919), in: ders., *Gesammelte politische Schriften*, hrsg. v. J. Winckelmann, 3., ern. u. verm. Aufl. 1971, S. 505–560.

Weischedel, Wilhelm, *Das Wesen der Verantwortung*, Frankfurt/M. 1972 (1. Aufl. 1933).

Weischedel, Wilhelm, „Der innere Ruf. Ein Gespräch über Verantwortung und Gewissen", in: Helmut Holzhey (Hg.), *Gewissen?*, Basel 1975, S. 11–30.

Weiß, Johannes, „Max Weber", in: Bernd Lutz (Hg.), *Philosophen Lexikon*, Stuttgart 1989, S. 803–807.

Welsch, Wolfgang, *Postmoderne – Pluralität als ethischer und politischer Wert*, Köln 1988.

Welsch, Wolfgang, „Postmoderne oder ästhetisches Denken – gegen seine Mißverständnisse verteidigt", in: Gunther Eifler u. Otto Saame (Hg.), *Postmoderne: Anbruch einer neuen Epoche? Eine interdisziplinäre Erörterung*, Wien 1990, S. 237–269.

Welsch, Wolfgang, *Ästhetisches Denken*, 3. Aufl., Stuttgart 1993.

Wennergreen, Bertil, „Human Rights of an Embryo", *International Journal of Bioethics*, Bd. 2, Nr. 1, 1991, S. 46 – 49.

Werbik, Hans u. Walter Zitterbarth, „Technikbewertung als Problem der Konsensbildung", in: Walter Bungard u. Hans Lenk (Hg.), *Technikbewertung: Philosophische und psychologische Perspektiven*, Frankfurt/M. 1988, S. 222–233.

Wiesemann, Claudia, „Hirntod und Gesellschaft: Argumente für einen pragmatischen Skeptizismus", *EthikMed*, Bd. 7, Heft 1, 1995, S. 16 –28.

Wiesing, Urban, „Ethik, Erfolg und Ehrlichkeit. Zur Problematik der In-virto-Fertilisation", *EthikMed*, Bd. 1, Heft 1, 1989, S. 66 – 82.

Wilcox, John T., „Nature as Demonic in Thomson's Defense of Abortion", *New Scholasticism*, Bd. 63, Nr. 4, 1989, S. 463 – 484.

Winkler, Earl R. und Jerrold R. Coombs (Hg.), *Applied Ethics: A Reader*, Cambridge 1993.

Winkler, Earl R., „From Kantianism to Contextualism: The Rise and Fall of the Paradigm Theory in Bioethics", in: Earl R. Winkler u. Jerrold R. Coombs (Hg.), *Applied Ethics: A Reader*, Cambridge 1993, S. 343 –365.

Winston, M. E., „Abortion and Parental Responsibility", *Journal of Medical Humanities and Bioethics*, Bd. 7, Nr. 1, 1986.

Wisser, Richard, *Verantwortung im Wandel der Zeit. Einübung in geistiges Handeln: Jaspers, Buber, C. F. v. Weizsäcker, Guardini, Heidegger*, Mainz 1967.

Wolf, Ursula, „Philosophie und Öffentlichkeit: Anmerkungen zur Euthanasiedebatte", in: Reiner Hegselmann u. Reinhard Merkel (Hg.), *Zur Debatte über Euthanasie*, Frankfurt/M. 1992, S. 181–196.

Wolff, Ulrich, *Schwangerschaftsabbruch aus medizinischer Sicht: Legal oder Illegal*, Berlin 1973.

Zimmerli, Walter Ch., „Wandelt sich die Verantwortung mit dem technischen Wandel?", in: Hans Lenk u. Günther Ropohl (Hg.), *Technik und Ethik*, Stuttgart 1987, S. 92–111.

Zimmerli, Walter Ch., „Verantwortung des Individuums – Basis einer Ethik von Technik und Wissenschaft", in: Hans Lenk u. Matthias Maring (Hg.), *Technikverantwortung*, Frankfurt/M. 1991, S. 79 – 89.

Zohar, Noam J., „Prospects for 'Genetic Therapy' – Can a Person Benefit from Being Altered?", *Bioethics*, Bd. 5, Nr. 4, 1991, S. 275 –288.